高等学校“十三五” 规划教材

财政与金融

相悦丽　赵红梅　王姗姗　主编

商　敏　郝尉君　副主编

北　京

冶 金 工 业 出 版 社

2018

内 容 简 介

本教材本着理论与实务相结合的原则，内容设计力求体现理论性、操作性和全面性的统一。全书分财政学与金融学两部分，共16章，系统地介绍了财政学和金融学的基本概念和原理。财政学主要包括财政学的基本知识、财政收入、财政支出、国债等内容；金融学主要包括金融基础知识、金融主体、金融市场、金融工具、经济政策、国际金融等内容。

为了适应高等院校的教育教学改革方向，教材中开辟“学习目标”“拓展训练”等栏目，突出教材的实用性。

本教材可作为高等院校财经类专业的基础教材，也可作为其他相关专业的培训教材。

图书在版编目(CIP)数据

财政与金融/相悦丽，赵红梅，王姗姗主编.—北京：冶金工业出版社，2018.9

高等学校“十三五”规划教材

ISBN 978-7-5024-7914-5

Ⅰ.①财… Ⅱ.①相… ②赵… ③王… Ⅲ.①财政金融—高等学校—教材 Ⅳ.①F8

中国版本图书馆CIP数据核字(2018)第216188号

出 版 人 谭学余
地　　址 北京市东城区嵩祝院北巷39号 邮编 100009 电话 (010)64027926
网　　址 www.cnmip.com.cn 电子信箱 yjcbs@cnmip.com.cn
责任编辑 俞跃春 贾怡雯 美术编辑 彭子赫 版式设计 禹 蕊
责任校对 卿文春 责任印制 牛晓波
ISBN 978-7-5024-7914-5
冶金工业出版社出版发行；各地新华书店经销；北京兰星球彩色印刷有限公司印刷
2018年9月第1版，2018年9月第1次印刷
787mm×1092mm 1/16；16.75印张；405千字；254页
48.00元

冶金工业出版社 投稿电话 (010)64027932 投稿信箱 tougao@cnmip.com.cn
冶金工业出版社营销中心 电话 (010)64044283 传真 (010)64027893
冶金书店 地址 北京市东四西大街46号(100010) 电话 (010)65289081(兼传真)
冶金工业出版社天猫旗舰店 yjgycbs.tmall.com

前　言

培养高素质技能型财经人才是现代财经类院校的重要任务，高等院校财经类人才的能力主要由专业岗位能力和职业生涯发展所需要的能力两部分组成。本教材以培养从事财政、税收、金融的应用型专门人才为目标，遵循“实践为重、理论够用”的原则，力求实践内容与理论教学科学配套，形成符合教学要求的完整体系。

本教材是在广泛吸取国内外财政和金融领域最新发展现状的基础上编写而成的，全书包括财政和金融两部分，财政部分含7章，包括财政学的基本知识、财政收入、财政支出、国债等内容，金融部分含9章，包括金融基础知识、金融主体、金融市场、金融工具、经济政策、国际金融等内容。

本教材由长期从事现代财政、金融课程教学与研究的主讲教师编写。严格按照教育部教育教学改革精神和“突出实践技能和能力培养”的具体要求，依据高等教育的教学特点和培养目标，结合当前财政、金融体制改革的新思路、新举措和发展趋势，按照精简、实用、特色的总体要求选择设计教材内容。同时，本教材在编写过程中，体现如下特点：

一是以就业为导向。本教材在理论知识够用的前提下，融入了与财政、金融等岗位相匹配的技能知识，培养学生适应职业岗位的综合能力；同时，以培养学生的应用能力为主线。采用一体化规范的格式设计，每一章穿插具有代表性的案例分析，以便于读者学习理解、掌握，并提高实际应用的操作能力。

二是教材内容科学性和实用性相结合。本教材内容全面，涵盖了财政学和金融学两个各自独立和交叉的内容。在内容编排上，前后衔接紧密，既注重学科的内在逻辑，系统介绍财政学和金融学的基本原理，又大量涉及了财政政策、税收、金融市场和金融机构的实务操作。这种编排既能使学生对该学科的理论体系和相关内容有一个较为完整的理解和把握；同时，又能很好地与其他学科进行衔接与比较，实现学科之间的交融，真正提高学生的专业实践能力。

本教材由牡丹江医学院卫生管理学院相悦丽、赵红梅，贵阳职业技术学院王姗姗担任主编，沈阳工学院商敏、内蒙古机电职业技术学院郝尉君担任副主编，全书由相悦丽、赵红梅、王姗姗统编定稿。具体编写分工如下：第3章、第4章、第10章、第11章由相悦丽编写；第2章、第5章、第8章、第9章由赵红梅编写；第13章、第14章、第15章由王姗姗编写；第6章、第12章由商敏编写；第1章、第7章、第16章由郝尉君编写。

本教材在编写过程中，编者借鉴和吸收了国内外同类教材的优秀成果，在此表示感谢。参考文献在书后列出，如果仍有疏漏，敬请原创者谅解。

由于时间仓促和编写组成员年轻化，疏漏和不足之处，真诚地希望读者批评指正并提出宝贵意见。

编　者

2018年5月

目　录

1 财政概念和职能

【学习目标】

（1）掌握市场失灵不同表现形式的内涵。

（2）了解政府干预经济手段和政府干预失效的表现形式。

（3）掌握公共物品的特征、公共物品与私人物品的区别以及混合物品的内涵。

（4）掌握公共需要的特征、公共需要与私人需要的区分标准。

（5）理解财政的基本含义和特征。

（6）掌握资源配置职能的内涵及其机制和手段。

（7）掌握收入分配职能的内涵及机制和手段。

（8）掌握经济稳定和发展职能的内涵及机制和手段。

1.1 政府与市场

1.1.1 市场效率和市场失灵

1.1.1.1 市场和市场效率

财政必须从市场说起，明确政府与市场的关系是学习财政学和研究财政问题的基本理论前提。从日常生活来看，市场是商品（包括生产要素）交易的场所；从经济学的角度来看，市场不是指商品交易的场所，而是无数个买者与卖者在相互作用下形成的商品交易机制。这种商品交易机制所形成的基本规律就是供求规律，并通过价格和产量的不断波动，达到供给和需求的平衡。市场这种结构精巧，具有效率的商品交易机制早已被经济发达国家几百年的经济发展史所证实，也被各种经济学说所论证。

1.1.1.2 市场失灵及其表现

市场失灵是与市场效率相对应，市场机制本身存在的固有的缺陷被称为“市场失灵”。市场失灵的表现形式：

（1）市场垄断。

（2）信息不充分和不对称。

（3）外部效应与公共物品。

（4）收入分配不公平。

（5）经济波动。

1.1.1.3 外部效应与公共物品

财政学将外部效应定义为：私人生产成本和社会生产成本、私人经济效益和社会效益之间不一致的现象。即某一厂商从事某项经济活动对他人带来利益或造成损失的现象。可以分为以下类型：

（1）按活动主体分——生产者外部效应和消费者外部效应。

（2）按经济性质分——成本型外部效应和效益型外部效应。

外部成本（负外部效应）——指某一厂商从事某项经济活动对他人造成损失的现象。由于生产者的生产成本小于社会生产成本，生产者又不需要给予受损者相应的损失补偿，所以导致增加或过量生产该商品，以获得超额利润。

外部效益（正外部效应）——指某一厂商从事某项经济活动对他人带来利益的现象。由于生产者的生产效益小于社会生产效益，生产者得不到相应的效益补偿，从而导致减少生产该商品，造成市场对该商品的供应不足。如：上游水库可以使下游地区受益，这是正的外部效应；再如：造纸厂对河流造成污染，这是负的外部效应。外部效应典型的例子是公共物品，因为大部分公共物品的效益是外在化的。

财政学意义上的成本≠会计意义上的成本=产品生产成本+社会生产成本

1.1.2 政府干预与政府干预失效

1.1.2.1 市场经济体制下政府的经济作用

财政部门作为政府的一个经济部门，首先是执行政府的经济职能，并通过执行经济职能来保证政治职能和社会职能的实施。

政府的经济作用就是要使市场在社会主义国家宏观调控下，对资源配置起基础性作用。

所谓基础性作用，既肯定了市场的配置效率，但说明不是所有的资源都需要通过市场来配置。这就要求政府在资源配置中发挥应有的作用，弥补市场失灵，提供具有外部效应的公共物品等。

1.1.2.2 政府干预的程度和手段

政府干预的程度与政府规模的大小相联系。

政府规模的大小一般是通过综合性指标，即以财政支出（或支出收入）占 GDP 的比重来表示。

由于世界各国形成的市场经济体制模式不同，所以，不同国家在不同时期的政府规模存在很大差别。经济发达国家高于发展中国家，集权化倾向的国家高于分权化倾向的国家。

（1）立法和行政手段。是指应制定市场法规，规范市场行为；制定发展战略和中长期规划；制定经济政策，实行公共管制、规定垄断价格和公共物品价格等，引导和调节市场。

（2）组织公共生产和提供公共物品。是指由政府出资（即预算拨款）兴办的所有权归政府所有的工商企业和单位，主要生产由政府提供的公共物品，或在垄断部门建立公共生产，并从效率和社会福利角度规定价格。

（3）财政手段。财政手段既不直接生产，也不直接提供公共物品，而是通过征税和收费为政府各部门组织公共生产和提供公共物品筹集经费和资金。

我国目前仍处于经济体制转轨过程中，如何确定符合我国国情的政府规模，还需要在实践中积极探索。政府干预的手段有立法和行政手段；组织公共生产和提供公共物品；财政手段。

1.1.2.3 政府干预失效及其原因

市场经济需要政府干预，但政府干预并非总是有效的。政府机制同样会带来政府干预失效的问题。政府干预失效，是指政府干预非但没有弥补市场失灵，而且干扰了正常的市场规则，损害了市场效率。

政府干预失效的原因表现在诸多方面：（1）政府决策失误；（2）寻租行为；（3）政府提供信息不及时甚至失真；（4）政府职能的“越位”和“缺位”。

1.1.3 公共物品和公共需要

（1）公共物品与私人物品。公共物品是指由国家和政府部门——公共部门提供用来满足社会公共需要的商品和服务。私人物品是指由市场供给用来满足个别人需要的商品和服务。

区分公共物品与私人物品的标准，一是排他性和非排他性，二是竞争性和非竞争性。私人物品具有排他性和竞争性，公共物品具有非排他性和非竞争性。此外，外部效应和效用的不可分割性，也是公共物品的重要特征。

（2）混合物品。混合物品是指那些既具有公共物品特征，又具有私人物品特征的物品。有些物品具有非竞争性，而不具有非排他性，如一座桥梁；有些物品只具有不充分的非竞争性和非排他性，如一个花园。

（3）公共需要与私人需要。公共需要是指由国家公共部门提供公共物品用于满足社会的公共需要；私人需要是指由市场提供私人物品用于满足私人的个别需要。

公共需要的特征：

1）社会公共需要是社会公众在生产、生活中的共同需要，它不是普通意义上的人人有份的个人需要或个别需要的数学加总；而是就整个社会而言，为了维持一定的社会经济生活，为了维持社会再生产的正常运行，也为了维持市场经济的正常秩序，必须由政府集中执行和组织的社会职能的需要。

2）社会公共需要是每一个社会成员可以无差别共同享用的需要，一个或一些社会成员享用并不排斥其他社会成员享用。

3）社会成员享用社会公共需要也要付出代价，但并不遵循等价交换原则。各社会成员的付出与其所得是不对称的。

4）满足社会公共需要是政府的职责。满足公共需要的物质手段只能是通过政府征税和收费，以支撑各公共部门提供公共物品。

1.2 财 政 概 念

1.2.1 财政的基本含义

1.2.1.1 财政的概念

财政是个历史范畴。财政是伴随着国家产生而出现的。国家一旦产生，就必须从社会分配中占有一部分社会产品来维持国家的存在并保证其职能的实现。于是，就出现了财政这种国家以社会代表的资格参与社会产品分配的活动。从人类社会史的观察，财政是一个古老的经济范畴。“乘其财用之出入”“国用”“国计”“邦计”“理财”“度支”“计政”

均从不同程度表达了财政思想，但没有全面的、恰当地反映财政的含义和财政活动。我国政府文献中最初启用“财政”一词是在1898年。

20世纪40年代中华书局出版的《辞海》对“财政”的解释：财政谓理财之政，即国家或公共团体以维护其生存发达之目的，而获得收入、支出经费之经济行为也。

财政是一种国家或政府的经济行为，也是一种经济现象，这种经济行为和经济现象的主体是国家或政府。综观当今西方国家财政学，都十分重视财政与国家或政府的关系，将财政学等同于“政府经济学”或“公共部门经济学”。

财政、国家和政府三者的关系是：国家是政治权利机构和公共服务机构，国家具有政治、社会和经济的职能；财政是为国家实施并实现其职能提供财力的；政府是国家的执行机构和行政机关。国家通过它的执行机构和行政机关来实施并实现其职能的。我国全国人民代表大会是国家的最高权力机构；国务院（即中央人民政府）是最高的国家行政机关。所以，“财政是政府经济行为”和“财政是国家经济行为”这两种说法的含义是一致的。

从实际工作来看，财政是国家的一个经济部门，即财政部门。它通过其收支活动筹集和供给经费和资金，来保证实现国家或政府的职能。从经济学的意义来理解，财政作为一个经济范畴，是一种以国家为主体的经济行为，是政府集中一部分国民收入用于满足公共需要的收支活动，以达到优化资源配置、公平分配以及经济稳定和发展的目标。简单地说，财政是一种以国家为主体的分配活动。

1.2.1.2 财政“分配”的内涵

长期来，我国对财政“分配”的解释是：既包括生产要素的分配，也包括个人收入的分配。它区别于西方财政学对“分配”的理解。

西方财政学对“分配”的理解是：分配仅指收入分配；生产要素的分配则界定为资源配置。即“资源配置”指的是生产要素在部门和地区之间的分配；“分配”是专指对生产成果的分配，即个人收入分配。

市场经济体制的改革，要求我们从资源配置的角度重新认识财政，并给予财政分配重新的界定。

1.2.2 财政的基本特征

（1）阶级性与公共性。财政既然是国家或政府的经济行为，那么，具有鲜明的阶级性是不言而喻的。财政本身的属性天然具有公共性：国家或政府本身就具有公共性；公与私是对应的。由国家或政府办的事物是“公办”，是“公事”，属于公共事物。

（2）强制性与非直接偿还性。财政的强制性是指财政的经济行为及其运行是凭借国家的政治权利通过颁布的法令来实施的。财政的非直接偿还性是指国家对纳税人征税是不需要付出任何代价，也不需要偿还。当然，从税收“取之于民，用之于民”的意义上说，税收具有间接的偿还性。但需强调的是，每一个纳税人都无权要求从公共支出中享受与他的纳税额等值的福利，他的付出与所得是不对称的。

（3）收入与支出的对称性（或平衡性）。财政是通过“收入—支出，支出—收入”的过程运行的。尽管我国历来就有“以收定支”和“以支定收”的争论，但这一争论主要说明收支是否对称或平衡，反映的是中央与地方、各地区以及政府各部门之间的利益关系。它是制定财政政策的轴心。围绕收支平衡的这个轴心，合理安排支出规模和结构并提高使用效益；制定合理的税收和收费制度并保证收入及时、足额入库；既发挥国债的积极作用又防止赤字和国债发行失控；制定财政管理体制合理调节中央与地方关系，依据政治经济形势的发展及时调整财政政策等，是财政学的一条主线。

1.3 财政职能

1.3.1 财政职能的含义

财政职能是指财政作为一个经济范畴所固有的功能，就是政府的经济职能，包括资源配置职能、收入分配职能和经济稳定和发展职能。

(1) 财政职能是指财政作为一个经济范畴所固有的功能，只要存在政府和财政，这种功能就不会消失。广大财政工作者应从日常繁杂的具体工作中解脱出来，开阔视野，摆正财政工作在国民经济中的地位，充分发挥财政工作应有的作用。

(2) 政府与市场关系是分析财政职能的基本立足点。政府与市场关系是实行社会主义市场经济，或者说是经济体制转轨中的基本问题。离开了这个基本立足点，既不能正确认识社会主义市场经济条件下的财政概念，也不可能准确概括财政的职能。

(3) 研究政府、企业、家庭和进出口之间的关系，也是分析财政职能的一种思路。

1.3.2 资源配置职能

1.3.2.1 资源配置的概念

资源配置，广义地理解是指社会总产品的配置，狭义地理解是指生产要素的配置。

总的说来，资源配置就是运用有限的资源形成一定的资产结构、产业结构以及技术结构和地区结构，达到优化资源结构的目标。

资源配置的核心是效率问题。

1.3.2.2 财政的资源配置职能

财政的资源配置职能是由政府的介入或干预产生的。它的特点和作用是通过财政本身的收支活动为政府提供公共物品和提供经费和资金，引导资源的流向，弥补市场的失灵和缺陷，最终实现全社会资源配置的最优效率状态。

1.3.2.3 资源配置的方式

资源配置的方式有直接配置和间接配置。

(1) 直接配置，也称“内在配置”。是指由财政直接安排来实现的资源配置。财政通过自身配置资源的流向、流量和分布，从而引导市场的格局，调整资源在不同行业、不同地区的分布比例。它是再生产内部的配置，可通过税收、国债和公共支出等形式来实现。

(2) 间接配置，也称“外在配置”。是指由政府通过制定财税政策来引导市场主体的经济行为。它是为再生产提供外部条件的。如纠正外部效应的活动。

1.3.2.4 资源配置效率指标

在实际生活中，各国政府通常以失业率和经济增长率等指标，或由若干指标组成的“景气指数”来表示资源配置效率。当前，我国主要采取GDP增长率指标。GDP增长率是按市场价格表示的一个国家所有常驻单位在一定时期的生产活动的最终成果。

1.3.2.5 财政资源配置的机制和手段

(1) 根据政府的经济职能，确定社会公共需要的基本范围，确定财政收支占 GDP 的合理比例，从而实现资源配置的总体效率。

(2) 优化财政支出结构，保证重点支出，压缩一般支出，提高资源配置的结构效率。

(3) 合理安排政府投资的规模和结构，保证国家的重点建设。

(4) 通过政府投资、税收和财政补贴等手段，带动和促进民间投资、吸引外资和对外贸易，提高经济增长。

(5) 提高财政资源配置本身的效率。我国近年来实施的提高财政资源配置的重大举措有编制部门预算、实行政府采购制度、实行国库集中收付制度、实行“收支两条线”制度和加强税收征管等。

1.3.3 收入分配职能

1.3.3.1 收入分配职能的概念

收入分配职能是指政府对市场完成的初次分配结果进行再调节和再转移，以实现公平分配的目标。公平分配包括经济公平和社会公平。

经济公平是指在收入分配中根据要素的投入进行分配。强调要素投入和要素收入相对称，由等价交换来实现，符合市场经济的内在要求。

社会公平是指将收入差距维持在现阶段社会各阶层居民所能接受的合理范围内。也指社会认可的收入差距范围。

至于什么是社会认可的收入差距范围，要取决于社会普遍接受的价值标准和道德伦理观念。差距过大、差距过小或平均主义都是对社会公平的背离。

1.3.3.2 我国现行的收入分配原则和收入内容

我国明确实行按劳分配与要素分配相结合的分配原则，依法保护法人和居民的一切合法经营和诚实劳动取得的各类收入和财产。

1.3.3.3 衡量公平分配的标准

(1) 洛伦兹曲线。如图 1-1 所示，洛伦兹曲线是以直观图像反映收入分配公平程度的曲线。如果洛伦兹曲线为 45°角的直线，表示收入分配绝对平均；如果与正方形的底边和右边重合，则表示绝对不公平。而实际收入分配都是处于两种极端状况之间。

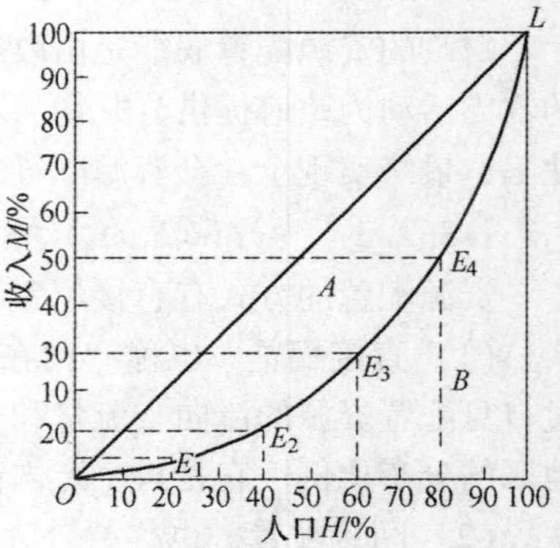

图 1-1 洛伦兹曲线

(2) 基尼系数。如图 1-2 所示，基尼系数是在洛伦兹曲线的基础上形成的指标性的衡量工具，是测量收入差异程度的。设实际收入分配曲线和收入分配绝对平等曲线之间的面积为 A，实际收入分配曲线右下方的面积为 B，并以 A 除以 ($A+B$) 的商表示不平等程度，这个数值被称为基尼系数或称洛伦兹系数。如果 A 为零，基尼系数为零，表示收入分配完全平等；如果 B 为零则系数为 1，收入分配绝对不平等。收入分配越是趋向平等，洛伦兹曲线的弧度越小，基尼系数也越小，反之，收入分配越是趋向不平等，洛伦兹曲线的弧度越大，那么基尼系数也越大。

1.3.3.4 财政实现收入分配职能的机制和手段

(1) 划清市场分配与财政分配的界限和范围，不能越俎代庖。

(2) 规范国家预算拨款单位的工资制度。

(3) 加强税收调节。

(4) 通过转移性支出，使每个社会成员得以维持起码的生活水平和福利水平。如对个人、对企业的转移支付；中央政府对贫困地区的转移支付。

目前，各国主要不是通过累进税贯彻公平要求，而是通过社会保障制度来追求公平状态，以实现公平目标的核心内容。

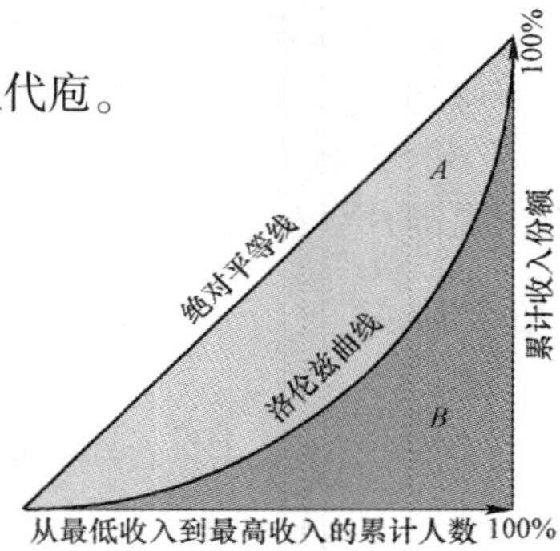

图 1-2 基尼系数

1.3.4 经济稳定与发展职能

1.3.4.1 经济稳定与发展职能的内涵

经济稳定与发展职能是指市场运行中发生经济周期波动时，政府通过财政政策和货币政策等进行调控，以保证总供给和总需求的总量平衡和结构性平衡，实现宏观经济的相对稳定与发展。

经济稳定包含多重含义：充分就业、物价稳定、国际收支平衡。

(1) 充分就业是指可就业人口的就业率、达到了由该国当时社会状况所能承受的最大比率。充分就业强调有工作能力，愿意工作，并且在寻找工作的劳动人口的充分就业。

就业率=已就业人口/全部可就业人口

充分就业≠百分之一百的就业

充分就业的标准一般以失业率来衡量。也有经济学家认为，劳动人口在全部劳动人口中所占的比重应约为95%。由此推断，95%左右的就业率应当属于理想的就业率。

(2) 物价稳定是指在一定时期内，把物价总水平的波动约束在经济稳定发展可容纳的空间。即物价上涨的幅度维持在不至于影响社会经济正常运行的范围内。

通常采用居民消费价格指数（CPI）和生产者物价指数（PPI）等来表示价格水平的变化。物价稳定并非意味着商品价格的绝对不变，或物价上涨率为零。一般认为，通货膨胀率控制在4%~5%之内，就可视为物价稳定。根据我国的实际情况，有不少学者和政府官员提出通货膨胀率控制在6%~7%之间，尚属可容纳的空间。

(3) 国际收支平衡指一国在国际经济往来中维持经常性项目收支的大体平衡，包括进出口收支、劳务收支和无偿转移收支的大体平衡。国际收支不出现大的顺差或逆差，即为平衡。经济发展与经济增长是不同的概念，发展比增长的含义要广。增长是指一国的产品和劳务的数量的增长，发展是指通过物质生产的不断增长来全面满足人们不断增长的基本需要。

1.3.4.2 财政实现稳定和发展职能的机制和手段

(1) 经济稳定的目标集中体现为社会总供给和社会总需求的大体平衡。财政政策是维系总供求大体平衡的重要手段。它可以针对不断变化的经济形势而灵活地变动支出和税收，被称为采取相机抉择的财政机制。

(2) 财政实践中，可以通过制度性安排机制，发挥“自动”（内在）稳定的作用。例如累进所得税制度、失业救济金等转移支付制度。

（3）通过投资、补贴和税收等多方面安排，加快农业、能源、交通运输、邮电通信等公共设施的发展，消除经济增长中的“瓶颈”。

（4）财政应切实保证文教、卫生、社会保障、治理污染、保护生态环境等非生产性支出，提高社会福利，满足公共需要。

【拓展训练】

审计署职能扩展：财政收支监督检查等职能划入

2018 年 3 月 13 日　经济观察网

（经济观察网记者　杜涛） 3 月 13 日，国务院机构改革方案提请十三届全国人大一次会议审议。根据该方案，改革审计署管理体制，保障依法独立行使审计监督权，是健全党和国家监督体系的重要内容。

为整合审计监督力量，减少职责交叉分散，避免重复检查和监督盲区，增强监督效能，方案提出，将国家发展和改革委员会的重大项目稽查、财政部的中央预算执行情况和其他财政收支情况的监督检查、国务院国有资产监督管理委员会的国有企业领导干部经济责任审计和国有重点大型企业监事会的职责划入审计署，相应对派出审计监督力量进行整合优化，构建统一高效审计监督体系。审计署负责对国家财政收支和法律法规规定属于审计监督范围的财务收支的真实、合法和效益进行审计监督。

中央财经大学政府预算研究中心主任王雍君告诉记者，这项改革在于强化和改善审计在政府治理中的独特作用，审计是一种专业性的监督职能，对其他部门执行政策是否得力和符合预期发挥监督职能。这次改革通过对审计监督功能进行整合，能够进一步发挥审计的专业职能，发挥审计监管职能的集中化，通过改革和集中化来加强审计的监督职能。

思考题：请运用财政概念及职能的相关知识分析本案例。

【项目小结】

（1）市场失灵与市场效率相对应，市场机制本身存在的固有的缺陷，被称为“市场失灵”。

（2）财政学将外部效应定义为：私人生产成本和社会生产成本、私人经济效益和社会效益之间不一致的现象。即某一厂商从事某项经济活动对他人带来利益或造成损失的现象。

（3）从实际工作来看，财政是国家的一个经济部门，即财政部门。它通过其收支活动筹集和供给经费和资金，来保证实现国家或政府的职能。从经济学的意义来理解，财政作为一个经济范畴，是一种以国家为主体的经济行为，是政府集中一部分国民收入用于满足公共需要的收支活动，以达到优化资源配置、公平分配以及经济稳定和发展的目标。简单地说，财政是一种以国家为主体的分配活动。

（4）财政的基本特征：阶级性与公共性；强制性与非直接偿还性；收入与支出的对称性（或平衡性）。

（5）财政职能是指财政作为一个经济范畴所固有的功能，就是政府的经济职能，包括资源配置职能、收入分配职能和经济稳定和发展职能。

2 财务支出的基本理论

【学习目标】

（1）理解纯公共物品需要由政府提供的必然性。
（2）掌握混合物品的提供方式。
（3）了解公共生产的地位和类型。
（4）了解公共物品的私人提供问题。
（5）掌握公共物品的生产方式。
（6）了解公共定价的三种方法。
（7）掌握财政支出效益的评价方法。
（8）财政支出中的效率与公平。
（9）了解公共选择理论及其基本内容。

2.1 公共物品的提供方式、生产和定价

2.1.1 公共物品的提供方式

2.1.1.1 公共物品的市场均衡问题

从经济学的理论可知，个人需求的市场需求曲线是将同一市场的所有个人需求曲线水平相加得出；但公共物品的市场需求曲线不是像私人物品市场需求曲线那样通过水平相加求得，而是通过垂直相加求得。

也就是说，某一私人物品 x 的社会总需求是每个个人对 x 物品的需求量的汇集和加总。而公共物品的社会总需求等于每个个人的个别需求。它不会因为享受人数的增加而增加总量；而且，公共物品的供应成本与个人享受的效用和利益没有直接联系。因为公共物品的供应成本是由社会成员共同负担。这是由于公共物品具有非排他性和非竞争性所决定的。

公共物品的市场均衡是一个特殊问题，不可能通过市场上的个人决策方式来决定，必须寻求决定公共物品提供的特殊方式。西方学者提出的“成本-效益分析法”、公共选择理论等正是探索提供公共物品的特殊方式之一。

2.1.1.2 纯公共物品只能由政府提供的原因

公共物品的提供方式问题，是确定政府提供公共物品规模和财政支出规模的基本依据。一般而言，纯公共物品只能由政府提供，而不能由市场提供。这是因为：

（1）这是由市场运行机制和政府运行机制的不同决定的。市场是通过买卖提供产品和服务的，市场买卖要求利益边界的精确性。纯公共物品不是用钱可以买得到的。

（2）公共物品的非竞争性和非排他性，决定了竞争性的市场机制不适合提供纯公共物品。

（3）从提供公共物品的角度分析，非竞争性是指新增一个消费者的边际成本等于零，这意味着私人部门提供按边际成本定价的公共物品得不到他们所期望的最大利润的。

（4）从消费公共物品的角度分析，非排他性意味着一个人使用公共物品，并不排除其他人同时使用。也就是说，消费者不会自愿掏钱购买消费公共物品，而是等着他人购买，自己顺便享用它所带来的利益，即所谓免费搭车。免费搭车现象与市场买卖方式相违背。

（5）政府的性质和机制决定了它可以解决由市场提供公共物品所存在的难题。政府拥有向社会成员征税的权利。表面上，纯公共物品免费享用，实际上，是以纳税为代价的，即“天下没有免费的午餐”。

（6）政府主要通过征税来提供公共物品。公共物品的享用一般是不可分割的，无法个别量化。也就是说，每个人的纳税额与他对公共物品享用的量是不对称的。

总之，提供纯公共物品恰恰是政府资源配置的领域，是政府的首要职责。

财政学关心的问题是政府提供公共物品所花费的成本和代价，并合理地确定政府提供公共物品和财政支出的规模。

2.1.1.3　混合物品的提供

不同类型的混合物品可分为两类：一类是具有非竞争性，但同时具有排他性的混合物品（如桥梁）；另一类是由外部效应引起的混合物品（如基础科学研究、医疗保健）。

对于第一类混合物品的提供，可以通过两种方式弥补其成本：一是通过征税弥补，免费使用，这是公共提供方式；二是通过市场提供，如向过桥车辆收费进行弥补。政府最终选择哪种提供方式，主要取决于税收成本和税收效率与收费成本和收费效率损失的对比。

对于第二类混合物品的提供，应判断外部效应的大小：当外部效应很大时，可视为纯公共物品，采取公共提供方式。其实，多数公共物品都具有较大的外部效应。为了提高公共物品的使用效率，为了适当减轻政府的负担，对于这类混合物品，采取混合提供方式是一种较佳的选择。

在采取收费方式时，政府所有关心的问题是如何合理制定收费标准，同时严加管理，避免利用垄断地位滥收费，加重居民负担，造成严重的社会问题。

2.1.1.4　混合物品的有效提供方式

从世界各国的实践看，混合物品的有效提供方式有三种：

（1）政府授权经营方式。它适应于具有规模经济效益的自然垄断行业，政府部门应实行政府管制，既禁止其他企业自由进入，也禁止中标企业制定垄断价格。

（2）政府参股方式。对于初次投资量较大的基础设施项目，政府可以控股参与建设。

（3）政府补助方式。对于提供教育、卫生服务的私人机构和从事高新技术产品开发的私人企业，政府提供一定数量的补助，包括补贴、贴息贷款、减免税等。

2.1.1.5　公共物品能否由私人来提供

最早提出关于私人提供公共物品的是科斯。他认为，由政府替代私人提供灯塔产品并非一定是最好的解决方案；他认为，只要形成一套足够完善的制度，私人提供灯塔产品的效率是最高的。1974 年，科斯《经济学中的灯塔》成为公共物品私人提供理论研究的开端。之后，美国大学教授、布坎南研究中心的泰勒·柯文（Tyler Cowen）从多个方面做了进一步阐述，他认为只要有可能，让私人来解决公共物品问题，通常要比由政府来解决更有效率。事实上，世界各国早已悄然进行实践。如慈善事业、国际多边援助；我国的私人捐助的希望小学、公路的“贷款修路，收费还款”等。

2.1.2 公共生产

2.1.2.1 公共生产的概念

公共生产是指由政府出资（由预算拨款）兴办的所有权归政府所有的工商企业和单位的生产。广义的公共生产既包括生产有形产品和提供服务的工商企业；也包括提供无形产品的和服务的学校、医院、文艺团体，以及政府机关、公安、司法、国防等部门；狭义的公共生产，在我国就是国有工商企业，包括垄断性国有企业的生产。

2.1.2.2 公共物品的提供方式和生产方式

公共物品的提供方式并非必须由公共部门来生产，私人部门也可以生产，即提供方式不等于生产方式。同样，私人物品的提供方式既可以由私人部门提供，也可以由公共部门提供。

公共物品的提供方式和生产方式可以形成相互交错的多种组合。

（1）公共提供，公共生产。即国防、政府机关等部门从国有企业购置设备和办公用品，包括垄断性国有企业提供的物品。

（2）公共提供，私人生产。即通过市场实现政府采购。

（3）公共生产，混合提供。即公共生产，部分收费。

（4）私人生产，混合提供。即私人生产，政府补贴。

2.1.2.3 国有企业提供公共物品的管理模式

提供纯公共物品和某些准公共物品的国有部门和单位，应采取国有国营模式。对于提供纯公共物品的政府行政管理部门，不能靠向居民收费或通过市场化来维持和发展，基本上国家预算拨款，免费向公民提供服务。其资金来源主要是国家税收。对于提供准公共物品的高校、医院、文化团体、公共交通供水供气等单位和企业，应由政府直接控制和管理，资金来源可以由国家预算拨款，也可以按政府规定的项目和标准向公众收费，可以视不同情况采取不同的管理方式。

垄断性国有企业宜采取国有国控模式。因为垄断性国有企业不完全适合按照市场化原则进行改造，应该选择国有国控模式。垄断性国有企业所提供的物品是一种具有特殊性质和特殊意义的公共物品。国有国控模式并不意味着由政府直接经营，而是通过具有法律效力的契约关系明确政府与企业的责权利关系。对于适合股份制改造的企业必须保持国有资本的控制力，尤其要避免外国资本对这些部门拥有控制权。

竞争性的大中型国有企业应采取公司制改造模式。是指由国家投资建成、基本不存在进入和退出限制、竞争性充分、以盈利为经营目标的国有企业，应按“产权明晰、权责明确、政企分开和科学管理”的原则，改造为上市公司、不上市公司和有限责任公司，使企业成为以盈利为经营目标、自主经营、自负盈亏的市场竞争主体和法人实体。

中小型国有企业的改革方向是放开搞活。抓大放小，集中力量搞好大中型企业改革，尽快把小型国有企业推向市场，使其在市场竞争中求生存，求发展，这是国家对国有企业进行战略性改组的策略。

2.1.3 公共定价

2.1.3.1 公共定价的概念

所谓公共定价，就是确定公共物品价格和收费标准。从定价政策来看，它包括：纯公共定价和管制定价或价格管制。

2.1.3.2 公共定价的目的

（1）提高整个社会资源的配置效率，使公共物品得到最有效的使用，提高政府支出的效益。

（2）保证居民的生活水平和社会安定。

2.1.3.3 公共定价的方法

公共定价涉及定价水平和定价体系。定价水平是指提供每一单位的物品和服务的定价（收费）是多少。定价体系是指应考虑费用结构和需求结构的各种定价组合。

公共定价的方法有三种：

（1）平均成本定价法。是指一般采取高于边际成本的平均成本定价。即提供公共物品的企业和单位在保持对外收支平衡的前提下，采取尽可能使经济福利最大化的定价方式。

（2）二部定价方法。是指由两种要素构成的定价体系。一是与使用量无关的按月或按年支付的“基本费”；二是按使用量支付的“从量费”。

（3）负荷定价法。是指对不同时段或不同时期的使用量制定不同的价格。

2.2 财政支出效益的分析和评价

2.2.1 财政支出中的效率与公平

2.2.1.1 效率与公平的概念

效率实质上属于生产力范畴，它是以劳动者运用生产工具作用于劳动对象所创造的物质财富为标志的。在现代经济中，效率是以投入与产出、所费与所得之比来计量的。以投入少、产出多，所费低、所得高，为高效率；反之为低效率。高效率表现在两个方面：一是从分配上充分调动劳动者的积极性和主动性；二是社会资源的优化配置。

公平是与分配相联系的概念。在社会主义的生产资料公有制下，为每个人提供了均等的劳动机会，也提供了均等的市场竞争环境。对个人消费品的分配，它不承认人们的阶级差别，而承认其劳动能力的差别。在实行社会主义市场经济体制下，公平分配就是允许并鼓励私人经济的存在和发展，承认私有制，并按个人所提供的生产要素及其对社会的贡献实行分配。

2.2.1.2 效率与公平的关系

效率与公平的一般关系是辩证统一的。一方面，效率是前提。因为社会财富的增长才可能为实现公平提供物质条件；同时也使个人和生产单位能够获得更大的物质利益。另一方面，按劳分配和按要素分配相结合，多贡献多得，多劳多得，是公平的。而多贡献多得，多劳多得也可促进社会财富的增长。但是，两者在实现过程中，又不可避免地出现矛盾。收入分配的合理差距会有利于效率的提高；但差距过大，特别是那些非按劳分配因素所形成的差距过大，无疑会损害效率原则。

财政活动的目的是满足人们的需要，或增进社会福利的水平，具体应包括两个方面：一是生产出尽可能多的物资财富，即把提供分配的“蛋糕”做大；二是物资财富应在各社会成员之间合理进行分配。二者不可或缺。

2.2.1.3 如何协调效率与公平

效率与公平两大原则的协调，根本在于有效地协调社会经济目标及其实现机制。它包括：(1) 效率与公平两者必须兼顾，对于一个经济不发达的国家来说，侧重于效率的同时兼顾公平是应有的选择。(2) 应通过市场和财政两种机制的有效结合来实现两大原则的兼顾。就公平分配而言，市场提供的是公平竞争的环境，给每个居民展示自己的才能；而财政通过一系列的转移支付制度，贯彻按要素分配和按劳分配相结合的原则，合理调节个人收入的差距。就资源配置的效率而言，市场机制应起基础性的配置作用；而政府需要通过财政将一定比例的 GDP 集中起来，并通过本身的特殊机制，在提供公共物品、调整产业结构以及促进社会经济的稳定和发展等方面，发挥不可替代的作用。

2.2.1.4 正确处理收入差距与效率的关系

公平不等于平均；不能把收入差距和效率等同。提倡一部分人靠正当的经营和诚实的劳动先富裕起来；收入差距要适度，适度合理的差距有利于推动效率的提高。

2.2.2 财政支出的效率

2.2.2.1 财政支出的配置效率的概念

财政支出的效率由财政的资源配置效率和公共物品的“生产效率”两方面组成。研究财政的资源配置效率问题，首先需要选定一个可行的效率标准。

效率标准就是社会净效益（或净所得）最大化标准。即当改变资源配置时，社会的所得要大于社会的所失，其差额越大越好。财政支出所取的各种效益，应是经济效益和社会效益的总和。也就是说，财政支出所取得的各种效益应当大于聚集财政收入过程中对经济所形成的代价或成本，应取得效益剩余或净效益。

需要强调的是，财政的资源配置效率首先是财政支出占 GDP 比重的适度问题，也就是政府的资源配置与市场的资源配置的恰当结合问题。

政府通过提供公共物品进行配置，就是要把居民的消费需求集合为“社会的需求”，政府按“社会的需求”意愿进行资源配置才是有效率的。这种有效率的政治制度就是“公共选择”制度。

2.2.2.2 财政支出配置效率的边际效用理论

财政支出配置效率的边际效用理论是指把社会成员在消费公共物品中获得的边际效用，与这些社会成员向政府纳税的边际负效用联系在一起，从理论上说明提高财政配置效率的一种经济学研究方法。

该理论强调的是：要实现社会资源在财政部门与私人部门的合理配置，必须要求财政部门使用资源的边际效用等于该资源用于私人部门时的边际效用；若财政部门使用资源的边际效用大于该资源用于私人部门的边际效用，则说明增加财政部门配置的公共物品的规模与结构是有效率的。反之，则应减少财政部门的资源使用。

2.2.2.3 财政支出的“生产效率”

讨论财政支出的“生产效率”问题有个前提，就是把政府机构和公共部门看作是提供公共物品的“生产部门”。在资源配置既定的前提下，政府机构内部的组织管理状况决定着提供公共物品的数量和质量，也蕴藏着提高财政支出的巨大效率潜力。因其潜在效率如同未知数 X 一样无法确定，所以，财政支出的“生产效率”通常被称为政府部门的 X 效率。

2.2.3 财政支出效益的分析

2.2.3.1 财政支出效益的含义

财政支出的效率具体表现为财政支出的效益。衡量财政配置效率实际就是分析和评价财政支出效益。只有当社会资源集中在政府手中能够发挥更大的效益时，政府占有资源才是有效率的。所以，财政支出的根本目标就是提高财政支出的经济效益。

所谓效益，就是财政支出活动中“所费”与“所得”的对比关系；所谓经济效益，就是“少花钱、多办事、办好事”。这就要求财政支出的安排和使用必须效率优先，保证重点，照顾一般，厉行节约，提高效益。

2.2.3.2 财政支出效益的内容范围

财政支出效益的内容范围包括三个层次：

（1）财政支出内源性效益。指财政支出本身所产生的效益，包括能直接产生可计量的经济效益的直接效益和不能直接产生经济效益但存在社会效益的间接效益。内源性效益也包括财政支出总规模所产生的效益、财政支出项目间的组合效益以及具体财政支出所产生的效益。

（2）财政支出的部门绩效评价。是指对使用（管理）财政支出的公共部门（如教育、文化、农业等）进行的财政年度内的工作绩效评价。它包括对部门资源配置的总体状况进行评价和对部门本身的工作绩效进行评价。

（3）财政支出的单位绩效评价。是指对资金具体使用单位进行的财政年度内的工作绩效评价。其评价的重点是：1）预算及相关决策的执行情况；2）具体单位的资金管理机制是否完备，是否存在违反财政法规的现象；3）资金使用的最终效益是否得到体现等。

2.2.4 财政支出效益评价方法

（1）成本—效益分析法。是指将一定时期内的项目总成本与总效益进行对比分析的方法。它更多地运用在公共支出的决策程序中。它试图通过项目的成本计算，将不可比的项目转为可比，从而为决策部门提供一个量化的评估结果。这一方法的要求是：必须将项目的收益，包括内部收益和外部收益全部量化；同时，也将项目的成本，包括内部成本和外部成本全部量化，然后再比较其效果。

（2）成本—效用分析法。是指某一项目目标确定后，通过对可能产生的多种方案进行成本计算，以选择效率最高方案的方法。这一方法的要求是：在进行项目评价时，其效益不是采用货币计量，而是采用相应的数量单位（如速度、运输能力、负荷能力等）来量度。

（3）因素分析评分法。是指将影响投入（财政支出）和产出（效益）的各项因素罗列出来进行分析，并对投入产出之比进行计算据以评价的一种方法。该方法适用于评估无法用货币计量的指标，如环境效益项目等。

（4）最低成本法（也称最低费用选择法），这种评价方法与成本—效益分析法的主要区别是不用货币单位计量备选项目的社会效益，只计算项目的有形成本，并以成本最低作为择优的标准。它适用于对成本易于计算，而效益不易计量的支出项目的评价。

2.3 财政的民主化和法制化

2.3.1 公共选择理论

2.3.1.1 公共选择理论的概念

公共选择理论是运用经济分析方法来研究政府决策的方法和过程的一种理论。它是詹姆斯·布坎南和戈登·图洛克在前人研究的基础上进一步研究的成果。布坎南于 1986 年获得诺贝尔经济学奖。

公共选择理论不是抛开市场因素只局限于政治领域，而是着眼于市场与政治的不足之处，试图使经济与政治得到相互弥补。该理论开辟了研究非市场决策或公共决策问题的新的研究领域。

公共选择理论的主要贡献在于：它证明了市场的缺陷并不是把问题转交政府去处理的充分条件，同时以市场经济条件下政府行为本身的局限和“政府干预失效”的问题作为研究重点，分析政府行为的效率，并寻求政府有效率工作的规则和约束体系。

2.3.1.2 公共选择理论的积极意义

公共选择理论是对西方市场经济发展中政府与市场关系实践的一种理论反思。它对于我国在建立和完善社会主义市场经济体制的过程中，正确处理政府与市场的关系，协调政治体制和经济体制的关系，转变政府的经济职能，避免政府干预失效，具有重要的启迪意义；对合理解决政府与市场关系具有指导意义。其基本思路是：政府干预是弥补市场机制的失灵，而不是取代市场机制，特别要避免习惯于用计划经济手段来管理市场经济；对政治体制及行政体制的改革具有借鉴意义；对实现公共决策（政府决策）的法制化和民主化具有重要的实践意义；对在政府决策过程中，正视政府行为的“经济人”特征具有借鉴意义。

2.3.2 我国财政决策的民主化和法制化

完善我国财政决策民主化和法制化的过程主要包括两方面的内容：完善我国财政民主化和法制化的程序，完善我国财政的法制化建设。

完善我国财政民主化和法制化的程序包括四个方面：

（1）确定国家预算收支规模，实现国家预算效益最大化目标。

（2）按国家的方针政策确定公共项目的种类，包括公共支出项目和公共投资项目，确定各公共项目的支出数额及其所占比例。

（3）通过立法确定预算收入的筹资方式和制度。

（4）对预算执行实施日常财政监督，审核国家决算。

完善我国财政的法制化建设包括三个方面：

（1）财政立法；

（2）财政执法；

（3）财政行政复议。

【拓展训练】

财政支出将发力　资金面平稳跨季几率高

2018年6月22日《中国证券报》记者张勤峰

6月21日，临近半年末时点，央行继续通过公开市场逆回购，投放流动性，市场资金面整体均衡。央行称，银行体系流动性总量将进一步走高。分析人士认为，央行适时适量给予流动性支持，加之定向降准预期提振市场信心，本月末流动性出现大幅收紧的可能性进一步下降，资金面有望平稳度过“大考”。

小纸条传递重要信息

21日早间，央行开展了600亿元7天期和400亿元14天期逆回购操作，中标利率分别持稳于2.55%、2.70%。当天有700亿元央行逆回购到期，此举实现净投放300亿元，为6月12日以来连续第7日净投放，但净投放规模较之前有所减少。

值得注意的是，21日的央行公开市场业务交易公告，直截了当地表示，此次逆回购操作是“为对冲央行逆回购到期等因素的影响，稳定半年末资金面”，并指出“考虑到央行对金融机构法定准备金付息和临近月末财政开始支出等因素，银行体系流动性总量将进一步走高”。

“通过交易公告的小纸条，央行既回应了市场参与者对半年末流动性状况及央行相应流动性操作的关切，还对后续流动性情况进行了分析预判，有助于引导和稳定市场预期，避免市场参与者对半年末流动性产生误判和不必要的担忧。”一位券商交易员向中国证券报记者表示。

财政支出即将发力

21日，市场资金面继续保持均衡，部分短期货币市场利率回落，市场对资金面信心增强。

昨日Shibor多数走低，1周和2周品种利率继续小幅走高，但隔夜品种已止涨回落，3个月及更长期限Shibor悉数走低。

银行间债券回购利率方面，可跨季的14天和21天回购利率仍继续上涨，但核心交易品种DR001和DR007加权平均利率双双下行逾4BP，前者报2.56%，后者报2.77%。近期DR007加权平均利率始终未超过3%，显示市场资金面总体比较平稳，未见异常紧张。

交易员称，本周以来市场资金面有所收紧，跨季资金供不应求，价格不断上调，之前比较充裕的隔夜和7天资金因为需求上升，而不再如上周那般宽裕，不过，短期限资金供给基本有保障，市场供求整体处于均衡的状态，资金面还算不上很紧张。

月初以来，资金面一直比较稳定，月中税期也未造成太大扰动，这离不开央行适时适量的流动性支持。6月12日以来，央行已连续7日通过公开市场操作渠道实施流动性净投放，累计净投放5800亿元。其中，包括6月19日央行开展2000亿元1年期MLF操作，这是本月央行第二次开展MLF操作。另外，6月15日，央行开展中央国库现金管理商业银行定期存款操作1000亿元，发放抵押补充贷款（PSL）605亿元。

市场人士表示，近期央行流动性操作力度明显加大，且搭配运用工具组合，投放覆盖短期、中期和长期的各类流动性，较好满足了机构合理的流动性需求，稳定了市场预期。考虑到国务院常务会议提及定向降准，近期可能会有政策落地，市场对流动性信心得到进一步提升。近期央行净投放资金量较大，再考虑到季末财政支出力度较大，将进一步增加流动性，半年末资金面出现大波动的可能性下降，平稳跨季的几率较高。

思考题：请运用财政支出的相关知识分析本案例。

【项目小结】

（1）所谓公共定价，就是确定公共物品价格和收费标准。从定价政策来看，它包括纯公共定价和管制定价或价格管制。

（2）公共定价涉及定价水平和定价体系。定价水平是指提供每一单位的物品和服务的定价（收费）是多少。定价体系是指应考虑费用结构和需求结构的各种定价组合。

（3）财政活动的目的是为了满足人们的需要，或增进社会福利的水平，具体应包括两个方面：一是生产出尽可能多的物资财富，即把提供分配的“蛋糕”做大；二是物资财富应在各社会成员之间合理进行分配。二者不可或缺。

（4）公平不等于平均，不能把收入差距和效率等同。提倡一部分人靠正当的经营和诚实的劳动先富裕起来；收入差距要适度，适度合理的差距有利于推动效率的提高。

（5）财政支出的效率由财政的资源配置效率和公共物品的“生产效率”两方面组成。研究财政的资源配置效率问题，首先需要选定一个可行的效率标准。

（6）财政支出配置效率的边际效用理论是指把社会成员在消费公共物品中获得的边际效用，与这些社会成员向政府纳税的边际负效用联系在一起，从理论上说明提高财政配置效率的一种经济学研究方法。

（7）财政支出的效率具体表现为财政支出的效益。衡量财政配置效率实际就是分析和评价财政支出效益。只有当社会资源集中在政府手中能够发挥更大的效益时，政府占有资源才是有效率的。所以，财政支出的根本目标就是提高财政支出的经济效益。

（8）成本—效益分析法，是指将一定时期内的项目总成本与总效益进行对比分析的方法。它更多地运用在公共支出的决策程序中。它试图通过项目的成本计算，将不可比的项目转为可比，从而为决策部门提供一个量化的评估结果。这一方法的要求是：必须将项目的收益，包括内部收益和外部收益全部量化，同时，也将项目的成本，包括内部成本和外部成本全部量化，然后再比较其效果。

（9）公共选择理论是运用经济分析方法来研究政府决策的方法和过程的一种理论。它是詹姆斯·布坎南和戈登·图洛克在前人研究的基础上进一步研究的成果。布坎南于1986年获得诺贝尔经济学奖。

（10）完善我国财政决策民主化和法制化的过程主要包括两方面的内容：完善我国财政民主化和法制化的程序，完善我国财政的法制化建设。

3 财政支出规模和结构分析

【学习目标】

（1）了解财政支出按财政功能、按支出用途、按支出产生效益的时间的分类。

（2）重点掌握按经济性质的分类及其意义。

（3）理解我国财政支出规模发展变化的特殊性，理解影响财政支出规模的宏观因素。

（4）掌握经济改革后我国财政支出中购买性支出和转移性支出的变化情况及其成因。

（5）理解“内生增长理论”对我国优化财政支出结构的借鉴意义。

3.1 财政支出分类

财政支出分类一般有四种分类方法：按财政功能分类，按支出用途分类，按经济性质分类，按支出产生效益的时间分类。在了解不同分类的内容时，重点应搞清楚财政支出的每个项目的内容、财政资金提供给谁使用、使用资金的性质和用途。

3.1.1 按财政功能分类

按财政功能分类，过去称之为按费用类别的分类，又称为按国家职能的分类。我国将财政支出分为五大类：经济建设费、社会文教费、国防费、行政管理费、其他支出。

分类的意义：按国家职能对财政支出分类，可清晰地揭示一个国家政府职能的定位以及侧重于执行的职能。通过对一个国家的支出结构作时间序列的分析，便能揭示该国政府职能的演变与发展；通过对若干国家在同一时期的支出结构做横向比较分析，便可揭示不同国家职能的差别。

3.1.2 按支出用途分类

按支出用途分类，迄今为止，是我国财政支出的主要分类方法。其理论依据是马克思关于社会产品价值构成理论。1949 年以来，我国财政支出结构基本上是遵循这一理论来安排的。一国社会经济如不从事扩大再生产，社会总产品的最终使用可分为补偿和消费两部分。与补偿支出相对应的社会总产品价值为 C，与消费支出相对应的社会总产品价值为（$V+M$）。如在扩大再生产条件下，就是将社会总产品价值中 M 的一部分不用于消费，而是通过投资的过程形成积累。因此，在一个动态发展的经济社会里，社会总产品的价值构成与社会总产品的最终使用构成是不相同的。这是社会经济不断扩大再生产的经济发展的需要。

就社会总产品的运动而言，从静态的价值构成上划分，支出可分为补偿性支出、积累性支出、消费性支出。从动态的再生产的角度进行归类，支出可分为投资性支出、消费性支出。

分类的意义：在国民收入分配中，积累与消费是最基本的比例关系，它相当于西方经济学中储蓄投资和消费的概念和关系。所以，这一分类方法有利于分析我国财政支出中政府储蓄投资和社会消费的倾向，有利于与我国整体经济的资源配置方向有一个很好的衔接和协调。

（1）补偿性支出——指用于补偿生产消耗价值的支出。在我国财政支出中，带有补偿性质的项目只有挖潜改造资金支出。改革前，该项目曾是财政支出的重要内容；改革后，其所占比重很低。

（2）积累性支出——指不在当年消费，能够形成固定资产、流动资产和国家物储备等资产的各项财政支出，包括基本建设支出、流动资金、国家物资储备以及新产品试制、地质勘探、支农、各项经济建设事业、城市公用事业等中增加的固定资产部分，属于积累性支出。改革前该项目曾占财政支出的比重很大。

（3）消费性支出——指用于当年社会和个人消费的项目部分，如国防战备费、行政管理费、文教科学卫生事业费、抚恤和社会救济费等。其支出在市场机制国家占总支出的比重很大；而发展中国家由于经济发展水平较低，更多地用于积累性支出，其支出比重很小，近年来正在逐步加大。

3.1.3 按经济性质分类——购买性支出与转移性支出

按经济性质分类，即财政支出按是否与商品和服务相交换为标准，可分为购买性支出和转移性支出。

（1）购买性支出。购买性支出直接表现为政府及其机构在市场上购买所需商品和服务的活动，包括购买进行日常政务活动和用于国家投资所需商品和服务的支出。其特点是：财政一手付出资金，另一手购得相应的商品和服务。政府在购买时，同其他经济主体一样，在市场上进行等价交换的活动，这是政府及其机构“自己花费”的支出。

购买性支出的作用是政府直接以商品和服务的购买者身份出现在市场上，对社会的生产和就业产生直接影响，对收入分配产生间接影响。

（2）转移性支出。转移性支出是指政府根据一定的经济和社会政策，通过特定方式，将财政预算资金单方面无偿地向非政府主体进行转移支付。其特点是财政付出了资金，却无法换回任何所得。也就是政府本身“不花费”，是“给他人花费”的支出。它不存在等价交换的问题。

转移性支出包括：补助支出、捐赠支出和债务利息支出。

转移性支出的作用是政府将本身的资金转移给受领者，是资金所有权的转移，受领者是否用于购买活动完全脱离政府的控制。这类支出对收入分配产生直接影响，对社会的生产和就业产生间接影响。

（3）二者的区别。

1）遵循原则不同。安排购买性支出时，政府必须遵循等价交换的原则。微观经济主体在同政府的购买性支出发生联系时，也须遵循等价交换原则，体现出较强的效益约束。

安排转移性支出时，政府不必遵循等价交换的原则。转移性支出的规模大小及其结构变化，在很大程度上只能根据政府与微观经济主体、中央政府与地方政府的谈判情况而定。最终，转移性支出能否带来理想的效益，存在相当的不确定因素，体现出较软的效益约束。

2）取得效益不同。微观经济主体在与政府购买性支出发生联系时，其获得的收益大小，取决于市场的供求关系和价格，对微观经济主体的预算约束呈“刚性”。

微观经济主体能否获得政府转移性支出，对个人或企业而言，很大程度上并不取决于自己的能力和生产能力，主要取决于与政府讨价还价的能力，对微观经济主体的预算约束呈“柔性”。

3）执行职能不同。在财政支出总额中，购买性支出所占比重大，表明政府执行资源配置的职能较强，对生产和就业的直接影响大，在财政支出总额中，转移性支出所占比重大，表明政府执行收入分配的职能较强，对收入分配的直接影响大。

一般而言，发达国家的转移性支出所占财政支出的比重相对较高，说明政府执行收入分配的职能较强；而发展中国家的转移性支出所占财政支出的比重相对较低，说明政府执行资源配置的职能较强。

3.1.4 按支出产生效益的时间分类——经常性支出和资本性支出

按财政支出所产生效益的时间分类，是现代公共经济学研究财政支出分类的一种主要方法，可分为经常性支出、资本性支出。

（1）经常性支出。经常性支出是指维护公共部门正常运转或保障人们基本生活所必需的支出，包括人员经费、公用经费及社会保障支出。

经常性支出特点：经常性支出的消耗会形成当期服务的公共物品，会使社会直接受益或当期受益。同样，经常性支出是构成当期公共物品的成本，当期公共物品的受益应与当期公共物品的成本相配比，其配比的资金来源应当是税收。但如果以公债方式为经常性支出筹资的话，那实际上就是将本期公共物品的成本递延到未来，这使公共物品的受益与公共物品的付费在时间上发生差异。

（2）资本性支出。资本性支出是指用于购买或生产使用年限在一年以上的耐久品所需的支出，包括生产性支出和非生产性支出。

资本性支出特点：资本性支出耗费的结果将形成可供长期使用的固定资产。为此，资本性支出不能全部被看作是当期公共物品的成本。因为所形成的固定资产，有一部分是在当期受益，而更多的部分是在以后较长的时间内受益。因此，如果用当年的税收去补偿全部的资本性支出，就等于将未来公共物品的成本提前到本期，这同样会使公共物品的受益与公共物品的付费在时间上发生差异。资本性支出的补偿方式是税收的话，意味着本期享用的公共物品所需支付的代价应在本期；资本性支出的补偿方式是国债的话，意味着未来享用的公共物品所需支付的代价可以在未来时期。

3.2 财政支出规模分析

3.2.1 衡量财政活动规模的指标

（1）反映财政活动规模的指标。反映财政活动规模可用财政收支的两个指标来表示：

绝对数指标和相对数指标。

绝对数指标是指以一国货币单位表示的财政支出的实际数额。使用这一指标可以直观地反映某一财政年度内政府支配的社会资源的总量。

但是，该指标不能反映政府支配的社会资源在社会资源总量中所占的比重，因而不能充分反映政府在整个社会经济发展中的地位；该指标是以本国货币为单位，不便于进行国际比较；该指标是以现价反映财政支出的数额，没有考虑通货膨胀因素对支出总量的影响，因而所反映的只是名义上的财政支出规模；特别在币值变化较大的情况下，其绝对额与以前年度的绝对额缺乏可比性。

相对数指标通常用两个指标表示：财政收入占 GDP 的比重或财政支出占 GDP 的比重。在大多数国家的大多数财政年度中，财政收入的量与财政支出的量都是不相等的，通常是后者大于前者，财政支出占 GDP 的比重高于财政收入占 GDP 的比重。

这一指标反映政府支配的社会资源在社会资源总量中所占的比重，可以全面衡量政府的经济活动在整个国民经济活动中的重要性，也便于进行国际比较；而且，由于相对指标是通过计算财政支出占 GDP 的比重来衡量财政支出规模的，剔除了通货膨胀因素的影响，所反映的是财政支出的实际规模。这一相对数指标与以前年度的相对数指标具有可比性。

（2）相对数指标更具有优越性。其理由如下：

财政支出占 GDP 的比重更贴近实际，更能表现财政对 GDP 的实际使用和支配的规模；而财政收入表示财政可能使用和支配的规模，并不代表财政的实际发生规模。

财政收入反映的是财政参与 GDP 分配过程的活动；财政支出反映的是财政参与 GDP 使用过程的活动，是通过财政支出的规模和结构实现资源的配置，直接影响社会再生产的规模和结构。

财政支出更能全面而准确地反映财政对宏观经济运行的调控能力。

所以，一般认为，财政支出占 GDP 的比重比财政收入占 GDP 的比重更具优越性。

（3）反映财政支出规模变化的动态指标。反映财政支出规模发展变化的动态指标有三个：

财政支出增长率——表示当年财政支出比上年同期财政支出增长的百分比（%），即“同比”增长率。

财政支出增长的弹性系数——指财政支出增长率与 GDP 增长率之比。如弹性系数大于 1，表示财政支出的增长速度快于 GDP 的增长速度；反之，表示财政支出的增长速度慢于 GDP 的增长速度；其弹性系数等于 1，表示财政支出与 GDP 处于同步增长状态。

财政支出增长边际倾向——指财政支出的增长额占 GDP 的增长额的比例。表示 GDP 每增加一个单位的同时财政支出增加多少。

3.2.2 财政支出规模发展变化的一般趋势

（1）瓦格纳法则。阿道夫·瓦格纳（Adolf·Wagner）是德国经济学家。他对 19 世纪的许多欧洲国家，以及日本和美国的公共部门的增长情况做了考察，率先提出了财政支出扩张理论。他的研究成果被后人称之为“瓦格纳法则”。

瓦格纳法则表述为，随着人均收入的提高，财政支出的相对规模也随之提高。这一观点也被主要经济发达国家的经济发展实践所证明。

他认为财政支出增长的趋势可以从两个方面加以解释：

政治因素：由于国家职能的扩展和国家活动范围的扩大，会导致财政支出不断增长。

经济因素：政府为了维持市场秩序，为了解决外部效应等问题的需要，也会导致财政支出不断增长。

同时，他通过对一系列数据进行分析得出：财政支出占 GDP 比重的上升不可能是无止境的。当经济发展达到一定高度时，就会呈现相对稳定的趋势，即稳定在一定的水平上。

（2）替代—规模效应。替代—规模效应理论是由英国的经济学家皮科克（Peacock）与怀斯曼（Wiseman）提出的。1961 年皮科克与怀斯曼出版了《联合王国公共支出的增长》一书，书中对英国从 1900-1955 年间的公共部门成长情况进行了研究，认为导致财政支出增长不仅是外在因素，还有内在因素。认为对内在因素的分析，是建立在“政府喜欢多花钱，公民不愿意多交税”的假设之上的，因此，政府在决定预算支出时，需要密切关注公民赋税的承受能力。在正常情况下，经济发展，收入水平上升，以不变的税率所征得的税收也上升，财政支出上升随 GDP 的上升而上升，这是内在因素作用的结果。

在非正常情况下，即在危急时期，公共支出会替代私人支出，财政支出的比重会增加；但在危急时期过后，公共支出并不会退回到先前的水平，每一次较大的经济和社会动荡，都会导致财政支出水平上一个新的台阶。这种财政支出的上升规律，称为“替代—规模效应”。

（3）经济发展阶段论。经济发展阶段论是由美国经济学家马斯格雷夫（R. A. Musgrave）和罗斯托（W. W. Rostow）两人提出的。他们用经济发展阶段论来解释公共支出增长的原因。

他们认为，在经济发展的早期阶段，政府投资在社会总投资中占有较高的比重；在经济发展的中期阶段，政府投资将逐步转换为对私人投资的补充；一旦经济发展达到成熟阶段，政府的公共支出将从基础设施投资支出转向不断增加的教育、保健与福利等方面的支出，而且这方面支出的增加大大超过其他方面支出的增长速度，也会快于 GDP 的增长速度。

3.2.3 我国财政支出规模发展变化的特殊性

3.2.3.1 改革开放后我国财政支出增长的基本特征

（1）改革开放后，我国财政支出的绝对数除 1980 年和 1981 年是负增长外，其余年份都是增长的，财政支出增长率基本上是一条波折上升的曲线。

（2）1995 年前的时间内，由于财政支出增长速度慢于 GDP 的增长速度，导致财政支出占 GDP 的比重一路下滑，到 1996 年才停止下滑，1997 年开始回升，而且回升的速度较快。总之，财政支出占 GDP 的比重呈现先逐年下滑，后逐年回升的特征。这种发展变化的趋势明显体现了经济体制转轨时期的特征。

3.2.3.2 造成我国财政支出占比变化的原因

（1）经济体制改革前，我国财政支出占 GDP 的比重比较高，这是由计划经济体制决定的。即国家扮演总企业家和总家长的角色，在 GDP 的分配上，实行的是“统收统支”。

（2）经济体制改革初期，由于改变了计划经济时期包得过多、统得过死的局面，调整了政府职能和分配格局，实行放权让利政策，激发经济活力，提高城乡居民的收入水平。因此，财政支出占 GDP 的比重自然出现下降的趋势。

（3）随着经济改革的逐步到位和 GDP 的加快增长，财政支出占 GDP 的比重转而趋于回升。特别是自 1998 年实行积极财政政策后，回升速度加快。

3.2.4 财政支出合理规模的选择

3.2.4.1 影响财政支出规模的宏观因素

经济性因素：主要指经济发展的水平、经济体制的选择以及中长期发展战略和当前的经济政策等因素。

政治性因素：它包括一国的政局、政体结构和行政效率以及政府干预政策等方面。

社会性因素：指人口、就业、医疗卫生、社会救济、社会保障以及城镇化等因素，这些因素都会在一定程度上影响财政支出的规模。

3.2.4.2 影响财政支出规模的微观因素

福利经济学对财政支出增长的分析主要是从微观角度进行的。它采用效用最大化的分析方法，将生产有效供给原理运用到政府公共物品的供应中，通过影响财政支出增长的变量，如公共物品的需求、公共物品的成本和价格、公共物品的质量以及生产组织形式等，来分析和研究财政支出的规模。

近年来，我国财政管理中所采取的编制部门预算、政府采购制度、国库集中收付制度以及对预算外资金的“收支两条线”管理制度，都是从微观管理入手，提高财政支出效益，控制财政支出规模。

3.2.4.3 如何完善政治决策程序

财政是一种与政治联系最紧密的经济问题。因而政治决策就成为确定财政支出规模的重要因素。正因为政治决策与财政支出规模之间的紧密关系，才出现公共选择理论。公共选择理论是将经济分析的工具和方法应用到政治决策过程，以寻求财政决策的最佳途径。

为此，完善政治决策程序必须做到：完善科学民主决策机制，健全重大问题集体决策机制和专家咨询制度，实行社会公示和社会听证制度，大力推进依法行政，严格按法律规定的权限和程序行使权利和履行职责，形成对行政权力的制约和监督。

3.3 财政支出结构分析

3.3.1 政府职能与财政支出结构

财政支出结构是指各类财政支出占总支出的比重。按政府职能对财政支出结构进行分析，它表明财政支出与政府职能的关系，表明在履行政府职能中财政资源的分布状况，表明不同时期财政政策的重点及其变化趋势。

财政支出结构与政府职能存在紧密的对应关系，政府职能可分为经济管理职能和社会管理职能。前者称为经济建设支出，后者称为公共支出。随着社会主义市场经济的确立，政府的经济管理职能逐步弱化，社会管理职能日益加强。

造成经济建设支出下降的原因是：由于财政的流动资金供应从无偿拨款改为由银行有偿贷款，使流动资金支出下降；由于投资主体的多元化和投资主体的资金来源多元化，使得预算内基本建设支出比重迅速下降。

3.3.2 财政支出的经济性质与财政支出结构

以财政支出是否与商品和服务相交换为标准，财政支出分为购买性支出与转移性支出。购买性支出与转移性支出在财政支出总额中所占比重的大小，表明不同国家财政在不同时期的不同经济作用和不同财政职能的变化。

一般来说，经济发达国家的财政收入比较充裕，财政职能侧重于收入分配和经济稳定，因而转移性支出占总支出的比重较大，往往与购买性支出平分秋色。发展中国家的财政收入相对匮乏，财政职能侧重于资源配置，因而购买性支出占总支出的比重较大。

我国作为一个发展中的国家，财政支出结构具有发展中国家的一般特征。自经济体制改革以来，购买性支出所占比重有所下降，转移性支出所占比重有所增加。

3.3.3 财政支出结构的调整和优化

3.3.3.1 财政支出结构调整和优化的依据

内生增长理论为调整和优化财政支出结构提供了重要思路。内生增长理论是 20 世纪 80 年代，以罗默、卢卡斯为代表的一批学者，针对新古典增长理论将技术进步视为经济增长的一种外在因素的缺陷，提出的一种新经济增长理论。该理论的基本思想是：劳动投入过程中包含着因教育、培训及职工再教育而形成的人力资本；物质资本积累过程中，包含着因研究开发活动而形成的技术进步；生产性公共投资的增加也有助于提高物质资本的边际收益率。因此，生产要素积累的收益率不会发生递减趋势，长期增长率将大于“0”。该理论的贡献在于将原来认为技术进步促进经济增长的外在因素内在化。为此，人们将这一理论称为“内生增长理论”。

3.3.3.2 调整和优化财政支出结构的具体政策和措施

社会主义的根本任务是发展社会生产力。以发展为主题、以结构调整为主线、以改革开放和科技进步为动力、以提高人民生活水平为根本出发点的方针，是调整和优化财政支出的结构的基本依据。应采取的政策和措施是：

（1）保证适度的预算内投资规模，以便足以支撑适度的经济增长率，加快产业结构和地区结构的调整，促进技术进步和产业升级。

（2）增大教育和科研投入，增强经济增长的内生动力。

（3）重视农业的基础地位，加大农村、农民和农业的投入。

调整和优化财政支出结构的具体政策和措施主要是：

（1）实行重点倾斜政策。

（2）根据保证重点、压缩一般的方针，对一般支出实行零增长政策。

（3）保持积极财政政策的连续性和稳定性，继续适量发行国债，主要用于续建和收尾工程，重点向改善农村生产生活条件、经济结构调整、生态环境建设和中西部倾斜。

（4）进一步加大中央对地方的转移支付，缩小地方间财力差距，协调地方社会经济发展，加强中央财政的调控作用。

【拓展训练】

月末财政支出对冲　央行周三净回笼300亿元

2018年5月23日　中国证券网

中国证券网讯（记者　金嘉捷） 今日央行在公开市场实施净回笼。5月23日，央行公告称，临近月末财政支出可一定程度对冲央行逆回购到期等因素的影响，为维护银行体系流动性合理稳定，央行今日以利率招标方式开展了1500亿元逆回购操作。具体为800亿元7天品种和700亿元14天品种，中标利率均持平于前期。鉴于今日有1800亿元逆回购到期，实现净回笼300亿元。

当前，市场流动性总体宽松，跨月资金价格有上涨趋势。昨日，上海银行（15.670，0.00，0.00%）间同业拆放利率（Shibor）涨跌互现。短期利率保持下行趋势，但降幅有所收窄。隔夜Shibor和7天Shibor分别下行0.2个基点和0.1个基点，14天Shibor上行0.4个基点。存款类机构质押式回购利率整体平稳，DR007加权平均利率连续3天保持接近2.70%位置，DR014加权平均利率小幅升至3.7435%。存单方面，昨日计划发行量为806.7亿元，其中AAA发行量占比达64.53%，需求主要集中在3个月期。

近期资金面相对宽松，引发市场乐观预期。不过，华创债券研究团队认为，流动性不可高枕无忧。通过梳理当前到6月底影响资金面的因素后，发现资金面仍面临诸多风险点：一是财政存款，5月对流动性负向贡献3500亿元到4000亿元左右，月底企业清缴去年所得税仍有2000亿元左右影响；6月对流动性正向贡献5000亿元左右。二是缴准，5月对流动性负向贡献1400亿元左右，6月负向贡献3780亿元左右。三是外汇占款，5~6月或有小幅流出，但对流动性影响较小。四是公开市场，5月末单周到期量仍大，6月或等量续作到期MLF。

总体而言，5月底，资金面仍面临月末以及企业清缴所得税扰动。6月，在MPA压力下，银行对资金需求加大，融出资金意愿减弱，资金整体会趋紧，叠加缴准规模偏多，估计会对资金面产生较为明显扰动。

思考题： 请运用财政支出的相关知识分析本案例。

【项目小结】

（1）就社会总产品的运动而言，财政支出从静态的价值构成上划分，可分为补偿性支出、积累性支出、消费性支出。从动态的再生产的角度进行归类，可分为投资性支出、消费性支出。

（2）按经济性质分类，即财政支出按是否与商品和服务相交换为标准，可分为购买性支出和转移性支出。

（3）按财政支出所产生效益的时间分类，是现代公共经济学研究财政支出分类的一种主要方法，可分为经常性支出、资本性支出。

（4）反映财政活动规模可用财政收支的两个指标来表示：绝对数指标和相对数指标。

（5）阿道夫·瓦格纳（Adolf·Wagner）是德国经济学家。他对十九世纪的许多欧洲国家，以及日本和美国的公共部门的增长情况做了考察，率先提出了财政支出扩张理论。他的研究成果被后人称为“瓦格纳法则”。瓦格纳法则表述为：随着人均收入的提高，财政支出的相对规模也随之提高。这一观点也被主要经济发达国家的经济发展实践所证明。

（6）财政是一种与政治联系最紧密的经济问题。因而政治决策就成为确定财政支出规模的重要因素。正因为政治决策与财政支出规模之间的紧密关系，才出现公共选择理论。公共选择理论是将经济分析的工具和方法应用到政治决策过程，以寻求财政决策的最佳途径。

4 购买性支出

【学习目标】

（1）重点掌握购买性支出的含义、性质及其对经济的影响和作用。
（2）掌握社会消费性支出的属性。
（3）掌握行政管理费和国防费的属性。
（4）了解我国行政管理费的增长变化原因。
（5）掌握文科卫支出的属性。
（6）掌握政府在提供教育服务方面发挥主导作用的理由。
（7）重点掌握政府介入卫生医疗事业的理由和范围。
（8）了解投资与经济增长之间的关系。
（9）掌握政府投资和非政府投资的区别。
（10）掌握政府投资的特点、范围和标准。
（11）了解基础设施的属性、特征和提供方式。
（12）掌握财政投融资的概念和基本特征。

4.1 社会消费性支出的性质

4.1.1 社会消费性支出的属性

社会消费性支出属于非生产的消耗性支出，其消耗或使用并不形成任何资产；本质上，社会消费性支出满足的是纯社会共同需要，所提供的服务是为全体公民共同享受，具有明显的外部效应；在财政支出的安排上，保证社会消费性支出各项目的必要列支，是财政工作的基本职责。它是实现社会经济的可持续发展，扩展社会发展空间，不断提高居民的生活质量的保证。

4.1.2 社会消费性支出项目

社会消费性支出的主要项目有行政管理费、国防费、文教、科学、卫生事业费、工交商农等部门的事业费。不同国家在不同时期，其社会消费性支出的规模有所不同。从世界各国的一般发展趋势来看，社会消费性支出的绝对规模总的呈现一种扩张的趋势，而相对规模在一定发展阶段也呈扩张趋势，达到一定规模则会相对停滞。

4.2 行政管理费和国防费

4.2.1 行政管理费和国防费

4.2.1.1　行政管理费和国防费的属性

行政管理费和国防费是用于维持国家政权机构正常运转和防御外敌侵犯，保卫国家安全的经费支出。也就是说，一个国家有两个基本职能：对内管理国家，对外巩固国防，与之相对应产生行政管理支出和国防支出。如果失去了这两个基本职能和两个基本支出的话，国家就不成其为国家了。

行政管理费和国防费均属于纯公共物品。

4.2.1.2　行政管理费和国防费对经济的影响

行政管理费和国防费对经济的影响可从多个角度思考：

(1) 从直接生产和消费社会财富角度分析。它们都是非生产性劳动，其费用纯属社会财富的虚耗。

(2) 从财富生产的社会条件分析。国防保护了人民生产和生活的安全；行政活动维护了生产和生活的秩序。因而，行政管理费和国防费支出并不是在虚耗社会财富。

(3) 从社会经济的循环分析。生产是产品的创造，消费是产品的实现。行政管理费和国防费的支出是全社会消费的组成部分。当社会消费需求不足时，行政管理费和国防费的增加，具有增加消费并促进生产的作用；当社会消费需求超过同期产出时，即生产供给不足时，若增加行政管理费和国防费的开支，就具有通货膨胀的效应。

4.2.2　行政管理支出

4.2.2.1　行政管理支出的内容

(1) 定义：行政管理支出指财政用于国家各级权力机关、行政管理机关、政法机关和外交机构行使其职能所发生的费用开支。它反映一个国家在一定时期的政治经济任务的主要方向，也决定了国家政权结构及其范围。

(2) 我国行政管理支出的项目包括行政支出、公安支出、国家安全支出、司法检查支出和外交支出等。按费用要素分，行政管理费包括人员经费和公用经费两大类。

4.2.2.2　我国行政管理费规模及其与国际比较

行政管理是政府的一项基本的职能。它不可能从财政支出中完全消失，甚至它的绝对值规模不断增长也带有必然性。

自改革开放以来，我国的行政管理费是财政支出中增长最快的一个项目，大部分年份的增长超过了财政支出的增长速度。尤其反映在公检法支出上，说明我国为适应改革开放和建立市场经济体制的需要，加大了立法、执法和检查监督的力度。

通过与若干国家进行国际比较发现，我国行政管理费占财政支出的比重高于其他国家，增速也快于其他国家。

从静态看，与其他国家相比，我国行政管理支出属于最高水平；从动态看，我国行政管理费所占财政总支出比重的高速爬升与其他国家这一指标的平缓上升或平缓下降形成鲜明的对比。

4.2.2.3　我国行政管理费规模居高不下的原因

行政管理费规模的形成有多种因素，而且具有历史的延续性。直接的影响因素有经济总体增长水平、财政支出规模、政府职能、机构设置和行政管理本身的使用效率等。

4.2.3　国防支出

4.2.3.1　国防支出的内容

国防支出是用于国防建设和保卫国家安全的支出，包括国防费、民兵建设费、国防科研事业费和防空经费等。它是任何一个主权国家维护其安全与独立所必不可少的开支。它是政府的一项基本职能，国防费的支出是决不会从财政支出中消失的。

近年来，我国的国防费主要用于三方面：人员生活费、训练维护费和装备费。

4.2.3.2 我国的国防政策

我国的国防政策是依据发展与安全相统一的安全战略思想制定的。我国长期以来坚定不移地奉行防御性的国防政策。进入21世纪，我国的国防政策是：（1）维护国家安全统一，保障国家发展利益；（2）实现国防和军队建设全面协调可持续发展；（3）加强以信息化为主要标志的军队质量建设；（4）贯彻积极防御的军事战略方针；（5）坚持自卫防御的核战略；（6）营造有利于国家和平发展的安全环境。

4.2.3.3 我国国防费规模及国际比较的结论

一国的国防支出规模是随着一个时期的国际形势和国内形势的变化而变化，和平时期趋减，发生战争骤增，可以说没有一以贯之的增减变化规律。

我国国防支出增长总的趋势是缓慢的，一般是滞后于财政支出和GDP的增幅。

从国际比较来看，我国的国防费规模，无论是绝对规模还是相对规模，都是偏低的。这是一个不容忽视的战略性问题。

4.3 文科卫支出

4.3.1 文科卫支出的经济属性

文科卫支出是文化、教育、科学、卫生支出的简称。围绕文科卫支出的经济属性，目前仍在深入地探讨中。主要观点有以下几种：

根据马克思关于生产劳动和非生产劳动的科学划分，凡从事物质资料的生产、创造物质财富的劳动，称为生产性劳动；除此之外的一切劳动都称为非生产性劳动。以此分析，文科卫事业费应属于非生产性支出。

换个观察角度分析。就科学研究而言，如果企业购买科研成果，或直接将科研成果用于提高劳动者、劳动工具和劳动对象等要素，或者用于调整三大要素不同组合的话，那么，这一类科学研究是生产性的；反之，不能对生产要素及其结合方式产生影响的话，这一类科学研究就是非生产性的。

故沿用目前国内各种统计文件的普遍做法将文化、教育、卫生事业费归入非生产性支出。

4.3.2 教育支出

4.3.2.1 教育支出的属性

从经济性质看，教育服务被看作是一种混合产品。其实，义务教育不是混合产品，而是纯公共物品；义务教育以外的高层次教育才属于混合物品。这样就不难理解为什么教育不能完全由政府免费提供，而是可以向受教育者收费，也可以由私人举办。

4.3.2.2 政府提供教育服务的理由

从实践上看，各国政府特别是发展中国家一般在提供教育服务方面发挥着主导作用。

其理由是：科技进步已成为经济增长的动力，而科技进步来源于教育；为避免因收入差距而形成受教育机会的不公平；教育资本市场的不发达和不完善。由政府主办教育服务，并为教育贷款提供担保，有助于弥补教育资本市场的不足。

4.3.2.3 如何认识我国教育支出的结构和效益

一国财政支出的规模和结构是影响教育经费效益的主要因素。目前，我国教育经费的规模不仅偏低，而且级次结构不尽合理，重视高等教育，忽略初级教育，特别是农村的普及教育长期处于落后的困境。

比较世界各类型国家三级教育的人均教育经费的状况，可以了解到：世界各类型国家的共同特征是人均教育经费逐级升高，但级差随着经济的发达程度呈反向关系，即经济越发达，级差越小。

而我国各级教育的级差远高于世界平均水平。近些年来，政府已加大对初等教育的投入，其差距出现缩小趋势，但仍需要逐步化解，短期内仍难以达到预期目标。教育经费规模偏低和教育经费级次结构失调，必然直接影响教育经费的投入效率和效益。我国的教育投资社会收益率和个人收益率均低于同类国家的平均水平，也低于世界平均水平；我国学校教育的综合入学率和人文发展指数都低于世界发达国家的水平。

4.3.3 科学研究费支出

4.3.3.1 科学研究费支出的属性

科研活动可以由一人或集体来完成。科学研究是一种社会共同需要，但是，科研活动的成本与运用科研成果所获得的收益不完全能够与市场交换对等起来。即有的能够有偿转让，有的无法转让。因此，科学研究费的支出分别属于纯公共物品和混合公共物品。

具体分析，我国科学研究活动分为两类：

(1) 基础性科研活动。它具有明显的外部效益，虽然不能产生直接的经济效益，但能够为创造直接经济效益的应用性科研活动提供必要基础，是社会经济发展不可缺少的科研活动，包括基础性、公益性和高新技术的科研活动。它不能通过市场交换来补偿成本，所需经费只能由政府财政提供。

(2) 应用性科研活动。其科研成果可以直接转化为新工艺、新产品、新技术，产生直接的经济效益，增强市场竞争能力。在产权机制和专利制度的保护下，可以实行有偿转让，以市场有偿转让的收入来补偿科研研发的成本。因此政府不必介入，应由微观主体来承担。

4.3.3.2 我国科学研究经费的投入情况

从绝对数看，我国财政用于科学研究的支出是逐年增长的，“十三五”时期增长幅度较大。但从相对数看，逐年增长的科研经费占财政支出的比重并没有明显的提高。目前，我国科研经费的投入包括财政拨款、科技三项费用、税收优惠、财政补贴等多种渠道；以及采取相应的政策，激励企业扩大自主积累，增加科研经费，推动企业成为技术创新的主体。

4.3.4 卫生支出

4.3.4.1 卫生支出的属性和范围

政府对卫生医疗领域中服务可以分为两个方面：公共卫生服务和基本医疗服务。

公共卫生服务。是指卫生监督、健康教育、疾病控制、卫生研究以及医疗救助等。公共卫生项目都是具有很强外部效应的纯公共物品，因此提供这些服务项目是政府的重要职责。

基本医疗服务。我国对基本医疗服务应涵盖的内容目前还没有一个统一的标准，但已有以下的共识：一是基于政府为保障人民最基本的人权或健康权而提供的服务；二是个人最迫切和急需的卫生医疗服务；三是与社会经济发展阶段相适应的、公共部门能够负担的服务。

基本医疗服务不具有明显的非竞争性和非排他性，却具有很强的外部效应，这一服务属于混合物品。正是由于基本医疗服务具有“拥挤性”和“浪费性”等低效率的特点，政府可以在提供基本医疗服务的同时，实行一定的收费制度。

政府不应包揽全部卫生医疗市场，而是选择政府应当介入的主要方面：

一是提供卫生医疗领域中的纯公共物品和部分准公共物品，以保证这些公共物品的市场、提供和消费达到最优化。

二是纠正市场信息不对称的缺陷，使医疗保险兼顾效率与公平。

三是补助穷人，使他们能够负担必要的保险，获得相应的基本医疗服务。

4.3.4.2 政府介入卫生医疗事业

市场在卫生医疗领域提供服务方面存在着广泛的缺陷，为政府介入卫生医疗领域提供了理论依据。下面以公共卫生为例进行分析。

公共卫生领域是具有很强外部效应的纯公共物品，包括安全饮水、传染病与寄生虫病的防范以及病菌传播的控制等。这些物品具有非排他性，市场不会提供，也不可能充分提供；同时，又不能将付不起费用的患者从可享受的服务中排挤出去。

卫生信息是一种具有外部效应和非排他性的公共物品，市场不可能充分提供卫生、免疫、营养以及计划生育等信息方面的免费服务。

出于公平分配的考虑。卫生保健是人人应有的权利，而不是基于经济基础上的特权。缓解和消除因收入差距对健康形成的不良影响是政府卫生政策的目标。

疾病风险的不确定性和商业保险市场存在“逆向选择”的缺陷，使政府的公共卫生服务带有社会保险的性质，应在更大的范围内由政府承担疾病的社会风险，为劳动者提供可靠的后盾。

世界银行提出的政府应对公共卫生事业进行干预的三条理由：减少贫困是在医疗卫生方面进行干预的最直接的理论基础；许多与医疗卫生有关的服务是公共物品，其作用具有外部性；疾病风险的不确定性和保险市场的缺陷是政府行为的第三个理论基础。

4.3.4.3 深化卫生医疗改革的基本思路

我国卫生医疗深化改革的基本指导方针是：坚持公共医疗卫生的公益性质，深化医疗卫生体制改革，强化政府责任，严格监督管理，建设覆盖城乡居民的基本卫生保健制度，为群众提供安全、有效、方便、价廉的公共卫生和基本医疗服务。

根据这一基本方针，进一步改革的基本思路是：

建设覆盖城乡居民的基本卫生医疗保健制度和不同形式的社会医疗保险体系，保障实现人人享有卫生医疗服务，提高全国人民的健康水平；坚持政府主导、社会和个人积极参与的基本模式；建立“三重”保障制度，包括基本卫生医疗保障制度、社会医疗保险制度以及商业医疗保险制度；同时进行卫生医疗和药品共同定价、药品购销制度和卫生医疗机构财务管理制度的改革；建立统一、精简和高效的行政管理体制，保证改革和发展目标的圆满实现。

4.4 财政投资支出的一般分析

4.4.1 投资与经济增长

投资是经济增长或经济发展的主要因素和主要动力。马克思把货币资本的投入看作是经济增长的第一推动力。凯恩斯不仅认为投资是经济增长的推动力，而且论述了投资对经济增长具有乘数作用，并提出了加速原理。

投资可以直接增加社会总需求，刺激经济增长。增加投资可以带动基础工业的发展，包括生产资料或设备生产的增长。增加投资中的一部分，可转换为个人消费和社会消费，又可刺激消费品生产的增长。投资可以刺激需求的增长，同样可以增加和改善供给。这是投资刺激需求的乘数效果，所以，投资又成了调节供求总量平衡的重要手段。投资规模与经济增长波动有着密切的关系。也就说，投资规模受当期生产和收入水平的制约。因此，研究与安排投资规模时必须考虑三个问题：（1）投资规模要适当；（2）投资结构要合理；（3）要注重投资效益。

一般来说，当经济增长趋缓时，政府会加大投资来刺激经济的增长；当投资增速过快，并造成经济过热或出现通货膨胀时，政府会采取压缩投资的措施，迫使经济增速减缓。

4.4.2 政府财政投资的特点、范围和标准

4.4.2.1 政府投资与非政府投资的特点

在任何社会中，社会总投资都可分为政府投资和非政府投资两大部分。政府投资是指预算内投资，即财政投资，或称政府财政投资。是指政府为了实现其职能，满足社会公共需要，实现经济和社会发展战略，投入资金用以转化为实物资产的行为和过程。非政府投资是指由具有独立法人资格的企业和个人从事的投资。市场经济体制下，政府投资与非政府投资相比，具有自身的特点（表4-1）。

表4-1 政府投资与非政府投资的特点

比较内容	政府投资	非政府投资
投资地位不同	居于国家宏观调控的主体地位	居于市场投资的主体地位
投资目标不同	追求国民经济整体效益，可以是微利或不盈利	追求企业盈利最大化
资金来源不同	政府财力雄厚，依靠财政无偿拨款和政府投融资	依靠自身的资金积累和社会筹资进行
投资项目不同	从事规模大、周期长、资金占用多的开发性或战略性投资项目	从事规模小、周转快、见效快的短期性项目
投资结构不同	优化投资结构，保持经济结构的合理	导致经济结构和投资结构的失衡，经济发展速度受到“瓶颈”制约

4.4.2.2 政府投资在社会总投资中的地位和作用

政府投资在社会总投资中的地位和作用，可以从分析各国政府投资在社会总投资中所占的比重入手。然而，其比重的大小会受到两大因素的影响：

（1）经济体制的不同。一般而言，实行市场经济体制的国家，政府投资所占的比重相对较小，非政府投资所占的比重相对较大；实行计划经济体制或政府主导型市场经济体制的国家，政府投资所占的比重相对较大，非政府投资所占的比重相对较小。

（2）经济发展阶段的不同。一般而言，经济发达国家的非政府投资占社会总投资的比重较大；欠发达和中等发达国家的政府投资占社会总投资的比重较大。

以上影响因素对投资格局造成的差异，不仅仅在于政府投资规模的大小，还在于经济运行机制的不同和所发挥作用的主从次序不同。经济发达国家的投资主要通过市场的充分竞争来实现经济的有效运行，在投资活动中发挥资源配置的基础性作用，政府只是在关系国计民生的基础产业、支柱产业和高新技术产业领域发挥作用，通过间接手段进行宏观调控。而欠发达国家和仍处于经济体制转轨时期的国家，仍需要通过政府投资等直接手段来培育市场，调整经济结构，并维持适度经济增长速度。

4.4.2.3 政府投资的宏观调控方式

政府投资的宏观调控方式有直接调控和间接调控。

政府投资的宏观调控功能体现在两个方面：

（1）直接调节自身投资的规模，间接调节非政府的投资规模，使两者加总的总量与国民经济稳定增长所要求的投资总量相吻合；调节自身投资的结构，纠正非政府投资结构的偏差，使全社会的投资结构符合国家产业政策的要求。

（2）直接调控是指政府根据宏观经济政策的目标，结合非政府投资的状况，安排政府自身投资的方向、规模与结构，使全社会的投资达到优化状态。

间接调控指通过产业政策的引导作用，通过政府投资的导向和税收、财政补贴、折旧政策等来制约非政府投资的条件以及投资的方向、规模与结构。

4.5 基础设施投资

4.5.1 基础设施投资的性质

基础设施是支撑一国经济运行的基础部门。它决定着工业、农业、商业等直接生产活动的发展水平。基础设施包括基础产业和基础工业。基础设施的内涵也有广义和狭义之分。狭义的设施产业是指社会经济活动的公共设施，包括交通运输、机场、港口、道路、桥梁等公共工程设施；还包括城市排水、供水、供电、供气、通信等公共事业设施。

基础设施中的基础工业是指能源（电力）工业和原材料工业（建筑材料、钢材、石油化工），广义的基础设施除上述的基础产业和基础工业之外，还包括提供无形产品或服务的科学、文化、教育、卫生等部门的公共设施。基础设施的经济属性可以从基础设施本身具有特征中来加以认识。

基础设施是为整个生产过程提供“共同生产条件”的，具有公用性、非独占性、不可分割性的公共物品的一般特征。

基础设施特别是大型基础设施，大多数属于资本密集型行业，不仅需要投入大量的资金；而且，其设施项目的建设周期长，投资所能形成的生产能力和获得投资回报的时间需要很多年。这就决定了个别企业很难承担或独立完成这些投资项目，需要政府对市场失灵的基础设施建设领域进行强有力的干预。

在经济发展过程中，各国政府对基础设施投资实行干预的程度不同，在同一国家的不同经济发展阶段，其干预程度也会有很大的差别。经济发达国家的政府干预程度相对较弱；而经济欠发达国家在经济增长过程中，常常受到基础设施"瓶颈"的困扰，其政府干预程度相对较高。尤其是发展中国家的财政，除了具有一部分弥补"市场失灵"的作用外，还部分地充当了社会资本原始积累的角色。

4.5.2 基础设施投资的提供方式

4.5.2.1 基础设施提供方式的特点

从经济性质看，建成的基础设施在使用过程中，具有一定程度的排他性和竞争性，其产生的经济效益会转移到下游的产业和部门，由他们受益。从这个意义上讲，基础设施的提供可以通过部分收费或大部分收费来弥补基础设施的投入成本。这与混合物品的一般提供方式是相一致的。如具有自然垄断的电力、电信行业等，可以由私人投资和经营，政府实施价格管制；也可以由公共部门投资和经营，政府可以按边际成本定价，其亏损由财政进行补贴。所以，作为混合物品的基础设施，它的提供方式应该是多元化的。

在发展中国家，对于关系国计民生、关系国家安全的具有外部效应的大型工程项目，一般可以采取以政府为主、吸收社会资本参与的多种形式的混合提供方式。其中，对于难以通过收费弥补成本，私人部门通常不会投资的基础设施项目，一般应由政府来提供。这就是基础设施提供方式的特点。

4.5.2.2 基础设施具体提供方式

从我国的实践看，基础设施投资的具体提供方式有以下几种形式：

(1) 政府筹资建设，或免费提供，或收取使用费。这种形式主要出于三方面的考虑：一是关系国计民生的重大项目，二是维护国家安全的需要，三是反垄断的需要。

(2) 私人出资、定期收费补偿成本并适当盈利，或者由地方主管部门筹资、定期收费补偿成本。如地方性公路和桥梁的建设通过"贷款修路，收费还贷"的提供方式。

(3) 政府与民间共同投资的提供方式。对于具有一定的外部效应、盈利率较低或风险较大的项目，政府可采取投资参股、优惠贷款、提供借款担保、低价提供土地使用权、部分补贴和减免税收等方式，与民间共同投资，混合提供。

(4) 政府投资，法人团体经营运作的方式。这种形式有两个优点：一是政府拥有最终的决策权，政府可以从具体的经营活动中解脱出来；二是法人团体拥有经营自主权，责任明确，可以提高成本效益的透明度，提高服务质量。

(5) BOT 投资方式（建设-经营-转让投资方式），BOT 投资方式（build-operate-transfer）也称"特许权融资"。指政府将一些拟建的基础设施建设项目，通过招标转让给某一财团或公司，由他们组建项目经营公司进行融资、开发建设和经营；在协议期内，由项目经营公司通过收取使用费或服务费用进行经营，偿还贷款，收回投资并取得合理的利润；协议期满后，该项目的产权无偿移交给政府。BOT 投资方式的最大特点是，能鼓励和吸引私人投资者，特别是外国直接投资者，对可以收费的高速公路、发电厂、城市地铁、能源开发等基础设施项目进行投资。BOT项目的特许期一般为10~35年。

【拓展训练】

2017年财政支出首破20万亿 地方政府发债规模减近3成

2018年1月26日 每日经济新闻（**每经记者张钟尹；每经编辑陈旭**）

2017“国家账本”发布 财政支出首破20万亿元

财政部透露目前仍有约1.73万亿元非政府债券存量债务，预计今年8月底前全面完成置换

财政的“大账簿”，让2017年全国的收支明细清晰地展现在公众面前

1月25日，财政部举行新闻发布会，公布2017年财政收支情况——全年全国一般公共预算收入17.26万亿元，同比增长7.4%；1~12月累计，全国一般公共预算支出20.33万亿元，同比增长7.7%。

财政部国库司负责人娄洪在回答《每日经济新闻》记者提问时表示，2017年，在实施减税降费政策的情况下，财政收入增长较快，是我国经济持续稳中向好，发展质量和效益提升的综合反映，也是供给侧结构性改革、“双创”和“放管服”改革等政策效应持续显现、国内外需求回暖等多重因素共同作用的结果。

值得关注的是，地方债置换工作将在2018年结束。财政部预算司副司长王克冰介绍，截至2017年底，全国地方政府已累计发行置换债券10.9万亿元，目前尚未置换的非政府债券形式存量政府债务还有1.73万亿元，预计今年8月底前能够全面完成置换工作。

多因素带动财政收入较快增长

2017年财政收入总体增长较快。数据显示，2017年1~12月累计，全国一般公共预算收入172567亿元。此前在2016年，全国一般公共预算收入159552亿元，同比增长4.5%。这也表明，2017年7.4%的增速明显高于2016年，同时也高于2017年初制定预算时5%的财政收入增长目标。

娄洪分析认为，2017年，我国GDP同比增长6.9%，比上年加快0.2个百分点。从供给端看，工业生产有所回暖，服务业增速较快，企业效益明显改善。从需求端看，投资结构不断优化，市场销售平稳增长，外贸进出口显著回升。

此外，2017年全年PPI由上年的下降1.4%转为上涨6.3%，带动了以现价计算的相关税收快速增长；同时，因出厂价格上涨带来的企业主营业务收入增加大于因购进价格上涨带来的企业主营业务成本增加，相应带来企业利润和企业所得税的增长。在经济发展质量和效益提升的情况下，受工业品价格快速上涨等因素带动，全年国内增值税、企业所得税分别增长8%和11.3%。

另外，部分大宗进口商品量价齐升，带动进口环节税收较快增长；“双创”和“放管服”改革效应持续显现，激发增长动能和市场活力，带动相关税收较快增长。

对于2018年的财政收入形势，娄洪判断，国际环境和经济运行中的不稳定性、不确定性因素仍然存在，价格和进出口因素的增收作用可能减弱，减税降费措施的累积效应也

将给财政收入增长带来压力和挑战。

全国节能环保支出增近20%

在财政支出方面，2017年全国一般公共预算支出首次突破20万亿元，各项重点支出得到较好保障。1~12月累计，全国一般公共预算支出203330亿元，同比增长7.7%。

《每日经济新闻》记者注意到，在几个重点领域的支出增速达到两位数，其中科学技术支出7286亿元，增长11%，主要用于支持国家确定的重点科研项目；全国节能环保支出5672亿元，增长19.8%，主要支持打好大气、水、土壤污染防治三大战役，加大生态系统保护力度，其中大气污染防治专项资金160亿元，增长43%，支持地方落实大气污染防治重点任务，坚决打赢蓝天保卫战。

在强化民生领域，全国一般公共预算支出中，扶贫支出3171亿元，增长38.7%；全国教育支出30259亿元，增长7.8%，全国社会保障和就业支出24812亿元，增长16%。

此外，2017年增加对地方转移支付规模，促进区域均衡协调发展。王克冰介绍，2017年，中央财政对地方税收返还和转移支付65218亿元，占中央财政支出的68.6%，比上年提高0.2个百分点，其中一般性转移支付35168亿元，占全部转移支付的61.6%，比上年提高1个百分点。

同时，中央转移支付资金重点向经济发展落后和财政困难地区倾斜，增强了落后和困难地区保工资、保运转、保基本民生的能力。其中，老少边穷地区转移支付1843亿元，增长19.7%；县级基本财力保障机制奖补资金2239亿元，增长9.5%；资源能源型和东北地区阶段性财力补助300亿元，增长50%。

地方政府发债规模减近三成

此前财政部预算司公布《2017年12月地方政府债券发行和债务余额情况》，1~12月累计，全国发行地方政府债券43581亿元，发行总体规模比2016年减少了近三成。

王克冰表示，2017年，全国各地发行地方政府债券约4.36万亿元，比2016年减少1.69万亿元。具体来看，2017年发行的地方政府债券包括两部分：一部分是在当年全国人大及国务院批准的新增债务限额内发行的政府债券，共计1.59万亿元，全部是新增债券，比2016年新增债券规模增加0.42万亿元；另一部分是发行政府债券用于偿还非政府债券形式的存量政府债务，发行的这部分债券并不增加地方政府债务规模，也可以称作置换债券，共计2.77万亿元，比2016年发行的置换债券减少2.11万亿元。

他进一步表示，置换债券减少的主要原因是，截至2014年底的地方政府存量债务总规模是被锁定的，随着置换工作顺利推进以及地方自行化解部分存量债务，待置换的存量债务自然会有所下降。截至2017年底，全国地方政府已累计发行置换债券10.9万亿元，目前尚未置换的非政府债券形式存量政府债务还有1.73万亿元，预计今年8月底前能够全面完成置换工作。

在地方政府专项债方面，2017年财政部推出了土地储备专项债等多个专项债品种。王克冰介绍，2017年，全国地方累计发行土地储备专项债券2407亿元、发行政府收费公路专项债券440亿元，同时深圳市首次在深交所成功发行轨道交通专项债券20亿元，专项债券管理改革总体进展顺利。下一步，财政部将坚决贯彻党的十九大精神，围绕中央经济工作会议确定的重点工作方向，继续稳步推进专项债券管理改革，发挥市场化机制引导作用，进一步提高债券资金使用绩效，保障重点领域合理融资需求。

思考题：请运用财政支出的相关知识分析本案例。

【项目小结】

（1）社会消费性支出属于非生产的消耗性支出，其消耗或使用并不形成任何资产。它是实现社会经济的可持续发展，扩展社会发展空间，不断提高居民的生活质量的保证。社会消费性支出的主要项目有行政管理费、国防费、文教、科学、卫生事业费、工交商农等部门的事业费。

（2）行政管理支出，指财政用于国家各级权力机关、行政管理机关、政法机关和外交机构行使其职能所发生的费用开支。它反映一个国家在一定时期的政治经济任务的主要方向，也决定了国家政权结构及其范围。

（3）国防支出是用于国防建设和人民解放军方面的费用，包括国防费、民兵建设费、国防科研事业费和防空经费等。它是任何一个主权国家维护其安全与独立所必不可少的开支。它是政府的一项基本职能，国防费的支出是决不会从财政支出中消失的。

（4）近年来，我国的国防费主要用于三方面：人员生活费、训练维护费和装备费。

（5）文科卫支出是文化、教育、科学、卫生支出的简称。围绕文科卫支出的经济属性，目前仍在深入地探讨中。

（6）从经济性质看，教育服务被看作是一种混合产品。其实，义务教育不是混合产品，而是纯公共物品；义务教育以外的高层次教育才属于混合物品。这样就不难理解为什么教育不能完全由政府免费提供，而是可以向受教育者收费，也可以由私人举办教育的具体做法。

（7）科研活动可以由一人或集体来完成。科学研究是一种社会共同需要，但是，科研活动的成本与运用科研成果所获得的收益不完全能够与市场交换对等起来。即有的能够有偿转让，有的无法转让。因此，科学研究费的支出分别属于纯公共物品和混合公共物品。

（8）政府对卫生医疗领域中服务可以分为两个方面：公共卫生服务和基本医疗服务。

（9）投资是经济增长或经济发展的主要因素和主要动力。马克思把货币资本的投入看作是经济增长的第一推动力。凯恩斯不仅认为投资是经济增长的推动力，而且论述了投资对经济增长具有乘数作用，并提出了加速原理。

（10）在任何社会中，社会总投资都可分为政府投资和非政府投资两大部分。

（11）基础设施是支撑一国经济运行的基础部门。它决定着工业、农业、商业等直接生产活动的发展水平。

5　财政收入规模与结构分析

【学习目标】

（1）了解我国财政收入的分类。

（2）了解税费改革的有关问题。

（3）了解加强预算外资金管理的措施。

（4）掌握我国财政收入规模增长变化的分析思路。

（5）掌握影响财政收入规模水平的主要经济因素。

（6）重点掌握价格与财政收入的关系。

（7）掌握我国财政收入的项目构成。

（8）收费的性质和特殊作用。

5.1　财政收入分类

财政收入是指政府为履行其职能，保证财政支出的需要，依据一定的权力原则，通过国家财政筹措的所有货币资金的总和，是以货币形式表现的社会总产品的一部分。

财政收入既是一个过程，又是一定量的资金。作为一个过程，它是财政分配或财政活动运行的第一个阶段或第一个环节，即依据特定的权力，筹措政府资金的过程，并形成特定的分配关系和利益关系。作为一定量的资金，它是以货币的形式，体现了一定量的社会总产品的价值。

5.1.1　按形式分类

财政收入按形式分类，可分为税收、收费、债务收入、铸币收入（铸币税）、通货膨胀收入（通货膨胀税），还可分为经常性收入和非经常性收入。经常性收入主要是税收和各种收费；非经常性收入主要包括债务收入和其他收入。这一分类方法有助于分析财政收入规模的增长变化以及增长变化的趋势。

5.1.2　按来源分类

财政收入既可按所有制结构标准进行分类，还可按部门构成标准进行分类，这种分类方法在我国长期使用。它有助于研究财政与经济之间的制衡关系，有助于建立经济决定财政、财政影响经济的和谐运行机制。但是，目前统计年鉴没有按这一方法提供统计资料，对研究分析造成不利。

按所有制结构标准分类，是指按来自不同经济成分的财政收入占财政总收入的比重。是为了研究国民经济所有制构成对财政收入规模和结构的影响及其变化趋势。不同经济成分包括国有经济收入、集体经济收入、私营经济或外商独资经济收入、股份制企业经济收入、个体经济收入等。

财政收入按部门构成分类，是为了研究各生产流通服务部门在提供财政收入中的贡献及其贡献程度。

按部门构成有多种分类：按传统意义上的部门进行分类，可分为工业、农业、商业、建筑业、交通运输业及服务业等；按现代意义上的产业分类，可分为第一产业、第二产业和第三产业等。按传统意义上的部门分类，工业始终是财政收入的支柱，农业是财政收入的基础，所直接提供财政收入的比重很小，更多的是通过工农产品的“剪刀差”间接提供财政收入，只是在统计中没有反映出来。商业部门提供的财政收入在1993年税制改革后迅速增长，建筑业的兴起，将成为财政收入的重要的潜在源泉。按现代产业结构分类，第一产业为人们提供基本需求的食品；第二产业提供其他进一步的物质需求；第三产业提供物质资料以外的更高层次的需要。这是我国改革后采用的分类方法，更具有实践价值。

5.1.3 按财政资金的管理方式分类

按财政资金的管理方式可分为预算内收入和预算外收入。管理方式分类与收取收入的依据和使用权归属相结合可分为政府收入、财政收入、中央政府性基金收入、预算外收入和制度外收入等。这种分类方法实际上是从财政收入形式分类衍生的一种分类。

目前，财政统计中财政收入属于预算内收入，其特征是统一纳入国家预算，按国家预算立法程序实行规范管理，由各级政府统筹安排使用。

预算外资金收入是指各级政府依据具有法律效力的法规采取收费形式形成的专项资金或专项基金。它们的共同特征是：在使用上由收费部门安排使用，在统计上未纳入“财政收入”统计；不同的是预算外资金采取专项统计，并实行“收支两条线”管理。

制度外收入是指预算外之外的乱收费、乱罚款、乱摊派。目前，没有政府公布的统计数字，政府正在加强对制度外收入的清理整顿。

5.2 财政收入（预算内）规模分析

5.2.1 影响财政收入规模水平的主要经济因素

（1）经济发展水平。经济发展水平对财政收入的影响是最为基础性的一种制约。一般来讲，经济发展水平可从总体上反映一个国家社会产品的丰富程度和经济效益的高低，社会产品越丰富，国民生产总值就越高。二者之间是源与流、根与叶的关系，源远流长，根深叶茂。财政反复强调的原理就是经济决定财政，没有发达的经济，就不可能有充裕的财源。

（2）生产技术水平。生产技术水平内含于经济发展水平之中。从两个方面对财政收入规模产生影响：一是技术进步会使生产速度加快、生产质量提高，最终使GDP的增速也加快，使财政收入的增长有充分的基础；二是技术进步必然带来物耗比例降低，经济效益提高，剩余价值所占比例扩大。由于财政收入主要来自剩余产品价值，所以，技术进步对财政收入的影响更为直接和明显。

(3) 分配政策和分配制度。是指分配机制的调节对财政收入规模产生影响。一国的分配体制与集权还是分权的政治体制有着直接的联系。一般而言，政治体制倾向于集权的，其收入规模相对较高；反之，则较低。

导致 GDP 分配格局变化的原因虽然是国民经济运行中各种因素综合作用的结果。但最主要的原因有两个：一是经济体制转轨的必然结果；二是在 GDP 分配向个人倾斜过程中，与分配制度不健全、分配秩序混乱有着直接关系。

(4) 价格对财政收入的影响。由于一定量的财政收入是在一定的价格体系下形成的，又是按一定时点的现价计算的。所以，价格变动会引起 GDP 分配的变化，进而影响财政收入的增减。价格变动对财政收入的影响，首先表现为价格总水平升降的影响。特别在通货膨胀条件下，随着价格总水平的上升，财政收入同步增长，这表现为财政收入的"虚增"。所谓"虚增"就是财政收入只是名义增长而实际不增不减。在我国的不同历史时期，还出现过财政收入名义增长与实际增长严重背离的情况。如财政收入的增长率低于价格的上升率，财政收入在名义上是正增长，但实际是负增长；再如财政收入的增长率超过价格的上升率，财政收入的实际增长大于名义增长，这才是财政收入的真正增长。

价格对财政收入影响的因素：

1) 通货膨胀。它是一种货币现象。是指流通中实际的货币量超过客观必要量。过多的货币量是由财政赤字和信用膨胀两个渠道共同形成的。

如果通货膨胀是因为弥补财政赤字造成的，那么，财政就会通过财政赤字从 GDP 再分配中分得更大的份额。这种通过价格再分配机制实现的财政收入增长通常被称为"通货膨胀税"。它也是国家财政的一项经常性的收入来源。

如果通货膨胀是由信用膨胀所致，那么，财政在再分配中有得有失，而且可能是所失大于所得，即财政收入的实际增长小于名义增长。

2) 现行税收制度。如果实行以累进所得税为主体的税制，那么，纳税人适用的征税税率会随着其名义收入增加而出现"档次爬升"效应；或随着名义收入下降而降低税率档次，从而使财政在价格再分配中的所得收入有增有减。

如果实行以比例税率的流转税为主体的税制，那么，就意味着税收收入的增长率等同于物价上涨率，财政收入只有名义增长，而不会有实际增长。

如果实行定额税，那么，税收收入的增长总是低于物价上涨率，财政收入即使有名义增长，但实际必然也是下降的。

3) 产品比价关系变动。产品比价关系变动影响财政收入的形式有两种：一是产品比价的变动引起货币收入在企业、部门和个人各经济主体之间转移，形成 GDP 的再分配，导致财源分布结构发生变化；二是财源分布结构的变化，使各经济主体上缴的税收有增有减，而增减的结果就是对财政收入的最终影响。

5.2.2 我国当前财政收入规模水平的分析和判断

5.2.2.1 我国财政收入的规模

评价一个国家财政收入规模高低，目前没有统一和绝对的标准，而且也不可能有一种精确的模型来测算。一般采取纵向比较和横向比较的分析方法。就我国而言，市场化改革以来，相比计划经济体制下，我国的财政收入占 GDP 的比重有了较大的下降，而且下降速度较快。与国际间横向比较，我国预算内财政收入的规模明显偏低，既低于发达国家，也略低于发展中国家。

但是，如果考虑到各国统计口径的不同，考虑把没有纳入我国统计范围的预算外收入也纳入进来的话，那么，按我国全部政府收入占 GDP 的比重来判断，财政收入规模实际上已接近我国计划经济时期的水平，也接近发达国家中财政收入规模比较低的美国的水平，而且已高出发展中国家的平均水平。对今后发展趋势的判断是，虽然我国存在继续提高财政收入规模水平的余地，但发展的空间并不大。至于什么水平是市场经济体制下的合理水平，这是需要继续研究的战略性问题。

5.2.2.2 合理调整财政收入规模的基本政策思路

合理调整财政收入规模的基本政策思路是：适度提高财政收入占 GDP 的比重；将财政收入规模控制在适当的水平上；调节财政收入规模的关键在于调节财政收入增长弹性和增长边际倾向；坚决取缔乱收费，继续税费改革，控制预算外收入增长；对现行税制和税收政策继续进行有增有减的结构性调整；兼顾“以收定支”和“以支定收”方针，规范政府与市场关系，确定财政收入规模的合理区间。

5.3 财政收入构成和预算外资金分析

5.3.1 税收与收费

5.3.1.1 收费

收费：它是指政府收取的使用费，使用费是指“为交换公共部门所提供特殊商品和服务而进行的支付”。此外，还包括少量的罚没收入和捐赠收入。

使用费的价格是政府模拟私人物品的定价方式收取的公共物品的价格，但又不同于市场定价。使用费一般不能全部弥补提供特殊商品和服务的成本。

收费的特殊作用：收取使用费在弥补市场失灵，矫正私人物品外部效应方面具有特殊作用；收取使用费有利于提高公共物品的配置效率。

5.3.1.2 收费的性质

收费与税收的主要区别：

(1) 税收与政府提供的商品和服务没有直接联系，税收的特定用途由政府统筹安排。而收费与政府提供的特定商品和服务有直接联系，收费的用途明确，是专项收入，专项使用。

(2) 税收是国家政府的一般筹资手段；而收费是具有特定用途的筹资手段。

(3) 税收收入必须纳入国家预算内统筹使用；而收费是全国性收费要纳入预算内，部门性收费和地方性收费是作为预算外收入，形成政府性基金由部门和地方自收自支。

(4) 税收的法治性和规范性强，有利于立法监督和行政管理；而收费的法治性和规范性相对较差，容易诱发滥收费的现象。

5.3.2 预算外资金分析

5.3.2.1 预算外资金收支

预算外资金收支是指国家机关、事业单位和社会团体为履行或代行政府职能，依据国家法律、法规和具有法律效力的规章收取、提取和安排使用的未纳入国家预算管理的各种财政性资金。

5.3.2.2 我国预算外资金收支的特点

预算外资金增长过快，成为国家的“第二预算”；预算外资金历年的增长速度均超过同年的GDP和预算内收入的增长速度，造成资金的严重分散；从预算外资金结构分析，行政事业单位管理的预算外资金部分增长较快，比重上升；地方财政管理的预算外资金部分的绝对数和比重下降的幅度较大；预算外资金迅速增长，已成为预算内收入占GDP比重偏低的主要原因，也是当时固定资产投资膨胀和消费基金膨胀的重要原因。

5.3.2.3 加强预算外资金的管理

重新界定预算外资金的性质和范围；部分预算外资金纳入预算管理，严格控制行政事业性收费和政府性基金规模，建立预算外资金收支预决算制度，严格规定预算外资金的使用范围。

5.3.2.4 积极稳妥地推行税费改革

税费改革是将可以改为税收形式的收费改为规范化的税收；对应当保留的收费加以规范并加强管理，坚决取缔乱收费、乱罚款、乱摊派。

税费改革是治理整顿预算外资金、规范政府收入机制的一种有效措施，也是提高财政收入占GDP比重的主要途径。为此，必须积极、稳妥地推行税费改革。

税费改革必须与规范“收费”同时并举，税收和收费是财政收入的两种形式，不能相互替代。应将收费中具有税收性质，且适宜纳入税收征管的收费项目，统统纳入国家的税制轨道；而对不适宜纳入税制轨道的收费项目，通过规范“收费”的办法，实行规范化、法制化管理。税费改革应从中央政府做起，先清理，后规范，分步纳入国家预算。

【拓展训练】

经济日报：大力减税降费同时，财政收入增速为何仍能较快增长

2018年6月24日　澎湃新闻

曾金华　董碧娟/经济日报

最新统计显示，今年前5个月全国财政收入同比增长12.2%，其中税收收入增长15.8%，主体税种增长较快；全国一般公共预算支出82695亿元，同比增长8.1%，比去年同期进度加快0.2个百分点。

财政收入增长与经济发展有什么内在联系？在大力实施减税降费的同时，财政收入增速为何仍然较快？《经济日报》记者采访了财政部综合司负责人和相关专家学者。

经济向好是税收增长“密码”

“前5个月，供给侧结构性改革不断深化，经济运行延续稳中向好态势，经济发展质量和效益提高，为财政收入实现较快增长奠定了坚实基础。同时，积极财政政策有效落实，也有力促进了经济社会平稳健康发展。”财政部综合司负责人点出财政收入增长背后的经济“密码”。

“经济是财政的基础，财政收入是经济的综合反映。经济发展为财政收入增长提供了扎实基础，实施减税降费又增强了经济活力，促进了经济增长，这是观察财政与经济关系的‘大逻辑’，可以说，当前经济发展与财政开始进入良性循环状态。”中国财政科学研究院院长刘尚希分析。

财政收入以税收收入为主体，而税收收入又是由各个具体税种构成的，如果对这些税种进行分析，“密码”会更加清晰。

国内增值税占全部税收的比重最高，约四成左右。今年以来，供给侧结构性改革成效继续显现，工业生产稳中有升，前5个月工业增加值同比增长6.9%，主要产品销量稳定增长，支撑工业增值税较快增长。

同时，服务业生产指数连续5个月保持8%以上的较快增长态势，带动商业增值税和改征增值税较快增长。前5个月国内增值税同比增长19%，其中工商业增值税和改征增值税同比分别增长18.5%和19.6%，合计拉高税收收入增幅6.8个百分点。

“由此可见，工业和服务业较快增长是财政增收的基本支撑。”财政部综合司负责人说。再来看作为我国第二大税种的企业所得税。企业所得税占税收收入的两成左右，前5个月同比增长10.9%，主要受工业、商业、房地产和金融业企业利润增长带动，其中工业企业所得税占企业所得税比重达30%左右。

此外，前5个月，个人所得税同比增长20.6%，主要受居民收入增长以及年终奖金分红发放等带动；一般贸易进口额同比增长14.9%，相应带动我国进口环节税收增长13.3%……在经济发展质量提高的同时，财政收入质量不断改善，前5个月税收收入占财政收入比重88.6%，比去年全年提高5个百分点。“经济发展质量较高、效益较好，促进财政提质增收。”财政部综合司负责人表示。

税收收入还有一个重要“变量”，也就是减税降费。近年来，国家大力开展减税降费。今年的《政府工作报告》明确全年减税降费规模超万亿元。在此情况下，税收收入为何可以保持较快增长，减税政策是否没有充分发挥应有效果?

“分析减税降费效果，不能从税收总量变化情况得出结论。”刘尚希说，减税降费起到“放水养鱼”作用，促进企业降负、增效，同时还有效激发市场活力，促进了新技术、新产品、新业态的发展，推动经济稳中向好，由此增加了税源、扩大了税基，反过来促进税收增长。

刘尚希分析，税收的增长取决于经济因素（税基）和税制（主要是税率）的调整。“我国通过降低税率等措施减轻企业税负，尽管不同行业、企业的感受可能会有所差异，但减税效果是客观实在的，税收增长主因是经济发展，也就是税基的扩大。如果没有实施减税降费，在既定的税基基础上，税收增长可能会比当前更高。”刘尚希说。

以深化增值税改革为例，自2018年5月1日起，17%和11%增值税税率分别调整为16%和10%，制造业减税降负效果明显。宝山钢铁公司预计不仅减少增值税1.17亿元，还节约以增值税为税基的城市维护建设税等附加税费超过2700万元；北京奔驰汽车公司因税率下调预计将减少税费合计2.2亿元；今麦郎面品公司预计每100元收入的利润会增加0.86元，增幅约35%……据国家税务总局货物和劳务税司测算，税率调整后，制造业年减税规模超过所有行业总减税规模的1/3，企业税负有效降低，资金占压明显减轻，发展信心持续提振。“今年推出的深化增值税改革、支持创业创新和小微企业发展等减税措施，紧紧围绕振兴实体经济、激发市场主体活力以及深化供给侧结构性改革，发挥了‘及时雨’的作用，取得了立竿见影的效果。”全国政协常委、资深注册会计师张连起认为，减税降费的效果不仅在于“减”，更深刻的意义在于“调”和“增”，能够有力促进结构调整、增加发展新动能。

积极的财政政策要聚力增效，这是今年我国宏观经济政策的要求。“减税降费是积极财政政策的重要方面，并且是一种‘有温度’的财税改革。这种温度不仅被企业广泛感知，而且能最终传导到消费者身上。”张连起说。除了减税降费，财政支出进度加快也有力支撑经济平稳增长。

“今年以来，各级财政部门认真贯彻落实党中央、国务院决策部署，有效落实积极的财政政策，加大对供给侧结构性改革、脱贫攻坚、生态环保等方面的支持力度，财政支出保持较高强度。”财政部综合司负责人说。

统计显示，前5个月全国财政支出82695亿元，同比增长8.1%，进度比上年同期加快0.2个百分点，与人民生活相关的教育、文化、医疗卫生、社会保障与就业等支出得到切实保障。中央财政进一步加大转移支付资金拨付力度，前5月对地方税收返还和转移支付32876亿元，同比增长14.1%，完成年初预算的46.7%，比序时进度加快5个百分点，有效增强了地方提供基本公共服务能力。

此外，今年以来，中央财政及时批复下达中央预算，促进财政资金尽早发挥效益。据统计，截至6月18日，中央一般公共预算支出已批复下达86494亿元，占年初预算的91.4%。未下达的预算资金主要是据实结算项目以及应对自然灾害等突发事件的支出。

专家表示，当前要继续实施积极的财政政策，持续大力推进减税降费，提高政策精准性有效性。“特别是用好增值税留抵退税、研发费用加计扣除等政策，给实体经济创新驱动引擎加‘高标号汽油’。”张连起认为，要促进一系列税收政策更加充分、通畅地落地，坚决消除“中梗阻”“肠梗阻”，让实体经济更加轻装上阵。

“市场和政府的作用都要重视，让‘有效市场’和‘有为政府’形成良性循环、形成合力。当前，深化改革一点都不能放松，要进一步推进财税、金融、国企等各方面改革，将改革进行到底。”刘尚希强调。

思考题：请运用财政收入的相关知识分析本案例。

【项目小结】

（1）财政收入是指政府为履行其职能，保证财政支出的需要，依据一定的权力原则，通过国家财政筹措的所有货币资金的总和，是以货币形式表现的社会总产品的一部分。

（2）影响财政收入规模水平的主要经济因素：经济发展水平、生产技术水平、分配政策和分配制度、价格对财政收入的影响。

（3）收费：它是指政府收取的使用费，使用费是指“为交换公共部门所提供特殊商品和服务而进行的支付”。此外，还包括少量的罚没收入和捐赠收入。

(4) 预算外资金收支是指国家机关、事业单位和社会团体为履行或代行政府职能，依据国家法律、法规和具有法律效力的规章收取、提取和安排使用的未纳入国家预算管理的各种财政性资金。

(5) 税费改革是将可以改为税收形式的收费改为规范化的税收；对应当保留的收费加以规范并加强管理，坚决取缔乱收费、乱罚款、乱摊派。

6 税收原理

【学习目标】

（1）掌握税收的基本属性和“三性”。

（2）理解并掌握税收术语和税收的分类。

（3）理解税收中的公平与效率。

（4）掌握税收中性和税收超额负担。

（5）重点掌握税负转嫁与归宿的含义和特征。

（6）重点掌握税负转嫁与归宿的一般规律。

6.1 什么是税收

6.1.1 税收的基本属性

6.1.1.1 税收的定义

税收是一个古老的财政范畴，是随着国家的产生而产生的现象。对税收的定义有多种表达：马克思：赋税是政府机器的经济基础，而不是其他任何东西。列宁认为：所谓赋税，就是国家不付任何报酬而向居民取得东西。西方税收理论提出了“利益交换说”、“社会契约论”，如：托马斯·霍布斯认为：“人们为公共事业缴纳的税款，无非是为了换取和平而付出的代价。”20世纪30年代后，经济学者从经济运行角度提出了新的税收理论，认为国家征税除了为公共物品的供给筹措经费之外，还发挥了调节经济的功能。综合各种观点，我国给的定义是：税收是国家为了实现自身的职能，或预定的社会和经济目标，凭借政治权力，按照法律规定，强制无偿地征集而取得财政收入的一种形式。

6.1.1.2 税收的基本属性

要理解税收的基本属性，必须把握以下几个要点：

税收是政府为了实现自身的职能获取财政收入的主要工具。因为政府维持其正常活动，必须耗费一定的物质资料；为满足社会公共需要也必须提供物质基础。所以，政府必须选择适当的工具取得财政收入，税收就是取得财政收入的最主要工具。

国家征税凭借的是政治权力和法律权力。市场经济条件下，任何参与市场收入分配的行为都必须以财产权或所有权为依据。而只有税收可例外，其以非经济性权力征集财政收入。

税收是一个分配范畴，这是税收的基本属性。税收是国家参与并调节国民收入分配的一种手段，在征税过程中，形成以国家为主体的分配关系。通过征税改变市场对收入的分配格局，改变各经济主体对收入的占有状况。

按照现代财政理论，从根本上说，税收是政府参与资源配置的一种形式。通过征税，资源和收入由私人部门转向公共部门，被政府安排用于提供公共物品等各项支出，以满足社会的共同需要。

6.1.2 税收的“三性”

税收的“三性”（强制性、无偿性、固定性）就是指税收的特征。

（1）强制性。是指国家凭借政治权力，用法律形式对征纳双方权利与义务的制约。强制性包括税收分配关系的建立具有强制性和税收征税过程具有强制性。

（2）无偿性。是指国家征税后，税款即归国家所有，既不需要偿还，也不需要对纳税人付出任何代价。强调国家征税不是与纳税人之间进行等量财富的交换或补偿；强调每个纳税人享受公共物品的利益是不对等的。

（3）固定性。是指国家征税必须通过法律的形式，预先规定征税对象、纳税人和征税标准等规范要求，并按预定的标准征税，不得随意更改。但税收的固定性并不能绝对化，其实质是征税应有一定的标准，而且，这个标准应具有相对稳定性。

税收的“三性”是相互联系、缺一不可的统一整体。无偿性是税收本质的体现；强制性是实现税收无偿性的强有力的保证；固定性是无偿性和强制性的必然要求。

6.2 税负的转嫁与归宿

6.2.1 税负转嫁与归宿概述

6.2.1.1 税负的定义

税负，即税收负担。是指依法纳税的法人和自然人实际承担的税款。它既反映国家课税对社会资源的集中程度；也反映由于税款的不同分布，所引起的不同纳税人的实际负担水平。

税负分为直接税负和间接税负。直接税负是指纳税人承担的未实现转嫁的税款，间接税负是指纳税人承担的由转嫁而来的税款。

6.2.1.2 税负转嫁和税负归宿

税负转嫁是指商品交换过程中，纳税人通过提高销售价格或压低购进价格的方法，将税负转移给购买者或供应者的一种经济现象。税负归宿是指处于转移中的税负的最终落脚点。

6.2.1.3 税负转嫁机制的特征

税负转嫁与价格的升降有着直接的联系，而且价格的升降是由税负转嫁引起的。它以商品价格由供求关系决定的自由浮动为前提。

税负转嫁是各经济主体之间税负的再分配，也就是经济利益的再分配，其结果必然导致纳税人与负税人的不一致。

在市场机制追逐利润的驱动下，税负转嫁是纳税人的一般行为倾向，是一种主动行为。

6.2.1.4 实现税负转嫁的方式

（1）前转，又称顺转，是指纳税人通过抬高销售价格，将税负转嫁给购买者的方式。

（2）后转，又称逆转，是指纳税人无法实现前转时，通过压低进货的价格，将税负转嫁给商品供应商的方式。

（3）其他转嫁方式。

混转或散转：将一种商品的税负通过提高销价，部分转移给消费者；或通过压低进价，部分转移给供应者的方式。

消转：指纳税人通过改进生产工艺，提高劳动生产力，自我消化税款。

税收资本化：指纳税人对某种能够增值的商品的课税，预先从商品的资本价格中一次性扣除，然后再进行交易的方式。

实现税负转嫁的程度为：

充分转嫁——加价额度=应纳税款=压价额度

不充分转嫁——加价额度<应纳税款>压价额度

超额转嫁——加价额度>应纳税款<压价额度

6.2.2 税负转嫁与归宿的一般规律

在商品价格可以自由浮动的前提下，税负转嫁的程度会受到多种因素的制约，一般规律如下：

与商品价格有关。商品课税（间接税）较易转嫁，所得课税（直接税）一般不易转嫁。

与供求弹性有关。供给弹性较大、需求弹性较小的商品的课税较易转嫁；供给弹性较小、需求弹性较大的商品的课税不易转嫁。

一般来说，供给弹性较大的商品，生产者可灵活调整生产数量，最终按所期望的价格水平销售出去，使一部分税负得以转嫁；供给弹性较小的商品，生产者调整生产数量的可行性较小，难以控制价格水平，其税负转嫁困难。

需求弹性较小的商品，其销售价格最终由卖方决定，容易实现税负转嫁；需求弹性较大的商品，买方可以通过调整购买数量来影响价格，税负转嫁比较困难。

供给弹性大于需求弹性时，税负容易转嫁；供给弹性小于需求弹性时，税负转嫁困难；供给弹性等于需求弹性时，税负往往由买卖双方共同负担。

与课税范围有关：课税范围宽广的商品容易转嫁，课税范围狭窄的难以转嫁。

与自然垄断有关：垄断性商品征税容易转嫁，竞争性商品征税难以转嫁。

与课税标准有关：从价课税的税负容易转嫁，从量课税的税负不容易转嫁。

6.3 税收的经济影响

6.3.1 税收对劳动供给的影响

6.3.1.1 税收对劳动供给的影响

在市场经济中，由于劳动者可以对自己是否参加工作、是否努力工作做出安排，这样就产生了参加工作、取得收入与不参加工作、享受闲暇之间的选择。税收对劳动供给的影响就是反映在对这两者的选择上。每个人对这两者的选择取舍，其决定因素很多，其中，政府征税对劳动供给的影响是通过税收收入效应和替代效应来表现的。

税收对劳动供给的收入效应。它是指由于政府课税会直接减少个人的可支配收入，从而促使纳税人为维持既定的收入水平和消费水平，而选择相应地减少或放弃闲暇，以增加工作时间，并加倍努力工作。它没有改变工作与闲暇之间的相对价格。

税收对劳动供给的替代效应。它是指由于政府课税会使工作与闲暇之间的相对价格发生变化。也就是说，随着工作时间的增加，税收的增加使劳动收入下降，同时也使闲暇的相对价格也降低，这就促使人们考虑选择闲暇以替代劳动。

收入效应和替代效应之间的关系是：如果收入效应大于替代效应，课税对劳动供给会产生激励作用，促使劳动者增加工作量；如果收入效应小于替代效应，课税对劳动供给会形成超额负担，人们会选择闲暇替代劳动。每个人是增加还是减少工作时间，最终取决于收入效应和替代效应的对比。

6.3.1.2 税收对我国劳动供给的影响

由于我国劳动力供给十分充裕，及我国在经济转轨时期劳动力供需状况的特殊性，可以说，税收在我国几乎不会影响劳动供给。我国的情况是：个人所得税在短期内不会成为我国的主体税种；在相当长时间内，我国需要解决的不是增加劳动供给，而是消化劳动力过剩的问题。

就业问题的解决不仅需要增加劳动总需求，而且需要调整劳动需求结构，以增加就业岗位和就业机会。这就需要从调整和改变人们的就业观念，提高劳动力素质和技能以及调整需求结构等方面入手，甚至在必要时可以考虑给予一定的税收优惠。

6.3.2 税收对居民储蓄的影响

6.3.2.1 税收对居民储蓄的主要影响

影响居民储蓄行为的主要因素是个人收入总水平和储蓄利率水平。而税收对居民储蓄的影响主要是通过个人所得税、利息税和间接税等来反应。

税收对储蓄的收入效应。它是指在征收个人所得税，而不征收利息税的情况下，税收对居民储蓄的影响只是收入效应。也就是说，征收个人所得税后，会减少纳税人的可支配收入，从而导致纳税人的实际收入或购买力下降。为维持既定的收入而迫使纳税人减少当前的消费和储蓄水平。但消费的减少并没有影响消费的相对价格。

税收对储蓄的替代效应。它是指在征收利息税的情况下，税收对居民储蓄的影响是替代效应。具体表现为征收利息税后，会减少纳税人的实际收益，降低储蓄报酬率，影响纳税人的储蓄和消费倾向。换句话说，征收利息税使当前消费与未来消费的相对价格发生变化。未来消费的相对价格变得昂贵，而当前消费的相对价格变得低廉，从而导致纳税人增加当前消费，选择以消费代替储蓄。

6.3.2.2 税收对我国居民储蓄的影响

我国的实际情况是家庭储蓄增长速度很快，针对我国存在大量储蓄存款的情况，应该适当地运用税收杠杆，促进储蓄向投资转化。从表面上看，税收优惠政策会减少政府的即期收入，但随着居民投资的发展，资本市场的日益繁荣，居民金融资产不断升值，反过来能够促进远期消费向即期消费转化，从而推进经济增长和政府财力的不断增强。

6.3.2.3 所得税与储蓄之间的关系

（1）税收对储蓄的收入效应的大小取决于所得税的平均税率水平，而替代效应的大小取决于所得税的边际税率高低。

（2）边际税率的高低决定了替代效应的强弱，所得税的累进程度越高，对个人储蓄行为的抑制作用越大。

（3）高收入者的边际储蓄倾向一般较高，对高收入者征税有碍于储蓄增加。

（4）减征或免征利息所得税将提高储蓄的收益率，有利于储蓄。

6.3.3 税收对投资的影响

6.3.3.1 税收对投资的影响

投资是经济增长的重要决定因素。对一般投资来讲，企业的投资决策是由投资的净收益和投资的成本决定的。而税收对投资的影响，主要是通过征收企业所得税的税率、税前抵扣和税收优惠等措施，来影响纳税人的投资收益和投资成本。税收对投资的影响，也是通过替代效应和收入效应来实现。

税收对投资的替代效应。它是指政府课征企业所得税后，降低了纳税人的投资收益率，导致投资者选择减少投资，以消费替代投资。

税收对投资的收入效应。它是指由于征税和提高税率，减少了投资者的税后净收益，从而促使投资者为了维持以往的收益水平而倾向于减少消费增加投资。

6.3.3.2 税收对吸引国外直接投资的影响

一般而言，发展中国家为了吸引外资，都会给予内资所不能享受的特殊税收优惠政策。但外国投资者能否真正得到税收优惠的好处，或能够得到多少税收优惠的好处，还取决于投资者的居住国和东道国之间的国际税收关系。所以，税收对吸引国外直接投资的影响，主要是围绕纳税人在东道国已享受的税收优惠如何处理的问题。其处理方法一般有免税法、扣除法和抵免法等。

6.3.4 税收对个人收入分配的影响

税收是调节收入分配最有力的工具。通过政府征税，不仅可以对高收入者课以高税，抑制高收入者的收入，而且可以通过转移支付提高低收入者的收入，改善收入分配的状况。税收对个人收入分配的影响具体表现在：

（1）个人所得税是调节收入分配的最有力工具。

（2）税收支出也是影响收入分配的重要工具。

（3）社会保险税是实现收入再分配的良好手段。

（4）所得税指数化是减轻通货膨胀的收入分配扭曲效应的一种方法。

【拓展训练】

湖南财政厅：1~5 月财政收入增幅稳定　税收形势向好

2018 年 6 月 22 日　新浪财经综合

6 月 21 日讯（**记者　罗雨晴；通讯员　尹志伟**）今天，湖南省财政厅发布 1~5 月全省财政运行情况。数据显示，今年前 5 月，湖南实现一般公共预算收入 2115.2 亿元，同比增长 7.94%。其中全口径税收收入完成 1719.62 亿元，增长 19.99%。全省财政收入呈高开稳走态势，税收形势继续向好。

收入增幅保持稳定

今年以来，全省财政收入呈高开稳走态势。3 月、4 月、5 月分别累计增长 8.08%、8.31%，7.94%，增幅在 8%上下波动，基本保持稳定，主要是目前全省税收形势呈现稳中向好。

1~5 月，全省全口径税收收入完成 1719.62 亿元，增长 19.99%，增幅比 1~4 月上升 1.83 个百分点；地方收入中的税收完成 812.97 亿元，增长 21.99%，增幅比 1~4 月上升 1.71 个百分点。

民生支出保障有力

1~5 月，全省一般公共预算支出 2851.8 亿元，同比增长 12.2%。其中涉及民生的支出完成 2009.5 亿元，增长 11.67%，占一般公共预算支出的比重为 70.46%。分项目来看，教育支出完成 488.18 亿元，同比增长 9.55%；社保保障和就业支出完成 573.3 亿元，同比增长 18.85%；医疗卫生和计划生育支出完成 261.16 亿元，同比增长 8.36%；扶贫支出完成 48.66 亿元，同比增长 35.72%。

思考题：请运用财政税收收入的相关知识分析本案例。

【项目小结】

（1）税收是国家为了实现自身的职能，或预定的社会和经济目标，凭借政治权力，按照法律规定，强制无偿地征集而取得财政收入的一种形式。

（2）税收是政府为了实现自身的职能获取财政收入的主要工具。因为政府维持其正常活动，必须耗费一定的物质资料；为满足社会公共需要也必须提供物质基础。所以，政府必须选择适当的工具取得财政收入，税收就是取得财政收入的最主要工具。

（3）税收负担。是指依法纳税的法人和自然人实际承担的税款。它反映国家课税对社会资源的集中程度；也反映由于税款的不同分布，所引起的不同纳税人的实际负担水平。

税负分为直接税负和间接税负。直接税负是指纳税人承担的未实现转嫁的税款；间接税负是指纳税人承担的由转嫁而来的税款。

（4）税负转嫁是指商品交换过程中，纳税人通过提高销售价格或压低购进价格的方法，将税负转移给购买者或供应者的一种经济现象。税负归宿是指处于转移中的税负的最终落脚点。

（5）在商品价格可以自由浮动的前提下，税负转嫁的程度还会受到多种因素的制约，一般规律如下：

与商品价格有关：商品课税（间接税）较易转嫁，所得课税（直接税）一般不易转嫁。

与供求弹性有关：供给弹性较大、需求弹性较小的商品的课税较易转嫁；供给弹性较小、需求弹性较大的商品的课税不易转嫁。

（6）税收对劳动供给的收入效应。它是指由于政府课税会直接减少个人的可支配收入，从而促使纳税人为维持既定的收入水平和消费水平，而选择相应地减少或放弃闲暇，以增加工作时间，并加倍努力工作。它没有改变工作与闲暇之间的相对价格。

（7）税收对劳动供给的替代效应。它是指由于政府课税会使工作与闲暇之间的相对价格发生变化。也就是说，随着工作时间的增加，税收的增加使劳动收入下降，同时也使闲暇的相对价格降低，这就促使人们考虑选择闲暇以替代劳动。

7 国债原理和国债市场

【学习目标】

（1）了解国债的含义及其产生和发展。
（2）了解国债的种类和结构。
（3）掌握国债的负担和限度。
（4）重点掌握国债的经济效应和政策功能。
（5）了解国债市场及其国债市场的功能。

7.1 国债原理

7.1.1 国债及其种类、结构和负担

7.1.1.1 国债

政府举借的债务称为国债或公债。通常将中央债称为国债，地方债称为公债。具体指中央政府在国内外发行债券或向外国政府和银行借款所形成的国家债务。由于我国地方政府无权举借债务，所以人们常将公债与国债等同起来。

7.1.1.2 国债的特点

国债是一种非经常性的财政收入的特殊形式，意味着政府可支配资金的增加。

国债具有有偿性和自愿性特点。除特定时期的某些强制性公债外，公众在是否认购、认购多少等方面，拥有完全自主的权利。

国债与私债是有本质区别的，其区别在于发行的依据或担保物不同。民间借债一般需以财产或收益为担保，只有在确信举债者具有履行还本付息的能力后才能获得借款；国债的担保物并不是财产或收益，而是政府信用。因此，国债通常被称为“金边债券”。

国债是政府可以运用的一种重要的宏观调控手段。政府信用是指政府按照有借有还的商业信用原则，以债务人的身份取得收入，以债权人的身份安排支出，也称为财政信用。

7.1.1.3 国债的分类

以国家举债的形式为标准，可分为国家借款和发行债券。

以筹措和发行的地域为标准，可分为内债和外债。

以债券的流动性为标准，可分为可转让国债和不可转让国债。

以发行的凭证为标准，可分为凭证式国债和记账式国债。

7.1.1.4 国债结构组合

国债结构是指一个国家各种不同性质债务的互相搭配，以及债务收入来源和发行期限

的有机结合。它是通过下列几种组合方式来反映的：

（1）应债主体结构。指各类企业和各阶层居民各自占有社会资金的比例。

（2）国债持有者结构。是指各应债主体实际认购和持有国债的比例，又称为应债资金来源结构。

（3）国债期限结构。以偿还期为标准，国债可分为短期国债、中期国债、长期国债和永久国债。

7.1.1.5 国债负担

处理国债负担是财政理论与实践的重要内容。

（1）认购人负担。国债作为认购者收入使用权的让渡，虽是暂时的，但在国债偿还之前，认购者不再拥有资金的使用权，因而对其经济行为会产生一定的影响。所以，国债发行必须考虑认购人的负担能力。

（2）政府负担。政府借债是要偿还的，到期要还本付息，尽管政府利用国债会获得一定经济利益，但偿债毕竟是一种支出，是政府国债负担的形成过程。所以，政府借债必须考虑自身的负担能力。

（3）纳税人负担。不论成功发行的国债资金如何使用，能否产生效益或效益的高低，但偿债的资金最终来源于税收。马克思所说的国债是一种延期的税收，就是指国债与税收的这种关系。

（4）代际负担。国债不仅构成当前的社会负担，而且在一定条件下还会向后推移，形成这一代人借的债推移到由下一代人甚至下几代人负担，形成代际负担。如果转移债务负担的同时，能利用国债为后人创造更多的财富或奠定创造财富的基础，那么，这种债务负担的转移是有意义的；如果国债收入被用于当前的消费，或者使用效率低下，留给子孙的只是净债务，那么，债务负担的转移会极大地影响后代人的生产和生活，这是一种愧对子孙的短期行为。

7.1.1.6 衡量国债限度的指标

国债限度源于国债负担，是指国家债务规模的最高额度或指国债适度规模问题。表示国债绝对规模的指标：

（1）历年累计的债务总规模。

（2）当年发行的国债总规模。

（3）当年到期需还本付息的债务总额。

表示国债相对规模的指标：

（1）国债负担率。

（2）居民个人的国债负担率。

（3）国债偿还率。

（4）债务依存度。

（5）国债负担率。

它表明一定时期的国债累计余额与同期国民经济总规模的比例关系。它是从存量上反映国债规模的一个指标。其公式表述为：

$$国债负担率=当年国债发行额或国债余额\div 当年\ GDP\times 100\%$$

这是衡量国债规模最为重要的指标。因为它是从国民经济的总体和全局，而不是从财政收支上来考察和把握国债的数量界限的。

国债负担率表示国民经济的国债化程度，指标越高，表示国债对经济的干预越强，而财政收入相对不足。

据世界各国的经验，发达国家的国债累计额最多不能超过当年 GDP 的 45%。

居民个人的国债负担率。它表明国债发行或国债余额占居民储蓄存款余额的比例关系。即人均国债量÷人均存款额。其公式表述为：

居民个人的国债负担率=当年国债发行额或国债余额÷居民储蓄存款余额×100%

这一指标是用来衡量居民资金供给情况的。其指标越高，表示居民年收入中购买国债的比率越高，而其潜在的购买力不足。这是从居民的储蓄水平来考察国债发行规模的重要指标。一般认为，国债余额低于居民储蓄存款余额，即二者的比例小于 100%即可。

国债偿还率。它是指当年的国债还本付息额与中央财政收入的比例关系，是反映中央财政债务清偿能力的指标。其公式表述为：

国债偿债率=当年还本付息支出额÷当年中央财政收入额×100%

它表明指标越高，债务偿还越集中，国债期限结构不够合理。这一指标的国际公认警戒线为 10%左右。

债务依存度。它是指当年的债务收入与中央财政支出的比例关系。它是从流量上反映国债规模的一个指标。其计算公式是：

债务依存度=当年债务收入额或国债发行额÷当年中央财政支出额×100%

它表明当年中央财政支出中多少是由债务收入支持的或是依靠发行国债来实现的。指标越高，说明对债务的依赖性越大，财政处于脆弱的状态，并会对未来的社会经济发展构成潜在的威胁。目前，这一指标的国际公认警戒线为 25%~35%左右。

7.1.2 国债制度要素

7.1.2.1 国债的制度要素

（1）国债的发行。发行方式包括固定收益出售方式、公募拍卖方式、连续经销方式、直接推销方式和综合方式。

（2）国债的还本。还债方式有分期逐步偿还法、抽签轮次偿还法、到期一次偿还法、市场购销偿还法和以新替旧偿还法。

（3）国债的付息。付息方式有按期分次支付法和到期一次支付法。

7.1.2.2 国债发行价格

（1）平价发行，指政府债券按票面值出售。

（2）折价发行，指政府债券按低于票面值的价格出售。

（3）溢价发行，指政府债券按高于票面值的价格出售。

7.1.2.3 国债利率

（1）保持国债利率水平略高于同期银行储蓄利率，略低于其他证券利率。

（2）对不同期限、不同用途的国债规定差别较大的结构性利率。

7.2 国债的经济效应和政策功能

7.2.1 国债的经济效应

国债的经济效应就是指国债的运行对社会经济生活产生的影响和结果。它是通过国债功能的发挥来实现的。

可从三方面多角度考察国债的经济效应：

(1) 国债的资产效应。国债的资产效应是指国债发行量的变化，不仅影响国民收入，而且影响居民所持有资产的变化。从短期效应看，主要分析国债的收入效应或流量效应；从长期效应看，还必须分析国债存量对资产的影响。正因为国债具有资产效应，所以，国债在经济增长中具有稳定功能。

(2) 国债的需求效应。国债的需求效应是指国债融资，将增加支出，通过支出的乘数效应增加总需求，或将储蓄转化为投资，通过投资的乘数效应，推动经济的增长。这是凯恩斯主义的主要观点。

国债对总需求的影响表现在两个方面：一是中央银行购买国债，将导致银行准备金增加从而增加基础货币，对总需求发挥扩张作用，构成通货膨胀因素；二是商业银行或居民个人购买国债，只是购买力的转移或替代，不会产生增加货币供给从而扩张总需求的效应。

(3) 国债的供给效应。国债的供给效应指发行国债具有供给效应，即增加供给总量和调整供给结构。因为国债收入用于投资，增加投资需求，同进也增加了供给；投资领域的选择调整了供给结构。

7.2.2 国债的政策功能

7.2.2.1 国债的政策性功能

国债的政策性功能是指在财政政策实施中具有的重要功能。

发行国债弥补财政赤字，是国债产生的主要动因，也是当今各国的普遍做法。它是将不属于国家支配的民间资金在一定时间内让渡给国家使用，是社会资金使用权的单方面转移。

(1) 发行国债只是部分社会资金使用权的暂时转移，一般不会导致通货膨胀；

(2) 国债的认购通常遵循自愿的准则，基本是从社会资金运动中游离出来的资金，一般不会对经济发展产生不利影响，可能产生的副作用也很小。

其缺陷是：财政赤字过大，形成债台高筑，会导致财政收支的恶性循环；国家过多地集中有限的社会闲置资金，会侵蚀经济主体的必要资金，从而降低社会的投资和消费水平。

7.2.2.2 发行国债筹集建设资金

世界上许多国家都把发行国债作为一种长期、稳定的建设资金来源，以求加快经济的发展速度。这种方法也称为“负债发展经济”。

我国的经济发展具有两大特点：一是作为发展中国家存在着建设资金短缺的制约；二

是长期实行传统体制的惯性作用（主要依靠国家投资来推动整个社会经济的发展）。这意味着我国经济和社会发展的速度主要取决于国家能够掌握多少可用于经济建设的财政资金。

7.2.2.3 发行国债调节经济

国债是对 GDP 的再分配，反映了社会资源的重新配置，是财政调节经济的重要手段。

首先，政府发行国债会改变民间和政府部门占有资源的规模，影响社会资源在两大部门原有的配置格局。

其次，国债资金用于不同方向，又会对经济结构产生多方面的影响。

（1）用于公共投资或生产建设，会改变既定的投资与消费的比例。

（2）用于公共消费，会扩大社会的消费规模，使积累和消费的比例向一方偏移，进而改变社会的消费结构；当投资需求过大，生产资料供不应求，而消费需求不足，消费品积压时，可用国债吸收企业一部分积累基金，增加社会消费和公共福利支出；反之，可用国债吸收居民的一部分消费基金，扩大国家建设规模，从而使积累与消费的比例与生产资料、消费资料的供应相适应。

（3）用于弥补财政赤字，就是政府平衡社会总供给和社会总需求关系的过程。

进一步说，发行国债，不仅是财政政策的手段，而且是金融政策的手段，特别是短期国债还可以作为中央银行进行公开市场操作的对象，是其调节货币流通量的重要手段。

7.3 国债市场及其功能

7.3.1 国债市场

在证券市场中进行的国债交易即为国债市场，它分为发行市场和流通市场。

国债发行市场是指国债发行场所，又称国债一级市场。一般是政府与证券承销机构，如银行、金融机构之间的交易。通常由证券承销机构一次全部买下发行的国债。

我国真正意义上的国债发行市场始于 1991 年。

国债流通市场是国债流通的场所，又称国债二级市场。我国国债市场不仅有现券交易，而且自 1991 年推出了回购交易。

7.3.2 国债市场的功能

国债作为财政政策工具，国债市场具有顺利实现国债发行和偿还的功能。

国债作为金融政策工具，国债市场具有调节社会资金的运行和提高社会资金效率的功能。具体表现在五个方面：

（1）国债市场是一国金融市场的重要组成部分；

（2）国债市场拓宽了居民的投资渠道；

（3）国债市场的发展有利于商业银行资本结构的完善，有利于降低不良资产率，从而有效提高抗风险的能力；

（4）国债市场是连接货币市场和资本市场的渠道；

（5）国债是央行在公开市场上最重要的操作工具。

【拓展训练】

巴菲特为什么不喜欢长期国债？

2018年5月6日　新浪财经

新浪美股讯　北京时间5月6日消息　在被问及利率问题时，巴菲特表示，他并不知道未来利率的走向。但巴菲特列出了他为什么不喜欢长期国债的原因。以下为实录。

提问者：讲到国库债券的事上，我来自湾区旧金山地区。自己从来没有任何金融财务的背景，我那个时候也注意到温哥华的股市，结婚之后我老婆就鼓励我买伯克希尔的股票，我做的决策还是对的。

现在的问题是，我每天在读报纸、读新闻，讲到美联储、通货膨胀的数字，因为如此而提供更多的国库债券，发生了必须要拍卖的状况。国库债券会因为现在的决策，在以后会有什么影响？

巴菲特：你这个问题没有人可以做出判断。有非常多的一些变数介入，但是有一件事情可以告诉你，长期的国库债券不是一个好的投资，至少以现在的费率来讲，不是一个很好的投资。今天的国库债券到期日大概是4个月，现在的利率可能增加，而且上升了它的利率，但是可能在18个月之后，与去年相比正好有大概5个亿以上的税前收入。

实际来讲，长期的观点来看，讲到美联储，常常告诉你我们可能会有2%的通货膨胀，你现在讲到长期的国库债券的利率只有3%，再加上你要付税，基本上没有什么可赚的。所以，有的时候是2.5%。美联储跟你讲能够在他们的权力之内，他让你至少控制在国库债券的增长率不达到0.5%以上。

对我来讲我当然不会买所谓的美分股票，特别便宜的股票，但是我想还会有其他更具生产力以及有看涨率利好的股票可以投资。

你现在有万亿的金钱，很多人在猜测哪一个到期日的债券是最好买的，但是对于这种投资方式，我们是不参与太多的。

查理，你呢？

芒格：有的事情是不怎么公平的，特别是我们的货币机构在存款以及它的利率上面来讲，说今天存款已经没有那么多了，但是在这边还是给了这么低的利率，这样对于通货膨胀来讲是不太好的情况，而且是不公平的。在我这一辈子中，有一次利率很低，而且是非常长，这就是我们现在看到的现象，对很多人来讲都是不公平的，有些人就是因为如此，就开始买其他私人的股票，比如伯克希尔的股票。我可以告诉你，就这么做吧。

巴菲特：刚才讲了1942年出台的报纸，那时爱国主义是非常风行的，我们那时上学，大家都开始存钱。所以，第一次在美国国库债券出台的时候叫做“美国防御国库债券”。18.5元在10年之后可以赚到25元，中间大概是有2.09的复合利率的计算得到的一些结果。所以，2.9%的复利，10年来算并不是多好的一个投资。当然那个时候大家都在参与战争，所以政府知道战后一定会有非常庞大的通货膨胀，特别是在“二战”之后，当时的情况也是非常不稳定的，而且是动荡不安的。战争促使我们在财务上产生极大的赤字，后来又发生了129以上GDP的增长。所以，我们也在战后看到了强烈繁荣的状况，但是美国政府在做2.6的复利10年的结果，这是那个时候的现象。我想国库债券好像还是不太合理。

早期当然是一个例外，那时可能真的是有这样一个机会来买这种所谓的零票息的国债，而且也可以得到一个保证，30 年你会一个复合的回报，大概 14%的复合回报，30 年的时间。所以，时不时市场会发生一些奇怪的事情，有时你可能根本没有办法准备好，但是一定要在这个情况来临的时候做好行动。

你对战争的债券还有印象吗？你买了吗？

提问者：我从来没买过。

巴菲特：当时战争期间，我身上一分钱都没有。

思考题： 请运用国债原理的相关知识分析本案例。

【项目小结】

（1）政府举借的债务称为国债或公债。通常我们将中央债称为国债，地方债称为公债。具体指中央政府在国内外发行债券或向外国政府和银行借款所形成的国家债务。由于我国地方政府无权举借债务，所以人们常将公债与国债等同起来。

（2）国债是一种非经常性的财政收入的特殊形式，意味着政府可支配资金的增加。

国债结构是指一个国家各种不同性质债务的互相搭配，以及债务收入来源和发行期限的有机结合。

（3）国债的发行方式包括固定收益出售方式、公募拍卖方式、连续经销方式、直接推销方式和综合方式。

（4）国债的经济效应就是指国债的运行对社会经济生活产生的影响和结果。它是通过国债功能的发挥来实现的。

（5）在证券市场中进行的国债交易即为国债市场。它分为发行市场和流通市场。

8　货币与货币制度

【学习目标】

（1）掌握货币的产生过程，理解货币的存在形态及特征。

（2）理解并掌握货币的职能。

（3）理解货币制度及其构成要素。

8.1　货币的起源

8.1.1　货币的产生

随着商品生产的扩大和商品内在矛盾的发展，货币价值形式经历了一个由低级到高级、从简单到复杂的历史发展过程，经历了简单价值形式、扩大价值形式、一般价值形式和货币价值形式等阶段，即随着商品经济的发展和交换的扩大，这种价值形式最后固定地由某一种商品来承担，这就产生了货币。

8.1.1.1　简单价值形式

在原始社会末期，由于当时的生产力水平低下，人们生产的产品有时甚至连自己的需要都不能满足，很少会有剩余产品用于交换，只是在维持其生活必需以外，偶然有少量剩余产品。于是，在两个部落之间产生了偶然进行的交换，交换价值还没有取得独立的自由形态。与这种物物交换相适应，就产生了简单价值形式。简单价值形式，就是指一种商品的价值偶然地以另一种商品来表现的价值形式。它是价值形式发展过程中的原始阶段。例如：

1 只羊=2 把石斧

在简单价值形式的公式中，两端的商品处于不同的地位，起着不同的作用。等式左边的羊起着主动的作用，它主动地要求表现自己的价值，它的价值相对地表现在石斧上。所以，羊处于相对价值上；等式右边的石斧起着被动作用，它被动地做羊价值的表现材料，成为羊的等价物。所以，石斧处于等价形式上。在这种价值关系中的等价物，还是别的商品的等价物，商品的价值表现还很不充分。因为从简单价值形式上，只能看到一件商品和另一件商品相等，看不出它是否在质上和所有商品都相等，也看不出它能否在量上和所有商品相比较。这种情况表明，在简单价值形式下，价值作为无差别的人类劳动的凝结物的这种性质及交换的比例以价值量为基础这一本质，还没有能够充分地显示出来。

8.1.1.2　扩大价值形式

随着社会生产力的发展和第一次社会大分工的出现，劳动生产率提高了，剩余产品逐渐增多，产生了私有制。原始部落之间的交换逐渐地为个人与个人之间的交换所代替，交换行为和参与交换的商品种类与数量不断增多，一件商品已不再是偶然地与另外一件商品相交换，而是经常地与许多商品相交换，于是就出现了扩大价值形式。扩大价值形式，就是指一种商品的价值表现在和它相交换的一系列商品上的价值形式。用公式表示为：

1 只羊＝10 磅茶叶＝130 斤小麦

可以看出，一件商品的价值已经不是偶然地表现在另一件商品上，而是经常地表现在一系列的其他商品上。如由于有许多商品成为羊的等价形式，于是羊的价值就能够比较充分地表现为无差别的人类劳动的凝结物。同时，由于交换已成为经常发生的事情，一种商品可以按照不同的交换比例同许多种商品相等价，显示出交换的比例以价值量为基础，而不再是偶然确定的，从而把价值量更准确地表现出来。

在扩大价值形式中，一种商品要表现自己的价值，会使许多商品成为它的等价物。这样每一种商品的自然形态，就成为一个特殊的等价物，并和其他许多商品相并列，成为一个特殊的等价形式。扩大价值形式比起简单价值形式来，当然是一个进步。但是，在扩大价值形式上，也有其不可解决的矛盾，即交换者对商品的特殊需要和物物交换形式之间的矛盾。比如羊的所有者需要粮食，而粮食的所有者在此时此地却不需要羊，而需要石斧等。这时，商品交换就遇到困难，价值难以实现。可见，在物物直接交换的条件下，即使客观存在可以最终解决的需求锁链，但要现实地把它一步一步解开是要花费极大精力的，更何况在限定的时间和空间范围内，显然这种价值形式不能适应商品交换进一步发展的需要。

8.1.1.3 一般价值形式

随着商品交换的进一步发展，交换的商品日益增多，交换行为日益频繁，物物交换的矛盾日益突出。当日益增多的物品进入频繁交易的过程中，必然会有某种物品进入交换的次数较多，其使用价值较多地为进入市场的人们所需要。于是各种产品先与这种商品交换再用它与自己需要的其他物品相交换。这时该种物品成为所有其他产品价值的表现形式，即成为所有产品的等价物，马克思称之为一般等价物。这样，物物的直接交换就让位于通过媒介的间接交换。于是扩大价值形式便过渡到一般价值形式。一般价值形式，就是指所有商品的价值同时表现在一种商品上的价值形式。用公式表示就是：

$$\left.\begin{array}{l}\text{一只羊}\\ \text{10 磅茶叶}\\ \text{130 斤小麦}\end{array}\right\}=\text{100 斤大米}$$

一般价值形式的出现，是价值形式发展史上质的飞跃。每一种商品的价值都表现在唯一的、同一商品上，或者说，只有一种商品作为等价物去表现其他一切商品的价值。由于一切商品的价值都通过一种商品来表现，所以，价值作为无差别人类劳动凝结物的这种性质，便完全地、充分地表现出来了。既然一切商品在质上表现为共同的东西，那么在量上它们也是可以互相比较的。由于一般价值形式中等价物是所有商品共同的、一般的等价物，所以，商品交换由原来的物物直接交换转化为以一般等价物为媒介的间接交换，即商品要交换时先要换成媒介品，也就是先要求媒介品表现自己的价值，再用媒介品换取自己所需要的其他商品。

一般价值形式虽然克服了扩大价值形式的缺点，但是一般等价物还没有固定在某一种商品上。它在不同地区、不同时期是不一致的，还不能成为整个商品世界的一般等价物。

因此，一般等价物的不固定，限制和阻碍了商品交换的扩大和发展。

8.1.1.4 货币价值形式

随着商品生产的进一步发展，发生了第二次社会大分工，手工业从农业中分离出来，出现了专门为交换而进行的生产，即商品生产。随着交换的商品增多，交换的范围也进一步扩大了。商品世界就要求一般等价物固定的由某一种商品来充当，从而克服一般等价物的不固定给交换造成的困难。当一般等价物最终固定在某种特殊商品上时，这种商品就成了货币，一般价值形式就转变为货币形式。货币形式，就是指一切商品的价值都只表现在货币上的价值形式。用公式表示为：

$$\left.\begin{array}{l}\text{一只羊}\\ \text{10 磅茶叶}\\ \text{130 斤小麦}\end{array}\right\}=\text{1 克黄金}$$

一般价值形式转变为货币形式，并没有发生本质的变化，所不同的只是在货币形式中，一般等价物被固定在一种商品上。当一般等价物被固定在某一种特殊商品上时，这种商品就成了货币商品，执行货币的职能。所以，货币是固定地充当一般等价物的特殊商品，其特征是：它是衡量和表现一切商品价值的材料，它可用来购买任何商品，具有与一切商品直接交换的能力。历史上虽然有许多商品充当过货币材料，但货币将一般等价物同金银本身的自然形态固定地结合在一起。马克思说："金银天然不是货币，但货币天然是金银。"这是因为金银是自然界早已存在的，而货币是商品经济发展到一定阶段的产物，所以金银不可能天然是货币，但由于金银具有质地均匀、体积小、价值大，便于分割，便于携带等自然特性，使它们天然具有充当货币材料的优点，所以，货币天然是金银。

金和银本来是普通商品，最初充当特殊等价物，后来充当一般等价物，最后人们自然地将一般等价物固定在金银上面，金银便成为货币。

货币出现后，商品内部使用价值和价值的矛盾就表现为商品和货币的矛盾。商品换成了货币，商品的使用价值和价值的矛盾就解决了。对于货币的起源，古今中外思想家、经济学家都看到了与交换发展的联系。而马克思关于货币起源的论述特点是立足于劳动价值论，通过分析价值形式的发展，科学地揭示了货币产生的客观必然性。

从以上的分析可以看出，货币是价值形式发展的必然结果，而价值形式的发展又取决于交换的发展，交换的发展又受到私人劳动和社会劳动这一矛盾的发展制约。在私有制条件下，小商品生产者彼此都是使用各自的生产资料来进行生产，因而生产商品的劳动是私人劳动。而每个小商品生产者所进行的某种商品的生产又是整个社会分工体系的一个有机组成部分，是整个社会总劳动的一部分。换而言之，各个商品生产者生产的商品都是用来满足社会需要的，因而，每个小商品生产者的劳动又都具有社会性质，是社会劳动。商品生产者的私人劳动能否得到社会的承认，转变为社会劳动，就要看他的商品能否得到交换。物与物的直接交换本身存在着很大的局限性，不适应商品交换的进一步发展，妨碍着私人劳动向社会劳动的转化和生产者之间的经济联系的实现，货币就是为了解决这种矛盾而在交换发展的过程中自发地产生的。因而，货币是商品交换发展的必然结果，是私人劳动与社会劳动矛盾发展的产物。

8.1.2 货币的形态

迄今为止，货币形态发展的过程经历了一个从金属货币到纸币，从名副其实的价值实体到名不副实的价值符号，从真实价值到名义价值的演变过程。这一过程与社会经济发展有着紧密的内在联系：一方面，商品交换的发展要求规定了货币形态历史变革的轨迹；另一方面，货币形态的发展演变更好地适应了商品交换发展的需要。从金属货币到纸币，从实体形态到“观念上”存在，这是货币发展史的一条基本线索。具体地，货币的发展历史经历了实物货币、金属货币、代用货币及信用货币四个阶段，并逐渐向电子货币新阶段迈进。

（1）实物货币。实物货币是货币最原始的形式，与原始、落后的生产方式相适应。在物物交换制度不能适应交换的发展时，人们就会在商品世界中发现一种特殊商品，并将其作为交换媒介。这种商品必须是交换者普遍愿意接受的，自身也有价值。作为足值货币，它是以其自身所包含的内在价值同其他商品相互交换。在货币历史上，有不少实物曾经被当作货币使用。古希腊曾以牛、羊等作为货币，非洲和印度等地曾以象牙作为货币，美洲土著人和墨西哥人曾以可可豆作货币，珍珠、玉石、布帛、烟叶和鱼钩等也都在交换中被当作过货币材料，我国古代也曾以贝壳等实物作为货币。由于实物货币本身存在着难以消除的缺陷：它们或体积笨重不便携带，或质地不匀难以分割，或容易腐烂不易储存，或体积不一难以比较等。不是理想的交易媒介，故随着商品经济的发展，实物货币逐渐退出了货币历史舞台。

（2）金属货币。金属冶炼技术的出现与发展，为实物货币向金属货币转化提供了物质条件。凡是以金属为材料的货币都可以称为金属货币，青铜、铜、铁、银、金等都充当过金属货币的材料。各国采用何种金属作为货币材料，主要取决于该国的矿产资源状况、商品交换的规模、人们的习俗等因素。金属货币具备耐久性、轻便性、可分性或可加工性、价值统一或均质性，以及供给的稳定性等优势和特征，能更有效地发挥货币的职能。金属货币是人类历史上经历时间较长的货币，从其发展演变情况来看，具有两个明显特征：一是从贱金属货币向贵金属货币（gold and silver）发展，即早期的金属货币是青铜、铜、铁等贱金属，后来才是金、银这样的贵金属；二是从称量货币向铸币（coined money）发展，即早期的金属货币是以金属的自然块状流通的，后来才由国家铸造成规则的货币。

金属货币的优点在于其本身具有十足的价值，当金属货币量大于媒介商品流通需要量时，它会自动退出流通，作为价值贮藏手段，因而具有稳定币值的作用。金属货币形式成为古典意义上比较完美的货币形式。金本位制度就是建立在这一货币形态基础之上的。

（3）代用货币。代用货币是指作为货币的物品本身的价值低于其所代表的货币价值。从理论上讲，代用货币的形态有许多，其中国家铸造的不足值的铸币也应属于代用货币，因为这种铸币本身的价值低于它所代表的货币价值。但是一般来说代用货币指的是政府或银行发行的代替金属货币流通的纸币或银行券。这种纸币或银行券所代表的价值是金属货币价值，它们之所以能在市面流通，并被人们普遍接受，皆因为它们有十足的金、银贵金属作保证，可以自由地将纸币从发行机构兑换成金银。

与贵金属货币相比较，代用货币具有以下几个优点：1）代用货币的印刷成本远低于铸币的铸造费用；2）避免了日常自然磨损和人为的毁损；3）易于保管、携带和运送，节省了流通费用。但代用货币的发行量受贵金属准备量的限制，不能满足经济发展的需要。随着金本位制的崩溃，代用货币也就退出了历史舞台。代用货币最早出现在英国，我国明清时期的银票就是典型的代用货币。

（4）信用货币。从历史的角度来看，信用货币（credit money）是金属货币制崩溃的直接后果。20 世纪 30 年代，由于世界性的经济危机接踵而至，各主要西方国家先后被迫脱离金本位和银本位制，所发行的纸币（paper currency）不能再兑换金属货币，于是产生了信用货币。信用货币是以信用作为保证，通过信用程序发行和创造的货币。信用货币区别于代用货币，具有如下几个特征：1）信用货币完全割断了纸币与贵金属的联系；2）信用货币的基本保证是国家信誉和银行信誉；3）信用货币制度属于管理货币制度，必须置于国家的宏观调控之下，由中央银行按照国家的货币信用政策进行调控，以保持币值的稳定和信用货币流通的正常。目前世界上几乎所有的国家都采用信用货币的形态。信用货币可分为辅币、纸币、存款货币几种主要形式。根据经验，政府和货币当局发现，只要纸币发行量控制适当，则社会公众对纸币仍然能保持信心，因此法定纸币并不需要金银准备，但这并不意味着现代信用货币完全没有任何发行准备。实际上，目前大多数采用信用货币制度的国家，均具有相当数量的黄金、外汇、有价证券等资产作为发行货币的准备。

在现代银行非现金结算体制条件下，作为执行一般媒介手段的货币，其主要部分是以银行活期存款形式存在的。这些活期存款实质上是存款人提出要求即可支付的银行债务，是银行对存款人的负债，所以，这种货币又可称为债务货币。存款人可借助支票或其他支付指示，将本人的存款支付给他人，作为商品交换的媒介。目前，在全社会交易总量中，用银行活期存款作为支付手段的比重已经占了很大部分，所以，银行存款也是信用货币的一个组成部分。

信用货币完全摆脱了黄金束缚，只受到商品发展规模和市场化程度的制约，从这个意义上说，它更符合经济发展的内在要求。但信用货币的发行权在国家货币当局，国家可以根据客观的或主观的需要（如战争和重大自然灾害，为刺激经济奉行赤字财政政策等），进行货币的超额发行和财政发行，从而侵蚀币值稳定并引起通货膨胀。

（5）电子货币。随着电子商务的迅速发展而出现的电子货币（electronic money），从某种意义上代表了货币未来的发展趋势。电子货币通常是指利用电脑网络或储值卡进行电子资金转移，利用电子计算机记录和转移存款的一种货币形态。电子货币是当今货币形态发展的新趋势，由信用货币的符号化向电子货币的观念化发展。电子货币作为一种货币，除了具有货币的一般属性外，与通货相比，还具有一些特殊属性：1）电子货币具有多元化的发行主体，既可以由中央银行发行，也可以由商业性金融机构甚至非金融机构发行，而且后者占有极大的比重；2）电子货币是在线货币，即电子货币的流通必须有一定的基础设施，也就是“电子货币转移系统”（electronic money transfer system）；3）电子货币是虚拟货币（virtual currencies），是在银行电子化技术高度发达的基础上出现的一种无形货币，是一种没有货币实体的货币；4）电子货币是信息货币，是由一组含有用户身份、密码、金额、使用范围等内容的数字构成的特殊信息，以电子信息的形态出现，所以通过使用相应的技术才可以执行货币的某些职能。

电子货币具有转移迅速、相对安全和节约费用的优点。然而，使用电子货币的人们在产生方便感之余，总还有一些担心：如何防范电子货币被盗，如何对个人资产资信情况保密等。电子货币无论有何优点，在与人们使用传统现金手段相比时，其某些竞争上的缺陷和劣势仍然十分明显。因此，电子货币全面应用的时代恐怕还需要相当一段时间才能到来，并且有赖于科技进步成果的积累、保障设施的完善以及电子终端的普及。

纵观货币形态的发展与演变，可以使我们从中得到一些启发：1）商品生产和交换的发展是货币形态演化的根本原因。能否取得货币的资格，取决于能否满足商品生产和商品交换在广度上和深度上不断拓展的需要，取决于社会大众的普遍信任和接受。2）随着货币形态的演变，人们对货币的本质和货币在经济中所起的作用的认识在不断深化，借以使人们能够能动地控制货币，从而实现满足经济不断增长的需要。

8.1.3 货币的特征

通过以上分析可知，货币是商品生产和商品交换的产物，是在长期的商品生产和商品交换的过程中，逐渐地从商品世界中分离出来的、固定充当一般等价物的特殊商品，是价值形式发展的结果。因此，货币是一种特殊商品，既有商品的属性，又区别于普通的商品。

8.1.3.1 货币具有商品的属性

在马克思对货币起源的分析中提到，货币的前身就是普普通通的商品，它是在交换过程中逐渐演变成一般等价物的。马克思创立货币理论的时代，正是各国普遍实行金铸币流通的时代，因此，马克思将黄金视为货币的最高阶段，而黄金本身就是价值十足的商品。进一步的推论就是，任何在商品交换中充当货币的东西，首先就在于它们是商品，与普通商品一样，都具有价值和使用价值。没有这种与普通商品的共性，货币就不具备与商品进行交换的基础。

8.1.3.2 货币与普通商品具有本质的区别

货币是商品，但又不是普通商品，而是特殊商品。其特殊性并不在价值方面，而在使用价值方面。黄金被固定地充当一般等价物、被作为货币后，其使用价值便“二重化”了，它既具有由其自然属性所决定的特定的使用价值，如用于装饰、制作器皿等，又具有由其社会属性所决定的一般的使用价值，即充当一般等价物和交换手段。很明显，当它以第一重使用价值出现时，就是普通商品，而以第二重使用价值出现时，才是货币。

货币在充当一般等价物时，有两个基本特征：第一，货币能够表现一切商品的价值。货币出现后，整个商品世界就分裂成为两极，一极是特殊商品——货币，另一极是所有的普通商品。普通商品是以各种各样的使用价值的形式出现，而货币则是以价值的体现物或尺度出现，普通商品只有通过与货币的比较，其价值才能得到体现，所有商品的价值只有通过与货币的比较之后，相互之间才可以比较。第二，货币对一切商品具有直接交换的能力。由于货币是价值和社会财富的一般代表，故谁占有了货币，就等于占有了价值和财富。在实际交换中货币作为一般的交换手段，不存在对方对其使用价值特殊需求方面的障碍，货币的交换能力超越其使用价值特殊性的限制，具有直接交换的性质。

普通商品的意义在于通过交换满足人们生产或生活方面的特殊需要，而货币的意义则在于充当表现一切商品价值的材料和充当一般的交换手段，为商品交换服务。这就是货币与普通商品的本质区别。

8.2 货币的职能

8.2.1 价值尺度

价值尺度职能是指货币作为衡量商品价值标准的职能，即评价商品包含多少社会劳动，把社会承认的劳动量表现为一定数量的货币。货币之所以能表现和衡量商品价值，是因为货币本身是商品，本身具有价值，所有商品价值量的大小都可以用货币来衡量。货币执行价值尺度的职能，是通过把商品的价值表现为价格来实现的。商品的价值表现在货币上，就是商品的价格，或者说商品价值的货币表现就是价格。比如一本书标价 20 元人民币，这样，我们就可以用 20 元人民币来表示书的价值。货币执行价值尺度职能表现商品的价值量，并不需要现实的货币，只需要观念上的或想象的货币。

货币作为价值的尺度，为了准确地把各种商品的价格表现出来，就必须有一个统一的货币计量单位，即货币单位。每一个货币单位包含的一定金属重量及其等分，就称为价格标准。价格标准是由价值尺度职能派生的，价值尺度的职能又借助于价格标准来实现。作为价值尺度，货币是人类劳动的化身，用以衡量商品的价值，并表现为价格；价格标准，是用于规定贵金属重量的技术标准，用来衡量和计算货币金属本身的数量。虽然如此，两者之间仍有密切联系。价格标准是货币执行价值尺度职能做出的技术性规定，也就是说货币充当商品价值尺度，必须借助于价格标准，才能准确地表现每一商品的价值量。价格标准是为价值尺度职能服务的。

8.2.2 流通手段

当货币在商品交易中起媒介作用时，既充当流通手段，又可称为交换中介或流通中介。货币作为流通手段，使直接的物物交换变成了以货币为媒介的间接交换，这种间接交换就被称为商品流通。

由于以物易物的交换是非常费事而且很难成交的，所以要使交换有效率，就需要在商品中独立出一种“货币”的特殊商品，作为交换的媒介。也就是说，出售商品的人先将自己的商品换成货币，然后再用货币购买自己所需要的商品。所以货币作为商品交换的媒介，是被广泛接受的一般等价物，货币成为当然的媒介手段，关键在于它能大大方便生产者、消费者，节约交易费用，使交易以最高效率、最低成本进行。

货币执行流通手段，必须是现实的货币，而不能是观念的货币。货币作为交换的媒介，在商品生产者之间不断转手、流通，完全可以用不足值的金属铸币和本身没有价值的纸币、信用货币来代替。因为商品交换者所关心的只是这些交易工具是否能够起媒介作用，不必考虑它本身是否足值。由于纸币、信用货币是法律强制流通的货币，它能够作为交易工具在流通中交换。可见，价值符号作为货币的象征是从货币的流通手段职能中产生的。

价值尺度和流通手段是货币的两个最基本的职能。商品价值要表现出来，需要一个共同的、一般的价值尺度；商品要实际转化为与自己价值相等的另一种商品，需要有一个社会所公认的媒介。当这两个要求由某种商品来满足时，该商品就取得货币的资格。所以，马克思曾指出，价值尺度和流通手段的统一是货币。

8.2.3 储藏手段

货币的储藏手段是指货币退出流通领域被人们当做社会财富的一般代表保存的职能。货币的储藏手段职能，是在价值尺度和流通手段职能的基础上产生的。退出流通领域被人们储藏起来的货币，就是储藏货币。

作为价值储藏的手段，货币并不是独一无二的。任何资产，不管是货币、股票、债券、土地、房产、艺术品，还是珠宝都可以用于储藏财富。但由于货币是流动性最强的资产，代表了一般性的购买力，因此是人们重要的价值储藏手段之一。凡是货币都可以执行储藏手段的职能，不同的货币形式执行储藏手段的职能不一样。

在金属货币流通条件下，价值储藏对货币流通起着“蓄水池”的作用，可以自发调节流通中的货币量；在金属货币流通的条件下，储藏具有保值的性质，即只要金属价值稳定，储藏的价值就不会发生损失。货币作为储藏手段，当货币供过于求时，过多的货币就转化为储藏；当货币供不应求时，储藏的货币便相应进入流通。这是金属货币流通条件下一个极其重要的自发调节机制。

在信用货币流通条件下，货币作为储藏手段退出流通的主要目的不是单纯为了保值，而是为了满足重新进入流通的需要。这部分储藏的货币是流通手段与支付手段的准备金。信用货币能够执行货币储藏职能的原因是法律规定它代表着一定的价值量，具有社会认同的本质。

由于一些客观因素的影响，信用货币不能自发地调节货币流通量，这是信用货币储藏手段与金属货币储藏手段的本质区别。信用货币必须通过中央银行调整市场上流通的货币数量，才能保持正常与合理的货币流通秩序。这是由现代信用货币制度决定的。

8.2.4 支付手段

货币的支付手段职能是指货币在不同时期伴随商品运动而做价值单方面转移时执行的职能。货币的支付手段最初是由商品赊销引起的。在偿还赊销款项时，货币已经不是作为商品交易的媒介，而是作为价值的独立存在进行单方面转移。

在商品流通中，以信用形式买卖商品的现象，即为赊销。商品卖出以后，货币并未同时由购买者交到商品销售者手中，这时，商品销售者变成了债权人，购买者变成了债务人。当契约到期时，债务人将货款偿还给债权人。在赊销中，没有商品在同地同时与之相向运动，货币作为价值的独立形态单方面转移。因此，当货币执行支付手段职能时，没有商品（劳务）与之作相向运动，是在信用交易中补足交换过程的独立环节，作为价值独立存在，这体现了一种债权债务关系，即信用关系。

随着商品经济的发展，货币作为支付手段，不仅用于偿还债务，还被用于支付租金、利息、工资和赋税等。比如，财政的收支、银行吸收存款和发放贷款，都是货币作为独立的价值形态而进行的单方面转移；在工资和各种劳动报酬支付中，货币也同样发挥支付手段职能。

在流通中，作为流通手段的货币和作为支付手段的货币有着密切的联系，它们共同构成流通中的货币。流通中的每一枚货币，往往交替地发挥着这两种职能。因而，流通中货币的需求实际包括对流通手段的需求和对支付手段的需求。

8.2.5 世界货币

世界货币的职能是指货币在国际市场上作为一般等价物时执行的职能。商品流通一旦越出国界、扩大到世界范围时，货币的职能也随之发展，即作为国际间购买手段（用以购买外国商品和劳务）、支付手段（用以平衡国际收支）和财富的一般代表（用以实现社会财富在国际间的转移）。作为世界货币，按照马克思的观点，此时的货币只能以贵金属的条块形态出现。而现代经济理论认为：一种货币只要在国际范围内被社会公认并具有普遍接受性，它就能在经常性的国际交往中执行世界货币的职能。

随着金银退出货币历史舞台并被纸币取而代之，纸币充当世界货币成为商品经济发展的必然。所不同的是并非任何国家的纸币都能直接充当这一角色，它只能由少数币值稳定、经济实力雄厚、其国内价格体系易于为别国公众所接受的纸币担任。多数国家的纸币只能采取间接或转换的方式履行这一职能。

货币的各个职能之间存在着有机的联系，它们共同体现了货币作为一般等价物的本质。价值尺度和流通手段是货币的两个最早、最基本的职能，最早出现的价值尺度职能被用来表现和衡量商品的价值。正因为货币具有价值尺度职能，才有可能在商品交换中充当媒介，用来实现商品的价值，发挥流通手段的职能。这两个职能是形成货币的先决条件，其余职能都是随商品流通的发展而产生的。因为当只有货币既具有表现和衡量一切商品的价值，又具有与其他商品直接交换的能力时，货币才能成为一切使用价值和社会财富的一般代表，才会出现货币的储藏职能以及执行储藏手段职能。支付手段职能的出现是以价值尺度和流通手段职能的发展为基础，以储藏手段职能的存在为前提。世界货币是最晚发展的一个职能，因为世界货币的职能要以货币的其他职能在国内的存在和充分发展为前提，是货币诸多职能在国际间的延伸和继续。

8.3 货 币 制 度

8.3.1 货币制度的内容

货币制度简称为币制，是一个国家以法律形式确定的货币流通结构和组织形式，并使货币流通的各个要素构成一个有机的整体。货币制度是货币运动的准则和规范。货币制度是随着资本主义经济制度的建立而逐步形成的。封建社会末期，随着资本主义萌芽的出现，客观上要求克服货币流通的分散与混乱状态，建立统一的、定型的货币制度。货币制度主要包括以下几方面：

（1）规定货币材料。规定货币材料就是规定币材的性质，确定不同的货币材料就形成不同的货币制度。但是哪种物品可以作为货币材料不是由国家随心所欲指定的，而是对已经形成的客观现实在法律上加以肯定。目前各国都实行不兑现的信用货币制度，对货币材料不再做明确规定。

（2）规定货币单位。货币材料确立以后，就要规定货币单位。货币单位包括货币单位名称及其所含货币金属的质量。如英国的货币单位定名为“英镑”，美国的货币单位是

“美元”，货币单位与货币名称相同；也有些国家货币单位与名称不同，如中国货币名称是人民币，货币单位是“元”。各国货币单位确定后，还需确定其金属重量。例如，在银本位制度下，我国1914年北洋政府颁布的《国币条例》中规定的“圆”是指1圆含纯银6.408钱；在金本位制度下，1934年1月的法令规定美国货币单位的“美元”是指1美元含纯金13.714gr（1gr=0.06479891g）。目前，世界各国的货币单位都是法定的公制单位，即1单位币等于100个最小等分单位。

（3）规定流通中货币的种类。规定流通中货币的种类主要指规定主币和辅币，主币是一国的基本通货和法定价格标准，辅币是主币的等分，是小面额货币，主要用于小额交易支付。金属货币制度下主币是用国家规定的货币材料按照国家规定的货币单位铸造的货币，辅币用贱金属并由国家垄断铸造；信用货币制度下，主币和辅币的发行权都集中于中央银行或政府指定机构。

（4）规定货币法定支付偿还能力。货币法定支付偿还能力分为无限法偿和有限法偿。无限法偿指不论用于何种支付，不论支付数额有多大，对方均不得拒绝接受；有限法偿指在一次支付中有法定支付限额的限制，若超过限额，对方可以拒绝接受。在金属货币制度下，一般而言主币具有无限法偿能力，辅币则是有限法偿；在信用货币制度条件下，国家对各种货币形式支付能力的规定不是十分的明确和绝对。

（5）规定货币铸造发行的流通程序。货币铸造发行的流通程序主要分为金属货币的自由铸造与限制铸造、信用货币的分散发行与集中垄断发行。自由铸造指公民有权用国家规定的货币材料，按照国家规定的货币单位在国家造币厂铸造铸币，一般而言主币可以自由铸造；限制铸造指只能由国家铸造，辅币为限制铸造。信用货币分散发行指各商业银行可以自主发行，早期信用货币是分散发行，目前各国信用货币的发行权都集中于中央银行或指定机构。

（6）规定货币发行准备制度。货币发行准备制度是为约束货币发行规模维护货币信用而制定的，要求货币发行者在发行货币时必须以某种金属或资产作为发行准备。在金属货币制度下，货币发行以法律规定的贵金属作为发行准备；在现代信用货币制度下，各国货币发行准备制度的内容比较复杂，一般包括现金准备和证券准备两大类。

8.3.2 货币制度的演变

货币制度自产生以来，从历史发展过程来看，世界各国先后曾采用过以下几种类型的货币制度，如图8-1所示。

- 金属货币制度
  - 银本位制
    - 银两本位
    - 银币本位
  - 金银复本位制
  - 金本位制
    - 金币本位
    - 金块本位
    - 金汇兑本位
- 信用货币制度

图8-1 货币制度主要类型

8.3.2.1　银本位制

银本位制是以白银作为本位币的货币制度，是最早的货币制度之一。其内容包括：(1) 以白银作为本位币材，银币为无限法偿货币，并有强制流通能力；(2) 本位币的名义价值和实际价值相符，银币可以自由铸造，自由熔化；(3) 银行券可以自由兑换银币或等量白银；(4) 白银和银币可以自由输出或输入。

银本位制从 16 世纪以后开始盛行，这主要是由于在墨西哥和秘鲁发现了丰富的银矿，白银产量大增所致，墨西哥、日本、中国、印度等先后实行过。但是，这种货币制度在世界各国推行时间较短，在 19 世纪末使用渐渐减少，主要原因是：(1) 白银价格不稳定，仅从 1870 年到 1935 年期间，白银价格就有四次大的波动。中国就是在 1935 年被迫放弃银本位制的；(2) 银价贬值幅度大，使实行银本位制国家的货币对外贬值，影响该国的国际收支平衡和国内经济发展；(3) 与黄金相比，白银体重值小，在大宗交易或价值较大的交易中使用白银，给计量和运送带来诸多不便。17 世纪在巴西出现了丰富的金沙，大量黄金从美洲流入欧洲，也促使银本位制向金银复本位制过渡。

8.3.2.2　金银复本位制

金银复本位制是以金币和银币同时作为本位币的货币制度，即金币与银币同时具有无限法偿性，均可以自由铸造和熔化，并按法定比率相互兑换，在市面上平行流通的制度。实行复本位制的国家，往往是黄金产量不足以满足货币供应，而以白银作为补充的国家。

按国家是否规定金银之间的比价来划分，金银复本位制可分为平行本位制、双本位制和跛行本位制三种类型：

(1) 平行本位制。平行本位制是指金银两种货币均按其所含金属的市场实际价值流通，是复本位制的早期形式。国家对两种货币的交换比率不加规定，由市场自发形成和确定。在平行本位制下，金银比价变动频繁，不能很好地发挥价值尺度职能，造成交易混乱，市场极不稳定，于是便产生了双本位制。

(2) 双本位制。双本位制是指国家以法律规定金银两种本位币的比价，按法定比价流通，这是复本位制的主要形式。“双本位制”的目的是为了克服“平行本位制”的缺点，但其结果是导致形成了官方与市场两种定价制度，更加深了复本位制的矛盾，即官方定价的滞后性使得金银名义价值（官方定价）常常偏离实际价值（市场价值），于是“劣币驱逐良币”（又称“格雷欣法则”）的规律便在货币流通中发挥作用。

金银复本位制是不稳定的制度，易产生“劣币驱逐良币”现象。例如，美国在 1791~1861 年间，法定币制是金银复本位制，最初金银之间的铸币比率为 1∶15，但其他主要实行金银复本位制的国家，均采用 1∶15.5 的金银铸币比率。于是，任何商人都愿意将一盎司黄金自美国运至他国，换取 15.5 盎司白银后，运返美国以 15 盎司白银换回 1 盎司黄金，从中获取 0.5 盎司白银毛利，除去运杂费后仍有盈余。同时，美国在外国购货，以支付黄金较为有利，而外国在美国购货，则以支付白银较为有利。因此，金币逐渐外流，金银复本位制变为事实上的银本位制。其后，美国国会于 1834 年将铸币比率改为 1∶16，结果又造成银币外流的局面，又变成实际的金本位制。这一现象由英国造币厂厂长格雷欣发现，因此，又称为“格雷欣法则”。

(3) 跛行本位制。跛行本位制是指名义上金铸币和银铸币都被规定为本位币，并有法定兑换比率，但金币可以自由铸造而银币则不能自由铸造，从而将银置于金的从属地位，这就是跛行本位制。在跛行本位制下，银币的币值不再取决于其本身的金属价值，而取决于银币与金币的法定兑换率。因此，银币实质上已演化为金币的符号，起着辅币的作用。从严格意义上讲，跛行本位制已经不是金银复本位制，而是由复本位制向金本位制过渡的一种货币制度。

金银复本位制的演变过程表明，两种本位制的存在必然会产生独占性和排他性，因此金银复本位制是一种极不稳定的货币制度。这种不稳定性对于迅速发展着的资本主义经济产生了阻碍作用。19 世纪 70 年代以后，金银比价已不能维持法定比价，因此许多国家就逐渐向金本位制过渡。

8.3.2.3 金本位制

金本位制是指以黄金作为本位货币的货币制度。金本位制又可分为金币本位制、金块本位制和金汇兑本位制三种不同形式。

(1) 金币本位制。金币本位制是典型的金本位制。金币为本位货币，单位货币包含了一定量的黄金。它具有以下特点：1) 金币可以自由铸造、自由熔毁，具有无限法偿能力；2) 价值符号（辅币和代用货币）可以自由兑换金币；3) 黄金可以自由输出、输入国境。

金币本位制是一种相对稳定的货币制度。这种相对稳定性，在国内表现为流通中通货的币值对金币不发生贬值现象；在国外则表现为外汇行市的相对稳定。这种相对稳定的货币制度对于资本主义经济的发展起了重要的促进作用。

最早实行金币本位制的国家是英国。在 20 世纪初，金币本位制十分盛行，是名副其实的有效金本位制。由于第一次世界大战的爆发，加剧了各资本主义国家经济发展的不平衡和各国黄金存储量的严重失衡，以及价值符号的自由兑现遭到破坏和黄金自由输出输入受到阻碍，金币本位制在第一次世界大战中崩溃。第一次世界大战后，各资本主义国家曾经企图恢复金币本位制。但由于各资本主义国家都将黄金集中在中央银行，作为战时的财政准备金，金币本位制恢复已经不可能，于是建立了变相的金本位制，即金块本位制和金汇兑本位制。

(2) 金块本位制。金块本位制又称"生金本位制"，是指没有金币的铸造和流通，而由中央银行发行以金块为准备的纸币流通的货币制度。主要特点是：不准申请铸造金币，不准金币流通，黄金集中储存于政府。在这种制度下，市场流通银行券，居民可用银行券按规定的含金量在一定数额以上、一定用途以内兑换黄金。如英国在 1925 年规定银行券数额在 1700 英镑以上方能兑换黄金，法国在 1928 年规定至少需 215000 法郎才能兑换黄金。

金块本位制存在的历史不长，因为要维持金块本位制，就必须做到国际收支保持平衡或大量的黄金足以满足对外支付之用。若国际收支发生逆差或资金外流严重，则黄金储存不足，投机盛行，金块本位制势必难以维持。

(3) 金汇兑本位制。金汇兑本位制又称"虚金本位制"。其特点是：在国内市场上没有金币流通，本国流通银行券，既无铸币流通，也无金块可供兑换。中央银行将黄金和外汇存放在另一个实行金本位制的国家，并规定本国货币与该国货币的法定兑换比率，居民可按这一比率用本国货币兑换外汇，再用外汇间接兑换黄金。

实行金汇兑本位制的国家，实际上是使本国货币（纸币）依附于一些经济实力雄厚的外国货币，如英镑、美元、法郎等，并成为它们的附庸，从而在经济上和货币政策上受这些国家的控制和左右。对实行金汇兑本位制的独立国家来说，他们要依附于货币信用良好的国家；对殖民地国家来说，他们要依附于宗主国，通过无限制供应外汇，维持本国货币的币值稳定。

1929~1933 年资本主义国家发生了世界性经济危机和金融危机，这次大危机的冲击迅速摧毁了金本位制。资本主义各国先后实行了不兑现的信用货币制度。

8.3.2.4 信用货币制度

信用货币制度是指以不兑换黄金的信用货币为本位币的货币制度，这是当今世界各国普遍推行的一种货币制度。在这种货币制度下，没有金属本位货币的铸造和流通，由不兑现的银行券或者纸币（现金）与银行存款（非现金）执行货币的职能。不兑现银行券体现着银行对持有者的负债，银行存款体现着银行对存款者的负债，即它们都体现着信用关系，所以它们都是信用货币。

信用货币制度具有以下特点：(1) 信用货币一般是中央银行发行的本位货币，币材为纸，具有无限法偿能力；(2) 货币不能兑换黄金，也不规定含金量，完全是信用发行；(3) 货币的发行在客观上受国家经济发展水平的制约，从而使国家对货币的供应实施管理；(4) 信用货币是通过银行信贷渠道投放的；(5) 信用货币供应量不受贵金属量的约束，具有一定的伸缩弹性，以使货币流通数量与经济发展需要相适应。

另外，由于信用货币是银行的债务凭证，现代的货币流通实际是银行债务的转移。如果银行货币投放过多，就会出现通货膨胀；反之，就会造成通货紧缩。因此，为了使货币流通适应经济发展的需要，金融当局必须对货币供应总量和银行信贷投放总量加以控制。

8.3.3 人民币制度

我国现行的信用货币制度，是在民主革命时期革命根据地货币制度的基础上建立起来的，并在社会主义革命和社会主义经济建设的实践中不断得到巩固、发展和完善。我国于1948 年 12 月 1 日，在原华北银行、北海银行和西北农民银行的基础上合并成立中国人民银行，同日发行人民币。人民币的发行标志着我国社会主义货币制度的建立。当时的人民币是在通货膨胀的背景下发行的，一方面受国民党政府遗留下来的通货膨胀的影响；另一方面，在人民币发行之初主要靠发行纸币来弥补财政赤字，从而导致人民币有所贬值，面额过大。为此，1955 年 3 月 1 日，发行了新人民币，按 1∶10000 的比例无限制地收兑了全部旧人民币，至今为止我国大陆一直在使用新人民币。

我国人民币制度主要包括以下几方面：

(1) 人民币是我国的法定货币。人民币是我国的法偿货币，即国家以法律赋予其购买和支付能力的货币。以人民币支付我国境内的一切公共和私人的债务，任何单位和个人不得拒收。人民币的基本单位为“元”，是本位币即主币，辅币的单位为“角、分”。人民币没有法定含金量，是一种典型的信用货币。其主要原因是：

1) 从人民币产生的信用关系来看，中国人民银行发行人民币形成一种负债，国家相应取得商品和劳务；人民币持有人是债权人，有权随时从社会取得某种价值物。

2) 从人民币发行的程序看，人民币是通过信用程序发行的，或是直接由发放贷款机构投放的，或是由客户从银行提取现钞投放的。中国人民银行发行或收回人民币，相应要引起银行存款和贷款的变化。

(2) 我国目前使用的合法货币。目前我国使用的有人民币、港币、澳元，但在大陆人民币是我国唯一合法的货币，即在我国境内市场上，人民币是一般等价物，国内一切货币收付、结算和外汇牌价，均以人民币为价值的统一尺度和计算单位，执行货币职能的只有人民币，国家赋予人民币以强制流通力。

(3) 人民币的发行。人民币的发行必须坚持集中统一发行和经济发行原则。所谓集中统一发行原则是指人民币的发行权集中于中央，中央授权中国人民银行统一发行人民币。除此之外，任何地区、任何部门不准发行任何货币、变相货币或货币代用品。所谓经济发行原则是指为适应生产发展和商品流通的正常需要，通过信贷程序进行货币发行。这种根据经济增长的客观需要而发行的货币，是符合货币流通规律的，能保持币值稳定。

(4) 人民币的流通。人民币的流通是在中央银行监管下进行的，这种监管通过现金管理和工资基金监督两方面来实现。实行现金管理，可以控制人民币的投放，促进现金回笼，掌握现金收支动向，摸索现金管理运行规律，为国家有效地调节货币流通提供有利的条件；加强工资基金的监督，对控制现金投放、有效地调节货币流通渠道具有极其重要的作用。中国人民银行专门行使中央银行职能，授权国有商业银行按照国家有关规定执行现金管理和工资基金监督。

(5) 金银和外汇储备。我国的金银和外汇储备是国际支付的准备金，由中国人民银行集中掌握、统一管理、统一调配。

(6) 人民币实行经常项目的可兑换。在外汇市场上，我国人民币长期以来属于不能自由兑换的货币。自1996年以来，我国放宽了经常项目用汇的限制，提高了居民个人用汇供汇标准，扩大了供汇范围，实现了人民币基本项目的可兑换。

(7) 人民币实行有管理的浮动汇率制度。人民币汇率是根据外汇市场的价格，每天由国家外汇管理局统一进行调整和公布，并由各外汇指定银行在规定的浮动幅度内自行挂牌，对客户买卖外汇。

我国现行的信用货币制度是一种“一国多币”的特殊货币制度，即在香港、澳门、台湾、内地实行不同的货币制度。表现为不同地区各有自己的法定货币，各种货币仅限于本地区流通，各种货币之间可以兑换，人民币与港元、澳元之间按以市场供求为基础决定的汇价进行兑换，澳元与港元直接挂钩，新台币主要与美元挂钩。

【拓展训练】

电子货币：静观其变是最好的方法

数理经济学派奠基者、法国数学家奥古斯丁·科洛特（Augustin Cournot）曾经说过：“任何可以测量、计算、系统化的东西，最终总会成为测量、计算、系统化的对象。商业机构并不是天生就需要金属货币，所有方法在促进交换、固定交换价值方面都是有用的。”电子货币的出现证实了这个200年前的预言。

货币的两大职能是价值尺度和流通手段，后一职能是促使货币形态不断适应促进交换需要的主要动力。从实物货币阶段（如贝壳）、贵金属货币阶段（如金银）、代用货币阶段（如纸币）到信用货币阶段（如支票），货币形态的不断演进都是为了更方便的流通。在电子技术飞速发展的今天，一种新的货币形态——电子货币已在世界范围内出现，并在欧美等发达国家获得了一定的发展。

电子货币是一种电子支付工具。就像纸币包括美元、英镑、人民币一样，电子货币也是一种统称。它以金融电子化网络为基础，以商用电子化工具和各类银行卡为媒介，以计算机技术和通信技术为手段，以电子数据形式存储在银行的计算机系统中，并通过计算机网络系统以电子信息形式实现流通和支付。

电子货币有三个基本特征：以实体货币为基础预付价值、无须第三方授权和开放式的储值系统。我们可以简单地把它想象成数码式的现金，用它买东西时不必像用信用卡那样提供账号密码等个人信息，丢失了它的卡片或计算机软件，也不能像信用卡那样挂失，与丢了现金一样。

使用电子货币也面临着一些风险，主要来自三个方面。第一，丢失电子货币等于丢失了现金，无法挂失止付。这正是成为货币的条件之一，即匿名性和不可追踪性；第二，当发行人破产或出现危机时，其发行的电子货币会发生信用危机，一旦被拒绝接受，损失只能由使用者承担；第三，系统风险包括系统故障和外来攻击，如果脱离传统银行体系用户就无法得到救济。这就要求政府采取各种手段予以防范，比如提高电子货币发行的准入条件、用银行的监管手段监管电子货币发行人、设立存款保险制度等。因此，电子货币是货币，或者更具体地说，是一种新的货币形态。

思考题：根据上述资料分析电子货币与传统货币相比有什么特点？你认为电子货币的出现对金融监管提出了哪些挑战？

【项目小结】

（1）货币是固定地充当一般等价物的特殊商品，是衡量和表现一切商品价值的材料，具有与一切商品直接交换的能力。

（2）商品是为交换而生产的劳动产品，具有使用价值和价值双重属性，从而也就具有两种表现形式：1）使用价值的表现形式，即商品的自然形式；2）价值的表现形式只有在某一商品和其他商品相互交换时才能表现出来，并通过其他商品相对地表现出来。

（3）随着商品生产的扩大和商品内在矛盾的发展，价值形式经历了一个由低级到高级、从简单到复杂的历史发展过程。而在商品交换发展的过程中，价值形式经历了四个发展阶段，即简单价值形式、扩大价值形式、一般价值形式和货币价值形式。

（4）货币的本质决定货币的职能。货币的职能即货币本身所具有的功能，是货币本质的具体体现。随着商品经济和货币的发展，货币的职能也在不断发展。一般认为，货币具有价值尺度、流通手段、储藏手段、支付手段、世界货币五种职能。

（5）货币形态发展大致经历了实物货币、金属货币、代用货币、信用货币及电子货币五个阶段。

（6）货币制度主要包括以下内容：规定货币材料，规定货币单位，规定流通中货币的种类，规定货币法定支付偿还能力，规定货币铸造发行的流通程序及规定货币发行准备制度等。

（7）货币制度主要经历了银本位制、金银复本位制、金本位制以及信用货币制度等几种形式。

（8）人民币制度包括：人民币是我国的法定货币，规定我国的合法货币，规定人民币的发行与流通，规定我国的金银和外汇储备，人民币实行经常项目的可自由兑换以及实行有管理的浮动汇率制等。

9 信用与利率

【学习目标】

（1）了解信用的产生与发展过程。
（2）掌握信用的内涵，在此基础上理解信用的五种基本形式。
（3）掌握利息的本质，重点掌握利息的计算。
（4）了解影响利率水平高低的各种因素。

9.1 信　　用

9.1.1 信用的产生和发展

9.1.1.1 信用的产生

私有制出现以后，社会分工不断发展，大量剩余产品不断出现。私有制和社会分工使得劳动者各自占有不同劳动产品，剩余产品的出现则使交换行为成为可能。随着商品生产和交换的发展，商品流通出现了矛盾——“一手交钱、一手交货”的方式由于受到客观条件的限制经常发生困难。例如，一些商品生产者出售商品时，购买者却可能因自己的商品尚未卖出而无钱购买，于是，赊销即延期支付的方式应运而生。赊销意味着卖方对买方未来付款承诺的信任，意味着商品让渡和价值实现发生了时间上的分离。这样，买卖双方之间除了商品交换关系之外，还形成了一种债权债务关系，即信用关系。当赊销到期、支付货款时，货币不再发挥其流通手段的职能而只充当支付手段，这种支付是价值的单方面转移。正是由于货币具有作为支付手段的职能，使得商品能够在早已让渡之后独立地完成价值的实现，从而确保了信用的兑现。整个过程实质上就是一种区别于实物交易和现金交易的交易形式，即信用交易。

后来，信用交易超出了商品买卖的范围。作为支付手段的货币本身也加入了交易过程，出现了借贷活动。从此，货币的运动和信用关系连接在一起，并由此形成了新的范畴——金融。现代金融业正是信用关系发展的产物。在市场经济发展初期，市场行为的主体大多以延期付款的形式相互提供信用，即商业信用；在市场经济较发达时期，随着现代银行的出现和发展，银行信用逐步取代了商业信用，成为现代经济活动中最重要的信用形式。总之，信用交易和信用制度是随着商品货币经济的不断发展而建立起来的；进而，信用交易的产生和信用制度的建立促进了商品交换和金融工具的发展；最终，现代市场经济的发展成为建立在错综复杂的信用关系之上的信用经济。

可见，从本质上说，信用是以私有制为前提的，是商品内在矛盾发展的必然结果，也是商品货币关系发展的必然产物。当商品交换出现延期支付、货币执行支付手段职能时，信用就产生了。

9.1.1.2 信用的发展

信用产生之后，与其他的经济范畴一样不断地由低级向高级发展。从借贷的客体形态发展来看，最早的是实物借贷。随着商品货币经济的发展，信用发展到了货币借贷。实物借贷与货币借贷在很长的历史阶段并存，但有主次之分。先是以实物借贷为主，辅之以货币借贷；后来商品货币关系有了发展，货币成为借贷的主要对象，辅之以实物借贷。在自然经济占主导地位的前资本主义社会里，货币借贷一直未能全然排除实物借贷，只有当商品货币关系占主导地位时，实物借贷才丧失其存在的基础。在现代的一些信用关系中，往往也涉及商品，如赊销商品延期支付的信用形式，这似乎是实物借贷。但就其债权债务的内容来看，却总有一定的货币金额，且最终要支付货币，所以也归属货币借贷的范围。

从生产方式的发展与信用的联系角度来考察，最早的信用是高利贷信用，这是在自给自足的自然经济占主导地位下的信用。资本主义以前的信用，主要是高利贷信用。高利贷是指通过贷放货币或实物而获取高额利息的借贷行为，是历史上最早的、最古老的生息资本的形式。高利贷信用中的债权人主要有从事货币兑换的商人、各类宗教机构、统治者等，而其债务人则主要是小生产者、封建主和地主等。高利贷信用具有利率高、剥削残酷等特点，从生产的角度看，高利贷还具有寄生性和破坏性，导致社会生产力的衰退。

当生产方式从封建社会过渡到资本主义社会、自给自足的自然经济解体、商品货币关系占主导地位时，信用就由高利贷信用发展到了资本主义信用，即借贷资本信用。借贷资本是指货币资本家为了获取利息而贷放给职能资本家使用的货币资本，其主要来源于生产经营中的闲置资本、用于积累的剩余价值、货币储蓄等。借贷资本的特点：(1) 它是一种所有权资本；(2) 它是一种特殊的商品资本；(3) 它具有特殊的运动形式；(4) 它有特殊的转让形式。

当生产方式从资本主义过渡到社会主义，信用也由资本主义信用过渡到了社会主义信用。我国社会主义经济由过去的单一计划经济发展到有计划的商品经济，现在明确提出了要建立社会主义市场经济。在社会主义市场经济条件下，就信用的形式特征和利率水平的决定两方面来看，社会主义信用与资本主义信用是相同的，所以有人把这两种信用统称为“现代信用”。

9.1.2 信用的内涵

信用是指以还本付息为条件的单方面价值让渡，表现为商品买卖中的延期支付与货币的借贷行为。从定义可知，信用具有以下特点：一是以收回为条件的付出，或以归还为义务的取得；二是贷者有取得利息的权利，借者有承担支付利息的义务。

信用是从属于商品货币关系的一个经济范畴，它不是某个社会形态所特有的。但是，在不同的社会制度下，信用却反映着不同的生产关系。前资本主义社会的信用的主要形式是高利贷信用。在资本主义社会，信用得到了充分发展，信用形式多样化，各种金融工具被广泛利用。这些信用形式和金融工具的应用，促进了社会经济的迅速发展。建立社会主义市场经济，同样需要利用信用和金融工具。

构成一个完整的信用活动需具备以下三个要素：

(1) 信用关系，即由借贷双方构成的债权债务关系。信用这种借贷行为的成立，至少要有两个当事人：一个是借入的债务人；另一个是贷出的债权人。由债权人与债务人构成的债权债务关系就被称为信用关系。离开了信用关系，信用就难以形成。

（2）时间间隔，即价值作相向运动形成的时间差。商品赊销是产生信用的基础，商品赊销就是先有商品作单方面的价值运动，后有货币作单方面的价值运动，商品与货币的运动存在着时间间隔。没有时间间隔的适当配合，就无所谓信用。

（3）书面契约，即保证债权债务关系确定的凭据——信用工具。债权债务信用关系的确立，可以采取口头承诺形式，也可以采取书面契约形式。口头承诺形式尽管简便、灵活，但难以维护债权人的正当权益；书面契约形式确立的信用关系，不仅可以维护债权人的正当权益，而且可以转移债权债务。没有书面契约，信用关系难以维系和发展。

9.1.3 信用的基本形式

现实生活中的信用形式多种多样，我国金融理论传统上习惯以授信或受信主体为标准对信用活动进行分类，把信用形式分为商业信用、银行信用、国家信用、消费信用和国际信用等几种基本的信用形式。需要注意的是，随着金融市场的发展，金融市场上的交易活动日益丰富，已远远超出了传统借贷的范围，出现了如信托信用、租赁信用和保险信用这些高级信用形式，对产权凭证的投资也已发展成一种大众化的投资选择。

9.1.3.1 商业信用

A 商业信用的含义

商业信用是厂商在进行商品销售时以延期付款，即赊销形式所提供的信用，是现代信用制度的基础。当商品交换发生延期支付、货币执行支付手段职能时，就产生了信用。由于这种以延期支付的形式所提供的信用是在商品买卖过程中发生的，所以被称为商业信用。在资本主义社会，商业信用有了很大的发展。

B 商业信用的特点

（1）商业信用的主体是厂商。商业信用是厂商之间相互提供的信用，债权人和债务人都是厂商。

（2）商业信用的客体是商品资本。商业信用提供的不是暂时闲置的货币资本，而是处于再生产过程中的商品资本。所以，这里作为贷出资本出现的，总是那种处在再生产过程中一定阶段的资本。它通过买卖，由一个人手里转移到另一个人手里，不过它的代价是要到后来才按约定的时间由买者支付。

（3）商业信用和产业资本的动态一致。由于商业信用和处于再生产过程中的商品资本的运动结合在一起，所以它在资本主义再生产周期的各个阶段和产业资本的动态是一致的。在繁荣阶段，商业信用随着生产和流通的发展及产业资本的扩大而扩张；在衰退阶段，商业信用又会随着生产和流通的削减及产业资本的收缩而萎缩。

C 商业信用的工具

商业信用在确立的早期曾经采用过“口头信用”和“挂账信用”的形式，在法律制度健全起来以后，大多采用“票据信用”的形式。

“口头信用”完全取决于信贷双方的相互信任程度，一般只有在相互认识的情况下才有可能发生，故局限性较大，风险也非常高；所谓“挂账信用”指的是交易双方对未能及时钱货两清的交易的结算事项采用挂账的办法处理，其没有确定归还的日期和违约的责任，是一种“强制商业信用”；在现代经济、法律制度下，商业信用的规范确立方法是“立字为据”，即买卖双方要签订保证债务人到期足额支付款项的票据。在法律制度健全的国家，商业票据是受票据法或有关有价证券的法律、法规保护的，对于信用活动的基本要素在法规上都有相应的记载，因此，票据在商业信用中被普遍采用，即“商业信用票据化”，对商业信用及整个经济的健康发展有着积极的作用。

在商业信用中被采用的商业票据可以有两种：(1) 商业期票，这是一种由债务人开出的，承诺到期付款的有价证券。在现实生活中，存在不按规定填写支票实际签发日期，而以实际能支付款项的日期作为支票签发日期的违法做法，使支票发挥期票的功能。(2) 商业汇票，商业汇票是由债权人开出的，命令债务人按期付款的有价证券。由于是债权人开出的，因此，这种票据需要有债务人或第三方承认付款（即“承兑”）。依承兑人的不同，商业汇票又可分为两种：1) 以债务人为承兑人的称为商业承兑汇票；2) 以银行为承兑人的称为银行承兑汇票。这两种商业汇票的信誉是不同的，前者弱于后者，当债权人要将这类远期支付凭证变现（如办理贴现融资）时，前者的流动性要弱于后者。

D 商业信用的作用

(1) 商业信用能够克服流通当中货币量不足的困难，创造信用流通工具，促进商品的流通和周转。在商品经济中，商品的流通要求有相适应的货币量为其服务。如果流通中的货币量少于货币的必要量，就不利于商品的流通和周转，有些商品就可能停留在某个流通环节。有了商业信用，可以通过赊销商品延期支付的方式来销售商品，使得原来由于缺少流通手段而停留在某个环节的商品顺利地实现流通。同时，在商业信用的基础上产生了商业票据（如商业汇票和商业本票），这些票据在一定范围内可以流通转让，这就发挥了货币的媒介作用，自发地弥补了流通中货币量的不足。

(2) 商业信用能够促进滞销商品的销售，避免社会财富的浪费。商品之所以要采用赊销的方式进行销售，除了流通中货币不足的原因以外，也有可能是因为商品不适销对路，或商品的质量、价格有问题，这样的商品对于每一个生产单位来说都是不希望出现的，但在实际的生产经营中不可能避免出现。一旦出现了类似的商品就需采用商业信用的方式促其销售，进入消费领域，以避免因积压、报废而造成社会财富的浪费。

(3) 商业信用能加速短缺商品的生产，尽快实现生产的均衡。在商业信用中，有一种预付货款的方式，对紧俏的短缺商品，可以采用预付货款的方式订购，这就使得生产企业能够及早拿到资金，扩大短缺商品的生产，尽快实现供求的平衡。

E 商业信用的局限性

由于商业信用是直接以商品生产和流通为基础并为商品生产和流通服务的，所以商业信用对加速资本的循环和周转，最大限度地利用产业资本和节约商业资本，促进资本主义生产和流通的发展等都具有重大的推动作用。但由于商业信用受其本身特点的影响，又具有一定的局限性，主要表现在以下两个方面：

(1) 商业信用的规模受到厂商资本数量的限制。因为商业信用是厂商之间相互提供的，所以它的规模只能局限于提供这种商业信用的厂商所拥有的资本金，而且，厂商不是按其全部资本金，仅是按照其后备资本金来决定其所能提供的商业信用量，所以商业信用在量上是有限的。

（2）商业信用受到商品流转方向的限制。由于商业信用的客体是商品资本，因此，它的提供是有条件的，即只能向需要该种商品的厂商提供，而不能倒过来向生产该种商品的厂商提供。例如，造纸厂商在购买造纸机械时，可以从机器制造商那里获得商业信用，但机器制造商却无法反过来从造纸厂商那里获得商业信用，因为造纸厂生产的商品——纸不能成为机器制造商所需的生产资料。

由于商业信用存在着上述局限性，因而不能完全适应现代经济发展的需要，于是在经济发展过程中又出现了另外一种信用形式，即银行信用。

9.1.3.2 银行信用

A 银行信用的含义

银行信用是由商业银行或其他金融机构授予企业或消费者个人的信用。在产品赊销过程中，银行等金融机构为买方提供融资支持，并帮助卖方扩大销售。商业银行等金融机构以货币方式授予企业信用，贷款和还贷方式的确定以企业信用水平为依据。商业银行对不符合其信用标准的企业会要求提供抵押、质押作为保证，或者由担保公司为这些企业做出担保。后一种情况实质上是担保公司向申请贷款的企业提供信用，这是信用的特殊形式。

B 银行信用的特点

（1）银行信用的主体与商业信用的主体不同。银行信用不是厂商之间相互提供的信用。银行信用的债务人是厂商、政府、家庭和其他机构，债权人则是银行、货币资本所有者及其他专门的信用机构。因此，银行信用可以集聚广泛的闲散资金，形成巨额的借贷资本，从而克服商业信用在数量上的局限性。

（2）银行信用的客体是单一形态的货币资本。银行信用基本上是一种单纯的货币借贷，与商品交易没有直接的关系。借贷资金的授信范围和用途比商业信用要广得多，突破了商业信用只能由销货方向购货方提供，且只能用于购买销货方商品的局限性。

（3）银行信用与产业资本的动态不完全一致。银行信用是一种独立的借贷资本的运动，它有可能和产业资本的动态不一致。例如，当经济衰退时，会有大批产业资本不能用于生产而转化为借贷资本，造成借贷资本过剩。

（4）银行信用与商业信用的需求变化不同。在产业周期的不同阶段，对银行信用与商业信用的需求是有差异的。在经济繁荣时期，对商业信用的需求增加，对银行信用的需求也增加；而在经济衰退时期，由于商品生产过剩，对商业信用的需求会减少，但对银行信用的需求却有可能会增加。此时，企业为了支付债务、避免破产而有可能加大对银行信用的需求。

由此可见，银行信用克服了商业信用的局限性，大大扩充了信用的范围、数量和期限，可以在更大程度上满足经济发展的需要，所以银行信用成为现代信用的主要形式。20世纪以来，银行信用有了巨大的发展与变化，主要表现为越来越多的借贷资本集中在少数大银行手中；银行规模越来越大；贷款数额不断增加，贷款期限不断延长；银行资本与产业资本的结合日益紧密；银行信用提供的范围也不断扩大。至今，在信用体系中银行信用所占的比重仍具有绝对优势。

C 银行信用的工具

银行信用的实现主要借助于间接融资（即以商业银行作为核心中介机构的融资方式）、

信用证（即银行用以保证买方或进口方有支付能力的凭证）及银行票据等工具来实现，这里着重介绍一下银行票据。在银行信用中主要有三种银行票据，即银行本票、银行汇票及银行支票。

银行本票是由银行签发，也由银行付款的票据，可以代替现金流通。银行本票按票面是否记载收款人姓名分为记名本票和不记名本票；按票面有无到期日分为定期本票和即期本票。

银行汇票是银行开出的汇款凭证，它由银行发出，交由汇款人自带或由银行寄给异地收款人，凭此向指定银行兑取款项。

银行支票是银行的活期存款人向银行签发的，要求从其存款账户上支付一定金额给持票人或指定人的书面凭证。支票有许多种类，按支付期限可分为即期支票和定期支票；按是否记载收款人姓名可分为记名支票（又叫抬头支票）和不记名支票（又叫来人支票）；按是否支付现金可分为现金支票和转账支票（又叫划线支票）。此外，还有由银行在支票上记载“保付”字样的保证付款支票，称为保付支票；存款人开出的票面金额超过存款金额或透支限额而不生效的支票，称为空头支票。

D 银行信用与商业信用的关系

银行信用与商业信用的区别，可从银行信用与商业信用的特点比较看出，这里着重分析它们之间的联系。

（1）银行信用是主导。在整个信用制度中，银行信用处于主导地位。首先，它的规模和范围都远远超过其他信用形式，并克服了商业信用的局限性；其次，有了银行信用，商业信用的发展才进一步完善，因为商业信用形成的票据大都有一定期限。当未到期持票人急需现金向银行贴现时，持票人可到银行办理票据贴现，及时取得急需的现金，商业信用就转化为银行信用。正是有了银行贴现业务，才使得商业票据能够及时兑现，商业信用的发展才进一步完善。

（2）商业信用是银行信用乃至整个信用制度的基础。银行信用虽然打破了商业信用的局限性，扩大了信用的界限，并在整个货币信用领域中居于主导地位，但它却不能够完全取代商业信用，商业信用仍是现代信用制度的基础。首先，这是因为，从信用发展的历史来看，商业信用先于银行信用而存在，银行信用是在商业信用广泛发展的基础上产生和发展起来的，商业信用是银行信用乃至整个信用制度发展的基础；其次，商业信用能够直接服务于产业资本的周转，服务于商品从生产领域到消费领域的运动过程，因此，凡是在商业信用能够解决问题的范围内，厂商总是优先利用商业信用。而且，从银行信用本身来看，也有大量的业务，如票据贴现和票据抵押贷款等，仍然是以商业信用为基础的。

目前，商业信用的作用还有进一步发展的趋势，商业信用和银行信用相互交织在一起发挥作用。许多跨国公司内部资本运作都以商品供应和放款两种形式进行，许多国际垄断机构还通过发行相互推销的商业证券来筹集他们所需的资本，以此对其分支机构提供贷款，而银行则在这一过程中为跨国公司提供经纪、信息、咨询等服务，使商业信用和银行信用相互补充、相互促进。

E 我国的银行信用

在我国的经济领域中，银行信用在整个信用方式中占有绝对主导的地位，银行信用调剂资金的范围和规模，逐步发展和扩大。在高度集中的计划经济体制下，银行信用活动的范围很小，数量也很有限，再生产过程中的资金分配主要通过财政渠道进行。银行信用的活动被限制在企业超定额流动资金范围内，严重地削弱了银行信用作用的发挥。

我国实行经济体制改革以后，银行信用活动范围的局限性得到了改善，从允许银行参与企业固定资金的贷款，到1983年国务院明确规定由银行统一管理国有企业流动资金，银行信用的范围逐步扩大。目前银行不但可以从事各项贷款，而且可以进行债券投资活动，银行信用范围进一步扩大。

9.1.3.3 国家信用

A 国家信用的含义

国家信用是中央政府以国家的名义与国内外其他信用主体之间发生信用关系。在各种信用形式中，国家信用是信用等级最高的一种。从国家作为债务人的角度来划分，国家信用包括国内信用和国外信用两种。国内信用是国家和地方政府以债务人身份向国内居民、企业团体取得的信用，它形成一国的内债，内债主要采取发行政府债券的形式，如发行国家公债、发行国库券、发行专项债券等；国外信用是国家以债务人身份向国外居民、企业团体和政府取得的信用，它形成一国的外债，外债主要包括国家财政在海外金融市场上发行的债券、国家从世界银行等国际金融机构和其他国家获取的借款等。

B 国家信用的工具

国家信用的工具有中央政府债券（即国债）、地方政府债券以及政府担保债券等，其中国债是国家信用的主要工具。

中央政府债券，即国债，是一国中央政府为弥补财政赤字或筹措建设资金而发行的债券。最主要的国债有国库券（treasury bills）、中期国债（treasury notes）和长期国债（treasury bonds）。国债因其发行主体是国家，所以具有极高的信用度。其发行要遵循有借有还的信用原则，且一般具有认购上的自愿性。国债是一种特殊的财政范畴，其发行所得构成一种财政收入。

地方政府债券是由地方政府发行的债券，一般分为一般义务债券和收益债券。一般义务债券是以地方政府的税收、行政收费等各项收益为偿还来源的债券；收益债券是以某一特定业务的收入为偿还来源的债券。

政府担保债券是指政府作为担保人而由其他主体发行的债券。一般情况下，政府只对其所属企业或政府有关部门发行的债券提供担保。一旦债券发行者失去了偿债能力，政府将代其偿还债券本息。

C 国家信用的作用

（1）有利于解决国家财政困难。国家财政发生季节性和临时性困难以及财政赤字时，必然要设法增加收入以资弥补，其一般有三种途径：一是增加税收，但增税需有一定限度，过多会影响企业生产经营的积极性；二是向银行透支，但只能在银行有信贷资金来源的前提下才能进行，否则银行只有印发钞票，这样有可能引起通货膨胀，导致物价上涨；三是发行政府债券，这实际上是一种财力的再分配，它有物资保证，一般不会造成货币投放过多。

（2）有利于集中资金保证重点建设。重点建设由国家统一安排，它关系到国民经济整体生产力的布局、生产结构的协调。国家发行债券，筹集资金，能保证重点建设的资金需要，保证重点项目及时建成投产，有利于加速国民经济的协调发展。

（3）能带动其他投资主体的投资。一般说来，一个国家面临着经济结构的调整、产品的升级换代，很多投资主体都很难立即找准投资方向，因此可能造成投资的萎缩。而国家通过信用方式集中资金进行投资，就能引导和带动其他投资主体投资，加速经济的发展。比如我国 1998 年发行 800 亿元公债用于基础设施的建设，1999 年发行 1000 亿元公债用于固定资产的投资，从而引发更多的银行贷款。

D 国家信用与银行信用之间的关系

在现代经济中，国家信用与银行信用有着密切的关系。在金融市场发达的国家，一般都有较为成熟的政府债券市场。由于政府债券具有几乎没有违约风险、市场流通性较强、收益相对稳定的特点，深受银行等金融机构的青睐，成为银行资产流动性管理的一项重要选择。银行对国债的投资被称为是法定存款准备金之外的二级储备，按照《巴塞尔协议》中有关《资产负债表内的资产风险权数》的规定，对国债投资属于零风险权数的债权。

我国尽管实行银行、证券、信托和保险分业经营、分业管理的金融体制，但银行等金融机构还是可以认购和参与国债二级市场的交易，在宏观经济不景气、缺乏效益好的贷款项目、企业拖欠问题严重等情况下，国债投资成为银行信贷资金的一个避风港。

在财政政策与货币政策的相互配合中，银行信用支持了国家信用，反过来国家信用则帮助了中央银行货币政策目标的实施。

E 我国的国家信用

新中国首先发行的国债是 1950 年发行的人民胜利折实公债，在 1954~1958 年间又连续 5 年发行了国家经济建设公债；但在 1959~1980 年间，受当时政治经济环境的影响，我国国债发行出现空白，直到 1981 年国债发行才又重新恢复。从国债发行方式来讲，在 1991 年之前，国债发行都属于行政摊派式的非市场化发行，到 1991 年我国国债流通市场有了一定的发展之后，国务院才决定在发行国债工作中进行部分国库券承购包销试点，这标志着我国国债一级市场的出现。

1996 年是中国国债发展史上十分重要的一年，在这一年里，国债发行方式的市场化改革取得了重大突破：1996 年可上市国债的发行全部采用国际通行的竞争招标方式，提高了国债发行的效率，实现了国债发行从零售市场向批发市场的转变；国债发行的时间由过去的集中发行变为定期发行；国债种类由单一性向多样化发展；国债利率变动明显具有了先导作用；国债发行的功能也由筹资型向调控型转化。1996 年的国债市场化改革虽然取得了一定程度的成功，但也因此而激发了证券市场的投机活动和各种违规活动，在随后的两年内，计划内的国债发行主要面向个人投资者，同时开辟银行同业间的国债交易市场。

1999 年，在继续实行积极的财政政策和谋求为券商提供合法融资渠道的大背景下，银行同业间国债市场开始对部分券商开放，并重新恢复了深、沪国债发行市场。从宏观经济和证券市场总的发展趋势来看，国家信用在我国国民经济中的地位和作用还会日益提高，国家信用的规模和结构也会随之发展。

9.1.3.4 消费信用

A 消费信用的产生和发展

消费信用是工商企业或金融机构以生活资料为对象对消费者个人所提供的信用。在前资本主义社会，商人向消费者个人用赊销方式出售商品时，已产生了消费信用，但直到 20

世纪40年代，消费信用规模才得以发展。

从20世纪40年代后半期起，消费信用开始发展，60年代是消费信用快速发展的时期，其原因有两个：一是凯恩斯需求管理思想得到认同，各国大力鼓励消费信用，以消费带动生产；二是第二次世界大战后经济增长快速而稳定，人们收入有较大幅度的提高，对消费信用的需求有很大增长。厂商和金融机构也因人们收入水平的提高而减少了对消费信用风险的顾虑，敢于积极提供消费信用，从而使消费信用有了长足的发展。

消费信用是一种刺激消费需求的方式，也是促进生产发展的一种手段。在一国经济发展达到一定水平后，发展消费信用一方面可以扩大商品销售，减少商品积压，促进社会再生产；另一方面也可为大量银行资本找到出路，提高资本的使用效率，改善社会消费结构。

B　消费信用的主要形式

消费信用有两种基本类型，一种类似商业信用，由企业以分期付款方式向消费者提供房屋或耐用消费品，而企业一般也同时获得银行信用的资金支持；另一种则属于银行信用，由银行向消费者提供购房或耐用消费品贷款，用以支付货款。具体来说，消费信用主要有三种实现形式，即分期付款、信用卡及消费信贷。

（1）分期付款。分期付款是指消费者购买商品后，先支付部分现款，然后根据签订的合同，分期加息支付余下的货款。在货款未付清前，商品所有权属于卖者，是商家向消费者提供的信用。其具体做法是先由顾客与商店签订分期付款合同，然后由商店先交货物，再由顾客在规定的时间内根据合同要求分期偿付货款。

（2）信用卡。信用卡是指由商业银行（含邮政金融机构）向社会发行的具有消费信用、转账结算、存取现金等全部或部分功能的信用支付工具。它是银行或信用卡公司对个人提供的一种凭证，可以凭其向指定商店或其他服务性企业赊购商品和其他劳务，再由银行定期向顾客和商店进行结算。这种结算方法具有先消费后结算、方便灵活的特点。随着现代消费水平的提高和银行计算机网络的广泛运用，信用卡已经成为现代金融中主要的消费结算方式。目前主要的信用卡国际组织有维萨（VISA）、万事达（Master Card）、美国运通（American Express）、大莱卡（Diners Club）、日本国际信用卡公司（JCB）等。我国于2002年3月26日成立了中国银联，负责建设和运营全国统一的银行卡跨行信息交换网络，极大地促进了我国信用卡的发展。

（3）消费信贷。消费信贷是指银行或其他金融机构直接贷款给个人用以购买住房或耐用消费品的形式，是银行向消费者提供的信用，包括信用贷款和抵押贷款。信用贷款无须任何抵押品，而抵押贷款通常需要由消费者以所购的商品或其他商品作为担保品，主要包括个人住房贷款（即按揭贷款）、汽车贷款和助学贷款。

C　消费信用的作用

（1）消费信用对消费商品的生产与销售有促进作用。消费与生产之间存在着辩证关系，一方面生产决定消费，另一方面消费对生产又有反作用。消费信用促进了消费规模的扩大，提高了人们的消费能力，刺激了人们对消费品的需求，从而刺激了生产的发展，进而刺激了经济的增长。据估计，西方国家汽车的销售量有1/3是通过消费信用实现销售的。

（2）消费信用能够起到调节消费的作用。居民当中存在贫富程度的差别，一部分居民即期购买力不足，另一部分则相对有余。特别表现在对高档消费品的购买上，可以分为几个层次：一部分人可随时购买，另一部分人短期可筹资购买，还有一部分人则在较长时间内难以购买。开展消费信用，可以调节人民群众购买这些商品时在时间和支付能力上的不一致，满足某些居民的个人消费需要。

在现实生活中，消费信用往往被企业用作推销商品、扩大商品销路的一种手段，以解决生产与消费的矛盾。它虽然在一定时期内，可以刺激消费和促进生产发展，暂时缓解生产过剩的矛盾，但是消费信用使消费者提前动用未来的收入进行当期消费，因此会造成当前需求膨胀，使生产盲目扩张，加深生产与消费的矛盾，从而进一步加深经济危机的矛盾。因此，消费信贷也应控制在适度范围内。

D 我国的消费信用

在改革开放以前，我国基本上没有消费信用，其原因主要是因为当时我国属于计划经济，商品供应非常紧张，同时我国居民的消费观念也没有得到转变。改革之初，开始出现小规模的消费信用，如针对某类产品的销售困难，采用赊销办法促销。但比较有意义的是配合住房管理体制的改革，试行购买商品房的贷款。近年来，我国居民个人金融资产不断扩大，消费观念逐步开放，加之房地产和汽车等产业迅速发展，使消费信用规模随之扩大，但消费信用在信用总量中所占比重仍徘徊在10%~15%之间，而在美国，这一比例为70%。可见，我国消费信用仍有巨大的发展空间。要发展消费信用，我们应当在深化融资体制改革上下功夫，进一步放松金融控制，加大金融产品创新力度，推动商业银行和其他金融机构更好地提供适合居民实际消费需要的金融产品和优质服务，使消费信用能起到促进经济增长和实现地区协调发展的积极作用。同时，引导市场行为，制定相关监督性法规，避免因消费信用过度膨胀而引起的经济泡沫。

9.1.3.5 国际信用

国际信用（international credit）是国家之间相互提供的信用，是国际经济发展过程中资本运动的主要形式。这种信用关系的主客体有政府、企业和个人，载体有商品、货币和有价证券等。从形式上看，国际信用是适应商品经济发展和国际贸易扩大而产生并发展起来的一种借贷关系，包括国际商业信用、国际银行信用、国际政府信用、国际金融机构信用，其中国际商业信用包括国际补偿贸易和国际来料加工；国际银行信用又包括国际出口信贷（还可分为买方信贷和卖方信贷）和国际进口信贷等。但从本质上看，国际信用是资本输出的一种形式。随着世界经济一体化和贸易全球化的不断推进，国际信用日益成为国际结算、扩大进出口贸易、加强国际交往的重要工具。

国际信用的具体形式总体上可以分为两种：国外商业性借贷和国外直接投资。

A 国外商业性信用

国外商业性借贷是指跨国资金输出者和使用者构成借贷双方，主要包括出口信贷、国际商业银行贷款、政府贷款、国际金融机构贷款、补偿贸易、国际租赁和国际间债券发行等。

（1）出口信贷。出口信贷是指出口国政府为支持和扩大本国产品的出口、提高产品的国际竞争能力，通过提供利息补贴和信贷担保的方式，鼓励本国银行向本国出口商或外国进口商提供的中长期信贷。其特点是：1）附有采购限制，只能用于购买贷款国的产品，而且都与具体的出口项目相联系；2）贷款利率低于国际资本市场利率，利差由贷款国政府补贴；3）属于中长期信贷，期限一般为5～8.5年，最长不超过10年。

出口信贷包括卖方信贷和买方信贷两种具体方式：一是卖方信贷，即出口方银行向出口商提供的贷款。由于得到了银行的贷款支持，出口商便可向进口商提供延期付款的信用，即允许进口商在订货时先支付一部分现汇定金，通常为合同金额的15%，其余货款在出口商全部交货后的若干年内（一般为5年）分期偿还。二是买方信贷，即出口方银行向外国进口商或进口方银行提供的贷款。直接向进口商提供贷款一般由进口方银行担保。目前较多的做法是：先由进、出口双方银行签订"买方信贷总协议"，规定出口方银行向进口方银行提供贷款的使用范围、额度和利率条件等，然后再由进口方银行根据具体的贸易合同和贷款协议向进口商转贷，进口商则在规定的期限内逐次偿还银行贷款并支付利息。

在卖方信贷中，尽管进口商并未直接接受出口国的银行信用，但出口商融资的利息、保险费等费用却要加入货价，由进口方负担；而在买方信贷中，买方直接与出口国银行发生信贷关系，因此，对于买方来说，买方信贷较之卖方信贷更易掌握，买方更乐于接受买方信贷。

（2）国际商业银行贷款。国际商业银行贷款是指一些大商业银行向外国政府及其所属部门、私营工商企业或银行提供的中长期贷款。这种贷款利率较高，一般在伦敦同业拆借利率之上另加一定的附加利率，期限大多为3～5年。

这种贷款通常没有采购限制，也不限定用途，因此较为灵活，但贷款国政府不予补贴，故而利率比出口信贷高。

国际商业银行贷款的主要方式有独家银行贷款和银团贷款。独家银行贷款是指贷款中只涉及两家银行的贷款，其期限在3～5年之间；银团贷款亦称辛迪加贷款，由一家银行牵头，联合若干家银行组成国际性银行集团以提供贷款。银团贷款一般用于金额大、期限长的项目，借贷双方要签订合同，由政府出面担保。

（3）政府贷款。政府贷款是指一国政府利用国库资金向另一国政府提供的贷款，这种贷款一般带有援助性质。其特点是贷款期限长，利息低。政府贷款一般都是中、长期贷款，贷款期限可达20～30年，还有最长可达15年的宽限期；贷款利率一般为2%～3%，远低于国际商业银行贷款；贷款用途多有限制。一般说来，借款国所借款项大多只能用来向贷款国购买货物和劳务。

（4）国际金融机构贷款。国际金融机构贷款，即国际金融机构对会员国的贷款，主要包括国际货币基金组织、世界银行及其附属机构——国际金融公司和国际开发协会，以及一些区域性国际金融机构提供的贷款。这些机构的贷款大多条件优惠，主要目的是促进成员国长期经济发展和国际收支状况的改善。

（5）补偿贸易。补偿贸易是指出口国厂商在进口方外汇资金短缺的情况下将机器设备、技术和各种服务提供给进口方，待项目建成投产后，进口方以项目的产品或双方商定的其他办法清偿贷款。补偿贸易的偿付期限由双方商定。

（6）国际租赁。国际租赁是一种新兴的并被广泛运用的信用形式。它是由出租人购买机器设备，以收取一定的租金为条件将机器设备让渡给承租人使用，租赁期满承租人可以选择将租用的设备退回租赁公司、根据设备的具体情况作价购买或继续原租赁关系。

（7）国际间债券发行。国际间债券发行是指一国工商企业、政府机构、银行及其他金融机构等，在国际资本市场上以外国货币为面额发行有价证券筹集资金的借贷方式。

它的投资者既可以是外国居民也可以是外国的非居民，因此可以看成是一种混合的信用形式。

B 国外直接投资

国外直接投资是指一国居民或企业直接对另一个国家的企业进行生产性投资，并由此获得对投资企业的管理控制权。国外直接投资主要采用以下方式：

（1）在国外开办独资企业，设立分支机构、子公司等。

（2）收购或兼并国外企业，包括建立附属机构。

（3）在东道国与当地企业合资开办企业。

（4）对国外企业进行一定比例的股权投资。

（5）利用直接投资的利润在当地进行再投资。

除以上提到的五种信用形式外，在现实经济中还存在着其他多种信用形式，包括租赁信用、信托信用、保险信用和民间信用等，它们都是现代信用体系的有机组成部分，在现代生活中发挥着各自的独特作用。如在城乡居民个人之间独立进行的信用活动，即民间信用，扩大了融资范围，有利于商品经济的发展；能够把竞争机制引入金融领域，有利于推动金融体制改革等。但民间信用风险较大、违约性高，因此要适当加以控制和引导。

9.2 利息与利率

如前所述，信用不仅具有偿还性，还具有付息性，因此，在信用活动中，必然要涉及利息和利率的问题。利率问题是金融市场最基础、最核心的问题之一，几乎所有的金融现象都与利率有着或多或少的联系。

9.2.1 利息与利率

9.2.1.1 利息及其来源

A 利息

利息是借贷关系中借入方支付给贷出方的报酬，也可以看作是货币持有人一段时期内放弃货币流动性的报酬或放弃获取投资收益的补偿。利息从债权人的角度来看，是债权人因贷出货币资金而从债务人那里获得的报酬；从债务人的角度看，利息是债务人为取得货币资金的使用权所花费的代价。

人类在远古时代就有了借贷行为，利息作为一种占有使用权的报酬就已经出现了。当时，以实物形式，如谷物、布匹等，进行利息的支付；在奴隶社会或封建社会，高利贷资本是生息资本的主要形式，高利贷的利息来源是奴隶或农奴、小生产者所创造的、被高利贷者无偿占有的剩余劳动产品的价值，甚至包括一部分必要劳动价值；随着商品货币经济的发展，利息的支付逐渐过渡到货币形式上来，真正意义上的利息是资本主义的利息。在资本主义社会中，利息是借贷资本家因贷出货币资本而从职能资本家那里获得的报酬。

在资本主义制度下，利息是借贷资本运动的产物，但在资本的表面运动形式中，资本主义生产关系被掩盖了，货币被贷放出去一定时间后，带着增值的价值回到出发点，仿佛货币自身有了增值的能力。如何认识资本主义制度下的利息的来源与本质？马克思在对借贷资本的特殊运动形式的分析中，揭示了利息的来源，分析了利息的本质。他指出，借贷资本的运动特点是双重支出和双重回流。双重支出是指：首先，货币资本家把货币资本贷给职能资本家，然后，职能资本家用货币购买生产资料和劳动力。双重回流是指：职能资本家把生产出来的含有剩余价值的商品销售出去取得货币，然后把借贷资本连本带利归还给货币资本家。

借贷资本的运动与现实资本的运动和资本主义再生产过程密切相关，借贷资本只有转化为现实资本、进入生产，才能增值。货币资本家在货币资本贷出期间内，将资本商品的使用价值即生产利润的能力让渡给了职能资本家，后者运用借入的资本，购买生产要素并进行生产，故所获得的剩余价值转化为利润后，必须分割一部分给货币资本家，作为使用资本商品的报酬，这便是利息。马克思经过科学的分析后指出，资本主义经济中的利息是借贷资本家凭借自己的资本所有权向职能资本家索取的报酬，是利润的一部分，是剩余价值的特殊转化形式。

在社会主义市场经济下，以资金借贷为核心的信用得到进一步发展，与此相联系的利息范畴也广泛存在。中国学者在研究与比较马克思以及西方各经济学派关于利息的理论的基础上，坚持了马克思的“利息是利润的一部分，是剩余价值的转化形式”的理论。他们认为，在以公有制为主体的社会主义社会中，利息来源于国民收入或社会纯收入，是纯收入再分配的一种方式。在公有制为主体的经济制度下，利息主要体现劳动者共同占有生产资料、独立进行经济核算、重新分配社会纯收入的关系。

B 利息的来源

利息是资金所有者由于借出资金而取得的报酬，它来自生产者使用该笔资金发挥生产职能而形成的利润的一部分。显然，没有借贷，就没有利息。但在现实生活中，利息被人们看作是收益的一般形态：无论贷出资金与否，利息都被看作资金所有者理所当然的收入——可能取得的或将会取得的收入；与此相对应，无论借入资金与否，生产经营者也总是把已得利润分成利息与企业收入两部分，似乎只有扣除利息所余下的利润才是经营所得。于是，利息就成为一个尺度：如果投资额与所获利润之比低于利息率，则根本不应该投资；如果扣除利息，所余利润与投资额之比甚低，则说明经营的效益不高。所以，虽然从理论上剖析，在资本主义社会，利息是剩余价值及其转化形态利润的一部分；在社会主义社会，利息是劳动者所创造的归社会分配的收入及其转化形态利润的一部分，但无论是资本主义社会还是社会主义社会，在会计制度中，利息支出都列入成本，而利润则只是指扣除利息支出后所余的那部分利润。于是，利率就成为一个尺度，用来衡量投资收益或经济效益，即人们通常都用利率来衡量收益，用利息来表示收益，从而使利息转化为收益的一般形态。利息转化为收益的一般形态，这种转化的主要作用在于导致了收益的资本化。

收益的资本化是指任何有收益的事物，都可以通过收益与利率的对比倒算出它相当于多大的资本金额，使一些本身无内在规律可以决定其资本金数量的事物，也能从收益、利率、本金三者的关系中套算出资本金额或价格，可用公式表示为：

$$收益(B) = 本金(P) \times 利率(r)$$

相应地，收益资本化的计算公式：$本金(P) = 收益(B) \div 利率(r)$

正是根据这样的带有规律性的关系，只要有收益，也可以取得一定的资本价格，如土地；有些本来不是资本的东西也因之可以视为资本，如工资。具体讲，土地本身不是劳动产品，没有价值，从而不具备决定其价格的内在根据。但土地可以有收益，比如一块土地每亩的年平均收益为100元，假定年利率为5%，则这块土地就会以每亩2000元（100÷5%=2000元）的价格买卖成交。在利率不变的情况下，当土地的预期收益越大时，其价格（P）就会越高；在预期收益不变的情况下，市场平衡利率（r）越高，土地的价格（P）将越低。这就是市场竞争过程中土地价格形成的规律。收益资本化普遍存在于市场经济社会，债券、股票、土地、技术、劳动力等都可以被作为资本品进行交易，这些资本品都有特定的预期收益，其资本化的价格是由预期收益与利率的比值所决定的。

利息之所以能够转化为收益的一般形态，马克思认为主要原因如下。

首先，借贷关系中的利息是资本所有权的“果实”这种观念被广而化之，取得了普遍存在的意义。在货币资本的借贷中，贷者之所以可以取得利息，在于他拥有对货币资本的所有权；而借者之所以能够支付利息，在于他将这部分资本运用于生产的过程之中，形成价值的增值。

其次，利息虽然就其实质来说是利润的一部分，但同利润率有一个极明显的区别：利润率是一个与企业经营状况密切联系且事先捉摸不定的量；而利息率则是一个事先极其确定的量，无论企业家的生产经营情形如何，都不会改变这个量。

最后，源于利息的悠久历史。信用与利息，早在“资本主义生产方式以及与之相适应的资本观念和利润观念存在以前很久”就存在了，货币可以提供利息，早已成为传统的看法。

9.2.1.2 利率

A 利率的含义

利率是指一定时期内利息额同借贷资本总额的比率，是借贷资本的价格。

按不同的划分方法，利率可以分为不同种类。按利率的决定方式可划分为固定利率与浮动利率；按利率的真实水平可划分为名义利率与实际利率；按计算利率的期限单位可划分为年利率、月利率、日利率。一般来说，年利率与月利率及日利率之间的换算公式如下：

$$年利率=月利率\times12=日利率\times360$$

利率的计算公式为：

$$r=\frac{P}{I}$$

式中，r代表利率；P为利息；I为本金。

利率对微观经济、宏观经济的影响与作用是利率自身功能的具体体现，利率自身具有中介功能、分配功能、调节功能、动力功能以及控制功能等。

B 利率在经济中的作用

在经济学中，无论是微观经济学还是宏观经济学，在基本模型中，利率几乎都是最主要的、不可缺少的变量之一。利率作为经济杠杆，在发达的市场经济中具有“牵一发而动全身”的效应，对一国经济的发展具有至关重要的作用。利率的作用，不仅体现在宏观经济运行当中，还表现在对企业及个人经济活动等微观方面的影响上。

a 利率在宏观经济中的作用

（1）积累资金，提高社会资金使用效率。在市场经济条件下，资金短缺是制约一国经济发展的重要原因之一；同时社会资金总是存在着一定的闲置资金，这些资金要求增值。利率作为有偿使用闲置资金的手段，可以有效地使社会闲置资金转化为投资，在不增加中央银行货币供应总量的条件下增加资金的使用效率。

（2）调节宏观经济的规模和结构。利息率的高低直接影响着社会经济的发展。存款利率的高低直接影响着银行的存款规模，从而一方面影响实现社会购买力与商品可供量的平衡，另一方面影响着社会可贷资金的数量。贷款利率直接影响着贷款的规模和结构，从而影响着社会经济所提供的产品的规模和结构。

（3）调节消费，稳定物价。利率的存在与变化能够将部分现实流通中的货币转化成为储蓄性货币，从而把消费货币转化成生产建设资金。利息率的高低直接影响着银行的信贷总规模，而信贷总规模又直接决定着社会货币供应总量。可通过调高存款利率，吸引存款，使现实购买力延迟实现，减少对商品的需求，稳定物价。

（4）调节收入分配。银行系统的利差收入的大部分上缴国家财政，它构成国家财政收入的重要部分，通过调整利率水平，可以调节国家和人民、国家财政和企业利益以及中央财政和地方财政的利益分配关系。

（5）促进国际收支平衡。当一国发生严重的国际收支逆差时，中央银行可将本国利率调到高于其他国家利率的水平。这样，不仅可以阻止本国资金的外流，还可以吸收国外的短期资金流入本国，从而减少外汇支出，增加外汇收入，使国际收支趋于平衡。当然，如果出现国际收支逆差和经济衰退并存的问题，则不能简单地采用提高利率水平的单一措施，而要实施综合的解决方案。

b　利率在微观经济中的作用

（1）引导功能。对于存款人来说，存款是获取稳定收益的渠道之一，高的利息率对存款人有很大的诱惑力，它意味着在风险性较小和流动性较大的情况下收入的增加；对于借款人来说，借款利息是成本的一部分。企业借款额越大，时间越长，利息代价越大，经营成本越高，利润就越小。因此，企业总是尽可能减少借款的数量，通过加速资金周转，提高资金的使用效率，按期或提前偿还银行贷款。此外，利率可以引导人们选择金融资产。在保证金融商品安全性与流动性的前提下，主要由利率决定的收益率的高低往往是人们选择时着重考虑的因素。

（2）约束功能。对企业来说，利率能够促进企业加强经济核算，提高经济效益。因为企业利润收入=销售收入-(产品成本+利息+税金)。在通常情况下，产品成本和税金是相对稳定的。企业利润取决于应付利息的多少，而利息的多少，又与企业占有信贷资金的多少、占用时间的长短以及利息率高低有关。借款利息对企业形成刚性约束，对处于盈亏边缘的企业，银行通常采取审慎的放贷态度，对其贷款实行有条件的高利率贷款。考虑到企业的承受能力，企业可能会收缩生产规模，减少对信贷资金的需求，改善并谨慎地使用信贷资金，加强企业管理。这样，就约束了企业的无效率生产。

9.2.2 利率的计算

9.2.2.1 单利的现值和终值

单利是指只对本金计算利息，利息部分不再计息，通常用 P 表示现值，F 表示终值，

i 表示利率（贴现率、折现率），n 表示计算利息的期数，I 表示利息。

(1) 单利的利息 $I = P \times i \times n$

(2) 单利的终值 $F = P \times (1 + i \times n)$

(3) 单利的现值 $P = F/(1 + i \times n)$

【例 9-1】 李先生将一笔 5000 元的现金存入银行，银行一年期定期利率为 5%。要求：计算第一年和第二年的终值、利息。

解：

$$I_1 = P \times i \times n = 5000 \times 5\% \times 1 = 250(\text{元})$$
$$I_2 = P \times i \times n = 5000 \times 5\% \times 2 = 500(\text{元})$$
$$F_1 = P \times (1 + i \times n) = 5000 \times (1 + 5\% \times 1) = 5250(\text{元})$$
$$F_2 = P \times (1 + i \times n) = 5000 \times (1 + 5\% \times 2) = 5500(\text{元})$$

从上面计算中可以看出，第一年的利息在第二年不再计息，只有本金在第二年计息。此外，无特殊说明，给出的利率均为年利率。

【例 9-2】 李先生希望 5 年后获得 10000 元本利和，银行利率为 5%。

要求：计算李先生现在须存入银行多少资金？

解： $P = F/(1 + i \times n) = 10000/(1 + 5\% \times 5) = 8000(\text{元})$

上面求现值的计算，也可称贴现值的计算，贴现使用的利率称贴现率。

9.2.2.2 复利的现值和终值

复利是指不仅对本金要计息，而且对本金所生的利息，也要计息，即“利滚利”。

(1) 复利的终值。复利的终值是指一定量的本金按复利计算的若干年后的本利和。

复利终值的计算公式为： $F = P \times (1 + i)n$

式中，$(1+i)n$ 称为“复利终值系数”或“1 元复利终值系数”，用符号（F/P，i，n）表示。

【例 9-3】 李先生现在将 5000 元存入银行，银行利率为 5%。

要求：计算第一年和第二年的本利和。

解： 第一年的 $F = P \times (1 + i) \times 1 = 5000 \times (F/P, 5\%, 1) = 5000 \times 1.05 = 5250(\text{元})$

第二年的 $F = P \times (1 + i) \times 2 = 5000 \times (F/P, 5\%, 2) = 5000 \times 1.1025 = 5512.5(\text{元})$

式中，（F/P，5%，2）表示利率为 5%，期限为 2 年的复利终值系数，在复利终值表上，可以从横行中找到利息 5%，纵列中找到期数 2 年，纵横相交处，可查到（F/P，5%，2）= 1.1025。该系数表明，在年利率为 5%的条件下，现在的 1 元与 2 年后的 1.1025 元相等。

将单利终值与复利终值比较，发现在第一年，单利终值和复利终值是相等的，在第二年，单利终值和复利终值不相等，两者相差 5512.5−5500 = 12.5 元，这是因为第一年本金所生的利息在第二年也要计算利息，即 250×5% = 12.5（元）。因此，从第二年开始，单利终值和复利终值是不相等的。

(2) 复利的现值。复利现值是指在将来某一特定时间取得或支出一定数额的资金，按复利折算到现在的价值。

复利现值的计算公式为：$P = F/(1 + i)n = F \times (1 + i) - n$

式中，$(1+i)-n$ 称为“复利现值系数”或“1 元复利现值系数”，用符号（P/F，i，n）表示。

【例 9-4】 李先生希望 5 年后获得 10000 元本利，银行利率为 5%。

要求：计算李先生现在应存入银行多少资金？

解： $P = F \times (1 + i) - n = F \times (P/F, 5\%, 5) = 10000 \times 0.7835 = 7835$(元)

式中，$(P/F, 5\%, 5)$ 表示利率为 5%，期限为 5 年的复利现值系数。同样，我们在复利现值表上，从横行中找到利率 5%，纵列中找到期限 5 年，两者相交处，可查到 $(P/F, 5\%, 5) = 0.7835$。该系数表明，在年利率为 5%的条件下，5 年后的 1 元与现在的 0.7835 元相等。

（3）复利利息的计算：　　$I = F - P$

【例 9-5】 根据【例 9-4】资料，

要求：计算 5 年的利息。

解：
$$I = F - P = 10000 - 7835 = 2165(\text{元})$$

（4）名义利率和实际利率。在前面的复利计算中，所涉及的利率均假设为年利率，并且每年复利一次。但在实际业务中，复利的计算期不一定是 1 年，可以是半年、一季、一月或一天复利一次。当利息在一年内要复利几次时，给出的年利率称名义利率，用 r 表示，根据名义利率计算出的每年复利一次的年利率称实际利率，用 i 表示。实际利率和名义利率之间的关系如下：

$$i = (1 + r/m)m - 1$$

式中，m 表示每年复利的次数。

【例 9-6】 李先生现存入银行 10000 元，年利率 5%，每季度复利一次。

要求：2 年后能取得多少本利和。

解（1）： 先根据名义利率与实际利率的关系，将名义利率折算成实际利率。

$$i = (1 + r/m)m - 1 = (1 + 5\%/4) \times 4 - 1 = 5.09\%$$

再按实际利率计算资金的时间价值。

$$F = P \times (1 + i) = 10000 \times (1 + 5.09\%) \times 2 = 11043.91(\text{元})$$

解（2）： 将已知的年利率 r 折算成期利率 r/m，期数变为 $m \times n$。

$$F = P \times (1 + r/m)m \times n = 10000 \times (1 + 5\%/4) \times 2 \times 4$$
$$= 10000 \times (1 + 0.0125) \times 8 = 11044.86(\text{元})$$

9.2.3　影响利率的因素

在国民经济运行过程中，决定和影响利率变动的因素十分复杂，概括起来，主要有以下几点：

（1）平均利润率。利率是利润的一部分，因此利率的高低首先由利润率的高低决定，但利润率不是单个企业的利润率，而是一定时期内一国的平均利润率。这是因为用于借贷的资本是在全社会流动的，通过竞争的作用，使得等量资本在相同的时间内获得等量的利润。一般来说，平均利润率是利率的最高界限。

（2）借贷资本的供求关系。理论上利率的取值限于零和平均利润率之间，但是在某一具体时期的具体市场中，利率则需由借贷资本的供求双方协商确定。在这一过程中，借贷资本的供求状况就起着决定作用。通常情况下，借贷资本供大于求时，利率较低；借贷资本供不应求时，利率较高。

(3) 中央银行的货币政策。随着政府对社会经济运行干预的不断加强，中央银行的货币政策对利率的影响也越来越大。在西方一些发达国家，货币当局往往通过改变再贴现率和再贷款利率等政策来调节市场利率，以此来调控宏观经济，使经济运行能达到政府的预期目的。一般而言，中央银行若实行扩张性货币政策，利率就会下降；反之，利率就会上升。

(4) 国际利率水平。随着国际经济一体化趋势的形成和国际经济联系的日益加深，国际利率水平及其变动趋势对一国利率水平具有很强的“示范效应”。由于这种影响，使得各国的利率水平呈现出一种“趋同”趋势。国际利率水平及其变动趋势对国内利率的影响存在两个方面：一是其他国家的利率水平对国内利率的影响；二是国际金融市场上的利率对国内利率的影响。一般来讲，国际金融市场上利率的下降会降低国内利率水平或抑制国内利率上升的程度。

(5) 预期通货膨胀率和通货紧缩。由于在纸币流通条件下存在通货膨胀的可能性，而通货膨胀必将引起纸币贬值，从而给借贷资金的本金造成货币购买力损失。为了弥补这种损失，贷款人必须提高利率水平。而在通货紧缩条件下，为了避免利息成本上升，往往会导致利率下降。因此，为了保证实际利息不至于贬值或发生利息成本上升，在决定利率水平时，要充分考虑预期通货膨胀率和通货紧缩的影响。

(6) 汇率。在开放型经济中，汇率的变动也会影响利率的变化。当外汇汇率上升，本币贬值时，外币的预期回报率下降，国内居民对外汇的需求就会下降，对本币的需求就会增加，从而使国内利率水平上升。

此外，借贷期限的长短、借贷风险的大小、历史利率水平、同行业利率水平、法律和习惯等因素都会影响利息率。在决定一国的利率过程中，这些因素的相对重要性取决于一国的经济、金融的开放程度。如果一国的经济体制在金融方面对外完全开放，或者开放的程度比较深，则国内利率受国际市场利率或预期货币价值变动的影响相对较大；否则这种因素的影响就相对较小。

综上所述，影响利率变化的因素是多种多样的。除上面提及的各种因素外，经济周期、通货膨胀、货币政策和财政政策、国际经济政治关系等，对利率的变动均有程度不同的影响。

在一国的经济非常时期或在经济不发达的国度中，利率管制也是直接影响利率水平的重要因素。管制利率的基本特征是由政府有关部门直接制定利率或利率变动的界限。由于管制利率具有高度行政干预和法律约束力量，排斥各类经济因素对利率的直接影响，因此，尽管许多发达的市场经济国家也实行管制利率，但范围有限，并且非常时期结束即行解除管制。

9.2.4 我国的利率市场化

9.2.4.1 我国的利率市场化改革

利率市场化就是将利率的决策权交给金融机构，由金融机构自己根据资金状况和对金融市场动向的判断来自主调节利率水平，最终形成以中央银行基准利率为基础，以货币市场利率为中介，由市场供求决定金融机构存贷款利率的市场利率体系和利率形成机制，能发挥市场配置资源作用，体现金融机构在竞争性市场中的自主定价权，充分反映客户对金融产品的选择权，也是我国宏观调控的需要。

当前，我国利率市场化改革的总体思路为：先放开货币市场利率和债券市场利率，再逐步推进存、贷款利率的市场化。其中存、贷款利率市场化按照“先外币、后本币；先贷款、后存款；先长期、大额，后短期、小额”的顺序进行。

9.2.4.2 我国利率市场化的进程

（1）市场利率体系的建立。在国际货币市场上，比较典型的、有代表性的同业拆借利率有三种：伦敦银行同业拆借利率、新加坡银行同业拆借利率和香港银行同业拆借利率。其中，伦敦银行同业拆借利率是浮动利率融资工具的发行依据和参照。放开银行间同业拆借市场利率是整个金融市场利率市场化的基础，我国利率市场化改革以同业拆借利率为突破口。中国人民银行于1996年建立了全国银行间同业拆借市场，将同业拆借交易纳入全国统一的同业拆借网络进行监督管理。

（2）债券市场利率的市场化。1991年，国债发行开始采用承购包销这种具有市场因素的发行方式。1996年，财政部通过证券交易所市场平台实现了国债的市场化发行，既提高了国债发行效率，也降低了国债发行成本，全年共市场化发行国债1952亿元。发行采取利率招标、收益率招标、划款期招标等多种方式。同时根据市场供求状况和发行数量，采取了单一价格招标或多种价格招标。这是中国债券发行利率市场化的开端，为以后的债券利率市场化改革积累了经验。

放开银行间债券回购和现券交易利率。1997年6月5日，人民银行下发了《关于银行间债券回购业务有关问题的通知》，决定利用全国统一的同业拆借市场开办银行间债券回购业务。借鉴拆借利率市场化的经验，银行间债券回购利率和现券交易价格同步放开，由交易双方协商确定。

放开银行间市场政策性金融债、国债发行利率。1998年以前，政策性金融债的发行利率以行政方式确定，由于在定价方面难以同时满足发行人、投资人双方的利益要求，商业银行购买政策性金融债的积极性不高。1998年，鉴于银行间拆借、债券回购利率和现券交易利率已实现市场化，政策性银行金融债券市场化发行的条件已经成熟，同年9月，国家开发银行首次通过人民银行债券发行系统以公开招标方式发行了金融债券，随后中国进出口银行也以市场化方式发行了金融债券。

（3）存贷款利率的市场化。2004年11月，中国人民银行在调整境内小额外币存款利率的同时，决定放开1年期以上小额外币存款利率，商业银行拥有了更大的外币利率决定权，外币存贷款利率已完全放开。中国人民银行在分步骤放开外币存贷款利率。

2003年之前，银行定价权浮动范围只限30%以内，2004年贷款上浮范围扩大到基准利率的1.7倍。2004年10月，贷款上浮取消封顶；下浮的幅度为基准利率的0.9倍，但还没有完全放开。与此同时，允许银行的存款利率都可以下浮，下不设底，逐渐扩大银行的贷款定价权和存款定价权。

随着各种票据、公司类债券的发展，特别是OTC市场（场外交易市场，又称柜台交易市场）和二级市场交易不断扩大，价格更为市场化，企业可以选择发行票据和企业债来进行融资，其价格已经完全不受贷款基准利率的限制。对企业债、金融债、商业票据方面以及货币市场交易时全部实行市场定价，对价格不再设任何限制。

2006年8月，浮动范围扩大至基准利率的0.85倍；2008年10月，进一步提升了金融机构住房抵押贷款的自主定价权，将商业性个人住房贷款利率下限扩大到基准利率的0.7倍。同时，也在不断扩大商业性个人住房贷款的利率浮动范围。

（4）推动整个金融产品与服务价格体系的市场化。西方商业银行已经广泛运用的利率风险管理产品如远期利率协议、利率期货、利率期权和利率互换等，管理利率风险的金融工具建设，也是利率市场化改革的重要内容。目前已经广泛运用利率风险管理产品如远期利率协议、利率期货、利率期权和利率互换等。限制了商业银行通过市场有效地管理人民币利率风险的能力。因此，管理利率风险的金融工具建设，也是利率市场化改革的重要内容。

2007年10月，中国人民银行发布公告，推出远期利率协议业务（forward rate agreement）。它是指交易双方为了避免将来利率波动的风险，或为在将来利率波动时获取投机收益而签订的一种协议。远期利率协议是在一固定利率下的远期对远期贷款，只是没有发生实际的贷款支付。我国金融衍生产品市场发展时间不长，在远期利率协议业务推出之前，只有债券远期、利率互换两个品种。

作为一种典型的利率衍生产品，远期利率协议业务的推出具有非常重要的意义。它不仅有利于增强投资者管理利率风险的能力，促进市场稳定，提高市场效率，而且有利于促进市场的价格发现，为中央银行的货币政策操作提供参考，有利于整个金融衍生品市场的协调发展。

9.2.4.3 进一步推进利率市场化改革的条件

利率市场化改革与其他改革都有关联，为进一步推进利率市场化改革，需要培育以下条件：

（1）要有一个公平的市场竞争环境。与利率管制相比较，利率市场化以后，在利率决定中起主导作用的是市场。利率市场化是在市场竞争中产生的，因此金融机构可在正当的市场竞争条件下通过竞争来定价，有竞争和多样化的产品和服务，才会产生合理的均衡价格。

（2）要推动整个金融产品与服务价格体系的市场化。价格历来是一个体系，很多价格互相关联。如果某些价格体系是固定的，而有些价格是市场化的，企业就难以真正进行市场化定价。同样，如果利率名义上市场化了，而与中间业务相关的产品和服务定价却不放开，就会出现新的扭曲。可见，利率本身是由多种价格构成的整体，涉及很多相关金融产品和服务的价格，利率市场化需要事前对这个相互关联的定价体系进行改革。

（3）需要进一步完善货币政策传导机制。不管是在正常经济环境下，还是在危机时期，只有当中央银行货币政策得到充分有效的传导，政策意图作用于金融系统和实体经济的路径才会通畅，才能实现微观利益与宏观、整体利益的相互协调，社会效果才能最大化。

【拓展训练】

“负利率”时代，买房划算？

（来源：2016年4月25日《新安晚报》）

2016年4月22日，央行再度宣布降息、降准，这已是年内第三次“双降”。一年期存款基准利率下调至 1.5%。而国家统计局数据显示，9 月份 CPI 同比上涨 1.6%。这意味着，如果你简单把钱放银行，可能会跑不过通胀。“负利率”时代，市民钱包保卫战意识趋浓，是买房？买理财？还是买收藏品？专家表示，“负利率”时代赚钱更难，但更需要理财，可以进行更多元化的投资理财，达到资产增值。

利率降了买房划算？

建议：快速上涨已结束，可关注三类房

“钱越发不值钱，放在手里太亏了。”因为工作的关系，合肥市民林晓对于利率调整的消息颇为敏感。这两天，身边的朋友、同学们谈论最多的也是应对负利率时代，不让钱包缩水，而他的第一反应是买房。

在他看来，现在利率这么低，几乎快赶上 2009 年打 7 折的利率水平，贷款购房成本降低了不少。作为老百姓，与其把钱放在银行贬值，不如向银行“借钱”投资买房。另外，从他多年的经验来看，他买的两套房都收益颇丰。在所有投资渠道中，房产算得上最稳健的了。而且每次负利率期间，房价都会有所上涨。趁此机会买房，应该是不错的选择。

对此，合肥市房产界专家表示，负利率、低利率确实会给楼市带来利好，一方面降低置业者购房成本，另一方面也为开发商降低融资成本。不过就投资者来说，买房投资仍然要防控风险。据了解，这 20 余年来，我国曾经历过 4 次实际利率为负的时代，每段负利率时期房价都会上涨。其中“房改”以后的三个时期，2003~2005 年，累计涨幅为 34%；2006~2008 年，累计涨幅为 12.8%；2010~2012 年，累计涨幅为 15%。

但也应该看到，当下，房地产行业的高速增长已成为过去，房价快速上涨的外部环境已不具备。是个房子都会涨价的时代也许已经不复存在。因此，买房更需要考察选择，通常来说有三类房子可以买入：如中心城区稀缺性房产，地铁等交通便利的具有地位特殊性的房产以及学区房。这些房子一方面有保值增值功能，另一方面未来变现也相对容易。

思考题：请结合我国实际，分析“负利率”对于理财市场的影响。

【项目小结】

（1）信用是指以还本付息为条件的价值单方面让渡，表现为商品买卖中的延期支付与货币的借贷行为。信用具有偿还性和付息性两大特点，其中偿还性是其最基本的特征。

（2）现代信用的形式主要有商业信用、银行信用、国家信用、消费信用以及国际信用等，其中商业信用是最早的信用形式，而银行信用是目前最主要的信用形式。

（3）利息是资金所有者由于借出资金而取得的报酬，它来自生产者使用该笔资金发挥营运职能而形成的利润的一部分。它是伴随着信用关系的发展而产生的经济范畴。利息就其本质而言，是剩余价值的一种特殊表现形式，在形式上表现为借贷资金的价格。利息转化为收益的一般形态，这种转化的主要作用在于导致收益的资本化。

（4）利息的计算方法主要有单利法和复利法两种。单利法的特点是对利息不再计息，复利法是将上期利息转为本金并一并计息的方法。

（5）利率是指借贷期内所形成的利息额与所贷资金额的比率。一般来说利率的一般功能有中介功能、分配功能、调节功能、动力功能以及控制功能等。因此利率发挥着重要的经济杠杆作用：从微观角度讲，利率直接影响个人收入在消费和储蓄之间的分配以及企业投资的积极性；从宏观角度讲，利率对货币的需求与供给、市场的总供给与总需求、就业等起着重要的作用。但是利率发挥经济杠杆作用必须具备以下四个条件：市场化的利率决定机制、灵活的利率联动机制、适当的利率水平以及合理的利率结构。

（6）诸多因素决定和影响利率水平，主要包括平均利润率、借贷资本的供求关系、中央银行的货币政策、国际利率水平、预期通货膨胀率和通货紧缩以及汇率。

（7）我国在利率水平的制定上要实现利率市场化。利率市场化是指把利率的决定权交给市场，由市场主体自主决定利率的过程。在利率市场化的条件下，如果市场竞争充分，则任何单一的经济主体都不可能成为利率的单方面制定者，而只能是利率的接受者。

10 金融机构

【学习目标】

（1）理解金融机构的基本性质、类型及体系构成。

（2）理解金融制度的基本概念和内容。

（3）掌握我国金融机构及金融制度的组成和组织方式。

（4）了解西方国家的金融机构体系以及国际金融组织的构成。

10.1 金融机构

10.1.1 金融机构的职能

金融机构的职能是由其性质决定的。金融机构主要具有以下职能：

（1）信用中介。信用中介是金融机构最基本、最能反映其经营活动特征的职能。这一职能的实质，是金融机构借助于信用，一方面通过负债业务，动员和集中社会闲散货币资金；另一方面则通过资产业务把这些资金投向有关经济部门。金融机构通过信用中介职能，实现资金盈余方和资金短缺方的资金融通，从而使资金得到有效利用，在不改变社会资本总量的条件下，推动扩大再生产的规模，提高生产率。金融机构则从吸收资金的成本与发放贷款的利息收入，以及投资等收益的差额中获取自身利润。

（2）支付中介。支付中介指金融机构在为客户开立存款账户吸收存款的基础上，办理存款在账户上的资金转移、代理客户支付，以及在存款的基础上为客户兑付现款等。金融机构成为社会支付的中介，是由于它具有较高的信誉和众多的分支机构。金融机构发挥支付中介职能，大大减少了现金的使用，节约了社会流通费用，加速了结算过程和货币资本的周转，促进了社会再生产的扩大。

（3）将货币收入和储蓄转化为资本。这项职能是信用中介职能的延伸。金融机构作为信用中介，最初只是在资金盈余企业和资金短缺企业之间进行资金融通，随着银行业的发展，个人收入和储蓄也被银行汇集起来，贷放给企业，非资本的货币就转化为货币资本。随着证券类金融机构的产生与发展，又使各类盈余闲置资金以其为中介，直接转化为生产经营性资本。这些都有效地扩大了社会资本总量，促使社会再生产快速发展。

（4）创造信用工具。这项职能是信用中介和支付中介职能的延伸。依托信用中介和支付中介职能，金融机构创造出银行券、存单、保险单、支票等银行票据作为信用工具投入流通，代替了金属货币的流通，既节约了流通费用，又为经济运行提供了更多且便利的流通手段和支付手段，进一步推动了生产经营的发展。

（5）金融服务。由于金融机构联系面广，信息比较灵通，特别是计算机在业务中的广泛应用，使其具备了为客户提供信息服务的条件，咨询和决策服务应运而生。金融机构还为企业办理代发工资、代理支付各项费用，以及租赁、信托等金融服务性业务。此外，在金融服务作用下，个人消费也由原来的单纯现金支付的钱物交换，发展为可通过转账结算办理的交易。

10.1.2 金融机构的类型

按照不同的标准，可以将金融机构划分为不同的类型。

（1）直接金融机构与间接金融机构。按照融资方式的不同，金融机构可以分为直接金融机构和间接金融机构。

直接金融机构是在直接融资领域，为投资者和筹资者提供中介服务的金融机构。其主要业务包括证券的发行、经纪、保管、登记、清算、资信评估等。投资银行、证券公司等属于直接金融机构。

间接金融机构是指它一方面以债务人的身份从资金盈余者的手中筹集资金，另一方面又以债权人的身份向资金短缺者提供资金，是以间接融资为特征的金融机构。商业银行是最典型的间接金融机构。

上述两类金融机构最明显的区别是，前者在中介融资中一般不发行以自己为债务人的融资工具，只是协助将筹资者发行的金融工具销售给投资者；而后者则发行自己为债务人的融资工具来筹集资金，然后又以各种资产业务分配运用这些资金。

（2）金融调控监管机构与金融运行机构。按照从事金融活动的目的，金融机构可以分为金融调控监管机构和金融运行机构。

金融调控监管机构是指承担金融宏观调控和金融监管的重任，不以营利为目的的金融机构，如中央银行、银行监督委员会、证券监督委员会、保险监督委员会等。

金融运行机构则是指以盈利为目的，通过向公众提供金融产品和金融服务而开展经营的金融机构，如商业银行、投资银行或证券公司、保险公司、信托公司等。

（3）银行与非银行金融机构。按照金融机构业务的特征，金融机构可以分为银行和非银行金融机构。国际上通行的关于金融机构的传统分类方式即如此。

一般以存款、放款、汇兑、结算为核心业务的金融机构就是银行，如商业银行、储蓄银行等。

非银行金融机构一般泛指除银行以外的其他各种金融机构，包括保险、证券、信托、租赁和投资等机构。

（4）政策性金融机构与商业性金融机构。按照是否承担政策性业务，金融机构可以分为政策性金融机构和商业性金融机构。

政策性金融机构通常是一个国家为加强政府对经济的干预能力，实现政府的产业政策，保证宏观经济协调发展而设立，不以营利为目的，但可以获得政府资金或税收方面支持的金融机构。

商业性金融机构是一般性金融业务的经营机构，其经营目标是获得利润。

（5）其他类型。按照金融机构所经营金融业务的基本特征及其发展趋势，金融机构可以分为存款性金融机构、投资性金融机构、契约性金融机构和政策性金融机构。详见10.1.3节。

国民经济核算体系（SNA）从经济统计的角度对金融机构进行了分类。这种分类是从交易主体或资金收支的角度作为划分标准，将金融机构分类为中央银行和存款类公司。不是通过吸收存款的方式，而是通过在金融市场上筹集资金并利用这些资金获取金融资产的其他金融中介机构，如投资公司、金融租赁公司，以及消费信贷公司等；金融辅助机构，如证券经纪人、贷款经纪人、债券发行公司、保险经纪公司，以及经营各种套期保值的衍生工具的公司等；保险公司和养老基金。

10.1.3 金融机构体系的构成

现代金融机构体系通常是以中央银行为核心，由以经营信贷业务为主的银行和以提供各类融资服务的非银行金融机构，以及相关金融监管机构共同构成的系统。由于中央银行及其他金融监管机构在机构性质和业务特点上与一般的金融运行机构不同，这里主要介绍各种金融运行机构。

近年来，在商业银行信贷业务和投资银行业务日益融合的条件下，严格的金融机构分类已成为困难的事情。但不同的金融机构仍具有其鲜明的特点，以下按照存款性金融机构、投资性金融机构、契约性金融机构和政策性金融机构的划分进行阐述。

10.1.3.1 *存款性金融机构*

存款性金融机构是吸收个人或机构存款，并发放贷款的金融中介机构。它主要包括商业银行、储蓄银行和信用合作社等。

（1）商业银行。商业银行是以经营存款、贷款和金融服务为主要业务，以盈利为经营目标的金融企业。

与其他金融机构相比，吸收活期存款，创造信用货币，是商业银行最明显的特征。正是这一点，使商业银行具有特殊的职能，它们的活期存款构成货币供给或交换媒介的重要组成部分，也是信用扩张的重要源泉。因此，通常人们又称商业银行为存款货币银行。在所有的金融机构中，商业银行是历史最悠久、资本最雄厚、体系最庞大、业务范围最广、掌握金融资源最多的金融机构，因而对经济生活的影响最大。

（2）储蓄银行。储蓄银行是专门吸收居民储蓄存款，将资金主要投资于政府债券和公司股票、债券等金融工具，并为居民提供其他金融服务的金融机构。

储蓄银行汇集起来的储蓄存款余额较为稳定，所以主要用于长期投资，如发放不动产抵押贷款，投资于政府债券和公司股票、债券等，以获得贷款利息和投资收益；或者转存于商业银行，以赚取利息差额。储蓄银行的具体名称在各国有所差异，如不同国家称之为互助储蓄银行、住房储蓄银行、国民储蓄银行、储蓄贷款协会、邮政储汇局等。

（3）信用合作社。信用合作社是城乡居民集资合股组成的合作金融组织，是为合作社社员办理存、贷款业务的金融机构，其资金主要来源于社员缴纳的股金和存入的存款，放款的对象主要是本社的社员。

信用合作社于19世纪50年代始于德国，后来在世界各国普遍建立，以乡村信用社形式居多。我国在1949年后在农村普遍建立信用合作社，目前几乎乡乡有社。在城市也曾普遍建立起城市信用合作社，但目前城市信用合作社已经改革为城市商业银行，农村信用社有的也已转变为农村合作银行或者农村商业银行。

10.1.3.2 投资性金融机构

投资性金融机构是在直接金融领域内为投资活动提供中介服务或直接参与投资活动的金融机构，主要包括投资银行、证券经纪和交易公司、金融公司和投资基金等。这些机构服务或经营的业务内容都是以证券投资活动为核心。

（1）投资银行。投资银行是以从事证券投资业务为主要业务内容的金融机构。投资银行是典型的投资性金融机构，与其他经营某一方面证券业务的金融机构相比，投资银行的基本特征是其综合性，即投资银行业务几乎包括了全部资本市场业务。

投资银行与商业银行不同，其资金来源主要依靠发行自己的股票和债券筹资，有的国家投资银行也被允许接受定期存款。其主要业务有：对公司股票和债券进行直接投资；提供中长期贷款；为公司代办发行或包销股票与债券；参与公司的创建、重组和并购活动；提供投资和财务咨询服务等。投资银行的名称通用于欧洲大陆和美国等国家，在英国则称为商人银行，在日本称证券公司，还有的国家称其为实业银行、金融公司或投资公司等。

（2）投资基金。投资基金是通过向投资者发行股份或受益凭证募集资金，再以适度分散的组合方式投资于各类金融产品，为投资者以分红的方式分配收益，并从中牟取自身利润的金融组织机构。投资基金是一种重要的投资性金融机构，投资者通过购买基金股份把资金投入基金，而基金的份额可以随时买进卖出，其交易的差价也是投资者获取收益的来源之一。

投资基金的优势是投资组合、分散风险、专家理财、规模经济。投资基金在不同的国家称谓有所不同，如在美国称为共同基金或互助基金，在英国称为单位投资信托，在日本则称为证券投资信托。

10.1.3.3 契约性金融机构

契约性金融机构是以契约方式吸收持约人的资金，而后按契约规定承担向持约人履行赔付或资金返还义务的金融机构。这类机构的特点是资金来源可靠稳定，资金运用主要是投资，资金的流动性较弱。

（1）保险公司。保险公司是主要依靠投保人缴纳保险费的形式建立起保险基金，对那些因发生自然灾害或意外事故而造成经济损失的投保人予以经济补偿的金融机构。保险公司所筹集的资金除保留一部分应付赔偿所需外，其余部分则作为长期性资金主要投资于政府债券和公司股票、债券，以及发放不动产抵押贷款、保单贷款等。

（2）养老基金和退休基金。养老基金和退休基金是以契约形式组织预交资金，再以年金形式向参加养老金计划者提供退休收入的金融组织形式。这类基金的资金主要来自劳资双方的积聚，即雇主的缴款和雇员工资中的扣除或雇员的自愿缴纳，以及运用积聚资金的收益，如投资于公司债券、股票以及政府债券的收益等。

养老基金和退休基金是第二次世界大战后在西方国家迅速发展起来的金融形式。西方国家政府关于要求建立养老金计划的立法以及纳税优惠，对这类基金的建立与发展起了推动作用。在英国等一些国家，养老基金和退休基金业务相当大的部分由保险公司经办。近年来，养老基金和退休基金取得了长足发展。

10.1.3.4 政策性金融机构

政策性金融机构指为贯彻实施政府的政策意图，由政府或政府机构发起、出资设立、参股或保证，不以利润最大化为经营目的，在特定的业务领域内从事政策性金融活动的金融机构。政策性金融机构主要包括以下几种类型：

（1）经济开发政策性金融机构。经济开发政策性金融机构是专门为经济开发提供长期投资或贷款的金融机构，这类机构多以配合国家经济发展振兴计划或产业振兴战略为目的设立，贷款和投资方向主要是基础设施、基础产业、支柱产业的大中型基本建设项目和重点企业。

开发性投资具有投资量大、时间长、见效慢、风险较大的特点，一般的商业性金融机构往往不愿承担，有时也无力承担。然而开发性投资在一个国家的经济发展中具有重要作用，因此，通常由政府创办不以营利为目的的开发银行来从事这类业务。

开发性金融机构分为国际性、区域性和本国性等三种。国际性开发银行以联合国下属的世界银行集团为代表，世界银行集团由国际复兴开发银行（简称世界银行）、国际开发协会和国际金融公司组成，其中国际开发协会和国际金融公司是世界银行的附属机构。1）世界银行的宗旨是：对用于生产目的的投资提供贷款或贷款担保，以协助成员国的复兴与开发，鼓励不发达国家的生产和资源开发；鼓励国际投资，促进成员国国际贸易的平衡发展等。其资金来源主要由会员国缴纳的股金、借款、出让债权及净收益形成。其贷款主要用于各种基础设施工程项目。2）国际开发协会建立的目的是向符合条件的低收入国家提供长期优惠性贷款，帮助这些国家加速经济发展，达到提高劳动生产率和改善人民生活的目的。3）国际金融公司的宗旨是：为发展中国家的私人企业提供没有政府机构担保的各种投资，以促进成员国的经济发展；促进外国私人资本在发展中国家的投资；促进发展中国家资本市场的发展。

区域性开发银行的宗旨、业务与世界银行集团基本相同，只是服务对象限于某一区域的会员国。如亚洲开发银行是面向亚洲及太平洋地区，旨在促进该地区经济发展的政府间多边开发银行机构。其业务的开展是为参加该组织的会员国提供金融服务，推动本地区经济运行。非洲开发银行和泛美开发银行等也属于区域性开发银行。

本国性开发银行主要对国内企业和建设项目提供长期性贷款支持。各国开发性金融机构的名称各异：日本称作开发银行，德国称复兴信贷银行，美国称作复兴金融公司，我国称作国家开发银行等。

（2）农业政策性金融机构。农业政策性金融机构是专门向农业提供中长期低息贷款，以配合贯彻国家农业扶持和保护政策的金融机构。

农业受自然因素影响大，农村地域广阔，农户分散。农业部门对资金的需求具有季节性强、单笔资金需求数额小、期限长、利息负担能力低等特征，这就决定了经营农业信贷具有风险大、期限长、收益低等特点，商业银行和其他商业性金融机构一般都不愿意承做这方面的业务。为此，许多国家专设了以支持农业发展为主要职责的政策性金融机构，如美国的联邦土地银行、合作银行，法国的土地信贷银行、农业信贷银行，德国的农业抵押银行，我国的农业发展银行等。

农业政策性金融机构一般以政府拨款、发行债券、吸收特定存款和借款为资金来源，向农业发放贷款的范围包括农业机器设备购置、种子、化肥、农药等的购买等。有的国家政府对农业政策性金融机构的某些贷款给予利息补贴和税收优惠等。

（3）进出口政策性金融机构。进出口政策性金融机构是国家为促进对外贸易发展，改善国际收支状况，由政府支持设置的向外贸部门提供优惠出口信贷的政策性金融机构。该机构旨在配合政府的产业政策和外贸政策，通过提供出口信贷和进口信贷等政策性金融，承担一般金融机构不愿意或无力承担的风险，促进本国机电产品、成套设备和高新技术产品进出口，增强本国外贸部门的出口竞争能力。

（4）住房政策性金融机构。住房政策性金融机构是为配合和贯彻政府住房发展政策和房地产市场调控政策，由政府出资设立，专门扶持住房消费，尤其是扶持低收入者进入住房消费市场的金融机构。

这类机构的资金来源主要是政府出资，发行债券、吸收住房储蓄存款等，资金运用主要是住房消费贷款等相关的信贷业务。

10.2 金融制度

10.2.1 金融制度的概念

从广义上说，金融制度包括金融中介机构、金融市场和金融监管制度等三个方面的内容：第一，各类金融机构的地位、作用、职能和相互关系；第二，金融市场的结构和运行机制；第三，金融监管制度，包括中央银行或金融监管当局，金融调控、金融管理的法律法规，金融调控、金融监管的组织形式、运作体制等。

10.2.2 中央银行制度

中央银行是国家赋予其制定和执行货币政策，监督管理金融业和规范金融秩序，防范金融风险和维护金融稳定，为商业银行等普通金融机构和政府提供金融服务，调控金融和经济运行的宏观管理机构。中央银行制度的内涵主要包括组织形式、资本组成、组织结构和职能构成等方面。

10.2.2.1 中央银行的组织形式

中央银行的组织形式即中央银行的存在形式或组成形式。中央银行的组织形式主要有四种类型。

（1）一元式中央银行制度。一元式中央银行制就是一个国家只设立一家统一的执行中央银行职能的中央银行制度形式。这类中央银行的机构设置一般采取总分行制，逐级垂直隶属。中央银行设立多少分支机构，主要取决于国土面积、经济结构以及金融的发达程度等。

一元式中央银行制度是比较完善、成熟的制度形式，具有组织完善、机构健全、权力集中、职能齐全的特点，大多数国家都实行这种制度。一般是在总行之下，在国内设置央行分支行或代表处。随着全球经济一体化的发展，一些国家的央行还在国外设立代表处，以加强央行在宏观调控和金融监管等方面的国际交流与合作。

（2）二元式中央银行制度。二元式中央银行制度又称为二元复合式的中央银行制度，就是一个国家建立中央与地方两级相对独立的中央银行机构，分别行使金融调控和管理职能，不同等级的中央银行共同组成一个复合式统一的中央银行体系。一般地说，地方级中央银行是按照当地经济特点、特定的法规和历史条件而设立，他们要受到中央级中央银行的监督与指导，但他们与中央级中央银行并非一般意义上的总分行关系，地方级中央银行在其辖区内有一定的独立性，中央级中央银行和地方级中央银行是按照法律规定分别行使其职能。

二元式中央银行制度具有权力与职能相对分散、分支机构较少等特点，一般是实行联邦制的国家采用，如美国、德国等。

(3) 跨国的中央银行制度。跨国的中央银行制度就是由若干国家联合组建一家中央银行，由这家中央银行在其成员国范围内行使全部或部分中央银行职能的中央银行制度。这种中央银行制度一般与区域性多国经济的相对一致性和货币联盟体制相对应。跨国的中央银行不属于任何一个国家所独有，而是成员国共同的中央银行，对所有的成员国发行共同的货币，制定和执行统一的货币政策，开展金融宏观调控等。

第二次世界大战后相继成立的西非货币联盟、中非货币联盟、东加勒比海货币区等都属于跨国中央银行的组织形式。此外，1998 年 6 月 1 日成立的欧洲中央银行亦是一个典型的跨国式中央银行。欧洲中央银行作为欧洲中央银行体系的决策机构，具有法人资格，在欧元区内发行欧洲统一货币——欧元，对各成员国制定和实施统一的货币政策。欧洲中央银行独立于欧盟各成员国的政府，独立于欧盟各个机构，是欧盟各成员国共有的中央银行。

(4) 准中央银行制度。准中央银行制度就是在一个国家或地区不设置真正专业化、具备完全职能的中央银行，而是设立若干类似中央银行的金融管理机构执行部分中央银行的职能，并授权若干商业银行也执行部分中央银行职能的中央银行制度形式。

在准中央银行制度下，中央银行的职能是由不同的机构从不同的角度分别执行，具有中央银行的权力分散、职能分解的特点。实行准中央银行制度的国家和地区主要有新加坡、中国香港特别行政区，以及利比里亚、莱索托等发展中国家。在新加坡，中央银行的职能分别由金融管理局、货币委员会和政府投资公司等政府机构，以及大商业银行共同承担与行使。在香港特别行政区，中央银行的职能由香港金融管理局和若干商业银行共同执行。香港金融管理局负责管理外汇基金，制定币制与汇率政策等。汇丰银行、渣打银行和中国银行（香港）承担流通货币的发行，并接受政府存款和保管其他公款，在必要时充当“最后贷款人”的角色。汇丰银行作为香港银行公会票据交换所的管理银行，负责集中和管理其他银行与金融机构的清算准备金，执行“中央结算银行”的职能。

10.2.2.2 中央银行的资本构成

中央银行的资本金一般由实收资本、在经营活动中的留存利润、财政拨款等构成。中央银行资本金构成的结构形式主要有五种类型。

(1) 全部资本为国家所有的资本结构。这是指中央银行的资本是由政府拨款形成，或是政府通过收购股份的方式将私营商业银行改组成为中央银行，因而中央银行的资本金全部属于国家所有，是国有化性质的中央银行。目前大多数国家中央银行的资本结构都是国有形式，如英国、法国、德国、加拿大、中国、印度、俄罗斯、印度尼西亚等国。

通常，形成历史较长的中央银行多由私营银行或股份银行转变而来，他们最初的资本金为私人投资或股份合作资本。随着中央银行作用的增强和地位的上升，为了更好地发挥中央银行职能，许多国家通过购买私人股本的办法实现中央银行的国有化。鉴于中央银行的地位与职能作用，第二次世界大战之后新建立的中央银行大多数都是由国家财政直接拨款投资创建。全部资本为国家所有的资本结构形式成为中央银行资本结构的主要形式。

（2）国家和民间股份混合所有的资本结构。这是指中央银行的资本是由国家投资所形成的国家资本，及私人投资所形成的私人资本共同构成。法律规定国家资本一般占资本总额的50%以上，有的国家则实行国家资本和民间股份各占50%的资本构成，国家拥有中央银行的经营管理权和决策权。私人股东则一般没有经营管理权和决策权，而只具有分取红利的权利，并且其股权转让也必须经中央银行同意后方可进行等，所以私人股份对中央银行的政策一般没有影响。采用这种中央银行资本结构的国家有日本、墨西哥、巴基斯坦、比利时、卡塔尔等。

（3）全部资本非国家所有的资本结构。此种资本结构是指中央银行的资本全部由民间资本形成，国家政府不持有股份的中央银行资本构成形式。美国、意大利、瑞士等少数国家的中央银行实行此类资本结构。美国联邦储备银行的股本全部由参加联邦储备体系的会员银行所持有。

（4）无资本金的资本结构。这是指中央银行自身无资本金，中央银行的运行是由政府授权，依照国家法律履行中央银行各项职责的资本构成形式。韩国的中央银行是目前唯一没有资本金的中央银行。1950年韩国银行成立时注册资本为15亿韩元，全部由政府出资。1962年修改后的《韩国银行法》确定韩国银行为“无资本的特殊法人”。该行每年的净利润按定留存准备之后，全部汇入政府的“总收入账户”。如发生亏损，首先用提存的准备金弥补，不足部分由政府的支出账户拨补。

（5）资本为多国共有的资本结构。这是指在跨国的中央银行制度下，中央银行的资本金由货币联盟成员国共同出资构成的形式。货币联盟各成员国一般按商定比例认缴资本，并以认缴比例拥有对中央银行的所有权。

10.2.3 商业银行制度

从商业银行的产生和发展历史过程看，商业银行是以追逐利润为目标，能够吸收存款，以经营金融资产和金融负债为对象，从事经营活动的金融企业。商业银行是各国金融体系的主体。

10.2.3.1 商业银行的组织制度

从各国情况看，商业银行的组织制度主要有四种类型。

（1）单一银行制度。单一银行制度又称为单元银行制或独家银行制，就是银行业务完全有各自独立的商业银行经营，不设或者不允许设分支机构。采取单一银行制度的商业银行，银行业务只有一家独立的银行机构经营，没有分支机构存在，风险独自承担，利润独自分享。

单一银行制度作为商业银行的一种组织形式，既有优点，也有缺点。主要表现在：一是防止银行的集中和垄断，但限制了竞争，商业银行的独家经营，不设立分支机构，防止了由于银行网络过于庞大造成银行业的过分集中和垄断，但这样也限制了银行业的竞争，不利于银行的发展；二是降低营业成本，但限制了业务创新与发展，单一银行没有庞大的分支机构的费用开支，能够降低经营成本，但由于此类银行采用最新技术的单位成本比较高，限制了银行对最新管理手段与工具的采用，以及银行业务的扩大和创新；三是强化地方服务，但限制了规模效益，独家商业银行经营的地域性特征较强，有利于银行与地方政府的协调，更能适合本地区的需要，集中全力为本地区服务，但是由于地域和业务规模的限制，不利于银行规模效益的提高；四是独立性、自主性强，但抵御风险的能力差，由于管理层次少，银行具有较强的独立性和自主性，业务经营的灵活性大，但是由于服务地域的相对狭小和资金实力较弱，难以有效抵御风险。

由于美国是各州独立性较强的联邦制国家，单一银行制在美国曾经比较典型。20 世纪 90 年代以来，随着经济发展的需要，美国关于银行开设分支机构的限制逐渐放宽。

（2）分支银行制度。分支银行制度又称为总分行制，是指法律上允许在总行（或总管理处）之下，在国内外各地普遍设立分支机构，形成以总机构为中心庞大的银行网络系统。它是各国商业银行普遍采用的组织形式。

根据总机构设置的形式与职能的不同，分支银行制度又分为两种形式：一是总行制。即商业银行的总行不仅监督管理、指挥和协调各分支机构，而且其本身也对外开展经营活动；二是总管理处制。即总管理处作为银行的管理机构，只是监督管理、指挥和协调各分支机构，本身并不对外开展经营活动，一般在总管理处所在地通过另行设立分行或营业部对外营业。

分支银行制度作为商业银行的一种组织形式，亦兼有其优缺点。

其优点主要表现在：1）规模效益高。分支机构、营业网点的广泛设置，有利于银行吸收存款，扩大银行资本总额与经营规模，易于实现规模效益。2）竞争力强。广泛的分支机构网络便于现代化管理手段和设备的采用与推广，可加速资金的调剂与周转，分散风险，提高金融服务质量和银行的竞争力。3）易于监管。实行分支银行制的商业银行规模较大，但总行的数量一般较少，有利于金融监管部门的监督与管理。

其缺点主要有：1）加速银行的垄断与集中。由于拥有庞大的分支机构体系，规模和实力较大，容易形成对中小银行的兼并、收购，会加速金融垄断。2）管理难度大。由于分支机构分布广、内部层级多，加大了银行管理控制的难度，要求总行或总管理处具有有效的管理控制手段和先进的通信系统等，否则会使银行经营效益下降。

（3）持股公司制度。持股公司制度又称为集团银行制度，是由某一集团成立持股公司，由该公司控制或收购两家以上的若干银行的组织制度。这些被收购的或控制的银行在法律上仍然是独立的，但他们的经营策略和业务受持股公司的控制。

持股公司制度是规避法律限制开设分支行的一种策略，它可以弥补单一银行制度的不足，能够有效扩大银行资本总量，增强经营实力，提高竞争和抵御风险的能力。但其缺点是易于形成垄断和集中，不利于银行间的适度竞争；在一定程度上限制银行经营的自主性和灵活性，不利于增强银行业务的活力和创新能力。

（4）连锁银行制度。连锁银行制度又称为联合银行制度，指两家或更多的银行由某一个人或某一集团通过购买多数股票的形式，形成联合经营的组织制度。这些被控制的银行在法律上仍然保持其独立性，但其经营政策与业务要受到控股方的控制。

连锁银行制度没有持股公司的存在，而是由某一控股方直接控制若干银行，确定银行的发展策略和业务模式。这种制度在美国西部实行较多，它与持股公司制一样，都是为了弥补单一银行制度的不足，回避对设立分支行的限制而形成的。

10.2.3.2 商业银行的业务经营制度

（1）分业经营银行制度。分业经营银行制度亦称为专业化银行制度或分离银行制度，指商业银行业务与证券、保险等业务相分离，商业银行只能从事存贷款及结算等银行业务，不得经营证券保险等其他金融业务的制度安排。

分业经营银行制度在商业银行与其他金融机构，尤其是投资银行之间竖立了一堵不可跨越的“防火墙”，使银行不可能通过持有企业的股票从而结成利益共同体。该模式的优点主要是保护存款人利益，有利于商业银行稳健经营与经济的稳定发展。由于银行与企业在制度上被隔离，且银行收益被限于主要获取利差，有利于商业银行以稳健经营为原则，把安全性放在第一位。同时这种制度也有利于金融监管达到预期效果。因为商业银行和投资银行的风险各有其特点和规律，两业分开经营、分别管理，可各自有针对性地制定和实施风险防范措施。不过，分业经营银行制度不利于加强金融业的竞争，不利于通过各类金融业务的互补性分散经营风险，因而不利于银行的利润收入和稳定经营等。

（2）综合性银行制度。综合性银行制度亦称为全能银行制度或混业经营银行制度，是指商业银行能够向客户提供存款、贷款、证券投资、结算，甚至信托、租赁、保险等全面金融业务的银行制度。

综合性银行制度的优势主要体现在：能加强金融业的竞争，有利于优胜劣汰和提高效益，促进社会总效用的上升；使并购后的金融行业可拓展规模边界，更好地发挥技术优势，扩大同质性产品或服务的提供，实现规模效益；可以整合利用商业银行、投资银行、保险公司等的有限资源，形成信息共享、损益互补机制。业务的综合化能够分散经营风险，通过业务的互补性保证银行的利润收入和稳定经营；使客户得到综合性金融服务的便利，面对一个窗口就可以获得银行集团内部包括存贷款、证券、保险、资产管理、咨询、电子服务等内容在内的“一条龙”服务。然而，这种制度也有其严重的缺陷，主要体现在：利益的引诱和竞争的压力，使商业银行短期资金流入资本市场，银行因收益和风险不对称，以及信息的不对称而引发道德风险等，由此易带来信用链断裂的金融危机；混业经营下形成的更大范围的行业垄断，易使金融业的不稳定因素危及产业的安全，对国民经济的发展产生消极影响；若缺乏相应配套的严格管理和风险控制制度，在金融监管体系不健全和金融法规制度不完善时，混业经营可能会给整个金融体制带来很大的风险，使撤去“防火墙”的金融业在不完善的管理之下形成金融业的系统性风险。

10.2.4 政策性金融制度

政策性金融是一种特殊的金融活动，具有政策性和金融性双重特征。政策性表现在其业务活动对国家经济政策的贯彻支持配合上，表现在融资的非营利性，对产业政策需要“倾斜”支持的行业、领域的贷款实行低息或无息的补贴性，以及经营风险的硬担保性上。金融性则表现在资金运动坚持遵循信贷资金的运动规律，体现有偿性、效益性和安全性。

10.2.4.1 政策性金融机构的职能

政策性金融机构既具有与商业性金融机构类似的职能，又具备其自身特有的职能，这些职能体现出其紧密配合政府经济政策意图的性质。政策性金融机构的职能主要有以下几个方面：

（1）倡导性职能。倡导性职能又称诱导性职能，是指政策性金融机构以直接或间接的资金投放，吸引商业性金融机构或民间资金从事符合经济政策意图的投资和贷款，以发挥其首倡、引导功能，引导资金的流向。政策性银行通过对某些产业提供贷款融资，来反映经济发展的长远目标，表明政府对不同部门的扶持意愿，从而引导其他金融机构加大对政府需要扶持的产业进行投资。而一旦某一原来政策支持产业的投资热情高涨，政策性银行就可以减少对该行业的投资份额，转而扶持其他行业发展，从而体现其政策意图的倡导性，形成对民间资金运用方向的诱导机制，促使政府政策目标的实现。

（2）选择性职能。该职能是指政策性金融机构具有通过主动选择融资领域或部门以实现其融资意图的职能。政策性金融机构对融资领域或部门的选择是以政府的政策意图为导向，并参考市场机制选择情况而确定的，如对某些重要的基础产业，如果市场机制能够选择它，那么依靠市场机制的作用它会得到相应的资源配置，政府干预则是不必要的。而在市场机制不予选择时，政策性金融机构则根据政策要求予以选择，给予融资支持。随着时间的推移，当客观情况发生变化，商业银行的选择也随之不断变化，政策性银行活动的领域也必须作相应的调整，不断进行新的选择。

（3）补充性职能。补充性职能又称弥补性职能，是指政策性金融机构以政策性融资补充商业性融资在一些领域或部门的不足，完善以商业性金融机构为主体的金融体系整体功能的职能。对于一些商业性金融机构不愿或无力选择的产业、项目，以及技术、市场风险较高的领域等，政策性金融机构进行倡导性投资，以直接投资或提供担保等方式引导资金流向，进行融资补充，有利于形成弥补商业性金融机构融资面的不足，促进国民经济各产业、各部门的协调发展。

（4）服务性职能。该职能是指政策性金融机构依据长期从事政策性专业融资业务所积累的实践经验和专业技能，为业务对象和政府提供各方面服务的职能。作为专业性银行，政策性银行可利用自身丰富的专门知识，为企业提供有关的金融和非金融服务，并可充当政府经济政策或产业政策的参谋，从而体现其服务性职能。如为企业分析财务结构，诊断经营情况，提供经济信息，沟通外部联系；为有关重大投资项目提供经济及社会效益评估；参与政府有关产业或部门发展计划的制订，或代表政府组织实施该方面的政策计划或产业计划，成为政府在这些领域的助手或顾问。

10.2.4.2 政策性金融机构的经营原则

政策性金融的政策性和金融性的双重特征，决定了政策性金融机构具有不同于商业性金融机构的经营原则。

（1）政策性原则。指政策性金融机构的经营活动必须贯彻国家的社会经济政策、区域政策和产业政策，对政策要支持的区域、产业、部门开展政策性金融业务，提供政策性投资和贷款。政策性金融机构通过贷款投向、期限、利率的安排来体现政府的社会经济政策并积极参与项目的决策，使信贷政策与国家经济政策得到衔接。坚持政策性原则有利于政策性金融机构把握经营方向，避免与商业性金融在业务领域上产生交叉，发生业务竞争，保持自身的经营特征。

（2）安全性原则。指政策性金融机构在经营活动中要注重资产安全。由于政策性金融机构的经营活动范围主要是商业性金融机构不愿涉及的低利润、高风险的领域，如不注重安全性，一是无法确保政策性资金的良性循环，二是政策性资金若被挤占挪用，使信贷资产下降，政策性金融机构将失去金融企业的特征。

（3）保本微利原则。作为金融企业，政策性金融机构经营的是信贷资金，而非财政资金，信贷资金的本质要求是运动、回流和增值，因此，政策性金融机构必须加强经营管理，讲求经济核算，实现保本微利，以保持政策性金融机构的生存与持续发展。

10.2.5 金融监管制度

金融监管制度是金融监管当局基于信息不对称、逆向选择与道德风险等因素，对金融机构、金融市场、金融业务进行监督管理的体制模式。

金融监管制度是随着近代商业银行制度的建立而逐步发展起来的。最初的金融监管主要涉及对商业银行开业的审批及其主要业务运营情况的监管。随着经济金融的发展，商业银行体系的扩展、其他金融机构的产生以及金融市场的形成，金融活动逐渐渗透到社会经济生活的各个方面，金融业稳定发展的要求日益重要，金融监管制度随之日趋拓宽和拓深。

按照金融监管机构的监管范围划分，金融监管制度可分为集中统一的监管体制、分业监管体制和不完全集中统一监管体制。

10.2.5.1 集中统一的监管体制

集中统一的监管体制又称为单一的、一元化的监管模式。该监管体制就是将不同的金融业作为一个相互联系的整体，由中央银行或另外设立的专门监管机构承担对金融业集中统一监管职责的体制模式。

实行集中统一监管体制的一般是金融业混业经营的国家，从此角度说该监管体制又称为混业监管模式。混业经营有两种表现形式，一种是全能银行，即银行可以直接经营银行、证券、保险等金融业务；另一种是银行通过投资证券公司、保险公司等，持有股份或控股，间接地从事非银行业务。

实行集中统一监管体制的原因主要有三点：第一是取决于银行机构提供金融服务的水平，银行机构的多元化发展程度越高，就越能够为工商企业提供全方位、高质量的服务；第二是取决于金融监管的水平，金融监管水平越高，控制和防范金融风险的能力就越强，也就有能力和条件实行混业经营、集中监管；第三是取决于金融自由化和金融创新的发展程度，金融自由化为金融机构混业经营提供基础，同时金融创新也为货币市场和资本市场的更加紧密联系提供了新的工具。

由一个机构对整个金融业监管的体制具有监管成本较低，避免重复监管和出现监管真空现象发生等优点。当然该种监管体制也存在缺乏金融监管的竞争性，容易导致金融监管的低效率和官僚主义等缺陷。目前实行此种监管体制的主要有英国、日本、新加坡、瑞典、丹麦等国家。

10.2.5.2 分业监管体制

该体制是由多个监管机构对金融业的不同主体及其业务范围分别进行监管的组织形式。分业监管体制主要是在银行、证券和保险等不同金融领域分别设立专职的监管机构，负责对各行业进行审慎监管。实行分业监管体制的大多是金融业实行分业经营的国家或地区。

实行分业监管体制的主要原因是：混业经营的状态下，如果金融机构的内控机制不够健全，尤其是金融监管没有达到一定水平，在风险产生时，金融风险将迅速传导到整个金融行业，扩大金融危机的影响范围，加大金融风险造成的损失。同时，在市场规则不健全的情况下，极易造成行业间不合理的资金流动，如大量信贷资金流入证券市场，产生泡沫经济。证券市场动荡风险又会通过银行体系扩散，引发金融危机。为了防止金融机构的过度竞争，防范金融风险，20 世纪 30 年代资本主义世界经济大危机后，以美国、英国、日本、法国为主要代表的西方国家实行了分业监管体制。

相对于集中统一的监管体制，分业监管体制具有分工明确、不同监管机构之间存在竞争性、监管效率高等优点；但同时也存在监管机构多、监管成本较高、机构协调困难、容易出现重复交叉监管或监管真空问题等缺陷。

目前实行此种监管体制的美国，对银行业的监管机构主要有货币监理局、联邦储备系统、联邦存款保险公司、联邦国内贷款委员会、国民信贷委员会和各州有关监管机构等，对证券业的监管机构是证券交易委员会。我国香港特别行政区也实行分业监管体制，金融监管局对银行业实施监管，证券及期货事务监察委员会对证券业实施监管，保险业务监理处和保险业咨询委员会对保险业进行监管。而英国在 1986 年、日本在 1996 年分别通过相关法律，打破分业经营体制，实行混业经营，并在 20 世纪 90 年代末期将金融监管转变为集中监管模式。

10.2.5.3 不完全集中统一的监管体制

此种体制是集中统一监管体制和分业监管体制的改进型体制。该体制可以分为“牵头式”和“双峰式”两类监管体制，前者是在多重监管主体之间建立磋商与协调机制，指定一个监管机构作为牵头机构，负责不同监管主体之间的协调工作。后者是根据监管目标设立两类金融监管机构：一类负责对所有金融机构进行审慎监管，防范与控制金融体系的系统性风险；另一类监管机构负责对不同的金融业务经营活动进行具体监管。

巴西是典型的“牵头式”监管体制，由国家货币委员会牵头，负责协调对不同金融行业监管机构的监管活动，实现对金融业的全面审慎监管。澳大利亚是“双峰式”监管体制，目前其审慎监管局负责对所有金融机构的审慎监管，证券投资委员会负责对银行、证券、保险业的业务活动进行监管。

10.3 我国金融机构及制度概况

10.3.1 金融监管调控机构及制度

10.3.1.1 中国人民银行

中国人民银行于 1948 年 12 月 1 日在石家庄由原解放区的三大分银行，即华北银行、北海银行、西北农民银行合并组建而成。1949 年 2 月中国人民银行总行迁至北京。

1983 年 9 月，国务院决定中国人民银行从 1984 年 1 月 1 日起专门行使中央银行职能。此前，中国人民银行既行使中央银行职能，又办理存、贷、汇等商业银行经营性业务。

A 中国人民银行的性质与地位

2003 年 12 月修订的《中华人民共和国中国人民银行法》（以下简称《中国人民银行法》）规定：中国人民银行是中华人民共和国的中央银行。中国人民银行在国务院领导下，制定和执行货币政策，防范和化解金融风险，维护金融稳定。

中国人民银行作为我国的中央银行，享有人民币发行的垄断权，管理人民币流通，它是发行的银行；中国人民银行代表政府进行金融宏观调控，维护国家金融稳定与安全，经理国库，是政府的银行；中国人民银行负责全国支付、清算系统的正常运行，承担最后贷款人的责任，是银行的银行。

中国人民银行的性质决定了它的特殊地位。根据法律规定，它在国务院的领导下依法独立执行货币政策，履行职责，开展业务，不受地方政府、各级政府部门、社会团体和个人的干涉。按照法律规定，中国人民银行具有相对独立性：财政不得向中国人民银行透支；中国人民银行不得直接认购、包销国债和其他政府债券；不得向地方政府、各级政府部门提供贷款。

B 中国人民银行的职责

根据《中国人民银行法》和2008年7月国务院关于中国人民银行的“三定”规定，中国人民银行的主要职责包括：

（1）拟定金融业改革和发展战略规划，承担综合研究并协调解决金融运行中的重大问题、促进金融业协调健康发展的责任，参与评估重大金融并购活动对国家金融安全的影响并提出政策建议，促进金融业有序开放。

（2）起草有关法律和行政法规草案，完善有关金融机构运行规则，发布与履行职责有关的命令和规章。

（3）依法制定和执行货币政策；制定和实施宏观信贷指导政策。

（4）完善金融宏观调控体系，负责防范、化解系统性金融风险，维护国家金融稳定与安全。

（5）负责制定和实施人民币汇率政策，不断完善汇率形成机制，维护国际收支平衡，实施外汇管理，负责对国际金融市场的跟踪监测和风险预警，监测和管理跨境资本流动，持有、管理和经营国家外汇储备和黄金储备。

（6）监督管理银行间同业拆借市场、银行间债券市场、银行间票据市场、银行间外汇市场和黄金市场及上述市场的有关衍生产品交易。

（7）负责会同金融监管部门制定金融控股公司的监管规则和交叉性金融业务的标准、规范，负责金融控股公司和交叉性金融工具的监测。

（8）承担最后贷款人的责任，负责对因化解金融风险而使用中央银行资金机构的行为进行检查监督。

（9）制定和组织实施金融业综合统计制度，负责数据汇总和宏观经济分析与预测，统一编制全国金融统计数据、报表，并按国家有关规定予以公布。

（10）组织制定金融业信息化发展规划，负责金融标准化的组织管理协调工作，指导金融业信息安全工作。

（11）发行人民币，管理人民币流通。

（12）制定全国支付体系发展规划，统筹协调全国支付体系建设，会同有关部门制定支付结算规则，负责全国支付、清算系统的正常运行。

（13）经理国库。

（14）承担全国反洗钱工作的组织协调和监督管理的责任，负责涉嫌洗钱及恐怖活动的资金监测。

（15）管理征信业，推动建立社会信用体系。

（16）从事与中国人民银行业务有关的国际金融活动。

（17）按照有关规定从事金融业务活动。

（18）承办国务院交办的其他事项。

10.3.1.2 中国银行业监督管理委员会

1984年以前，我国没有专门的金融监管法律法规，严格讲没有现代意义上的金融监管。随着经济体制改革的深入，金融机构数量和种类的迅速增加，相应产生了金融业的无序竞争与违规经营问题，要求建立相应的监管机构以保持金融稳定。由此，中国人民银行受国务院委托肩负起对银行机构的监管任务，并多次实施监管体制的改革，建立金融监管责任制。

2003年4月，全国人民代表大会批准设立中国银行业监督管理委员会（以下简称中国银监会），对于银行业的主要监管职能由中国人民银行划转给中国银监会，我国的金融业分业监管体制进一步得到发展。

A 中国银监会的性质

中国银监会是国务院直属正部级单位。它根据国务院授权，统一监督管理商业银行、城市信用合作社、农村信用合作社、政策性银行等银行业金融机构，以及金融资产管理公司、信托投资公司、财务公司、金融租赁公司和由中国银监会批准设立的其他金融机构。

B 中国银监会的主要职责

依据有关法律法规，中国银监会在对银行业金融机构及其业务活动实施监督管理中履行下列职责：

（1）依照法律、行政法规制定并发布对银行业金融机构及其业务活动监督管理的规章、规则。

（2）依照法律、行政法规规定的条件和程序，审查批准银行业金融机构的设立、变更、终止以及业务范围。

（3）对银行业金融机构的董事和高级管理人员实行任职资格管理。

（4）依照法律、行政法规制定银行业金融机构的审慎经营规则。

（5）对银行业金融机构的业务活动及其风险状况进行非现场监管，建立银行业金融机构监督管理信息系统，分析、评价银行业金融机构的风险状况。

（6）对银行业金融机构的业务活动及其风险状况进行现场检查，制定现场检查程序，规范现场检查行为。

（7）对银行业金融机构实行并表监督管理。

（8）会同有关部门建立银行业突发事件处置制度，制定银行业突发事件处置预案，明确处置机构和人员及其职责、处置措施和处置程序，及时、有效地处置银行业突发事件。

（9）负责统一编制全国银行业金融机构的统计数据、报表，并按照国家有关规定予以公布；对银行业自律组织的活动进行指导和监督。

（10）开展与银行业监督管理有关的国际交流、合作活动。

（11）对已经或者可能发生信用危机，严重影响存款人和其他客户合法权益的银行业金融机构实行接管或者促成机构重组。

（12）对有违法经营、经营管理不善等情形的银行业金融机构予以撤销。

（13）对涉嫌金融违法的银行业金融机构及其工作人员以及关联行为人的账户予以查

询。对涉嫌转移或者隐匿违法资金的申请司法机关予以冻结。

（14）对擅自设立银行业金融机构或非法从事银行业金融机构业务活动予以取缔。

（15）负责国有重点银行业金融机构监事会的日常管理工作。

（16）承办国务院交办的其他事项。

10.3.1.3 中国证券监督管理委员会

1992年10月，国务院证券委员会和中国证券监督管理委员会（以下简称中国证监会）成立。1998年4月，根据国务院机构改革方案，决定将国务院证券委员会与中国证监会合并。

依据有关法律法规，中国证监会在对证券市场实施监督管理中履行下列职责：

（1）研究和拟定证券期货市场的方针政策、发展规划；起草证券期货市场的有关法律、法规；制定证券期货市场的有关规章制度。

（2）统一管理证券期货市场，按规定对证券期货监督机构实行垂直领导。

（3）监督股票、可转换债券、证券投资基金的发行、交易、托管和清算；批准企业债券的上市；监管上市国债和企业债券的交易活动。

（4）监督境内期货合约上市、交易和清算；按规定监督境内机构从事境外期货业务。

（5）监管上市公司及其按法律法规必须履行有关义务的股东的证券市场行为。

（6）管理证券期货交易所；按规定管理证券期货交易所的高级管理人员；归口管理证券业、期货业协会。

（7）监管证券期货经营机构、证券投资基金管理公司、证券登记结算公司、期货结算机构、证券期货投资咨询机构、证券资信评级机构；审批基金托管机构的资格并监管其基金托管业务；制定有关机构高级管理人员任职资格的管理办法并组织实施；指导中国证券业、期货业协会开展证券期货从业人员资格管理工作。

（8）监管境内企业直接或间接到境外发行股票、上市以及在境外上市的公司到境外发行可转换债券；监管境内证券、期货经营机构到境外设立证券、期货机构；监管境外机构到境内设立证券、期货机构，从事证券、期货业务。

（9）监管证券期货信息传播活动，负责证券期货市场的统计与信息资源管理。

（10）会同有关部门审批会计师事务所、资产评估机构及其成员从事证券期货中介业务的资格，并监管其相关的业务活动。

（11）依法对证券期货违法违规行为进行调查、处罚。

（12）归口管理证券期货行业的对外交往和国际合作事务。

（13）国务院交办的其他事项。

10.3.1.4 中国保险监督管理委员会

中国保险监督管理委员会（以下简称中国保监会）是我国保险业的监管机构。国务院于1998年11月18日批准设立中国保监会。

中国保监会的主要职责包括：

（1）拟定保险业发展的方针政策，制定行业发展战略和规划；起草保险业监管的法律、法规；制定业内规章。

（2）审批保险公司及其分支机构、保险集团公司、保险控股公司的设立；会同有关部门审批保险资产管理公司的设立；审批境外保险机构代表处的设立；审批保险代理公司、保险经纪公司、保险评估公司等保险中介机构及其分支机构的设立；审批境内保险机构和非保险机构在境外设立保险机构；审批保险机构的合并、分立、变更、解散，决定接管和指定接受；参与、组织保险公司的破产、清算。

（3）审查、认定各类保险机构高级管理人员的任职资格；制定保险从业人员的基本资格标准。

（4）审批关系社会公众利益的保险险种、依法实行强制保险的险种和新开发的人寿保险险种等的保险条款和保险费率，对其他保险险种的保险条款和保险费率实施备案管理。

（5）依法监管保险公司的偿付能力和市场行为；负责保险保障基金的管理，监管保险保证金；根据法律和国家对保险资金的运用政策，制定有关规章制度，依法对保险公司的资金运用进行监管。

（6）对政策性保险和强制保险进行业务监管；对专属自保、相互保险等组织形式和业务活动进行监管。归口管理保险行业协会、保险学会等行业社团组织。

（7）依法对保险机构和保险从业人员的不正当竞争等违法、违规行为以及对非保险机构经营或变相经营保险业务进行调查、处罚。

（8）依法对境内保险及非保险机构在境外设立的分支机构进行监管。

（9）制定保险行业信息化标准；建立保险风险评价预警和监控体系，跟踪分析、监测、预测保险市场运行状况，负责统一编制全国保险业的数据、报表，抄送中国人民银行，并按照国家有关规定予以发布。

（10）承办国务院交办的其他事项。

10.3.1.5　国家外汇管理局

国家外汇管理局成立于 1979 年 3 月，当时和中国银行是一个机构、两块牌子，直属国务院领导，由中国人民银行代管。

1982 年 12 月，国务院决定国家外汇管理局与中国银行分离，划归中国人民银行领导，改称中国人民银行外汇管理局。随着我国对外开放和综合国力的不断增强，外汇管理工作愈益重要，随后中国人民银行外汇管理局改称为国家外汇管理局。

1983 年 9 月，国务院决定中国人民银行专门行使中央银行职能，国家外汇管理局及其分局在中国人民银行的领导下，统一管理国家外汇。

国家外汇管理局的主要职责是：

（1）设计、推行符合国际惯例的国际收支统计体系，拟定并组织实施国际收支统计申报制度，负责国际收支统计数据的采集，编制国际收支平衡表。

（2）分析研究外汇收支和国际收支状况，提出维护国际收支平衡的政策建议，研究人民币在资本项目下的可兑换。

（3）拟定外汇市场的管理办法，监督管理外汇市场的运作秩序，培育和发展外汇市场；分析和预测外汇市场的供需形势，向中国人民银行提供制定汇率政策的建议和依据。

（4）制定经常项目汇兑管理办法，依法监督经常项目的汇兑行为；规范境内外外汇账户管理。

（5）依法监督管理资本项目下的交易和外汇的汇入、汇出及兑付。

（6）按规定经营管理国家外汇储备。

（7）起草外汇行政管理规章，依法检查境内机构执行外汇管理法规的情况、处罚违法违规行为。

(8) 参与有关国际金融活动。

(9) 承办国务院和中国人民银行交办的其他事项。

10.3.1.6 国有重点金融机构监事会

为加强对国有重点金融机构的监督，党中央、国务院决定向国有重点金融机构派出监事会。2000 年 3 月 15 日国务院颁布实施《国有重点金融机构监事会暂行条例》，并决定向 3 家政策性银行，4 家国有商业银行、交通银行，4 家国有资产管理公司，3 家保险公司和中国银河证券有限责任公司等国有重点金融机构派出监事会。

国有重点金融机构监事会对国务院负责，代表国家对国有重点金融机构的资产质量及国有资产保值增值状况实施监督。它有别于国家金融监管机构，只对国有重点金融机构实行有限监管，重点监督国有重点金融机构资产的保值增值行为；而国家监管机构对金融机构的市场准入、业务运营、风险防范和市场退出进行全面监管。监事会与国有重点金融机构是监督与被监督的关系，监事会不参与、不干预国有重点金融机构的经营决策和经营管理活动。

监事会以财务监督为核心，根据有关法律、行政法规和财政部的有关规定，对国有重点金融机构的财务活动及主要责任人的经营管理行为进行监督，确保国有资产及其权益不受侵犯。

监事会的主要职责包括：检查国有重点金融机构贯彻执行国家有关金融、经济的法律、法规和行政规章制度的情况；检查国有重点金融机构的财务，查阅其财务会计资料及与其经营管理活动有关的其他资料，验证其财务报告、资金营运报告的真实性、合法性；检查国有重点金融机构的经营效益、利润分配、国有资产保值增值、资金营运等情况；检查国有重点金融机构的董事、行长（经理）等主要负责人的经营行为，并对其经营管理业绩进行评价，提出奖惩、任免建议。

根据《国有重点金融机构监事会暂行条例》的规定，监事会一般每年对国有重点金融机构定期检查两次，并可以根据实际需要不定期地对国有重点金融机构进行专项检查。

10.3.1.7 金融机构行业自律组织

金融机构行业自律，是指金融机构设立行业自律组织，通过制定同业公约、提供行业服务、加强相互监督等方式，实现金融行业的自我约束、自我管理，以规范、协调同业经营行为，保护行业的共同利益，促进各家会员企业按照国家经济、金融政策的要求，努力提高管理水平，优化业务品种，完善金融服务。我国的金融机构行业自律组织主要有以下几个。

(1) 中国银行业协会。中国银行业协会成立于 2000 年 5 月，是由银行业金融机构自愿组成、为实现会员共同意愿、按照其章程开展活动的银行业自律组织，是经中国银监会批准并在民政部登记注册的非营利性社会团体法人。凡中国银监会批准设立的、具有独立法人资格的全国性银行业金融机构以及在华外资金融机构均可自愿加入协会。各省（自治区、直辖市）及各计划单列市辖内银行业金融机构可自愿结成地方性银行业自律组织，地市及其以下原则上不设立银行业自律组织。银行业协会及其业务接受中国银监会及其派出机构的指导和监督。

银行业协会以促进会员单位实现共同利益为宗旨，遵守国家宪法、法律、法规和经济金融方针政策，依据《中华人民共和国商业银行法》《中国人民银行法》《中华人民共和国银行业监督管理法》（以下简称《银行业监督管理法》）等法律法规，认真履行自律、维权、协调、服务职能，维护银行业合法权益，维护银行业市场秩序，提高银行业从业人员素质，提高为会员服务的水平，促进银行业的健康发展。

（2）中国证券业协会。中国证券业协会成立于1991年8月28日，是依据《中华人民共和国证券法》和《社会团体登记管理条例》的有关规定设立的证券业自律性组织，接受中国证监会、国家民政部的业务指导、监督、管理。证券业协会会员包括证券公司、基金公司、投资咨询公司、证券交易所、登记结算机构以及符合条件的证券营业机构地方性社团等。

证券业协会的宗旨是：在国家对证券业实行集中统一监督管理的前提下，进行证券业自律管理；发挥政府与证券行业间的桥梁作用；为会员服务，维护会员的合法权益；维持证券业的正当竞争秩序，促进证券市场的公开、公平、公正，推动证券市场的健康稳定发展。

（3）中国财务公司协会。中国财务公司协会于1994年8月正式成立，其前身是成立于1988年4月的全国财务公司联合会。中国财务公司协会是中国企业集团财务公司的同业自律性组织，由中国企业集团财务公司自愿结成，接受中国银监会的业务指导和国家民政部的监督管理。

中国财务公司协会的活动宗旨是：遵守宪法、法律、法规和国家政策，遵守社会道德风尚；接受主管机关委托，组织财务公司贯彻执行国家的金融方针政策和法律法规，对财务公司进行同业自律管理，发挥财务公司与主管机关之间的桥梁纽带作用，维护财务公司的合法利益，促进财务公司的健康发展，服务我国经济建设。

10.3.2　银行业金融机构及制度

《银行业监督管理法》第二条规定："本法所称银行业金融机构，是指在中华人民共和国境内设立的商业银行、城市信用合作社、农村信用合作社等吸收公众存款的金融机构以及政策性银行。"

10.3.2.1　政策性银行

为促进"瓶颈"产业的发展，促进进出口贸易；支持农业生产优化，并促进国家专业银行向商业银行的转化。1994年，我国成立了国家开发银行、中国进出口银行和中国农业发展银行三家政策性银行，分别承担国家重点建设项目融资、支持进出口贸易融资和农业政策性贷款的任务。

（1）国家开发银行。国家开发银行成立于1994年3月，成立时的主要任务是：按照国家的法律法规和方针政策，筹集和引导境内外资金，向国家基础设施、基础产业、支柱产业（称为"两基一支"）的大中型基本建设和技术改造等政策性项目及配套工程发放贷款，从资金来源上对固定资产总量进行控制和调节，优化投资结构，提高投资效益。国家开发银行办理政策性金融业务，实行独立核算，自主、保本经营。

国家开发银行经营和办理以下业务：管理和运用国家核拨的预算内经营性建设基金和贴息资金；向国内金融机构发行金融债券和向社会发行财政担保建设债券；办理有关外国政府和国际金融机构贷款的转贷，经国家批准在国外发行债券，根据国家利用外资计划筹集国际商业贷款等；向国家基础设施、基础产业、支柱产业的大中型基本建设和技术改造等政策性项目及其配套工程发放政策性贷款；办理建设项目贷款条件评审、担保和咨询等业务；为重点建设项目物色国内外合资伙伴，提供投资机会和投资信息；经批准的其他业务。

国家开发银行于 2008 年 12 月 16 日挂牌成立股份有限公司，并拟在适当时候上市。

（2）中国进出口银行。中国进出口银行成立于 1994 年 4 月，其主要任务是：执行国家产业政策和外贸政策，为扩大我国机电产品和成套设备等资本性货物出口提供政策性金融支持。

中国进出口银行主要的业务包括：办理出口信贷（包括出口卖方信贷和出口买方信贷）；办理对外承包工程和境外投资类贷款；办理中国政府对外优惠贷款；提供对外担保；转贷外国政府和金融机构提供的贷款；办理本行贷款项下的国际国内结算业务和企业存款业务；在境内外资本市场、货币市场筹集资金；办理国际银行间的贷款，组织或参加国际、国内银团贷款；从事人民币同业拆借和债券回购；从事自营外汇资金交易和经批准的代客外汇资金交易；办理与本行业务相关的资信调查、咨询、评估和见证业务；经批准或受委托的其他业务。

（3）中国农业发展银行。中国农业发展银行成立于 1994 年 11 月，其主要任务是：按照国家的法律法规和方针政策，以国家信用为基础，筹集农业政策性信贷资金，承担国家规定的农业政策性金融业务，代理财政性支农资金的拨付，为农业和农村经济发展服务。

中国农业发展银行的主要业务是：办理由国务院确定的粮食、油料、棉花收购、储备、调销贷款；办理肉类、食糖、烟叶、羊毛等国家专项储备贷款；办理中央财政对上述主要农产品补贴资金的拨付；为中央和省级政府共同建立的粮食风险基金开立专户并办理拨付；办理粮食、棉花、油料加工企业收购资金贷款；办理粮食、棉花、油料产业化龙头企业收购资金贷款；办理业务范围内开户企事业单位的存款；办理开户企事业单位的结算；发行金融债券；办理保险代理等中间业务；办理粮棉油政策性贷款企业进出口贸易项下的国际结算业务以及与国际业务相配套的外汇存款、外汇汇款、同业外汇拆借、代客外汇买卖和结汇售汇业务；办理经国务院批准的其他业务。

（4）政策性银行的改革。2007 年 1 月召开的全国金融工作会议决定，按照分类指导、“一行一策”的原则，推进政策性银行改革；首先推进国家开发银行改革，全面推行商业化运作，主要从事中长期业务；对政策性业务实行公开透明的招标制。这为政策性银行的改革指明了方向。

10.3.2.2　大型商业银行

国有及国有控股的大型商业银行包括中国工商银行、中国农业银行、中国银行、中国建设银行、交通银行，见表 10-1。

表 10-1　大型商业银行概况

大型商业银行	总部所在地	资产总额/亿元	员工数量/人	分支机构/家	是否上市
中国工商银行	北京	97577	421894	16386	是
中国农业银行	北京	70144	441883	24064	否
中国银行	北京	69557	249278	10789	是

续表 10-1

大型商业银行	总部所在地	资产总额/亿元	员工数量/人	分支机构/家	是否上市
中国建设银行	北京	75515	346047	13374	是
交通银行	上海	26783	77734	2644	是

注：资料来自各家银行网站、年报，数据均为2008年末的数据，是否上市的时间截至2009年6月30日。

改革开放以后，中国工商银行、中国农业银行、中国银行及中国建设银行逐步得以建立、恢复和发展，曾被称为四大专业银行，其分工是：中国工商银行专门经营工商信贷和个人储蓄业务，中国农业银行专门经营农村金融业务，中国银行专门经营外汇业务并管理国家外汇，中国建设银行专门经营基础设施建设等长期信用业务。随着中国金融改革的不断深入，四大银行的“专业”色彩越来越少，逐渐演变为综合类的商业银行，并合称“四大国有银行”或“四大行”。随着四家银行改制进程的不断深入，以及交通银行的发展壮大，从同质同类机构监管的角度，这五家银行统一归为“国有及国有控股大型商业银行”并称为“大型商业银行”或“五大行”。

（1）中国工商银行。1983年9月，国务院决定中国人民银行专门行使中央银行职能，同时建立中国工商银行（Industrial and Commercial Bank of China，ICBC）。承办原来由中国人民银行办理的工商信贷和储蓄业务。1984年1月1日，中国工商银行正式成立。2005年10月28日，中国工商银行整体改制为股份有限公司，并于2006年10月27日在上海证券交易所和香港联合交易所同步上市。

（2）中国农业银行。为了加强国家对支农资金的管理，适应农村经济体制改革的需要，1979年初中国农业银行（Agricultural Bank of China，ABC）得以恢复，成为专门负责农村金融业务的国家专业银行。1994年中国农业发展银行分设，1996年农村信用社与中国农业银行脱离行政隶属关系，中国农业银行开始向国有独资商业银行转变。2009年1月5日，中国农业银行整体改制为股份有限公司。

（3）中国银行。中国银行（Bank of China，BOC）于1912年成立，至1949年中华人民共和国成立的37年间，曾先后是当时的国家中央银行、国际汇兑银行和外贸专业银行，并将分支机构拓展到海外。1979年，中国银行成为国家指定的外汇外贸专业银行。1994年，随着金融体制改革的深化，中国银行成为国有独资商业银行。2004年8月26日，中国银行整体改制为股份有限公司，并于2006年6月1日在香港联合交易所上市，于2006年7月5日在上海证券交易所上市。

（4）中国建设银行。中国建设银行（China Construction Bank，CCB），原名为中国人民建设银行，于1954年10月1日正式成立，曾隶属财政部。1979年成为独立的经营长期信用业务的专业银行。2004年9月17日，中国建设银行整体改制为股份有限公司，并于2005年10月27日在香港联合交易所上市。

（5）交通银行。交通银行（Bank of Communications，BOCOM），1987年4月1日重新组建，是新中国第一家全国性的股份制商业银行，于2005年6月23日在香港联合交易所上市，于2007年5月15日在上海证券交易所上市。

10.3.2.3　中小商业银行

中小商业银行包括股份制商业银行和城市商业银行两大类。

（1）股份制商业银行。作为我国商业银行一大类别的股份制商业银行包括12家商业银行，即中信银行、招商银行、深圳发展银行、广东发展银行、兴业银行、中国光大银行、华夏银行、上海浦东发展银行、中国民生银行、恒丰银行、浙商银行、渤海银行，见表10-2。

表10-2 股份制商业银行概况

序号	股份制商业银行	成立时间	总部所在地	资产总额/亿元	员工数量/人	分支机构/家	是否上市
1	中信银行	1987年	北京	11878	21385	544	是
2	招商银行	1987年	深圳	15718	36916	674	是
3	深圳发展银行	1987年	深圳	4744	10381	282	是
4	广东发展银行	1988年	广州	5464	—	511	否
5	兴业银行	1988年	福州	10209	19536	441	是
6	中国光大银行	1992年	北京	8430	16987	426	否
7	华夏银行	1992年	北京	7316	11109	313	是
8	上海浦东发展银行	1992年	上海	13094	17695	491	是
9	中国民生银行	1996年	北京	10544	19853	374	是
10	恒丰银行	2003年	烟台	1510	—	—	否
11	浙商银行	2004年	杭州	838	2140	30	否
12	渤海银行	2005年	天津	622	—	—	否

注：资料来自各家银行网站、年报，数据均为2008年末数据，是否上市的时间截至2009年6月30日。

在国有银行陆续完成股份制改造、城市商业银行也按股份制原则进行组建并且逐步跨地区经营的背景下，继续运用“股份制商业银行”这个名词来特指上述12家银行，已经不再准确，但由于习惯，加上暂时没有别的名称来概括这类具有独特历史渊源的银行，因此，我们在这里仍然使用这一名称。

适应经济结构变化发展起来的股份制商业银行，一方面，在一定程度上填补了国有商业银行收缩机构造成的市场空白，较好地满足了中小企业和居民的融资和储蓄业务需求，大大丰富了对城乡居民的金融服务，方便了百姓生活；另一方面，又打破了计划经济体制下国家专业银行的垄断局面，促进了银行体系竞争机制的形成和竞争水平的提高，带动了整体商业银行服务水平、服务质量和工作效率的提高。同时，股份制商业银行按照股份制原则建立和运行，在经营管理方面不断创新，是很多重大措施的“试验田”，从而大大推动了整个中国银行业的改革和发展。

（2）城市商业银行。城市商业银行是在原城市信用合作社（简称城市信用社）的基础上组建起来的。

1979年，第一家城市信用社在河南省驻马店市成立，其宗旨是为小企业、个体工商户和城市居民服务。1986年，城市信用社在大中城市正式推广，数量急剧增长。1986年初还不到1000家。1988年底增加到了3265家。1994年底进一步上升到了5200家。城市信用社的迅猛发展，在相当程度上缓解了集体企业、私营企业、个体工商户“开户难、结算难、借贷难”的矛盾，有力地促进了小企业发展和当地经济繁荣，成为地方经济发展的重要力量。但是，大多数城市信用社的组织体制和经营运行机制背离了信用合作制原则，成为面向全社会的小型商业银行。由于规模小、资金成本高、股权结构不合理、内控体制不健全等原因，其抗风险能力较弱的问题逐渐显现。

为了化解城市信用社的风险，同时促进地方经济的发展，1994 年，国务院决定通过合并城市信用社，成立城市合作银行。1998 年，考虑到城市合作银行已经不具有“合作”性质，正式更名为城市商业银行。

近几年，城市商业银行呈现出三个新的发展趋势：一是引进战略投资者，截至 2009 年 10 月，已经有上海、南京、西安、济南、北京、杭州、南充、天津、宁波等 18 家城市商业银行引进了境外战略投资者，在引进资本的同时，引进了先进的银行管理经验和技术；二是跨区域经营，2006 年 4 月 26 日，上海银行宁波分行开业，成为城市商业银行第一家跨省区设立的分支机构，2006 年 11 月 8 日，北京银行天津分行开业，把我国城市商业银行的跨区域经营又往前推进了一步；三是联合重组，2005 年 11 月 28 日，安徽省内的 6 家城市商业银行和 7 家城市信用社在市场和自愿的基础上合并重组而成的徽商银行正式成立，拉开了城市商业银行合并重组的序幕，2007 年 1 月 24 日，由江苏省内的无锡、苏州、南通、常州、淮安、徐州、扬州、镇江、盐城、连云港 10 家城市商业银行根据公平自愿原则组建的江苏银行开业，标志着我国城市商业银行的合并重组迈上了一个新台阶。以这种方式组建的还有吉林银行、富滇银行等。

10. 3. 2. 4　农村金融机构

农村金融机构包括农村信用社、农村商业银行、农村合作银行、村镇银行和农村资金互助社。农村商业银行和农村合作银行是在合并农村信用社的基础上组建的，而村镇银行和农村资金互助社是 2007 年批准设立的新机构。

（1）农村信用社、农村商业银行和农村合作银行，在新中国成立初期，根据中央推行合作化运动的指示，生产、供销、信用三大合作社在农村迅速推开。到 1957 年底，由农民自愿入股，全国共成立农村信用社 8. 8 万多个，绝大部分地区实现了“一乡一社”。20 世纪 70 年代，国家决定把农村信用社交给国家银行管理，先是交给中国人民银行管理，后来交给中国农业银行管理。在国有银行的领导下，农村信用社的业务虽然得到了一些恢复，但作为国家银行的基层机构，农村信用社缺乏基本的自主权，实际上已经走上了“官办”的道路。

1984 年，国务院提出要恢复和加强农村信用社组织上的群众性、管理上的民主性和经营上的灵活性（合称“三性”），把农村信用社办成真正的合作金融组织。此后，在中国农业银行的领导下，农村信用社开始了以“三性”为主要内容的改革。

1996 年，《国务院关于农村金融体制改革的决定》提出建立和完善以合作金融为基础、商业性金融和政策性金融分工协作的农村金融体系，决定农村信用社与农业银行脱钩，要办成农民入股、社员民主管理、主要为入股社员服务的真正的合作金融组织，并决定“在城乡一体化程度较高的地区，已经商业化经营的农村信用社，经整顿后可合并组建农村合作银行”。

2000 年 7 月，农村信用社改革试点的大幕最先在江苏拉开，提出用 3 ~ 5 年的时间使大部分农村信用社成为自主经营、自担风险、自我发展的适应农村经济发展需要的金融组织。2001 年 11 月 29 日，全国第一家农村股份制商业银行张家港市农村商业银行正式成立。2003 年 4 月 8 日，我国第一家农村合作银行宁波鄞州农村合作银行正式挂牌成立。

截至2009年9月末，全国共组建农村商业银行29家，农村合作银行181家，组建以县（市）为单位的统一信用社法人机构2055家。

（2）村镇银行和农村资金互助社。2007年1月29日，银监会发布并正式开始施行《村镇银行管理暂行规定》和《农村资金互助社管理暂行规定》。依据这两个规定，村镇银行是指经银监会依据有关法律、法规批准，由境内外金融机构、境内非金融机构企业法人、境内自然人出资，在农村地区设立的主要为当地农民、农业和农村经济发展提供金融服务的银行业金融机构。农村资金互助社是指经银行业监督管理机构批准，由乡（镇）、行政村农民和农村小企业自愿入股组成，为社员提供存款、贷款、结算等业务的社区互助性银行业金融机构。

经批准，村镇银行可经营下列业务：吸收公众存款；发放短期、中期和长期贷款；办理国内结算；办理票据承兑与贴现；从事同业拆借；从事银行卡业务；代理发行、代理兑付、承销政府债券；代理收付款项及代理保险业务；经银行业监督管理机构批准的其他业务。村镇银行按照国家有关规定，可代理政策性银行、商业银行和保险公司、证券公司等金融机构的业务。有条件的村镇银行要在农村地区设置ATM，并根据农户、农村经济组织的信用状况向其发行银行卡。对部分地域面积大、居住人口少的村、镇，村镇银行可通过采取流动服务等形式提供服务。

农村资金互助社以吸收社员存款、接受社会捐赠资金和从其他银行业金融机构融入资金作为资金来源。农村资金互助社的资金应主要用于发放社员贷款，满足社员贷款需求后确有富余的可存放在其他银行业金融机构，也可购买国债和金融债券。农村资金互助社可以办理结算业务，并按有关规定开办各类代理业务。农村资金互助社不得向非社员吸收存款、发放贷款及办理其他金融业务，不得以该社资产为其他单位或个人提供担保。

10.3.2.5 中国邮政储蓄银行

2006年12月31日，经国务院同意，银监会正式批准中国邮政储蓄银行成立。2007年3月20日，中国邮政储蓄银行挂牌。

中国邮政储蓄银行是在邮政储蓄的基础上组建的。我国邮政储蓄是在1986年经济出现比较严重的通货膨胀形势下开始恢复并开办的，当时的主要目的是回笼货币。最初的邮政储蓄业务实际上是邮政部门代理人民银行经办储蓄。

从发展规划来看，新成立的中国邮政储蓄银行将继续依托邮政网络经营，按照公司治理架构和商业银行管理的要求，建立内部控制和风险管理体系，实行市场化经营管理。中国邮政储蓄银行的市场定位是，充分依托和发挥网络优势，完善城乡金融服务功能，以零售业务和中间业务为主，为城市社区和广大农村地区居民提供基础金融服务，与其他商业银行形成互补关系，支持社会主义新农村建设。

10.3.2.6 外资银行

根据《中华人民共和国外资银行管理条例》（以下简称《外资银行管理条例》），外资银行是指依照中华人民共和国有关法律、法规，经批准在中华人民共和国境内设立的下列机构：一家外国银行单独出资或者一家外国银行与其他外国金融机构共同出资设立的外商独资银行；外国金融机构与中国的公司、企业共同出资设立的中外合资银行，外国银行分行；外国银行代表处。其中，外商独资银行、中外合资银行和外国银行分行统称为外资银行营业性机构。

按照《外资银行管理条例》，外商独资银行、中外合资银行按照银监会批准的业务范围，可以经营部分或者全部外汇业务和人民币业务；经中国人民银行批准，可以经营结汇、售汇业务。外国银行分行按照银监会批准的业务范围，可以经营部分或者全部外汇业务以及对除中国境内公民以外客户的人民币业务。

据银监会统计，截至 2009 年 11 月末，46 个国家和地区的 194 家银行在华设立了 229 家代表处；13 个国家和地区的银行在华设立了 32 家外商独资银行（下设分行 192 家）、2 家合资银行（下设分行 6 家，附属机构 1 家）、外商独资财务公司 2 家；另有 25 个国家和地区的 76 家外国银行在华设立了 97 家分行。

10.3.3　非银行金融机构及制度

由银监会负责监管的非银行金融机构包括金融资产管理公司、信托公司、企业集团财务公司、金融租赁公司、汽车金融公司、货币经纪公司。

（1）金融资产管理公司。1999 年，我国为了管理和处置国有银行的不良贷款，成立了信达资产管理公司、长城资产管理公司、东方资产管理公司和华融资产管理公司，分别收购、管理和处置 4 家国有商业银行和国家开发银行的部分不良资产。

自 2000 年 11 月 1 日起实施的《金融资产管理公司条例》第二条规定：“金融资产管理公司，是指经国务院决定设立的收购国有银行不良贷款，管理和处置因收购国有银行不良贷款形成的资产的国有独资非银行金融机构。”同时，第三条规定了其经营目标：“金融资产管理公司以最大限度保全资产、减少损失为主要经营目标，依法独立承担民事责任。”

目前，四家金融资产管理公司已完成了处置政策性不良资产的任务，正在探索实行股份制改造及商业化经营。

（2）信托公司。信托的本来含义是“受人之托，代人理财”。1979 年，新中国第一家信托投资公司——中国国际信托投资公司成立。但是，我国社会信用体系的缺乏造成了信托业的先天不足，信托业一直陷于“发展—违规—整顿”的怪圈，先后经过五次大规模的清理整顿。自 2007 年 3 月 1 日起施行的《信托公司管理办法》规定了信托公司所应遵守的规范。从中国信托协会获悉，截至目前，获得中国银监会批准，通过重新登记获发新的金融牌照的信托公司已有 68 家。

（3）企业集团财务公司。依据 2004 年 7 月 27 日修订后实施的《企业集团财务公司管理办法》，企业集团财务公司是指以加强企业集团资金集中管理和提高企业集团的资金使用效率为目的，为企业集团成员单位提供财务管理服务的非银行金融机构。

企业集团财务公司是一种完全属于集团内部的金融机构，它的服务对象限于企业集团成员，不允许从集团外吸收存款，为非成员单位提供服务。母公司有义务在所属财务公司出现支付困难的情况下，负责提供资金，满足支付需要。

（4）金融租赁公司。依据自 2007 年 3 月 1 日起施行的《金融租赁公司管理办法》，金融租赁公司是指经银监会批准，以经营融资租赁业务为主的非银行金融机构。融资租赁，是指出租人根据承租人对租赁物和供货人的选择或认可，将其从供货人处取得的租赁物按合同约定出租给承租人占有、使用，向承租人收取租金的交易活动。

（5）汽车金融公司。汽车金融公司是指从事汽车消费信贷业务并提供相关汽车金融服务的专业机构。依据自 2003 年 10 月 3 日起施行的《汽车金融公司管理办法》，中国的汽车金融公司是指经银监会批准设立的，为中国境内的汽车购买者及销售者提供贷款的非银行金融企业法人。

《汽车金融公司管理办法》规定，经银监会批准，汽车金融公司可以从事以下部分或全部的业务：接受境内股东单位3个月以上期限的存款；提供购车贷款业务；办理汽车经销商采购车辆贷款和营运设备贷款；转让和出售汽车贷款应收款业务；向金融机构借款；为贷款购车提供担保；与购车融资活动相关的代理业务；以及经银监会批准的其他信贷业务等。

（6）货币经纪公司。按照自2005年9月1日起施行的《货币经纪公司试点管理办法》，在我国进行试点的货币经纪公司是指经批准在中国境内设立的，通过电子技术或其他手段，专门从事促进金融机构间资金融通和外汇交易等经纪服务，并从中收取佣金的非银行金融机构。它的业务范围仅限于向境内外金融机构提供经纪服务，不得从事任何金融产品的自营业务。

10.4 国际金融机构体系

10.4.1 国际金融机构的形成

第一次世界大战以前没有国际金融机构，这是因为当时实行金本位制，有自动调节机制，汇率稳定，加上主要资本主义国家的国际收支多呈顺差，货币信用和国际结算制度也尚未建立起来。因此，在当时的情况下，国际金融机构没有产生的必要。

第一次世界大战的战胜国集团为处理战后德国赔款问题，在瑞士巴塞尔成立了“国际清算银行”，这是最早的国际金融机构。

第二次世界大战后，为了结束国际金融秩序混乱的局面，世界各国普遍希望建立新的、稳定的国际金融秩序。

10.4.2 国际清算银行

国际清算银行是根据1930年1月20日在荷兰海牙签订的《海牙国际协定》，于同年5月，由英国、法国、意大利、德国、比利时和日本6国的中央银行以及代表美国银行界利益的摩根银行、纽约花旗银行和芝加哥花旗银行三大银行组成的银团共同联合创立，行址设在瑞士的巴塞尔。

国际清算银行成立之初的宗旨是处理第一次世界大战后德国赔款的支付和解决对德国的国际清算问题。1944年，根据布雷顿森林会议决议，该行应当关闭，但美国仍将它保留下来，作为国际货币基金组织和世界银行的附属机构。此后，该行的宗旨转变为增进各国中央银行间的合作，为国际金融业务提供额外的方便，同时充当国际清算的代理人或受托人。

国际清算银行的最高权力机构是股东大会，由认缴该行股金的各国中央银行代表组成，每年召开一次股东大会。董事会领导该行的日常业务，董事会下设银行部、货币经济部、秘书处和法律处。

国际清算银行的资金来源主要是会员国缴纳的股金。另外，还有向会员国中央银行的借款以及大量吸收客户的存款。其主要业务活动是：办理国际结算业务；办理各种银行业务，如存、贷款和贴现业务；买卖黄金、外汇和债券；办理黄金存款；商讨有关国际货币金融方面的重要问题。国际清算银行作为国际货币基金组织内的十国集团（代表发达国家利益）的活动中心，经常召集该集团成员和瑞士中央银行行长举行会议，会议于每月第一个周末在巴塞尔举行。

10.4.3　国际货币基金组织

根据 1944 年 7 月在美国布雷顿森林召开的联合国货币金融会议上通过的《国际货币基金协定》，国际货币基金组织（IMF）于 1945 年 12 月正式成立，总部设在美国首都华盛顿，它是联合国的一个专门机构。

国际货币基金组织成立的宗旨是帮助会员国平衡国际收支，稳定汇率，促进国际贸易的发展。其主要任务是：通过向会员国提供短期资金，解决会员国国际收支的暂时不平衡和对外汇资金需要，以促进汇率的稳定和国际贸易的扩大。

《国际货币基金协定》规定，凡是参加 1944 年布雷顿森林会议，并在协定上签字的国家，称为创始会员国。在此以后参加基金组织的国家称为其他会员国，两种会员国在法律上的权利和义务并无区别。国际货币基金组织成立之初，只有 44 个会员国，截至 1997 年年底，已发展到 184 个会员国，我国是创始会员国之一。

参加基金组织的每一个会员国都要认缴一定的基金份额。基金份额的确定，与会员国利益密切相关，因为会员国投票权的多寡和向基金组织取得贷款权利的多少取决于一国份额的大小。

国际货币基金组织的最高权力机构是理事会，由各会员国委派理事和副理事各 1 人组成。执行董事会是负责处理基金组织日常业务的机构，由 23 人组成。

国际货币基金组织的资金来源，除会员国缴纳的份额以外，还有向会员国借入的款项和出售黄金所获得的收益。国际货币基金组织的主要业务是：发放各类贷款；商讨国际货币问题；提供技术援助；收集货币金融情报；与其他国际机构相互往来。

国际货币基金组织于 1980 年 4 月 17 日正式恢复我国的合法席位。我国向基金组织委派理事、副理事和正、副执行董事。当时，我国在基金组织的份额为 12 亿元特别提款权，后增至 33.85 亿元特别提款权。

10.4.4　世界银行

世界银行又称“国际复兴开发银行”，是 1944 年与国际货币基金组织同时成立的另一个国际金融机构，也属于联合国的一个专门机构。它于 1946 年 6 月开始营业，总行设在美国首都华盛顿。世界银行的宗旨是：通过提供和组织长期贷款和投资，解决会员国战后恢复和发展经济的资金需要。

根据协定，凡参加世界银行的国家必须是国际货币基金组织的会员国，但国际货币基金组织的会员国不一定都参加世界银行。世界银行建立之初，只有 39 个会员国，到 2018 年为止，已增至 181 个会员国。凡会员国均须认购世界银行的股份，认购额由申请国与世界银行协商，并经理事会批准。一般情况下，一国认购股份的多少是根据其经济和财政实力，并参照该国在基金组织缴纳份额的大小而定。世界银行会员国的投票权与认缴股本的数额成正比。

世界银行的最高权力机构是理事会，由每一会员国委派理事和副理事各 1 名组成。理事会每年 9 月同国际货币基金组织联合举行年会。执行董事会是世界银行负责组织日常业务的机构，由 21 人组成。

世界银行的资金来源除会员国缴纳的股份以外，还有向国际金融市场借款、出让债权和利润收入。其主要业务活动是提供贷款、技术援助和领导国际银团贷款。

我国是世界银行创始会员国之一。世界银行 1980 年 5 月 5 日正式恢复了我国的代表权，我国向世界银行缴纳的股份大约占世界银行股金总额的 1/3。1987 年年底，我国政府与世界银行达成协议，共同开展对我国企业改革、财税、住宅、社会保险和农业方面的项目研究。

10.4.5 国际金融公司

国际金融公司也是世界银行的一个附属机构，于 1956 年 7 月成立。1957 年，它同联合国签订协定，成为联合国的一个专门机构。参加国际金融公司的会员国必须是世界银行的会员国。到 2018 年为止，已有 174 个会员国。

国际金融公司的宗旨是，鼓励会员国（特别是不发达国家）私人企业的增长，以促进会员国经济的发展，从而辅助世界银行的活动。

国际金融公司的资金来源主要是会员国缴纳的股金，其次是向世界银行和国际金融市场借款。其主要业务活动是对会员国的私人企业贷款，不需要政府担保。

我国在恢复世界银行合法席位的同时，也成为国际金融公司的会员国。自 20 世纪 90 年代以来，我国与国际金融公司的业务联系日益密切，其资金已成为我国引进外资的一条重要渠道。

【拓展训练】

新加坡如何突破私人银行人才瓶颈

（来源：2015 年 4 月 20 日《财富管理》 文/白士泮）

在 20 世纪初期，新加坡金融管理局致力建立基础，创造环境以大力推动财富管理业务。由于政治稳定，经济稳步成长，法律制度成熟可靠，金融市场蓬勃发展，金融产品百花齐放，加上优良审慎的金融监管环境，新加坡吸引了全球许多顶尖财富管理机构落户为客户理财。随即而来的问题是人力资源的短缺，人才瓶颈显然成为不可忽视的关键问题。

业界互相高薪挖角人才，造成恶性循环，拥有大客户群或知名度高的财富管理专业人才，如“明星”客户经理和理财产品制造人员的薪金不断攀升。也是在这关键时刻，新加坡金融管理局态度明确，除了对不健康的挖角行为进行劝阻外，更要求在根本上解决问题。即不仅仅在微观上管理“树木”，更要在宏观上把“森林”（财富管理的专业人才库）做大！随即一系列的人才培训与发展计划陆续出台。

2004 年，在新加坡政府投资公司（GIC）、淡马锡控股公司（Temasek Holdings）的主力资助和新加坡管理大学的学术支持下，现今颇负盛名的财富管理学院（Wealth Management Institute，WMI）开始主办财富管理理科硕士课程，延续提升在职人员的专业能力。至今，WMI 已成功培养了 480 名硕士生，也有 7000 名在职人员完成了短期专业课程的学习。

早在1974年就已成立的银行与金融学院（IBF），在新加坡金融管理局和新加坡几家主要金融机构组成的理事会推动下，为金融人才的培训做出巨大贡献。近10年前，IBF为金融业界13个业务领域，超过50个专业职务，制定了金融业者专业能力鉴定的标准（FICS）。IBF也制定“认可”私人培训机构的鉴定标准系统（Certification And Accreditation System）。被“认可”的私人培训机构在为金融业务领域里的专业职务提供培训时，学员将获得培训费的高额津贴。最近，IBF精简了金融业者专业能力鉴定的标准，把过去FICS分为5个职务水平简化为3个职务水平（Job Level），并把FICS改称为IBF标准（IBF Standards）。

这里进一步举例说明IBF标准。比如私人银行的第一个职务水平的从业人员都需通过客户咨询专业能力（CACS）的评估，评估内容包括市场操守（Market Conduct）与产品知识（Product Knowledge）。

仅凭大学和官方组织提供培训的机会是不够的。新加坡金融管理局也积极鼓励金融业者办“企业大学”，包括提供财务资助金融机构设立培训设施等。此类“企业大学”的好处是，金融机构能量身定做符合业务发展的培训需求。

瑞银（UBS）是此类企业培训的“先行者”。早在2007年，它已在新加坡设立瑞银业务大学亚太校园（UBS Business UniversityAsia Pacific Campus），在2014一整年，为32000名职员提供16000个培训项目。瑞士信贷也于2014年在新加坡设立财富学院作为其亚洲的培训中心，在2014年为3500名职员提供250个培训项目；星展银行，基于新加坡中产财富的增加而加大对其财富管理服务的需求，也在不久前设立了财富学院来满足培训需求。

新加坡金融管理局在其金融奖学金项目（FSP）下资助有潜能的在职人员继续深造，研读金融硕博士。除了培训之外，专业行为准则的制定与遵守，也是发展财富管理专业人才的重要一环。新加坡有两份重要文件：

第一份是私人银行业务员行为准则（“私银准则”）。它始于2010年，由多位资深私人银行从业员所组成的私人银行咨询委员会，在新加坡金融管理局的支持下编辑而成。准则分为两大部分：

第一部分着重于私人银行从业人员的专业能力（Competency）。所有私银从业人员必须通过客户咨询专业能力（CACS）的评估，评估内容包括市场操守与产品知识；准则规定所有私银从业人员每年应接受不少于15小时和私银有关的特定培训；“私银准则”也清楚列明培训的内容。

第二部分是私人银行机构与从业人员的市场行为准则。准则列出各方面的要求，包括个人操守、利益冲突的管理、客户财富来源的认知、理财咨询服务的标准、联系客户须知、为客户提供讯息的最低标准、对客户资料的绝对保密、客户投诉的处理方式、新产品发售前的准备、舞弊行为的监控如职责分离和强制性休假以及代客收函服务的管理。

第二份是新加坡金融管理局私人银行业务管制的指导原则（MAS Guidance on Private Banking Controls）。它始于2014年，是新加坡金融管理局累积了多年对私人银行业者的业务检查所得到的结论。指导原则分为三大部分：

第一部分是反洗黑钱反恐的管制。包括介绍高风险客户群、如何了解客户、对客户背景应做调查、关注使用复杂结构进行投资的机构、对客户的例行评介、户口活动的检测、中介的应用以及可疑交易的上报（Suspicious Transaction Reporting）等。

第二部分是对舞弊行为的监控。主要内容包括如何确保客户的指示确实来自客户、代客收函服务的监控、久未启用的户头管理以及防范客户资料被篡改的方法等。

第三部分是投资的适合性。内容包括客户的投资理念和投资经验知识、产品风险的规划以及咨询和销售的过程等。

思考题：请结合国际金融机构的构成等相关知识分析新加坡私人银行的先进管理模式。

【项目小结】

（1）金融机构是指所有从事各类金融活动的组织，包括直接融资领域中的金融机构和间接融资领域中的金融机构。

（2）金融机构主要具有以下职能：信用中介、支付中介、将货币收入和储蓄转化为资本、创造信用工具、金融服务等。

（3）金融机构可划分为存款性金融机构、投资性金融机构、契约性金融机构和政策性金融机构等。

（4）金融制度包括金融中介机构、金融市场和金融监管制度等三个方面的内容。

（5）我国现已形成“一行三会”的宏观调控、监管机构和以商业银行为主体的、多种金融机构并存的、分工协作的金融体系。

（6）西方国家的金融机构体系主要由中央银行、商业银行、专业银行和非银行金融机构组成。

11 中 央 银 行

【学习目标】

（1）了解中央银行的产生和发展历程。

（2）了解中央银行的性质与职能。

（3）掌握中央银行的基本职能及其具体的表现。.

（4）熟悉中央银行的主要业务。

（5）理解中央银行的相对独立性及其实践意义。

11.1 中央银行概述

11.1.1 中央银行的产生及独立性

11.1.1.1 中央银行的产生

中央银行的产生有两个基本前提，一是商品经济的发展比较成熟，二是金融业的发展对此有客观需求。从中央银行的起源和大多数国家设立中央银行的情况看，中央银行制度的建立，大致出于这样四个方面的需要：集中货币发行权的需要；代理国库和为政府筹措资金的需要；管理金融业（如票据清算和银行最后贷款人）的需要；国家对社会经济发展实行干预的需要。

中央银行制度在世界各国日渐普及的同时，中央银行的各项职能也不断明确和完善。20 世纪 30 年代大危机以后，各国开始强调政府对经济的干预作用，而货币政策与财政政策是政府干预经济的主要工具，中央银行作为货币制度的制定者和实施者，其地位也不断巩固和提高。与此同时政府对中央银行的控制也在加强，一些原来是私有股份制的中央银行被收归国有，中央银行的政府机构色彩日渐浓厚，而不再是一般意义的银行了。

各国中央银行的产生和发展大体经由三个途径：（1）由商业银行转化为中央银行。英国的英格兰银行、法国的法兰西银行、德国的普鲁士银行；（2）专门设置的中央银行。美国联邦储备体系，二次大战前后发展中国家和新独立国家的中央银行；（3）由综合型银行改革为单一职能的中央银行。苏联、东欧各国及中国的中央银行。

11.1.1.2 中央银行的独立性

中央银行是国家实施金融宏观调控的执行者，同时又要为政府服务；中央银行业务技术的专业性，使中央银行的全部业务已不能单靠法律来规定，但中央银行又必须与政府相互信任，密切合作。因此，既不能视中央银行为国家的一般政府机构，也不能完全独立于政府之外，而应在国家总体经济发展战略和目标之下，独立地制定、执行货币政策，这就是当代中央银行的相对独立性。

中央银行的相对独立性体现在：第一，建立独立的货币发行制度，稳定货币。中央银行的货币发行应由中央银行根据国家宏观经济政策、经济发展的客观需要，自行决定发行数量、时间、地区分布及面额比例等，不搞财政发行。第二，独立制定实施货币政策。中央银行独立掌握货币政策制定实施权，政府应充分尊重中央银行的意见，确保中央银行货币政策发挥有效作用。第三，独立监管、调控整个金融体系和金融市场。中央银行应在国家法律授权、保障下，对一国金融体系和金融市场进行监管调控，确保整个金融活动在货币政策要求引导下正常进行。

通常，中央银行保持相对独立性应遵循如下两条基本原则：一是中央银行应以一国宏观经济目标为出发点制定货币政策，从事相应的政策工具操作；二是中央银行应按照金融运行规律，制定实施货币政策，规避政府短期行为的干扰。

11.1.2 中央银行的性质与职能

11.1.2.1 中央银行的性质

中央银行的性质是：中央银行是金融管理机构，它代表国家管理金融，制定和执行金融方针政策，主要采用经济手段对金融经济领域进行调节和控制。中央银行是一国最高的货币金融管理机构，在各国金融体系中居于主导地位。

当代各国的中央银行均居于本国金融体系的领导和核心地位，其主要任务是制定和实施国家金融政策，并代表国家监督和管理全国金融业。中央银行不能首先考虑自身的经济利益，而是要考虑国家的宏观经济问题；中央银行的业务目标不是为实现盈利，而是为实现国家的宏观经济目标；中央银行不是一个办理货币信用业务的经济实体，不是经营型银行，而是国家金融管理机关，是管理型银行。

11.1.2.2 中央银行的职能

中央银行的职能包括发行的银行、政府的银行、银行的银行、管理金融的银行等四个方面。

（1）发行的银行。中央银行是发行的银行，指中央银行垄断货币发行，具有货币发行的特权、独占权，是一国唯一的货币发行机构。中央银行作为发行的银行，具有以下几个基本职能：

1）中央银行应根据国民经济发展的客观情况，适时适度发行货币，保持货币供给与流通中货币需求的基本一致，为国民经济稳定持续增长提供一个良好的金融环境。

2）中央银行应从宏观经济角度控制信用规模，调节货币供给量。中央银行应以稳定货币为前提，适时适度增加货币供给，正确处理好货币稳定与经济增长的关系。

3）中央银行应根据货币流通需要，适时印刷、铸造或销毁票币，调拨库款，调剂地区间货币分布、货币面额比例，满足流通中货币支取的不同要求。

（2）政府的银行。中央银行是政府的银行，是指中央银行为政府提供服务，是政府管理一国金融的专门机构。中央银行作为政府的银行具有以下基本职责：

1）代理国库。这包括办理政府预算收入的缴纳、划拨和留用，办理预算支出的拨付，向财政反映预算收支情况；协助财政、税收部门收缴库款；其他有关国库事务等。

2）对政府融通资金。作为政府的银行，中央银行具有为政府融通资金，解决政府临时资金需要的义务。中央银行对政府融通资金的主要方式有政府财政收支出现暂时失衡或财政长期赤字时，中央银行向财政直接提供贷款以平衡财政收支；中央银行进入一级市场直接购买政府债券，由此形成直接流入国库的财政收入。

3）代理政府金融事务。如代理国债发行及到期国债的还本付息等。

4）代表政府参加国际金融活动，进行金融事务的协调、磋商等。

5）充当政府金融政策顾问，为一国经济政策的制定提供各种资料、数据和方案。

（3）银行的银行。中央银行是银行的银行，指中央银行通过办理存、放、汇等项业务，作为商业银行与其他金融机构的最后贷款人，履行以下几项职责：

1）集中保管存款准备金。中央银行根据法律所赋予的特权，要求商业银行及有关金融机构须依法向中央银行缴存存款准备金。这样做的意义在于：集中准备金便于商业银行及有关金融机构相互调剂准备金，增强清偿能力，保障存款人的资金安全和商业银行及有关金融机构自身稳定；有助于中央银行调节信用规模、控制全社会货币供给量；为商业银行及有关金融机构非现金结算创造条件；强化中央银行的资金实力。

2）充当最后贷款人。所谓最后贷款人，指中央银行为稳定经济金融运行，向那些面临资金周转困难的商业银行及其他金融机构及时提供贷款，帮助它们渡过难关。中央银行作为最后贷款人提供贷款，通常采取两种形式：一是票据再贴现，即商业银行及其他金融机构把自己持有的票据卖给中央银行并由此获得一定现金的业务；二是票据再抵押，即商业银行及其他金融机构为应付急迫的资金需求，把自己持有的票据抵押给中央银行并由此获得一定的现金的业务。票据再贴现与再抵押业务的办理，最终使中央银行真正成为一国商业银行及其他金融机构的信贷中心。

3）主持全国银行间的清算业务。商业银行按规定向中央银行缴存存款准备金并由此在中央银行开立存款账户，这样，商业银行间因其客户的债权债务关系而产生的债权债务关系，即可通过中央银行采用非现金结算办法予以清算，于是中央银行成为一国银行业的清算中心。

4）主持外汇头寸抛补业务。中央银行根据外汇供求状况而适时买进卖出外汇，即在商业银行外汇头寸过多时买进外汇，在商业银行外汇头寸不足时则卖出外汇。中央银行此举既向商业银行提供了外汇头寸管理便利，又可由此调节外汇市场的外汇供求状况，稳定市场汇率。

（4）管理金融的银行。中央银行是管理金融的银行，指中央银行作为一国金融体系的核心、首脑，致力于货币政策的制定实施，对整个银行业的运行进行调控监管。中央银行作为管理金融的银行，其职责主要表现在：

1）根据国情合理制定实施货币政策，在稳定货币的前提下谋求经济增长。

2）制定颁行各种金融法规、金融业务规章，监督管理各金融机构的业务活动。

3）管理境内金融市场。中央银行作为金融市场的参与者与管理者，地位特殊且重要。在管理境内金融市场方面，中央银行主要致力于审查、监督上市证券的合法性，确保证券交易、资金往来的合法化；借助货币政策工具，影响市场利率，左右融资成本，调节资金供求关系。

11.2　中央银行的主要业务

11.2.1　中央银行的资产负债表

中央银行资产负债表所记载的资产、负债的任何变动，均能反映国民经济的变动情况。就货币供给量的调控而言，中央银行可以通过适时适度变动资产负债规模、结构，而使货币供给量作相应的变动，以实现其所定调控目标。所以，分析了解中央银行资产负债表，对于理解中央银行货币政策变化及其可能产生的结果，作用十分重要。

中央银行资产负债表见表 11-1。

表 11-1　中央银行资产负债表

资　　产	负　　债
国外资产（外汇黄金）	通货发行
贴现及外放	商业银行等金融机构存款
政府债券	国库及公共机构存款
政府借款	其他负债
其他资产（固定资产等）	资本项目
资产项目合计	负债及资本项目合计

中央银行的资产是指中央银行在一定时点所拥有的各种债权，包括国外资产、贴现和放款、政府债券和财政借款、在途现金项目和其他资产。

国外资产主要包括外汇和黄金，是中央银行代表国家保管外汇和黄金储备，并进行适当的黄金和外汇买卖产生的余额。贴现和放款反映的是中央银行对商业银行和其他金融机构的贴现与贷款余额，即中央银行对金融机构的债券。政府债券是中央银行购买的各种不同期限的政府债券余额；财政借款反映中央银行对财政的贷款。通常，许多国家的法律禁止中央银行直接对政府提供贷款，所以这一项目并不具有普遍性。政府债券及财政借款都是中央银行对政府的债券。中央银行的其他资产包括固定资产等。

中央银行的负债是指金融机构、政府、个人和其他部门持有的对中央银行的债券，主要包括通货发行、商业银行等金融机构存款、国库及公共机构存款、延期支付项目、其他负债。

通货发行包括流通中现金（即非银行公共所持现金）和商业银行等金融机构库存现金两部分。中央银行一般是一国通货的唯一发行银行，因此通货发行是中央银行负债的一个主要项目。商业银行等金融机构存款反映了金融机构在中央银行的存款余额，包括法定准备金、存款和超额准备金存款。国库及公共机构存款是中央银行代理国库接受的存款余额。通货发行、商业银行等金融机构的准备金存款以及国库存款之和被称为基础货币，对于一个国家的货币供给总量具有重要影响。其他负债包括外国中央银行和金融机构在中央银行的存款等。

11.2.2 中央银行的负债业务

中央银行的负债业务是中央银行取得资金来源的业务。负债业务是中央银行运用经济手段对金融实施宏观调控的基础。主要有货币发行业务、集中存款准备金、代理国库以及其他负债业务。

11.2.2.1 货币发行业务

在中央银行成立后，货币发行大都集中由中央银行统一办理。其原因是：第一，钞票可以整齐划一，在全国范围内流通，不致造成币制混乱；第二，便于政府监督管理，推行国家的货币政策；第三，中央银行可以随时根据社会经济发展变化进行调节和控制，使货币数量和流通需要尽可能相适应；第四，中央银行处于相对独立地位，可以抵制政府滥发钞票的要求，使货币供应量适当；第五，中央银行统一发行货币，可以掌握一定量的资金来源，增强金融实力，有利于调控货币供应量。中央银行的纸币是通过再贴现、贷款、购买证券、收购金银外汇等方式投入市场，从而形成流通中的货币。但每张纸币投入市场后，都是中央银行对社会公众的负债。因此，货币发行成为中央银行一项重要的负债业务。各国中央银行对货币（现钞）发行均根据以下几个原则：

（1）集中垄断发行。中央银行发行的货币具有无限法偿的能力，在一切公私交易中可以无限地使用，并且现代中央银行均不承担兑现义务。

（2）有可靠的信用基础。在纸币流通条件下，货币的发行是有客观限制的，不能随意发行，必须有一定的发行保证制度和独立的发行体制，不受政治压力和外界影响，使货币的发行建立在可靠的信用基础之上。

（3）维持高度弹性。中央银行发行货币应当适应经济变化的客观要求，有一定的伸缩弹性。随着生产和流通的发展，中央银行应该相应增加货币数量，避免货币数量过少，形成通货紧缩，影响商品生产和流通的扩大；同时中央银行要适当控制货币数量，以免货币数量过多，形成通货膨胀，影响经济稳定。因此，中央银行应当经常研究市场，研究货币供应、需求和均衡，使市场货币供应适应经济发展的要求。

11.2.2.2 集中存款准备金

各商业银行吸收的存款不能全部贷出，必须保留一部分现款，以备存款人提取。但是商业银行的现金准备，并不能都存在自己的金库里，必须按照规定的比率将其一部分存储于中央银行。这样就使商业银行的现金准备集中于中央银行，形成法定存款准备金和超额准备金。中央银行掌握了各商业银行的存款准备金，形成中央银行的资金来源，便可运用这些准备金支持银行的资金需要。现金准备集中存放于中央银行，除了增强整个银行系统的后备力量、防止商业银行倒闭之外，更主要的是中央银行通过存款准备金可以控制商业银行的贷款量。中央银行降低法定存款准备率，即可扩大商业银行的贷款和投资；提高法定存款准备率，就可减少商业银行的贷款和投资。在一般情况下，存款准备金未达到规定比例时，中央银行就会提高再贴现率。日本银行规定法定存款准备金的最高限度是20%，如果普通银行没有按规定比例交足法定存款准备金，就要再加3.75%的贴现率向日本银行付息。

11.2.2.3 代理国库

中央银行经办政府的财政收支，执行国库的出纳职能。如接受国库的存款，兑付国库签发的支票，代理收缴税款，替政府发行债券，还本付息等。此外，国家财政拨给行政经费的行政事业单位的存款，也都由中央银行办理。财政金库存款、机关、团体、部队等行政事业单位存款在其支出之前存在中央银行，属于财政性存款，是中央银行的重要资金来源，构成中央银行的负债业务。中央银行代理国库业务，可以沟通财政与金融之间联系，使国家的财源与金融机构的资金来源相连接，充分发挥货币资金的作用，并为政府资金的融通提供一个有力的调节机制。

11.2.2.4 其他负债业务

除上述主要负债业务外，中央银行还有一些其他负债业务。

（1）发行中央银行票据。发行中央银行票据是中央银行的一项主动的负债业务。发行的对象是国内金融机构，通常是在商业银行或其他非银行金融机构的超额储备过多、而中央银行又不便采取其他政策工具进行调节的情况下发行的。中央银行发行债券的目的有两个，一是为了减少商业银行的超额储备，以有效地控制货币供应量；二是作为公开市场业务操作的工具之一。

（2）对外负债。中央银行的对外负债主要包括从国外银行借款、对外国中央银行的负债、国际金融机构的贷款等。

（3）资本业务。中央银行为了保证业务活动的正常进行，必须拥有一定数量的自有资本。政府出资是其主要来源。

（4）外国存款。外国存款是指外国中央银行或政府的存款，可以用于贸易结算或清算债务。

（5）非银行金融机构的存款。一些非银行金融机构没有法定存款准备金比率，存款没有强制性，它们在中央银行存款是为了便于清算。

（6）流通中的通货。每一张流通中的货币都是中央银行对公众的负债，而对每一个货币持有者来讲，其手中持有的货币也就是对中央银行的债权凭证。

11.2.3 中央银行的资产业务

11.2.3.1 再贴现和再贷款业务

全国商业银行交存在中央银行的存款准备金，构成中央银行吸收存款的主要部分。当商业银行资金短缺时，可从中央银行取得借款。其方式是把工商企业贴现的票据向中央银行办理再贴现，或以票据或有价证券作为抵押向中央银行申请借款。意大利银行再贴现的额度相当于商业银行负债额的3%~5%。德意志联邦银行对金融机构发放的抵押放款期限最长为3个月。中央银行可以配合政府的经济政策，把贴现业务作为调节资金的一种手段。这主要是通过提高或降低再贴现率，紧缩或扩张信用，加强对商业银行的监督、管理，以达到稳定通货的目的。中央银行对商业银行办理再贴现和再抵押业务，需注意这种资产业务的流动性和安全性，注意期限的长短，以保证资金的灵活周转。

11.2.3.2 对政府的贷款

中央银行对政府的贷款是政府弥补财政赤字的途径之一，但如果对这种贷款不加限制，则会从总量上削弱中央银行宏观金融控制的有效性，因此，各国中央银行对此都做了明确的规定。美国联邦储备银行对政府需要的专项贷款规定了最高限额，而且要以财政部的特别库券作为担保。英格兰银行除少量的政府需要可以融通外，一般不对政府贷款，政府需要的资金通过发行国库券的方式解决。

11.2.3.3 金银、外汇储备业务

目前各国政府都赋予中央银行掌管全国国际储备的职责。所谓国际储备，是指具有国际性购买能力的货币，主要有黄金，包括金币和金块；白银，包括银币和银块；外汇，包括外国货币、存放外国的存款余额和以外币计算的票据及其他流动资产。此外，还有特别提款权和在国际货币基金组织的头寸等。中央银行执行这一职责的意义是：

第一，有利于稳定币值。不少国家的中央银行对其货币发行额和存款额，都保持一定比例的国际储备，以保证币值的稳定。当国内物资不足，物价波动时，可以使用国际储备进口商品或抛售黄金回笼货币，平抑物价，维持货币对内价值的稳定。

第二，有利于稳定汇价。在浮动汇率制度下，各国中央银行在市场汇率波动剧烈时，可运用国际储备进行干预，以维持货币对外价值的稳定。

第三，有利于保证国际收支的平衡。当外汇收支经常发生逆差时，中央银行可以使用国际储备抵补进口外汇的不足。当国际储备充足时，中央银行可以减少向外借款，用国际储备清偿债务或扩大资本输出。

由上可见，金银、外汇不仅是稳定货币的重要储备，而且也是用于国际支付的国际储备，因而，成为中央银行的一项重要资产业务。当代世界各国国内市场上并不流通和使用金银币，纸币也不兑换金银，而且多数国家实行不同程度的外汇管理，纸币一般也不与外汇自由兑换，在国际支付中发生逆差时一般也不直接支付黄金，而是采取出售黄金换取外汇来支付。这样，各国的金银、外汇自然要集中到中央银行储存。需要金银、外汇者，一般向中央银行申请购买，买卖金银、外汇是中央银行的一项业务。

对中央银行的金银、外汇储备业务，各国都有明确的规定。在瑞典，允许国家银行收购和出售黄金、白银、外汇，在国会许可下，可向国际金融机构贷款。在德国，规定联邦银行可以对信用机构从事买卖以外国货币支付的汇票、支票、有价证券，以及黄金、白银，并可以从事所有与外国银行交易的业务。

11.2.3.4 证券买卖业务

各国中央银行一般都经营证券业务，主要是买卖政府发行的长期或短期债券。因在一些经济发达国家政府债券发行量大，市场交易量也大，仅以政府债券为对象进行买卖，中央银行即可达到调节金融的目的。一般说来，在金融市场不太发达的国家，中央政府债券在市场上流通量小，中央银行买卖证券的范围就要扩大到各种票据和债券，如汇票、地方政府债券等。

中央银行握有证券和买卖证券的目的，不在于盈利，而是为了调节和控制市场货币供应量。中央银行通过买进有价证券向市场投放货币，可以增加商业银行的原始存款，用以创造存款货币，扩大货币供应量；反之，中央银行卖出有价证券，则可减少货币供应量。同时，中央银行买卖有价证券会影响利率发生变化。当中央银行买进有价证券时，可促使有价证券增加，从而提高有价证券价格，降低银行利率；反之，中央银行卖出有价证券会造成银行可贷资金减少，致使利率上升。

可见，中央银行买卖证券会直接影响有价证券的价格和利率，影响商业银行现金准备的增减，从而影响信贷规模和货币供应量。但是中央银行经营这项业务，应当具备以下条件：一是中央银行处于领导地位，且有雄厚的资金力量；二是要赋予中央银行弹性操作的权力，即在买卖证券的数量、种类等方面有一定的主动权限；三是金融市场较发达，组织也较健全；四是证券的数量和种类要适当，长期、中期及短期各类具备，便于选择买卖；五是信用制度要相当发达。各国中央银行买卖证券业务的做法基本上是一致的。在德国，法律规定德意志联邦银行为了调节货币，可以进入公开市场买卖汇票。我国中央银行已于1996年4月1日开始参与公开市场业务操作，主要是买卖国库券。

11.2.4　中央银行的中间业务

由于各商业银行都有法定存款准备金存在中央银行，并在中央银行设有活期存款账户。这样就可以通过存款账户，在全国范围内划拨清算，了结银行之间的债权债务关系。中央银行的清算业务大体可分为三项：(1) 办理票据集中交换，主办票据交换所；(2) 办理交换差额的集中清算，通过各行在中央银行开设的账户划拨；(3) 办理异地资金转移，提供全国性的资金清算职能。目前各国做法不一，英国以伦敦为全国清算中心；美国各联邦储备银行代收外埠支票，并以华盛顿为全国最后清算中心；德国、法国则利用遍布全国的中央银行机构，建立转账账户，为银行界服务。

11.2.4.1　集中票据业务

这项业务是通过票据交换所进行的。票据交换也称“票据清算”。由同城票据清算所发给票据交换行号的同城各行、处将相互代收、代付的结算凭证，通过清算所进行交换并清算资金的一种经济行为。同城票据交换分为系统内银行同城票据交换和跨系统银行同城票据交换。系统内同城票据交换，是根据系统内同城银行机构较多、业务频繁等特点而采取的一种使系统内收付双方银行的票据能当日及时处理入帐的简便方法，是票据清算的补充。

11.2.4.2　办理异地资金转移

各城市、各地区间的资金往来，通过银行汇票传递，汇进汇出，最后形成异地间的资金划拨问题。这种异地间的资金划拨，必须通过中央银行统一办理。

办理异地资金转移，各国的清算方法有很大不同，一般有两种类型：一是先由各金融机构内部自成联行系统，最后各金融机构的总管理处通过中央银行总行办理转账结算；二是将异地票据统一集中传送到中央银行总行办理轧差转账。

11.3　中央银行的相对独立性

11.3.1　中央银行相对独立性的含义

相对独立性是指：第一，中央银行要为政府服务，特别是在政府债务的筹集与管理方面给予支持，而不能完全独立于政府不受其约束，也不能凌驾于政府机构之上；第二，中央银行作为具体制定和贯彻执行宏观货币政策及相关措施的机构，要以国家经济发展为根本目标，遵从经济发展的客观规律和货币信用规律，独立地制定和执行符合国民经济发展的根本需要，并适应国民经济发展特定阶段需求的货币政策措施。这种相对独立性说明了中央银行不完全听命于政府控制的决策过程，能够对政府的超经济行为，例如迎合特定政治需要或实行脱离实际的计划行动等，起到制约作用，以防止国民经济运行受短期行为影响而脱离正常轨道。

中央银行与财政部之间的资金关系，是其与政府之间关系的具体体现，因而也是其相对独立性强弱的重要决定因素。由于政府财政收支往往因季节、突发事件以及政治、外交需要等出现暂时的赤字，即收不抵支，因而需要中央银行以债券发行或短期借款等融资方式给予资金支持。正常情况下，在政府财政出现长期或大量赤字，并以超经济手段直接或间接迫使中央银行予以融资，从而可能导致通货膨胀等灾难性后果时，中央银行应从国民经济宏观管理的角度出发，不应屈从于此种要求。但只有相对独立性较强的中央银行，才能够真正做到这一点。如果一个中央银行在与政府（财政部）的关系中不能独立，且受到许多牵制，即相对独立性较差，那么在一些重大政策问题，特别是资金透支等问题上就不得不妥协，在政府的压力面前也就可能“顶不住”，于是不得不实行增加货币供应量等不利于发展的措施。

11.3.2　中央银行相对独立性的内容

对任何一个国家，中央银行的独立性再强，也不能脱离政府及政治的影响。中央银行的独立性主要体现在以下几个方面：

（1）建立独立的货币发行制度，以维持货币的稳定。这里包括了三层含义：一是发行权必须高度集中于中央银行，必须由中央银行垄断货币发行，不能搞多头发行，政府或财政发行，也不能由中央银行和财政及其他部门共同发行。二是一定时期内，发行多少货币，什么时间发行，货币的地区分布、面额比例等，应由中央银行根据宏观经济政策，以及经济发展的客观需要自行决定，而不应该受来自政府或其他部门、个人的干扰，以保证中央银行独立地发行货币，从而保护货币的稳定。三是中央银行不应在政府的干预和影响下进行财政发行，也没有向财政长期无限地提供资金的义务。也就是说，中央银行应按经济的原则独立地发行货币，不能承担财政透支，不能在发行市场上直接购买政府公债，不能给财政长期融通资金，不能代行使其他应由财政行使的职能，以保证货币发行权牢固地掌握在中央银行手中。

（2）独立地制定或执行货币金融政策。这里包括了以下几个内容：一是货币制定权和操作执行权，必须是掌握在中央银行手中，而不是掌握在政府及政府其他部门手中。中央银行在制定货币政策时，必须体现或考虑政府的宏观经济政策及意图，使中央银行的货币政策与国家的宏观经济政策保持一致，但是在货币政策的执行过程中，须保持高度的独立性，不受各级政府和部门的干预。二是中央银行的货币政策在制定和执行上与政府发生分歧时，政府应充分信任银行在这方面的经验和意见，尽可能地采取相互信任、相互尊重、平等讨论问题的态度解决，以防止由政府对中央银行的行政干预而造成宏观决策的失误。三是在中央银行的执行过程中，各级政府及有关部门应尽可能给予配合，以使中央银行的货币政策发挥作用，而不应采用各种直接或间接的方式来抵消货币政策的作用。

（3）独立地管理和控制整个金融体系和金融市场。中央银行应在国家法律的保障下，独立地行使对金融体系和金融市场的管理权、控制权和制裁权。管理权：中央银行有权管理金融市场的交易，有权管理金融机构的建立和撤并，有权针对金融机构的业务活动、经营状况进行定期或不定期的检查，并做出一些具体的规定。控制权：中央银行有权把金融体系和金融市场的业务活动置于自己的监督和控制之下，使金融活动按货币政策的需要正常地进行。制裁权：指中央银行有权对违反金融法，对违规、抗拒管理的金融活动和金融机构给予经济的、行政的制裁。此外，中央银行在行使上述权力时，不应受到来自政府或其他部门的干扰。

11.3.3　中央银行相对独立性的不同模式

11.3.3.1　三种独立性模式介绍

中央银行是“政府的银行”，要代理国库管理资金和为政府提供信用。任何一个国家的中央银行，无一不与政府（财政）有着千丝万缕的联系。虽然各国中央银行与政府（财政）关系紧密程度有别，但综观世界各国，体现中央银行相对独立性模式不外乎以下三种。

(1) 中央银行独立性较大。这种模式的典型代表是美国联邦储备系统和德意志联邦银行，它直接对国会负责，政府不得对它发布命令指示，中央银行独立地制定货币政策，如与政府发生矛盾，要协商解决。

(2) 中央银行与政府（财政）处于平行关系。日本大藏省（相当于财政部）大臣拥有对日本银行的一般业务命令权、监督命令权、官员解雇命令权等；日本银行的总裁和副总裁由内阁任命；货币政策委员会作为日本银行最高决策机构，对存款准备金的设定、变更和废止，要取得大藏大臣的认可。改革前的英格兰银行也是如此。这种模式的特点是名义上政府（财政）与中央银行关系平行，但在重大问题决策权上往往要听命于政府。

(3) 独立性较小。在这种模式下，中央银行接受政府的指令，货币政策的制定与实施要经政府批准，政府有权停止、推迟中央银行决议的执行。这种模式的典型代表是意大利银行。

11.3.3.2 美联储和欧洲中央银行的独立性机制分析

A 美国联邦储备体系

美联储是公认的世界上独立性最强的中央银行之一，其成功经验为各国所效仿。美国联邦储备体系是一个分权的中央银行制度，由理事会所控制的统一的中央银行具有行政管理和监督的职能。该理事会由 7 名成员组成（其中主席和副主席各 1 名，委员 5 名），须由美国总统提名，经美国国会上院即参议院批准方可上任，任期为 14 年。理事会主席由总统在理事会成员中遴选任命，任期只有 4 年，但是可以连任。在影响美国经济方面，委员会主席被看作是仅次于总统的实权人物。理事会主席制定理事会和联邦公开市场委员会的议事日程、代表联邦储备体系对外发言。联邦储备理事会是美国货币政策的制定者，可以控制贴现率，并在规定范围内改变银行的法定存款准备金率。它和联邦公开市场委员会的其他成员一起，控制着重要的货币政策工具——公开市场业务。

美国联邦储备体系对于政府的独立性很强，支撑其独立性的最重要的原因在于联邦储备系统的人事独立与预算独立，联储理事会中 7 名理事全部由总统提名，并需经参议院同意后任命。对于货币政策的决议，如调高或调低再贴现率，采用合议兼表决制，一人一票，并且为“记名投票”，联储主席的一票通常投给原本已居多数的一方。联邦储备体系不受国会控制的拨款程序的支配，经费自理且有大量节余，能够拒绝联邦政府审计机构的审计，因此这一特点比任何其他因素都有助于它的独立性。但由于国会的立法权，有时联邦储备体系在一些问题上不得不屈服让步，以免国会取消它某些方面的独立性，故仍然受到一定政治压力的影响。

B 欧洲中央银行

根据《欧洲联盟条约》及其附件《欧洲中央银行体系章程》的规定，欧洲中央银行体系由欧洲中央银行的决策机构管理。欧洲中央银行的组织机构主要包括执行董事会、欧洲央行理事会和扩大委员会。执行董事会由行长、副行长和 4 名董事组成，负责欧洲央行的日常工作；由执行董事会和欧元国的央行行长共同组成的欧洲央行理事会，是负责确定货币政策和保持欧元区内货币稳定的决定性机构，欧洲央行理事会的决策采取简单多数表决制，每个委员只有一票，当表决中出现赞成票与反对票相当时，理事会主席即欧洲中央银行行长可以投出关键一票；欧洲央行扩大委员会由央行行长、副行长及欧盟所有国的央行行长组成，其任务是保持欧盟中欧元国家与非欧元国家接触。

欧洲中央银行是以世界上独立性最强的中央银行——德意志银行——为模式创建的，成立以来便拥有了组织、职能和经济三方面的独立性。

组织独立性体现在结构定位和人事安排上：一方面，结构上独立于欧盟其他机构和成员国政府是确保欧洲中央银行体系组织独立性得以实现的首要方面，另一方面，人事安排方面的自主程度是衡量中央银行组织独立性的另一重要指标。人事任命程序的严肃性、任期设计的特殊性、罢免程序的复杂规定等都避免了成员国政府或欧盟其他机构借助人事安排对欧洲中央银行体系可能产生的影响，从而在一定程度上维护了欧洲中央银行体系的组织独立性。

职能的独立性是指欧洲中央银行体系可以不受约束地追求货币政策的实现，包括可以自主地选择货币政策中介目标和货币政策工具，并拥有足够的权力来排除公共融资压力和汇率政策的影响，以有效贯彻其货币政策。货币政策的权力虽然集中了，但是具体执行仍由各国央行负责。

经济上的独立性对于中央银行至关重要，主要表现为其拥有独立的资金来源，而不依赖于成员国政府或欧盟其他机构的拨款。各欧元国央行仍保留自己的外汇储备。欧洲中央银行只拥有500亿欧元的储备金，由各成员国央行根据本国在欧元区内的人口比例和国内生产总值的比例提供。

除此之外，欧洲中央银行可以自主选择货币政策中间目标和工具，而且它们都是由《欧洲联盟条约》和《欧洲中央银行体系和欧洲中央银行银行法令》作为保障的，即欧洲中央银行不仅拥有法律上的独立性，而且拥有实质的独立性。

欧洲中央银行体系与美国联邦储备体系在制度设计和运作模式上似乎相同，但本质上还是有区别的。欧洲中央银行体系中各成员国中央银行是各主权国家的中央银行，所以在货币政策的决策和执行过程中发挥的作用要大得多。各成员国中央银行行长都是欧洲中央银行理事会成员，都有投票权；而美国联邦储备体系中，12家联储银行中只有5位行长参加联邦公开市场委员会。另外，欧洲中央银行是一个超国家的决策机构，它不可能直接进入各国的金融市场，所以欧洲中央银行货币政策和汇率政策的执行必须依靠各成员国中央银行的操作来配合与支持；而美国联邦储备体系操作只在纽约联储银行的公开市场操作室就可以完成，政策执行简单得多。

11.4 中国人民银行

11.4.1 中国人民银行的历史沿革

11.4.1.1 中国历史上的中央银行

清康熙末年到乾隆初年归化城（呼和浩特）的宝丰社已经具有类似“银行的银行”和管理金融行政的职能，是中国早期中央银行制度的雏形。

清政府垮台后，北洋政府控制的中国银行和交通银行都部分地承担了中央银行的职责。北洋政府时期，中国中央银行制度只是处于萌芽阶段。

孙中山领导的在广州成立的中央银行也没有真正全部行使中央银行的职能。

在蒋介石领导的国民党政府时期，中央银行职能主要由在上海新设立的中央银行行使，但同时中国银行、交通银行和中国农业银行也享有发钞权，1937 年成立的四联总处也拥有部分中央银行的职能。

1932 年在江西瑞金成立的中华苏维埃共和国国家银行是革命根据地“发行的银行”和“政府的银行”。1931 年 11 月 7 日，在江西瑞金召开的“全国苏维埃第一次代表大会”上，通过决议成立“中共苏维埃共和国国家银行”（简称苏维埃国家银行），并发行货币。从土地革命到抗日战争时期一直到中华人民共和国诞生前夕，人民政权被分割成彼此不能连接的区域，各根据地建立了相对独立、分散管理的根据地银行，并各自发行在本根据地内流通的货币。

11.4.1.2 新中国的中央银行

（1）1948~1978 年的中国人民银行。1948 年 12 月 1 日，在合并解放区华北银行、北海银行和西北农民银行的基础上，在石家庄成立了中国人民银行。华北人民政府当天发出布告，由中国人民银行发行的人民币在华北、华东、西北三区统一流通，所有公私款项收付及一切交易，均以人民币为本位货币。1949 年中国人民银行迁入北京（当时称北平）。1949 年 9 月，中国人民政治协商会议通过《中华人民共和国中央人民政府组织法》，把中国人民银行纳入政务院的直属单位系列，接受财政经济委员会指导，与财政部保持密切联系，赋予其国家银行职能，承担发行国家货币、经理国家金库、管理国家金融、稳定金融市场、支持经济恢复和国家重建的任务。

到 1952 年国民经济恢复时期结束时，中国人民银行作为人民共和国的国家银行，建立了全国垂直领导的组织机构体系；统一了人民币发行，逐步收兑了解放区发行的货币，使人民币成为全国统一的货币；对各类金融机构实行了统一管理。中国人民银行通过一系列的政策措施，扭转了新中国成立初期金融市场混乱的状况，终止了国民党政府遗留下来的长达 20 年之久的恶性通货膨胀；从 1953 年开始建立了集中统一的综合信贷计划管理体制，不论资金来源还是资金运用，都由中国人民银行总行统一掌握，中国人民银行成为国家管理经济的重要手段，在国家计划实施中具有综合反映和监督货币的功能。

（2）1979~1982 年的中国人民银行。中共十一届三中全会以后，我国先后恢复设立了中国农业银行、中国银行和中国人民保险公司，同时全国广泛设立了信托投资公司，多元金融机构体系基本建立。在这种情况下，中国人民银行“一身二任”的弊病日渐暴露出来，金融业“群龙无首”的问题亟待解决。

（3）1983~1992 年的中国人民银行。1983 年 9 月 17 日，国务院发布了《关于中国人民银行专门行使中央银行职能的决定》。1984 年 1 月 1 日，中国工商银行设立，承担了原来由中国人民银行经办的城镇居民储蓄存款和城市工商信贷业务，中国人民银行成为我国专门的中央银行。中国人民银行开始集中力量研究和实施全国金融的宏观决策，加强信贷总量的控制和金融机构的资金调节，以保持货币稳定。中国人民银行不断探索和改进宏观调控的手段和方式，在改进计划调控手段的基础上，逐步运用利率、存款准备金率、中央银行贷款等手段来控制信贷和货币的供给，以求达到“宏观管住、微观搞活、稳中求活”的效果，在制止“信贷膨胀”和“经济过热”，促进经济结构调整的过程中，初步培养了运用货币政策调节经济的能力。

（4）1993~2002 年的中国人民银行。1993 年 12 月，国务院发布了《关于金融体制改革的决定》，确立了我国金融体制改革的目标，其中明确提出要“建立在国务院领导下独立执行货币政策的中央银行宏观调控体系”，要“把中国人民银行办成真正的中央银行”。中国人民银行进一步强化金融调控、金融监管和金融服务职责，划转政策性业务和商业银行业务。1995 年 3 月 18 日，全国人民代表大会通过了《中华人民共和国中国人民银行法》，首次以国家立法形式确立了中国人民银行作为中央银行的地位，标志着中央银行体制走上了法制化、规范化的轨道。中国人民银行成立理事会，作为决策机构。理事会由下列人员组成：人民银行行长、副行长和少数顾问、专家，财政部一位副部长，国家计委和国家经委各一位副主任，专业银行行长，保险公司总经理。理事长由人民银行行长担任，副理事长从理事中选任，理事会设秘书长，由理事兼任，理事会在意见不能取得一致时，理事长有权裁决，重大问题请示国务院决定。

1998 年，根据国务院关于机构改革的决定，中国人民银行的分支机构管理体制进行了重大改革——撤销了原来的 31 家省级分行，跨省区设立了 9 家分行，对其他各级分支机构及其职能也做了调整，中国人民银行的分支机构原则上按经济区划，兼顾行政区划综合设置，同时，成立人民银行系统党委，对党的关系实行垂直领导，干部垂直管理。地方各级政府要保证和监督人民银行贯彻执行国家的方针、政策，但不得干预银行的正常业务活动。

（5）我国中央银行体系的建立和完善（2003 年至今）。目前我国的中央银行体系已形成中国人民银行、证监会、保监会和银监会“一行三会”的监管体系。1984 年以前，中国人民银行一方面经营普通银行业务，另一方面全面行使金融监管职责。自 1984 年 1 月 1 日开始，中国人民银行专门行使中央银行职能，成为我国的货币当局和全面承担对金融各业监管职能的金融监管当局。直到 1992 年年底，我国金融监管体制基本上属于集中单一型监管体制。1993~2003 年逐步构建了“一行三会”监管格局。

11.4.2 中国人民银行的职责

2003 年 12 月 27 日，十届全国人民代表大会常务委员会第六次会议审议通过了《中华人民共和国中国人民银行法（修正案）》。根据 2003 年新修订的《中华人民共和国中国人民银行法》，央行作为国家的宏观调控部门，肩负“制定和执行货币政策，维护金融稳定，提供金融服务”三大支柱职能，担负 14 项主要职责见 10.3.1.1 节。

央行职能由原来的 11 项扩展到 14 项，央行职能的内涵和外延都发生了新的变化，体现了如下特点：

（1）强化中国人民银行制定和执行货币政策职能。经国务院批准，中国人民银行于 1997 年设立货币政策委员会，作为中国人民银行制定货币政策的咨询议事机构。货币政策委员会的主要职责是根据国家的宏观经济调控目标，讨论货币政策的制定和调整、货币政策工具的运用、货币政策与其他宏观经济政策的协调等涉及货币政策的重大事项，提出制定和实施货币政策的建议。中国人民银行的职能调整后，可以更加专注于履行其金融宏观调控职能。

（2）由对银行业金融机构的设立审批、业务审批和高级管理人员任职资格审查和日常监督管理等直接监管的职能转换为履行对金融业宏观调控和防范与化解系统性风险的职能，即维护金融稳定职能。

【拓展训练】

张涛升任央行副行长　有望履新IMF副总裁

（来源：2016年5月23日　《第一财经日报》）

继拉加德和利普顿先后成功继任国际货币基金组织（IMF）的总裁和第一副总裁之后，中国方面的未来副总裁人选备受关注。

央行条法司原司长张涛近日已升任央行副行长，国务院上周五上午公布了这一任命。张涛的升职为其赴任IMF副总裁铺平了道路，不久的将来，他将有望接替从2010年6月起担任IMF副总裁的朱民。据悉，张涛正将其办公室从通泰大厦A座搬往成方街的人民银行总行大楼。

事实上，随着中国经济实力的增长，中国面孔在国际金融机构的任职比例正在逐渐提高。若能成行，张涛将成为中国在IMF中的第二位副总裁级别的“国际公务员”；此前，今年2月26日财政部官员杨少林担任世界银行常务副行长兼首席行政官。杨少林赴任世行前的职位是中国财政部国际财金合作司司长。

为什么是张涛？知情人士称：“张涛在IMF担任过执行董事，IMF有张涛的简历，对张涛的经历有很好的跟踪记录。”2011年9月至2015年，经国务院任命，张涛出任IMF中国执行董事。“在担任中国执董期间，他对IMF的各项工作，包括份额改革和人民币加入SDR都有积极贡献，IMF总裁、副总裁以及其他执行董事对他十分熟悉，也有很高的评价。”知情人士表示。

从教育背景和工作履历看，张涛兼具国际多边和国内央行的丰富经验：美国加利福尼亚大学（圣克鲁斯）国际经济学硕士和博士学位；1995~1997年，在世界银行总部（华盛顿）的政策研究局任经济学家；1997~2004年，在亚开行总部担任高级经济学家。2004年回国后任职于中国人民银行，历任人民银行研究局副局长、国际司副司长、调查统计司司长、国际司司长兼港澳台事务办公室主任；2015年后任中国人民银行条法司司长。

在世界银行总部工作期间，张涛的研究领域包括孟加拉国、中国、印度、俄罗斯和美国的金融和财政政策，以及收入分配和收入不平等问题；在亚开行期间，他主要负责亚洲开发银行在阿塞拜疆、印度、印度尼西亚、哈萨克斯坦、马来西亚、菲律宾、塔吉克斯坦和乌兹别克斯坦等国的经济研究和援助项目。

在中国央行工作期间，张涛主持过国开行等政策性金融机构的改革方案设计，是开放性金融的积极推动者之一；他直接推动奠定了中国在清迈多边倡议（CMIM）和AMRO的领导地位；此外，他参加了加拿大、韩国和法国三届二十国集团（G20）峰会的系列会议和一系列相关工作，对G20平台上的全球经济金融政策协调相当熟悉。

“张涛非常聪明能干，英语流利，工作风格务实，是新一代国际型政府官员。他主政过国际司和调统司的工作，专业和政策水平很高；也在研究局工作过，研究能力扎实；最近他又担任条法司司长，主导了对互联网金融立法的框架性工作，法律方面也很熟稔。”一位知情人士评价道。

IMF 是布雷顿森林体系的产物。由于应对金融危机和宏观稳定成为全球首要任务，同时，由于承担了 G20 主要经济金融政策的研究和制定，IMF 成为当今国际上最为重要的国际经济金融组织。其通过对 189 个成员国的宏观经济体检（第四条款磋商）和金融压力测试（FSAP），发布宏观、金融、财政领域的趋势判断，来预防危机和解决全球性的难题(例如油价、增长、失业、资本流动、收入分配等)。而当危机发生时，IMF 的核心任务是救助和解决危机。

包括总裁拉加德和副总裁朱民在内，IMF 目前共有 5 位最高管理者，其他 3 位分别是刚连任的来自美国的第一副总裁大卫·利普顿，去年 2 月到任的偏重内部行政管理的卡拉·格拉索（她拥有意大利和巴西双重国籍）和去年 3 月到任的日本人古泽满宏。

国际经验最重要

2011 年 7 月 26 日，IMF 打破建立 66 年来最高管理层“一正三副”的模式，增设第四个副总裁职位，当时朱民成为 IMF 自 1944 年成立以来首位中国人高管。由于 IMF 的最高管理层历来强调地区代表性，且近年来随着发展中国家和新兴市场的地位提高，要求增加来自这些地区候选人担任 IMF 最高管理层的呼声不断提高，朱民在 2011 年的到任顺应了呼声之势。

IMF 现有 189 个成员国，朱民分管了其中 90 多个国家的宏观经济督导和诊断，并负责全球金融监管和改革的政策。

IMF 中国执行董事金中夏曾经对《第一财经日报》表示：“IMF 对副总裁等高管职位的遴选和任命有一定的程序。如果副总裁职位出现空缺，总裁会向各成员国征求提名，根据选贤任能的原则加以遴选，并重视代表性，以及在国际多边机构和多元文化中的沟通协调能力，还要征求执董会的意见再予以任命。中国政府会在尊重 IMF 遴选程序的基础上考虑这些问题。”

曾担任中国驻 IMF 执行董事的外管局前副局长魏本华介绍，IMF 副总裁一职，在总裁提名后，执行董事会通过即可。总裁在提名上会考虑各方面的因素，中国目前在国际上的地位与影响力十分重要。

事实上，IMF 对副总裁候选人的资质和国际经验要求很高，对全球经济和金融的深入了解，以及在全球范围内政策协调和斡旋能力是任职的重心和必需。

浏览一下近年来历任副总裁的简历，每一位都具备深厚的国际金融背景，以及在国际型金融机构、国际组织或者政府国际部门的任职经验：朱民曾在世界银行工作，回国后在商业银行和中央银行的经验都和国际密切关联，其本人也是国际金融专家；现任第一副总裁的利普顿曾任美国总统特别助理兼白宫国家经济委员会国际经济事务高级主管；此前的第一副总裁利普斯基先后担任过 JP 摩根副董事长、大通曼哈顿、所罗门兄弟的首席经济学家；前任副总裁筱原尚之曾担任日本财务省主管国际事务的副部长；现任副总裁古泽满宏除担任财政部负责国际事务的副部长外，还曾是日本驻 IMF 的执行董事；早先离任的副总裁沙菲克则担任过世行副行长。

“朱民是一位绝对出色的副总裁，口才好、研究刻苦扎实，驱散了世界对于中国的偏见，也让中国更好地融入全球。”曾任 IMF 经济学家的法国外贸银行亚太区首席经济学家艾丽西亚（Alicia Garcia Herrero）对本报记者表示，无论谁接替朱民，都应当是中国国际领导力的延续。

思考题：请根据中央银行相关知识分析以上案例。

【项目小结】

（1）中央银行的产生有两条途径，一是由大的商业银行逐步演变而来，二是由政府出面直接组建中央银行。目前世界上中央银行制度大体可以分成单一中央银行制、复合中央银行制、准中央银行制和跨国中央银行制四种类型。

（2）中央银行的职能包括发行的银行、政府的银行、银行的银行、管理金融的银行四个方面。中央银行是在金融体系中居于主导地位，负责制定和执行国家的货币政策，实行金融管理和监督，控制货币流通和信用活动的中心机构，中央银行这种职能，决定了中央银行应对政府保持一定的独立性，这是由中央银行在现代经济体系中所处的重要地位和所担负的重要职责所决定的。

（3）中央银行的负债业务是中央银行取得资金来源的业务。负债业务是中央银行运用经济手段对金融实施宏观调控的基础。主要有货币发行业务、集中存款准备金业务、代理国库以及其他负债业务。中央银行的资产业务包括再贴现和再贷款业务、对政府的贷款、金银和外汇储备业务。

（4）我国已形成中国人民银行、证监会、保监会和银监会“一行三会”的监管体系。

（5）中国人民银行的主要职责由原来的 11 项扩充到了 18 项，主要业务包括资产负债业务。

12 商业银行

【学习目标】

（1）了解商业银行经营管理理论的发展、商业银行的性质、职能和组织形式等内容。

（2）掌握商业银行的负债业务、资产业务和中间业务。

（3）理解商业银行的经营原则和资产负债管理的基本理论及方法。

（4）理解商业银行的信用创造功能。

12.1 商业银行经营与管理概述

12.1.1 商业银行经营与管理的内容

商业银行经营主要包括以下内容：（1）负债业务的组织和营销；（2）资产业务的组织和营销；（3）中间业务和表外业务的组织和营销。

商业银行管理的内容主要包括：（1）资产负债管理；（2）资本管理；（3）风险管理；（4）财务管理；（5）人力资源开发与管理。

12.1.2 商业银行经营与管理的关系

过去，我国有关经济论著及教科书都将银行的经营与管理合在一起，混为一谈，实际上两者是有区别的。过去片面强调管理，忽视经营，究其原因主要是多年来在计划经济体制下，银行并没有进入市场，不是真正的商业银行，银行的存款是企业和个人的自主行为，放贷则是由政府的指令性计划安排，是政府的“出纳机构”，银行不用对其产品进行组织与营销，也就谈不上真正的经营。将商业银行的经营与管理分开论述，一是符合我国从 1994 年设立三大政策性银行之后原专业银行进行商业化改革的实际情况；二是适应我国加入世界贸易组织以后国内商业银行面对竞争，强化经营意识，突出市场营销的需要。

商业银行的经营与管理既有区别，又相互联系、互为依托。银行的管理是对经营活动的管理；银行的经营靠管理来规划、发展，经营是管理的对象和出发点。进一步讲，经营是现代商业银行生存发展的根本；管理是为了确保经营的效率，服务于经营，为了更好地经营。

12.1.3 商业银行经营与管理的原则

12.1.3.1 商业银行经营与管理的原则

商业银行已有几百年的发展历史，在漫长的发展过程中，人们不断实践，不断总结，确定了商业银行经营与管理的三大原则，即安全性、流动性、营利性，三大原则是商业银行经营与管理必须遵循的行为准则，在商业银行的各项业务活动中都要体现出来。

（1）安全性原则。安全性是指银行的资产、收入、信誉，以及所有经营、生存、发展条件免遭损失的可靠性程度。作为银行的经营原则，安全性的要求就是尽可能地减少风险。资金经营安全是商业银行生存发展的基础，也是实现资金流动和盈利、保持银行良好信誉的前提，被视为三大原则的首要原则。

（2）流动性原则。流动性是指商业银行在业务运营过程中必须始终保持所必需的一定量的现金或变现能力强的资产，以备客户提取，防止出现无法兑付的情况。银行的流动性体现在资产和负债两个方面：1）资产的流动性，即银行资产在不受损失的条件下能够迅速变现的能力；2）负债的流动性，即银行在需要时能够及时以较低的成本获得所需资金的能力。

（3）营利性原则。营利性是指商业银行获得利润的能力。营利性越高，获利润能力越强。商业银行作为企业，追求盈利是其经营的核心目标，也是其不断改进服务，扩大业务经营能力的内在动力。

12.1.3.2 商业银行经营与管理原则之间的关系

商业银行经营管理的三原则既有联系又有矛盾。通常，流动性与安全性成正比，流动性越强，风险越小，安全就越有保障。然而，流动性、安全性与营利性成反比，流动性越高，安全性越好，银行盈利水平会越低；反之亦然。总的来讲，商业银行要在保证安全性和流动性前提下，追求最大限度的利润。其中：安全性是经营的前提，只有保证资金安全无损，才能获得正常的盈利；流动性是实现安全的必要手段，有了较高的流动性，银行的信用中介地位才能得以维护，各项业务才能得以顺利进行，盈利才能得到保证；营利性是商业银行经营的目标，保证安全性和流动性的目的就是为了盈利。因此，商业银行在经营管理实践过程中对安全性、流动性和营利性要不断地进行均衡协调。

12.1.3.3 我国商业银行的经营与管理原则

随着社会主义计划经济向社会主义市场经济的转变和金融体制的不断改革，我国银行经营与管理原则大体经历了四个阶段：

（1）单一的贷款“三原则”。新中国成立后至20世纪80年代初，我国在计划经济条件下，国民经济实行高度集中管理，单一的计划调节和单一的银行信用，银行借鉴苏联经验，实行贷款三原则：一是贷款必须按计划发放和使用；二是贷款必须有适用适销的物资作为保证；三是贷款必须按期归还。

（2）专业银行的贷款管理原则。改革开放至20世纪90年代中期，我国银行的二级银行体系逐步形成，各专业银行根据经济发展和改革的需要，对过去的贷款三原则进行修订，制定了新的贷款管理原则：一是区别对待，择优扶持；二是贷款按计划发放和使用；三是贷款按期归还，分别计息。在计划调节中加入了市场调节的内容，增加了银行择优选择和自主性，并开始注重银行效益。

（3）商业银行经营与管理“三原则”的初步确定。20世纪90年代中期至2003年，伴随着金融体制改革、金融结构变化以及金融业务的发展，在 1995 年 6 月召开的全国银行业经营管理会议上，国家提出把银行工作的重点转移到加强经营管理和提高资金使用效益上来，尽快把我国专业银行办成具有国际先进经营管理水平的商业银行；要求各家银行要认真执行金融方针、政策，在提高资金使用流动性、安全性的基础上，努力提高盈利水平。1995 年 7 月 1 日起施行的《中华人民共和国商业银行法》总则第四条规定："商业银行以效益性、安全性、流动性为经营原则，实行自主经营，自担风险，自负盈亏，自我约束。"至此，统揽商业银行整个经营活动的经营管理原则在我国初步得到确立。

（4）商业银行经营与管理"三原则"的调整。经过近 10 年的实践，特别是经历了 1997 年的亚洲金融危机，人们对银行的安全性给予了更高的重视。在我国经济市场化程度不断提高的情况下，银行安全成为经济稳定发展的前提；同时，银行资产的流动性也日益显得重要，流动性是安全性的重要条件，也是效益性的保证。因此，在 2003 年 12 月 17 日第十届全国人民代表大会常务委员会第六次会议上通过的《关于修改（中华人民共和国商业银行法）的决定》中将原来的"商业银行以效益性、安全性、流动性为经营原则，实行自主经营，自担风险，自负盈亏，自我约束"条款修改为"商业银行以安全性、流动性、效益性为经营原则，实行自主经营，自担风险，自负盈亏，自我约束"，这种调整更加符合我国市场经济发展、银行改革与经营的实际。

12.1.3.4 我国商业银行的审慎经营规则

商业银行的经营过程必然包含内在的风险，这些风险不能根除，只能加以管理和控制。因此，商业银行必须坚持审慎经营，使所从事业务的性质、规模及所承担的风险水平与其风险管理能力相匹配，将风险控制在可承受的范围内。2006 年 10 月 31 日，第十届全国人民代表大会常务委员会第二十四次会议通过的《中华人民共和国银行业监督管理法》（以下简称《银行业监督管理法》）第二十一条规定："银行业金融机构应当严格遵守审慎经营规则。"

审慎经营规则，又称审慎性经营规则，包括风险管理、内部控制、资本充足率、资产质量、损失准备金、风险集中、关联交易、资产流动性等内容。所谓审慎性，源于会计处理上，是指企业的会计核算应当尽可能建立在稳妥可靠的基础上，尽可能减少经营者的风险负担，办法是尽可能低估企业的资产与收益，对可能发生的损失和费用给予充分估计。商业银行的审慎经营是审慎性会计准则在金融业务经营活动中的具体运用，是指以审慎会计原则为基础，真实、客观、全面地反映金融机构的资产价值和资产风险、负债价值和负债成本、财务盈亏和资产净值以及资本充足率等情况，真实、客观、全面地判断和评估金融机构的实际风险，及时监测、预警和控制金融机构的风险，从而有效地防范和化解金融风险，维护金融体系安全、稳定的经营模式。

根据《银行业监督管理法》，商业银行违反审慎经营规则的，国务院银行业监督管理机构或者其省一级派出机构应当责令限期改正；逾期未改正的，或者其行为严重危及该银行业金融机构的稳健运行、损害存款人和其他客户合法权益的，经国务院银行业监督管理机构或者其省一级派出机构负责人批准，可以区别情形，采取下列措施：责令暂停部分业务、停止批准开办新业务；限制分配红利和其他收入；限制资产转让；责令控股股东转让股权或者限制有关股东的权利；责令调整董事、高级管理人员或者限制其权利；停止批准增设分支机构。

12.2 商业银行经营概述

12.2.1 商业银行经营的组织：业务运营

12.2.1.1 传统的业务运营模式

传统的业务运营模式是以层级管理为特征，以层级中的每一个业务单位（网点）为基础，以业务前后台一体为核心的方式。前台指直接面对客户受理业务、办理交易、提供服务的服务平台；后台指为前台提供业务交易处理并对前台业务处理进行风险控制的部门。这种模式的特点是网点的会计核算型。

传统的业务运营模式是多年来形成的，是从以算盘为主要工具的手工劳动为基础发展起来的。它的优点是前台后台紧密结合，业务处理快捷，管理半径短，方便灵活，适应了计算工具简单、业务种类不多、业务处理程序复杂的状况；其缺点是由于风险控制的要求，后台各个流程环节都必须配备人员，单人业务量不饱满，人工成本高。即便在今天，虽然计算技术和账务处理电算化了，但是由于组织结构没有改变，仍然没能解决其固有的不足。

12.2.1.2 新型的业务运营模式

新型的业务运营模式是在信息技术的有效支持下，实现营业网点业务操作规范化、工序化，后台交易处理集中化、专业化，以达到提高服务质量和业务运行的整体效率、强化风险控制的目的。新的业务运营模式的核心就是前后台分离。具体是：前台的营业网点从会计核算型向服务营销型转变，其主要职责是产品营销、柜台服务以及风险控制；后台主要负责核心业务系统运行维护，集中处理非实时业务批量交易、财务核算以及业务稽核监督，包括集中运行、集中录入、集中交易、集中核算、集中金库、集中监督等事项。

在信息技术有效支持下，新型的业务运营模式改变了过去每一网点都有前后台的状况，将几个甚至十几个网点的后台集中在一起，形成一个后台中心。与传统的业务运营模式相比，新型的业务运营模式具有实现前台营业网点业务操作的规范化和工序化、实现业务处理的集约化、实现运营效率有效提升、实现风险防范能力提高，以及实现成本大幅降低等优点。

12.2.1.3 商业银行业务运营模式的最新发展：电子银行

电子银行是依托于现代通信技术、计算机技术和网络信息技术，利用面向社会公众开放的通信通道或开放型公众网络，以及银行的特定自助服务设施或客户专用网络，向客户提供离柜式银行服务的一种银行经营模式。电子银行渠道主要包括网上银行（利用计算机和互联网）、电话银行（利用电话等声讯设备和电信网络）、手机银行（利用移动电话和移动通信网络）、自助终端（多媒体自动终端、自助上网机等）。

电子银行是银行传统柜台业务的延伸，它使银行不再受营业地点、营业时间的限制，可以随时为客户提供所需的金融服务。尤其是现在，随着银行卡业务的迅速发展，电子银行功能日益强大，几乎可以涵盖各种传统的柜台服务、创新的金融服务及增值的金融服务。因此，电子银行不仅仅是一种运营模式的变革，更是银行业经营理念的一场革命。其优势主要表现在：

（1）促进商业银行实现经营模式变革与创新。电子银行采取“以计算机技术为基础、以网络为媒介”的现代商业模式，以低成本替代释放劳动力，客户可以实现自助办理业务，改变了传统柜台业务需要借助网点被动接受服务的模式，有效改善了商业银行的渠道和客户结构。

（2）有效降低经营成本，提高经营效率。电子银行不仅创新了许多特色新产品，而且衍生出众多新服务，成为银行价值创造的新引擎。同时，电子银行的经营成本仅占经营收入的15%~20%，而传统银行的经营成本约占经营收入的60%，节约成本作用明显，有效改善了商业银行的盈利结构。

（3）促进商业银行提供更多优质服务。一方面客户可以通过互联网、电话、手机等方式获得电子银行服务，商业银行可在任何时间（anytime）、任何地方（anywhere），以任何方式（anyhow）为客户提供“3A”式全天候服务，改变了银行在服务时间、地点方面的限制；另一方面电子银行通过渠道优势，以全面的信息、专业的资讯、友好的体验、实时的效率，对传统业务进行全面优化和流程变革，提高市场竞争实力，有效改善商业银行业务结构。

随着信息技术在银行业的广泛应用以及银行业务的综合化、国际化发展，电子银行已经成为商业银行创新营运模式、提升核心竞争力的重要手段。目前，我国商业银行已经充分认识到电子银行的重要意义，正采取有效措施，积极推动电子银行营运模式的发展。

12.2.2　商业银行经营的核心：市场营销

12.2.2.1　商业银行市场营销的含义

市场营销是指商业银行以金融市场为导向，利用自己的资源优势，通过运用各种营销手段，把可赢利的银行金融产品和服务销售给客户，以满足客户的需求并实现银行盈利最大化目标的一系列活动。商业银行是以货币和信用为经营对象的金融中介机构，其业务的特殊性导致与一般工商企业的市场营销相比，它的市场营销更多地表现为一种服务营销。因此，商业银行市场营销的中心是客户，金融产品、价格、渠道和促销等行为的最终目标是能够满足客户的需要，并使商业银行获得盈利和发展。

12.2.2.2　商业银行的市场营销策略

20世纪70年代之前，金融市场竞争远没有现在激烈，当时商业银行市场营销还只是比较传统的营销方式，营销策略重视以金融产品为导向，而非以客户为导向。在这一时期，商业银行采取了“4P”营销组合策略，即产品（product）、价格（price）、渠道（place）和促销（promotion），主要是从供给方出发来研究市场的需求及变化。但是，随着产品、价格和促销等手段在银行间相互模仿，这种营销策略在实际运用中很难起到出奇制胜的作用。

20 世纪 70 年代之后，随着信息技术的快速发展、金融管制的放松、金融风险的加大，新的金融产品和金融机构不断涌现，商业银行面临的竞争日益激烈。竞争的加剧要求商业银行进一步走向市场，为客户提供更多、更全面的服务。在这一时期，商业银行采取了以追求顾客满意为目标的“4C”营销组合策略，即消费者（consumer）、成本（cost）、便利（convenience）和沟通（communication）。商业银行建立了以客户需求为导向的市场营销模式，注重了解客户的金融服务需求、客户愿意为满足需求支付的服务成本、客户使用所需服务的便利性，并能兼顾客户与银行的双重利益。

进入 21 世纪之后，随着经济全球化和金融自由化的深入，银行业的竞争更加激烈，如何与客户建立长期合作、积极互动、共同发展的稳定关系，成为银行应对竞争的重要手段。在这一时期，关系营销成为商业银行营销中备受重视的一种新的观念和作法。所谓关系营销就是将商业银行与客户关系的建立、培养、发展作为营销的对象，不断发现和满足顾客的需求，帮助顾客实现和扩大其价值，并建成一种长期的良好的关系基础。在这种情况下，商业银行采取了以竞争为导向的“4R”营销组合策略，即关联（relativity）、反应（reaction）、关系（relation）和回报（retribution）。这种营销策略最大特点是以竞争为导向，根据市场不断成熟和竞争日趋激烈的形势，着眼于银行与顾客互动与双赢，不仅积极地适应顾客的需求，而且主动地创造需求，通过关联、关系、反应等形式与客户形成独特的关系，把企业与客户联系在一起，形成竞争优势。

12.3 商业银行业务经营

12.3.1 负债业务

商业银行的负债主要由存款和借款构成。

存款包括人民币存款和外币存款两大类。人民币存款又分为个人存款、单位存款和同业存款，外币存款又分为个人外汇存款和机构外汇存款。

借款包括短期借款和长期借款两大类。短期借款是指期限在 1 年或 1 年以下的借款，主要包括同业拆借、证券回购协议和向中央银行借款等；长期借款是指期限在 1 年以上的借款，一般采用发行金融债券的形式，具体包括发行普通金融债券、次级金融债券、混合资本债券、可转换债券等。

12.3.1.1 存款业务

存款是存款人基于对银行的信任而将资金存入银行，并可以随时或按约定时间支取款项的一种信用行为。存款是银行对存款人的负债，是银行最主要的资金来源。存款业务是银行的传统业务。

根据中国人民银行公布的数据，2009 年末，全部金融机构本外币各项存款余额为 61.2 万亿元人民币。分币种看，人民币各项存款余额为 59.8 万亿元，外汇存款余额为 2089 亿美元。分来源看，居民户人民币存款余额为 26.5 万亿元，占 43.3%。

表 12-1 简要列示了存款业务的各种分类。

表 12-1 存款业务分类

<table>
<tr><td rowspan="23">存款业务</td><td rowspan="17">人民币存款</td><td rowspan="8">个人存款</td><td colspan="2">活期存款</td></tr>
<tr><td rowspan="4">定期存款</td><td>整存整取</td></tr>
<tr><td>零存整取</td></tr>
<tr><td>整存零取</td></tr>
<tr><td>存本取息</td></tr>
<tr><td colspan="2">定活两便存款</td></tr>
<tr><td colspan="2">个人通知存款</td></tr>
<tr><td colspan="2">教育储蓄存款</td></tr>
<tr><td rowspan="8">单位存款</td><td rowspan="4">单位活期存款</td><td>基本存款账户</td></tr>
<tr><td>一般存款账户</td></tr>
<tr><td>临时存款账户</td></tr>
<tr><td>专用存款账户</td></tr>
<tr><td colspan="2">单位定期存款</td></tr>
<tr><td colspan="2">单位通知存款</td></tr>
<tr><td colspan="2">单位协定存款</td></tr>
<tr><td colspan="2">保证金存款</td></tr>
<tr><td colspan="3">同业存款</td></tr>
<tr><td rowspan="6">外币存款</td><td>外汇储蓄存款</td><td colspan="2" rowspan="2">按存款客户类型分类</td></tr>
<tr><td>单位外汇存款</td></tr>
<tr><td>活期存款</td><td colspan="2" rowspan="2">按存期分类</td></tr>
<tr><td>定期存款</td></tr>
<tr><td>经常项目外汇账户</td><td colspan="2" rowspan="2">按账户种类分类</td></tr>
<tr><td>资本项目外汇账户</td></tr>
</table>

A 个人存款业务

个人存款又称储蓄存款，是指居民个人将闲置不用的货币资金存入银行，并可以随时或按约定时间支取款项的一种信用行为，是银行对存款人的负债。

《中华人民共和国商业银行法》（以下简称《商业银行法》）规定，办理储蓄业务，应当遵循“存款自愿、取款自由、存款有息、为存款人保密”的原则。

国务院颁布的《个人存款账户实名制规定》（自2000年4月1日起施行）规定，个人在金融机构开立个人存款账户时，应当出示本人身份证件，使用实名。

个人存款业务种类见表 12-2。

表 12-2 个人存款业务种类

<table>
<tr><td rowspan="8">个人存款</td><td colspan="2">活期存款</td></tr>
<tr><td rowspan="4">定期存款</td><td>整存整取</td></tr>
<tr><td>零存整取</td></tr>
<tr><td>整存零取</td></tr>
<tr><td>存本取息</td></tr>
<tr><td colspan="2">定活两便存款</td></tr>
<tr><td colspan="2">个人通知存款</td></tr>
<tr><td colspan="2">教育储蓄存款</td></tr>
</table>

a 活期存款

活期存款是指不规定存款期限，客户可以随时存取的存款。

客户凭存折或银行卡及预留密码可在银行营业时间内通过银行柜面或通过银行自助设备随时存取现金。

在现实中，活期存款通常 1 元起存，以存折或银行卡作为存取凭证，所有银行的客户可凭存折或银行卡在全国各网点通存通兑。

（1）计息金额。存款的计息起点为元，元以下角分不计利息。利息金额算至分位，分以下尾数四舍五入。分段计息算至厘位，合计利息后分以下四舍五入。除活期存款在每季度结息日时将利息计入本金作为下季的本金计算复利外，其他存款不论存期多长，一律不计复利。

（2）计息时间。《中国人民银行关于人民币存贷款计结息问题的通知》（以下简称《通知》）中规定：从 2005 年 9 月 21 日起，我国对活期存款实行按季度结息，每季度末月的 20 日为结息日，次日付息。

（3）计息方式。《通知》中规定：除活期和定期整存整取两种存款外，国内银行的通知存款、协定存款、定活两便、存本取息、零存整取、整存零取 6 个存款种类，只要不超过中国人民银行同期限档次存款利率上限，计结息规则由各银行自己把握。银行除仍可沿用普遍使用的每年 360 天（每月 30 天）计息期外。也可选择将计息期全部化为实际天数计算利息，即每年为 365 天（闰年为 366 天），每月为当月公历的实际天数。

《通知》中提供了两种计息方式的选择：一种是积数计息，另一种是逐笔计息。上述 6 种存款具体采用何种计息方式由各银行决定，储户只能选择银行，不能选择计息方式。

人民币存款计息的通用公式：

$$利息=本金\times实际天数\times日利率$$

人民币存款利率的换算公式：

$$日利率=年利率\div360，月利率=年利率\div12$$

积数计息法：按实际天数每日累计账户余额，以累计积数乘以日利率计算利息。目前，各家银行多使用积数计息法计算活期存款利息。

$$计息公式：利息=累计计息积数\times日利率$$

其中，累计计息积数=每日余额合计数

银行使用年利率除以 360 天折算出的日利率，相对于年利率除以 365 天（实际计息天数）折算出的日利率要高，实际上提高了储户的利息收益。

逐笔计息法：按预先确定的计息公式逐笔计算利息。目前，各家银行多使用逐笔计息法计算整存整取定期存款利息。

计息期为整年（月）的，计息公式为：

$$利息=本金\times年（月）数\times年（月）利率$$

计息期有整年（月）又有零头天数的，计息公式为：

$$利息=本金\times年（月）数\times年（月）利率+本金\times零头天数\times日利率$$

b 定期存款

定期存款是个人事先约定偿还期的存款，其利率视期限长短而定。根据不同的存取方式，定期存款分为四种，见表 12-3，其中，整存整取最为常见，是定期存款的典型代表。

表 12-3 定期存款种类

存款种类	存款方式	取款方式	起存金额	存取类别	特 点
整存整取	整笔存入	到期一次支取本息	50 元	三个月、六个月、一年、二年、三年、五年	长期闲置资金
零存整取	每月存入固定金额	到期一次支取本息	5 元	一年、三年、五年	利率低于整存整取定期存款，高于活期存款
整存零取	整笔存入	固定期限分期支取	1000 元	存款期分为一年、三年、五年；支取期分为一个月、三个月或半年一次	本金可全部提前支取，不可部分提前支取。利息于期满结清时支取。利率高于活期存款
存本取息	整笔存入	约定取息期到期一次性支取本金、分期支取利息	5000 元	存期分为一年、三年、五年；支取期分为一个月、三个月或半年一次	本金可全部提前支取，不可部分提前支取。取息日未到不得提前支取利息，取息日未取息，以后可随时取息，但不计复利

（1）存款利率。定期存款利率视期限长短而定，通常，期限越长，利率越高。如果储户在存款到期前要求提前支取，必须持存单和存款人的身份证明办理，并按支取日挂牌公告的活期存款利率计付利息。

（2）到期支取的定期存款计息。到期支取的定期存款按约定期限和约定利率计付利息。

（3）逾期支取的定期存款计息。超过原定存期的部分，除约定自动转存外，按支取日挂牌公告的活期存款利率计付利息，并全部计入本金。

（4）提前支取的定期存款计息。支取部分按活期存款利率计付利息，提前支取部分的利息同本金一并支取。

（5）存期内遇有利率调整，仍按存单开户日挂牌公告的相应定期存款利率计息。

c 其他种类的储蓄存款

除常见的活期存款和定期存款外，还有表 12-4 所列四种存款种类。

表 12-4 其他存款种类

种类	业 务 特 点
定活两便储蓄	存期灵活：开户时不约定存期，一次存入本金，随时可以支取，银行根据客户存款的实际存期按规定计息 利率优惠：利息高于活期储蓄
个人通知存款	开户时不约定存期，预先确定品种，支取时只要提前一定时间通知银行，约定支取日期及金额。目前，银行提供一天、七天通知储蓄存款两个品种。一般 5 万元起存

续表 12-4

种类	业 务 特 点
教育储蓄存款	父母为了子女接受非义务教育而存钱，分次存入，到期一次支取本金和利息 利息免税：免征储蓄存款利息所得税 利率优惠：一年期、三年期教育储蓄按开户日同期同档次整存整取定期储蓄存款利率计息；六年期按开户日五年期整存整取定期储蓄存款利率计息 总额控制：教育储蓄起存金额为50元，本金合计最高限额为2万元 储户特定：在校小学四年级（含四年级）以上学生。如果需要申请助学贷款，金融机构优先解决 存期灵活：教育储蓄属于零存整取定期储蓄存款。存期分为一年、三年和六年。提前支取时必须全额支取
保证金存款	主要指个人购汇保证金存款中，即商业银行向居民个人收存一定比例人民币作为居民购汇的取得外汇的保证金，以解决境内居民个人自费出国（境）留学需预交一定比例外汇保证金才能取得前往国家入境签证的特殊需要

B 单位存款业务

单位存款又称对公存款，是机关、团体、部队、企业、事业单位和其他组织以及个体工商户将货币资金存入银行，并可以随时或按约定时间支取款项的一种信用行为。

按存款的支取方式不同，单位存款一般分为单位活期存款、单位定期存款、单位通知存款、单位协定存款和保证金存款等。

a 单位活期存款

单位活期存款是指单位类客户在商业银行开立结算账户，办理不规定存期、可随时转账、存取的存款类型。

单位活期存款账户又称为单位结算账户，包括基本存款账户、一般存款账户、专用存款账户和临时存款账户。

（1）基本存款账户。基本存款账户简称基本户，是指存款人因办理日常转账结算和现金收付需要开立的银行结算账户。基本存款账户是存款人的主办账户，企业、事业单位等可以自主选择一家商业银行的营业场所开立一个办理日常转账结算和现金收付的基本账户，同一存款客户只能在商业银行开立一个基本存款账户。

（2）一般存款账户。一般存款账户简称一般户，是指存款人因借款或其他结算需要，在基本存款账户开户银行以外的银行营业机构开立的银行结算账户。一般存款账户可以办理现金缴存，但不得办理现金支取。

（3）专用存款账户。专用存款账户是指存款人对其特定用途的资金进行专项管理和使用而开立的银行结算账户。存款人以下特定用途的资金可以开立专用存款账户：基本建设资金，期货交易保证金，信托基金，金融机构存放同业资金，政策性房地产开发资金，单位银行卡备用金，住房基金，社会保障基金，收入汇缴资金和业务支出资金，党、团、工会设在单位的组织机构经费等。

（4）临时存款账户。临时存款账户是指存款人因临时需要并在规定期限内使用而开立的银行结算账户。可以开立临时存款账户的情形包括设立临时机构、异地临时经营活动、注册验资。该种账户的有效期最长不得超过2年。

b 单位定期存款

单位定期存款是指单位类客户在商业银行办理的约定期限、整笔存入，到期一次性支取本息的存款类型。

c　单位通知存款

单位通知存款是指单位类客户在存入款项时不约定存期，支取时需提前通知商业银行，并约定支取存款日期和金额方能支取的存款类型。不论实际存期多长，按存款人提前通知的期限长短，可再分为一天通知存款和七天通知存款两个品种。

d　单位协定存款

单位协定存款是一种单位类客户通过与商业银行签订合同的形式约定合同期限、确定结算账户需要保留的基本存款额度，对超过基本存款额度的存款按中国人民银行规定的上浮利率计付利息、对基本存款额度按活期存款利率付息的存款类型。

e　保证金存款

保证金存款，是商业银行为保证客户在银行为客户对外出具具有结算功能的信用工具，或提供资金融通后按约履行相关义务，而与其约定将一定数量的资金存入特定账户所形成的存款类别。在客户违约后，商业银行有权直接扣划该账户中的存款，以最大限度地减少银行损失。单位保证金存款按照保证金担保的对象不同，可分为银行承兑汇票保证金、信用证保证金、黄金交易保证金、远期结售汇保证金四类。

C　人民币同业存款

同业存款，也称同业存放，全称是同业及其他金融机构存入款项，是指因支付清算和业务合作等的需要，由其他金融机构存放于商业银行的款项。同业存放属于商业银行的负债业务，与此相对应的概念是存放同业，即存放在其他商业银行的款项，属于商业银行的资产业务。

D　外币存款业务

外币存款业务与人民币存款业务除了存款币种和具体管理方式不同之外，有许多共同点：两种存款业务都是存款人将资金存入银行的信用行为，都可按存款期限分为活期存款和定期存款，按客户类型分为个人存款和单位存款等。许多银行提供“本外币一本通”之类的存款产品，实际上已将人民币账户与外币账户的界线淡化。

目前，我国银行开办的外币存款业务币种主要有9种：美元、欧元、日元、港元、英镑、澳大利亚元、加拿大元、瑞士法郎、新加坡元。其他可自由兑换的外币，不能直接存入账户，需由存款人自由选择上述货币中的一种，按存入日的外汇牌价折算存入。

a　外汇储蓄存款

中国人民银行发布的《个人外汇管理办法》（以下简称《办法》，从2007年2月1日起施行）规定：“个人外汇账户按主体类别区分为境内个人外汇账户和境外个人外汇账户；按账户性质区分为外汇结算账户、资本项目账户及外汇储蓄账户。”外汇结算账户用于转账汇款等资金清算支付，外汇储蓄账户只能用于外汇存取，不能进行转账。

《办法》对个人外汇管理进行了相应调整和改进，“不再区分现钞和现汇账户，对个人非经营性外汇收付统一通过外汇储蓄账户进行管理”。现钞和现汇管理的界线虽然取消，但由于现钞和现汇的成本费用不一样。各家银行在日常操作上还会有区分，现钞和现汇仍执行两种不同的汇率，进行独立核算。

b　单位外汇存款

（1）单位经常项目外汇账户。境内机构原则上只能开立一个经常项目外汇账户。境内机构经常项目外汇账户的限额统一采用美元核定。

（2）单位资本项目外汇账户。包括贷款（外债及转贷款）专户、还贷专户、发行外币股票专户、B 股交易专户等。

12.3.1.2 借款业务

商业银行的借款包括短期借款和长期借款两种。短期借款是指期限在一年或一年以下的借款，主要包括同业拆借、证券回购和向中央银行借款等形式。长期借款是指期限在一年以上的借款，一般采用发行金融债券的形式，具体包括发行普通金融债券、次级金融债券、混合资本债券、可转换债券等。

（1）同业拆借。我国的同业拆借，是指经中国人民银行批准进入全国银行间同业拆借市场（以下简称同业拆借市场）的金融机构之间，通过全国统一的同业拆借网络进行的无担保资金融通行为。

同业拆借具有期限短、金额大、风险低、手续简便等特点，从而能够反映金融市场上的资金供求状况。因此，同业拆借市场上的利率是货币市场最重要的基准利率之一。上海银行间同业拆放利率（Shibor）从 2007 年 1 月 4 日起正式运行，在每个交易日的上午 11:30 通过上海银行间同业拆放利率网（www.shibor.org）对外发布，为我国金融市场提供 1 年以内产品的定价基准，具有极其重要的意义。

（2）债券回购。债券回购是商业银行短期借款的重要方式，包括质押式回购与买断式回购两种。与纯粹以信用为基础、没有任何担保的同业拆借相比，债券回购的风险要低得多，对信用等级相同的金融机构来说，债券回购利率一般低于拆借利率。因此，债券回购的交易量要远大于同业拆借。

（3）向中央银行借款。商业银行在需要时还可以向中央银行申请借款。但是，商业银行一般只把向中央银行借款作为融资的最后选择，只有在通过其他方式难以借到足够的资金时，才会求助于中央银行，这也是中央银行为什么被称为“最后贷款人”的原因。商业银行向中央银行借款有再贴现和再贷款两种途径。

（4）金融债券。金融债券是商业银行在金融市场上发行的、按约定还本付息的有价证券。我国商业银行所发行的金融债券，均是在全国银行间债券市场上发行和交易的。

商业银行发行金融债券应具备以下条件：具有良好的公司治理机制；核心资本充足率不低于 4%；最近 3 年连续盈利；贷款损失准备计提充足；风险监管指标符合监管机构的有关规定；最近 3 年没有重大违法、违规行为；中国人民银行要求的其他条件。但是，根据商业银行的申请，中国人民银行可以豁免前述个别条件。

12.3.2 资产业务

12.3.2.1 贷款业务

A 贷款业务概述

贷款是指经批准可以经营贷款业务的金融机构对借款人提供的并按约定的利率和期限还本付息的货币资金。贷款是银行最主要的资产，是银行最主要的资金运用。贷款业务是指商业银行发放贷款相关的各项业务。

根据中国人民银行公布的数据。2009 年末，全部金融机构本外币贷款余额为 42.6 万亿元人民币。其中，人民币贷款余额为40万亿元，外汇贷款年末余额为3795亿美元。

贷款业务有多种分类标准，按照客户类型可划分为个人贷款和公司贷款；按照贷款期限可划分为短期贷款和中长期贷款；按有无担保可划分为信用贷款和担保贷款。

目前，我国银行信贷管理一般实行集中授权管理（总行统一制定信贷政策）、统一授信管理（控制融资总量及不同行业、不同企业的融资额度）、审贷分离、分级审批、贷款管理责任制相结合，以切实防范、控制和化解贷款业务风险。

我国自2002年开始全面实施国际银行业普遍认同的“贷款五级分类法”，将贷款分为正常、关注、次级、可疑、损失五类（见表12-5），其中前两类称为正常贷款或优良贷款，后三类称为不良贷款。不良贷款率是衡量银行资产质量的最重要指标。

表12-5　贷款五级分类

类别	内　容
正常类贷款	借款人能履行合同，没有足够理由怀疑贷款本息不能按时足额偿还的贷款
关注类贷款	尽管借款人目前有能力偿还贷款本息，但存在一些可能对偿还产生不利影响因素的贷款
次级类贷款	借款人的还款能力出现明显问题，完全依靠其正常经营收入无法足额偿还贷款本息，即使执行担保，也可能会造成一定损失的贷款
可疑类贷款	借款人无法足额偿还贷款本息，即使执行担保，也肯定要造成较大损失的贷款
损失类贷款	在采取所有可能的措施或一切必要的法律程序之后，本息仍然无法收回，或只能收回极少部分的贷款

B　个人贷款业务

个人贷款是指以自然人为借款人的贷款。虽然部分个人贷款也用于生产经营，但绝大多数个人贷款主要用于消费。个人贷款主要分为四大类，即个人住房贷款、个人消费贷款、个人经营贷款和个人信用卡透支。

a　个人住房贷款

个人住房贷款是个人贷款最主要的组成部分，是指向借款人发放的用于购买、建造和大修各类型住房的贷款，主要包括如下几类：

(1) 个人住房按揭贷款，是银行向自然人为购买、建造、大修各类型住房而发放的贷款。

(2) 二手房贷款，是银行向在二级市场购买各类型再次交易住房的自然人发放的银行自营性贷款。

(3) 公积金个人住房贷款，是按时足额缴存住房公积金的个人在购买、建造各类型住房时，银行受住房公积金管理中心委托向借款人提供的个人住房委托贷款。

(4) 个人住房组合贷款，是指银行以公积金存款和信贷资金为来源，向同一借款人发放的用于购买自用普通住房的贷款，是个人住房委托贷款和银行自营性贷款的组合。

(5) 个人住房最高额抵押贷款，是指银行向借款人发放的、以借款人自有住房作最高额抵押、可在有效期间和贷款额度内循环使用的贷款。

(6) 直客式个人住房贷款，是指借款人未通过合作机构推介直接向银行申请办理的个人住房贷款。

(7) 固定利率个人住房贷款，是指贷款人向借款人发放的，在约定期限内贷款利率不随中国人民银行利率调整或市场利率变化而浮动的个人住房贷款。

(8) 个人商用房贷款，是指贷款人向借款人发放的用于购买商业用房的贷款。

b 个人消费贷款

个人消费贷款一般包括个人汽车贷款、助学贷款、个人消费额度贷款、个人住房装修贷款、个人耐用消费品贷款、个人权利质押贷款等。

(1) 个人汽车贷款，是指银行向个人发放的用于购买汽车的人民币贷款。我国规定，在贷款额度方面，所购车辆为自用车的，贷款金额不超过所购汽车价格的80%；所购车辆为商用车的，贷款金额不超过所购汽车价格的70%，其中，商用载货车贷款金额不得超过所购汽车价格的60%；所购车辆为二手车的，贷款金额不得超过借款人所购汽车价格的50%。在贷款期限方面，如所购车辆为自用车，贷款期限不超过5年；所购车辆为商用车或二手车，贷款期限不超过3年。

(2) 助学贷款，包括国家助学贷款和一般商业性助学贷款两大类。国家助学贷款，是指银行向中华人民共和国境内的（不含香港和澳门特别行政区、台湾地区）高等学校中经济确实困难的全日制普通本、专科生（含高职生）、研究生和第二学士学位学生发放的，用于支付学费、住宿费和生活费用的人民币贷款。一般商业性助学贷款，是指银行向正在接受非义务教育学习的学生或其直系亲属、法定监护人发放的，只能用于学生的学杂费、生活费以及其他与学习有关的费用的商业性贷款。

(3) 个人消费额度贷款，是指银行对个人客户发放的可在一定期限和额度内随时支用的人民币贷款。借款人提供银行认可的质押、抵押、第三方保证或具有一定信用资格后，银行核定借款人相应的质押额度、抵押额度、保证额度或信用额度。质押额度一般不超过借款人提供的质押权利凭证票面价值的90%；抵押额度一般不超过抵押物评估价值的70%；保证额度和信用额度根据借款人的信用等级确定。

(4) 个人住房装修贷款，是指银行向个人客户发放的用于装修自用住房的人民币担保贷款。住房装修贷款可以用于支付家庭装潢和维修工程的施工款、相关的装修材料款和厨卫设备款等。

(5) 个人耐用消费品贷款，是银行对个人客户发放的用于购买大件耐用消费品的人民币贷款。

(6) 个人权利质押贷款，是指借款人以本人或其他自然人的未到期本外币定期储蓄存单、凭证式国债、电子记账类国债、个人寿险保险单以及银行认可的其他权利出质，由银行按权利凭证票面价值或记载价值的一定比例向借款人发放的人民币贷款。

c 个人经营贷款

个人经营贷款，是指银行对自然人发放的，用于合法生产、经营的贷款。由于生产经营活动一般需要依法经国家工商行政管理部门核准登记，从事许可制经营的，还需要得到相关行政主管部门的经营许可，因此，个人申请经营贷款，一般需要有一个经营实体作为借款基础，经营实体一般包括个体工商户、个人独资企业投资人、合伙企业合伙人等。

d 个人信用卡透支

个人信用卡透支，是指持卡人进行信用消费、取现或其他情况所产生的累积未还款金额。

个人贷款业务的还款方式通常包括等额本息及等额本金两种。目前，各银行还根据个人需求提供个性化的还款方式及还款服务，较为常见的特色还款方式包括按周还本付息、递增还款法、递减还款法、随心还款法等。

C 公司贷款业务

公司贷款，又称企业贷款或对公贷款，是以企事业单位为对象发放的贷款，主要包括流动资金贷款、固定资产贷款、并购贷款、房地产贷款、银团贷款、贸易融资、票据贴现等。

a 流动资金贷款

流动资金贷款是为了弥补企业流动资产循环中所出现的现金缺口，满足企业在生产经营过程中临时性、季节性的流动资金需求，或者企业在生产经营过程中长期平均占用的流动资金需求，保证生产经营活动的正常进行而发放的贷款。

流动资金贷款按期限可分为临时流动资金贷款、短期流动资金贷款和中期流动资金贷款。

(1) 临时流动资金贷款：期限在3个月（含）以内，主要用于企业一次性进货的临时性资金需要和弥补其他支付性资金不足。

(2) 短期流动资金贷款：期限3个月至1年（不含3个月，含1年），主要用于企业正常生产经营中周期性、季节性资金的需要。

(3) 中期流动资金贷款：期限1~3年（不含1年，含3年），主要用于企业正常生产经营中经常占用的、长期流动性资金需要。

流动资金贷款按贷款方式可分为流动资金整贷整偿贷款、流动资金整贷零偿贷款、流动资金循环贷款和法人账户透支四种形式。

(1) 流动资金整贷整偿贷款，是指客户一次性提取全部贷款，贷款到期时一次还清全部贷款本息。这种贷款是流动资金贷款中最常见的形式。

(2) 流动资金整贷零偿贷款，是指客户一次性提取全部贷款，但分期偿还贷款的本金和利息。

(3) 流动资金循环贷款，是指银行与借款人一次性签订借款合同，在合同规定的有效期内，允许借款人多次提取、逐笔归还、循环使用。

(4) 法人账户透支，即根据客户申请，核定账户透支额度，允许其在结算账户存款不足以支付时，在核定的透支额度内直接透支取得信贷资金的一种借贷方式。

b 固定资产贷款

固定资产贷款，也称为项目贷款，是为弥补企业固定资产循环中所出现的现金缺口，用于企业新建、扩建、改造、购置固定资产投资项目的贷款。

固定资产贷款一般是中长期贷款，但也有用于项目临时周转用途的短期贷款。按照用途划分，固定资产贷款一般包括如下四类：(1) 基本建设贷款。是指用于经国家有权部门批准的基础设施、市政工程、服务设施和以外延扩大再生产为主的新建或扩建生产性工程等基本建设而发放的贷款。(2) 技术改造贷款。是指用于现有企业以内涵扩大再生产为主的技术改造项目而发放的贷款。(3) 科技开发贷款。是指用于新技术和新产品的研制开发、科技成果向生产领域转化或应用而发放的贷款。(4) 商业网点贷款。是指商业、餐饮、服务企业为扩大网点、改善服务设施、增加仓储面积等所需资金，在自筹建设资金不足时向银行申请的贷款。

c 并购贷款

并购贷款是指银行为境内企事业法人在改制、改组过程中，有偿兼并、收购国内其他企事业法人、已建成项目，以及进行资产、债务重组发放的贷款。

d 房地产贷款

房地产贷款是指与房产或地产的开发、经营、消费活动有关的贷款，主要包括房地产开发贷款、土地储备贷款、法人商业用房按揭贷款和个人住房贷款四大类。公司业务中房地产贷款是指前三类贷款。

（1）房地产开发贷款包括住房开发贷款和商业用房开发贷款两大类。

住房开发贷款是指银行向借款人发放的用于商品住房及其配套设施开发建设的贷款，贷款用途限于客户正常建造商品房及其配套设施所需的资金，一般包括拆迁费、建安费、装修费等费用的支出；商业用房开发贷款是指银行向借款人发放的用于宾馆（酒店）、写字楼、大型购物中心及其配套设施等商用项目建设的贷款。同时，对非住宅部分投资占总投资比例超过50%的综合性房地产项目，其贷款也视同商业用房开发贷款。

（2）土地储备贷款，是指为解决经省、市人民政府批准成立的土地储备中心，或受政府委托依法从事土地收购、整理及储备工作的企业法人因依法合规收购、储备、整理、出让土地等前期相关工作时产生的资金需求而发放的贷款。

（3）法人商业用房按揭贷款，是指贷款人向借款人发放的用于购置商业用房和自用办公用房的贷款。

e 银团贷款

银团贷款又称辛迪加贷款，是指由两家或两家以上银行基于相同贷款条件，依据同一贷款协议，按约定时间和比例，通过代理行向借款人提供的本外币贷款或授信业务。

参与银团贷款的银行均为银团贷款成员。银团贷款成员按照“信息共享、独立审批、自主决策、风险自担”的原则自主确定各自授信行为，并按实际承诺份额享有银团贷款项下相应的权利、义务。按照在银团贷款中的职能和分工，银团贷款成员通常分为牵头行、代理行和参加行等角色。

（1）银团牵头行是指经借款人同意、发起组织银团、负责分销银团贷款份额的银行，是银团贷款的组织者和安排者。单家银行担任牵头行时，其承贷份额原则上不少于银团融资总金额的20%；分销给其他银团贷款成员的份额原则上不低于50%。

（2）银团代理行是指银团贷款协议签订后，按相关贷款条件确定的金额和进度归集资金向借款人提供贷款，并接受银团委托按银团贷款协议规定的职责对银团资金进行管理的银行。代理行可以由牵头行担任，也可由银团贷款成员协商确定。

（3）银团参加行是指接受牵头行邀请，参加银团并按照协商确定的承贷份额向借款人提供贷款的银行。银团参加行主要职责是参加银团会议，按照约定及时足额划拨资金至代理行指定的账户；在贷款续存期间应了解掌握借款人的日常经营与信用状况的变化情况，对发现的异常情况应及时通报代理行。

f 贸易融资

商业银行提供的贸易融资可以分为国内贸易融资和国际贸易融资两大类。

国内贸易融资是指对在国内商品交易中产生的存货、预付款、应收账款等资产进行的融资。与一般的流动性贷款相比，贸易融资的客户门槛进入较低，许多达不到流动资金贷款条件的客户可以通过贸易融资来获得资金支持。我国开办的国内贸易融资业务贷款条件的客户可以通过贸易融资来获得资金支持。目前，我国开办的国内贸易融资业务有国内保理、发票融资、国内信用证、国内信用证项下打包贷款、国内信用证项下买方融资等产品。

国际贸易融资按进口方银行提供服务对象的不同可以分为两大类，一类是进口方银行为进口商提供的服务；另一类是出口方银行为出口商提供的服务（见表 12-6）。

表 12-6　商业银行提供的国际贸易融资服务

银行	融资服务种类	进口商或出口商的融资需求
进口方银行为进口商提供	减免保证金开证	进口商申请开立信用证时需要交存保证金
	提货担保	货物先于正本货运单据到港，进口商希望先提货
	进口押汇	进口商收到单据后需要支付货款
出口方银行为出口商提供	打包放款	出口商收到信用证后需要资金以准备出口货物
	出口押汇	出口商发货之后、收到货款之前，出现资金缺口
	国际保理	
	福费廷	
	出口票据贴现	

以下为几种主要的贸易融资工具：

（1）信用证。信用证是指银行有条件的付款承诺，即开证银行依照客户（开证申请人）的要求和指示，承诺在符合信用证条款的情况下，凭规定的单据向第三者（受益人）或其指定人进行付款，或承兑；或授权另一家银行进行该项付款，或承兑；或授权另一家银行议付。简单业务流程如图 12-1 所示。信用证按不同的划分标准可以分为以下几类：

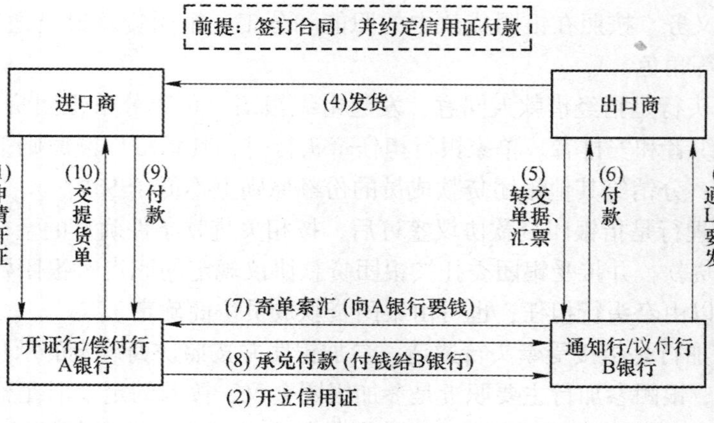

图 12-1　信用证业务示意图

1）按进出口可分为进口信用证和出口信用证。

2）按开证行保证性质的不同，可分为可撤销信用证和不可撤销信用证。现在银行基本上只开不可撤销信用证。

3）按信用证项下的汇票是否附商业单据，可分为跟单商业信用证和光票信用证。现在银行开立的基本上是跟单商业信用证。

4）按信用证项下的权利是否可转让，可分为可转让信用证和不可转让信用证。现在银行开立的大多是不可转让信用证。

5）按付款期限可分为即期信用证和远期信用证。

6）按是否可循环使用可分为循环信用证和不可循环信用证。

7）按是否保兑可分为保兑信用证和无保兑信用证。

8）其他种类：预支信用证、背对背信用证、对开信用证、旅行信用证等。

（2）押汇。按进出口方的融资用途来分，押汇可分为出口押汇和进口押汇。

出口押汇是指银行凭借获得货运单据质押权利有追索权地对信用证项下或出口托收项下票据进行融资的行为。出口押汇在国际上也叫议付，即给付对价的行为。

进口押汇是指银行应进口申请人的要求，与其达成进口项下单据及货物的所有权归银行所有的协议后，银行以信托收据的方式向其释放单据并先行对外付款的行为。进口押汇包括进口信用证项下押汇和进口代收项下押汇。目前，银行主要办理进口信用证项下的进口押汇业务。

（3）保理。保理又称为保付代理、托收保付，是贸易中以托收、赊账方式结算货款时，出口方为了规避收款风险而采用的一种请求第三者（保理商）承担风险的做法。保理业务是一项集贸易融资、商业资信调查、应收账款管理及信用风险担保于一体的综合性金融服务。与传统结算方式相比，保理的优势主要在于融资功能。

国际保理按进出口双方是否都要求银行保理分为单保理和双保理。

单保理是只有出口银行与出口商签订保理协议，并对出口商的应收账款承作保理业务。双保理是进出口银行都与进出口商签订保理协议。国内保理主要包括应收账款买断和应收账款收购及代理。

下面从介绍基本概念的角度出发，用一个简化的单保理业务流程来介绍保理业务，如图 12-2 所示。

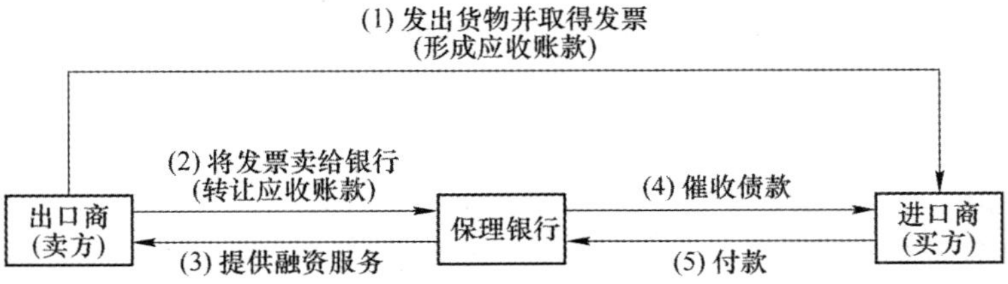

图 12-2 保理业务示意图

（4）福费廷。福费廷也称为包买票据或买断票据，是指银行（或包买人）对国际贸易延期付款方式中出口商持有的远期承兑汇票或本票进行无追索权的贴现（即买断），如图 12-3 所示。

福费廷是英文 forfaiting 的音译，意为放弃。在福费廷业务中，这种放弃包括两方面：一是出口商卖断票据，放弃了对所出售票据的一切权益；二是银行（包买人）买断票据，同时必须放弃对出口商所贴现款项的追索权，可能承担票据拒付的风险。

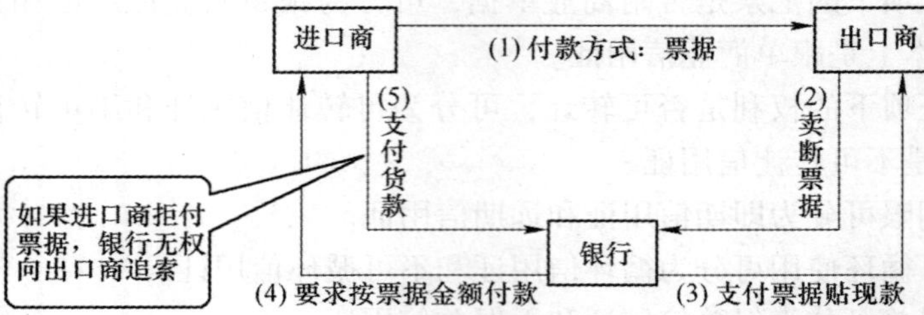

图 12-3 福费廷业务示意图

从业务运作的实质来看，福费廷就是远期票据贴现。但福费廷又不同于一般的票据贴现业务，如银行（包买人）放弃了票据追索权，属于中长期融资，票据金额比较大，只能基于真实贸易背景开立票据，融资的条件较为严格，银行（包买人）承担了票据拒付的所有风险，带有长期固定利率融资的性质。

g 票据贴现与转贴现

票据贴现是指商业汇票的合法持票人，在商业汇票到期以前为获取票款，由持票人或第三人向金融机构贴付一定的利息后，以背书方式所做的票据转让。对于持票人来说，贴现是以出让票据的形式，提前收回垫支的商业成本。对于贴现银行来说，是买进票据，成为票据的权利人，票据到期，银行可以取得票据所记载金额。

票据转贴现是指金融机构为了取得资金，将未到期的已贴现商业汇票再以卖断方式向另一金融机构转让的票据行为，是金融机构间融通资金的一种方式。

按出票人不同，票据贴现业务又可分为银行承兑汇票贴现和商业承兑汇票贴现。银行承兑汇票是指由承兑申请人签发并向开户银行申请，经银行审查同意承兑的商业汇票。商业承兑汇票是指经银行核有商票承诺贴现专项授信额度的客户承兑的、在指定日期无条件支付确定金额给收款人或持票人的商业汇票。

12.3.2.2 债券投资业务

随着金融市场的发展，债券市场近年来发展较快，市场创新不断，债券发行规模和债券余额均有较大幅度提高。根据中央国债登记结算公司统计数据，2009 年全国债券发行量超过 8.6 万亿元，年末债券托管总量达 17.5 万亿元。2009 年债券发行及托管情况见表 12-7。

表 12-7 2009 年债券市场总体情况 （亿元）

债券种类	全年发行量	年末托管余额
国债	16214	57411
中央银行票据	39740	42326
金融债券	14749	50952
企业债券	4252	10971
短期融资券	4612	4561
中期票据	6885	8622
集合票据	13	13
资产支持证券	0	399
其他债券	10	40
合 计	86475	175295

债券投资已成为商业银行的一种重要资产形式，我国部分商业银行的债券投资在总资产中的占比已经接近贷款所占比例。

A 债券投资的目标

商业银行债券投资的目标，主要是平衡流动性和营利性，并降低资产组合的风险、提高资本充足率。相对于贷款来说，债券的流动性要强得多；而相对于现金资产来说，债券的营利性要高得多，因此，债券投资是平衡银行流动性和营利性的优良工具。同时，由于债券投资的管理成本比较低，所投资债券中占主要部分的国债一般不需要缴纳所得税，因此，债券投资能够增加银行的收益，实现提高营利性的目标。由于债券投资容易分散、流动性强，而且银行所投资债券的发行人的信用级别一般较高，因此，商业银行进行债券投资，能够有效降低银行资产组合的风险；同时，在计算充足率时，银行所投资高级别债券的风险权重较低，因此，在其他情况相同的情况下，减少贷款、增加债券投资，能有效提高银行的资本充足率。

B 债券的投资对象

商业银行债券投资的对象，与债券市场的发展密切相关。我国商业银行债券投资的对象主要包括国债、地方政府债券、金融债券、中央银行票据、资产支持证券、企业债券和公司债券等。

（1）国债。国债是国家为筹措资金而向投资者出具的书面借款凭证，承诺在一定的时期内按约定的条件，按期支付利息和到期归还本金。国债以国家信用为后盾，通常被认为没有信用风险，而且国债的二级市场非常发达，交易方便，其利息收入不用缴纳所得税。

国债分为记账式国债和储蓄国债两种。记账式国债有交易所、银行间债券市场、商业银行柜台市场三个发行及流通渠道，二级市场非常发达，交易方便，是商业银行证券投资的主要对象。储蓄国债有凭证式国债和储蓄国债（电子式）两个品种。凭证式国债是指国家不印制实物券面，而采用填制“中华人民共和国凭证式国债收款凭证”的方式，通过部分商业银行柜台，面向城乡居民个人和各类投资者发行的储蓄性国债；储蓄国债（电子式）是指财政部在中华人民共和国境内发行，通过试点银行面向个人投资者销售的，以电子方式记录债权的不可流通人民币债券。

（2）地方政府债券。地方政府债券是指地方政府根据信用原则、以承担还本付息责任为前提而筹集资金的债务工具，是指有财政收入的地方政府及地方公共机构发行的债券。地方政府债券一般用于交通、通信、住宅、教育、医院和污水处理系统等地方性公共设施的建设。地方政府债券一般采用由财政部统一代为发行和兑付的方式管理。

（3）中央银行票据。简称央行票据或央票，是指中国人民银行面向全国银行间债券市场成员发行的、期限一般在3年以内的中短期债券。中国人民银行于2003年第二季度开始发行中央银行票据。与财政部通过发行国债筹集资金的性质不同，中国人民银行发行票据的目的不是筹资，而是通过公开市场操作调节金融体系的流动性，是一种重要的货币政策手段。央行票据具有无风险、流动性高等特点，从而是商业银行债券投资的重要对象。

（4）金融债券。我国金融债券，是指依法在中华人民共和国境内设立的金融机构法人在全国银行间债券市场发行的、按约定还本付息的有价证券。主要包括：政策性金融债券，即由国家开发银行、中国进出口银行、中国农业发展银行三家政策性银行发行的债券；商业银行债券，包括商业银行普通债券、次级债券、可转换债券、混合资本债券等；

其他金融债券，即企业集团财务公司及其他金融机构所发行的金融债券等。

（5）资产支持证券。资产支持证券是资产证券化产生的资产。资产证券化是指把缺乏流动性，但具有未来现金流的资产汇集起来，通过结构性重组，将其转变为可以在金融市场上出售和流通的证券，据以融通资金的机制和过程。2005 年 12 月 15 日，国家开发银行发行的开元信贷资产支持证券（简称开元证券）和中国建设银行发行的建元个人住房抵押贷款支持证券（简称建元证券）在银行间债券市场公开发行，标志着资产证券化业务正式进入中国大陆。我国资产支持证券只在全国银行间债券市场上发行和交易，其投资者仅限于银行间债券市场的参与者，因此，商业银行是其主要投资者。

（6）企业债券和公司债券。在国外，没有企业债和公司债的划分，统称为公司债。在我国，企业债券是按照《企业债券管理条例》规定发行与交易、由国家发展和改革委员会监督管理的债券，在实践中，其发债主体为中央政府部门所属机构、国有独资企业或国有控股企业。因此，它在很大程度上体现了政府信用。公司债券管理机构为中国证券监督管理委员会，发债主体为按照《中华人民共和国公司法》（以下简称《公司法》）设立的公司法人，在实践中，其发行主体为上市公司，其信用保障是发债公司的资产质量、经营状况、盈利水平和持续盈利能力等。公司债券在证券登记结算公司统一登记托管，可申请在证券交易所上市交易，其信用风险一般高于企业债券。2008 年 4 月 15 日起施行的《银行间债券市场非金融企业债务融资工具管理办法》进一步促进了企业债券在银行间债券市场的发行，企业债券和公司债券成为我国商业银行越来越重要的投资对象。

C 债券投资的收益

债券投资的收益一般通过债券收益率进行衡量和比较。债券收益率是指在一定时期内，一定数量的债券投资收益与投资额的比率，通常用年率来表示。由于投资者所投资债券的种类和中途是否转让等因素的不同，收益率的概念和计算公式也有所不同。

（1）名义收益率，又称票面收益率，是票面利息与面值的比率，其计算公式是：

$$名义收益率=票面利息/面值\times100\%$$

名义收益率没有考虑债券市场价格对投资者收益产生的影响，衡量的仅是债券发行人每年支付利息的货币金额，一般仅供计算债券应付利息时使用，而无法准确衡量债券投资的实际收益。

（2）即期收益率，是债券票面利率与购买价格之间的比率，其计算公式是：

$$即期收益率=票面利息/购买价格\times100\%$$

即期收益率反映的是以现行价格购买债券时，通过按债券票面利率计算的利息收入而能够获得的收益，但并未考虑债券买卖差价所能获得的资本利得收益，因此，也不能全面反映债券投资的收益。

（3）持有期收益率，是债券买卖价格差价加上利息收入后与购买价格之间的比率，其计算公式是：

$$持有期收益率=(出售价格-购买价格+利息)/购买价格\times100\%$$

持有期收益率不仅考虑到了债券所支付的利息收入，而且还考虑到了债券的购买价格和出售价格，从而考虑到了债券的资本损益，因此，能比较充分地反映实际收益率。但是，由于出售价格只有在投资者实际出售债券时才能够确定，是一个事后衡量指标，在事前进行投资决策时只能主观预测出售价格，因此，这个指标在作为投资决策的参考时，具有很强的主观性。

（4）到期收益率

到期收益率是投资购买债券的内部收益率，即可以使投资购买债券获得的未来现金流量的现值等于债券当前市场价格的贴现率，相当于投资者按照当前市场价格购买并且一直持有到满期时可以获得的年平均收益率，其中隐含了每期的投资收入现金流均可以按照到期收益率进行再投资。

$$PV = \frac{C_1}{(1+y)^1} + \frac{C_2}{(1+y)^2} + \cdots + \frac{C_n}{(1+y)^n}$$

式中，PV 为债券当前全价市场价格；C_n 为第 n 期现金流；y 为到期收益率。

D 债券投资的风险

商业银行债券投资的风险，主要包括信用风险、价格风险、利率风险、购买力风险、流动性风险、政治风险、操作风险等。

12.3.2.3 现金资产业务

现金资产，是商业银行持有的库存现金以及与现金等同的可随时用于支付的银行资产。

我国商业银行的现金资产主要包括三项：一是库存现金，二是存放中央银行款项，三是存放同业及其他金融机构款项。

库存现金是指商业银行保存在金库中的现钞和硬币。库存现金的主要作用是银行用来应付客户提现和银行本身的日常零星开支。因此，任何一家营业性的银行机构，为了保证对客户的支付，都必须保存一定数量的现金。但由于库存现金是一种非营利性资产，而且保存库存现金还需要花费银行大量的保卫费用，因此从经营的角度讲，库存现金不宜保存太多。库存现金的经营原则就是保持适度的规模。

存放中央银行款项，是指商业银行存放在中央银行的资金，即存款准备金。商业银行在中央银行存款由两部分构成：一是法定存款准备金，二是超额准备金。

存放同业及其他金融机构款项，是指商业银行存放在其他银行和非银行金融机构的存款。在其他银行保有存款的目的是在同业之间开展代理业务和结算收付。由于存放同业的存款属于活期存款性质，可以随时支用，因而属于银行现金资产的一部分。

12.3.3 中间业务

中间业务是指不构成银行表内资产、表内负债，形成银行非利息收入的业务，包括收取服务费或代客买卖差价的理财业务、咨询顾问、基金和债券的代理买卖、代客买卖资金产品、代理收费、托管、支付结算等业务。

中间业务相比于传统业务而言，具有以下特点：

（1）不运用或不直接运用银行的自有资金。

（2）不承担或不直接承担市场风险。

（3）以接受客户委托为前提，为客户办理业务。

（4）以收取服务费（手续费、管理费等）、赚取价差的方式获得收益。

（5）种类多、范围广，产生的收入在商业银行营业收入中所占的比重日益上升。

12.3.3.1 交易业务

作为中间业务的交易业务，是指银行为满足客户保值或自身风险管理等方面的需要，利用各种金融工具进行的资金交易活动，主要包括外汇交易业务和金融衍生品交易业务。

A 外汇交易业务

外汇交易既包括各种外国货币之间的交易，也包括本国货币与外国货币的兑换买卖。外汇交易既可满足企业贸易往来的结汇、售汇需求，也可供市场参与者进行投资或投机的交易活动。根据外汇交易方式的不同，外汇交易可以分为即期外汇交易和远期外汇交易。

（1）即期外汇交易。即期外汇交易又称为现汇交易或外汇现货交易，是指在交易日后的第二个营业日或成交当日办理实际货币交割的外汇交易。

（2）远期外汇交易。远期外汇交易又称为期汇交易，是指交易双方在成交后并不立即办理交割，而是事先约定币种、金额、汇率、交割时间等交易条件，到期才进行实际交割的外汇交易。远期外汇交易是在即期外汇交易的基础上发展起来的，其最大的优点在于能够对冲汇率在未来上升或者下降的风险，因而可以用来进行套期保值或投机。远期外汇交易除了可按固定交割日交割外，也可由交易的某一方选择在一定期限内的任何一天交割（择期交易）。

B 金融衍生品交易业务

金融衍生品是一种金融合约，其价值取决于一种或多种基础资产或指数，合约的基本种类包括远期、期货、掉期（互换）和期权。金融衍生品还包括具有远期、期货、掉期（互换）和期权中一种或多种特征的结构化金融工具。

（1）远期。远期是指交易双方约定在未来某个特定时间以约定价格买卖约定数量的资产，包括利率远期合约和远期外汇合约。

（2）期货。期货是由期货交易所统一制定的、规定在将来某一特定的时间和地点交割一定数量标的物的标准化合约。期货按照交易的标的物（也称基础资产）的不同可分为商品期货和金融期货。标的物是某种商品的，如铜或原油，属于商品期货；标的物是某种金融产品或金融指标的，如外汇、债券、利率、股票指数，属于金融期货。

（3）互换。互换是指交易双方基于自己的比较利益，对各自的现金流量进行交换，一般分为利率互换和货币互换。

利率互换是指交易双方约定在未来的一定期限内，根据约定数量的同种货币的名义本金交换利息额的金融合约。最常见的利率互换是在固定利率与浮动利率之间进行转换。当利率看涨时，可将浮动利率债务类金融工具转换成固定利率金融工具，将固定利率资产类金融工具转换成浮动利率金融工具；而当利率看跌时，做相反交易。

货币互换是指在约定期限内交换约定数量两种货币的本金，同时定期交换两种货币利息的交易。货币互换交易的本金交换形式是：在协议生效日双方按约定汇率交换人民币与外币的本金，在协议到期日双方再以相同汇率、相同金额进行一次本金的反向交换。货币交易的利息交换形式是：交易双方定期向对方支付以换入货币计算的利息金额，交易双方可以按照固定利率计算利息，也可以按照浮动利率计算利息。

（4）期权。期权是指期权的买方支付给卖方一笔权利金，获得一种权利，可于期权的存续期内或到期日当天，以执行价格与期权卖方进行约定数量的特定标的的交易。为了取得这一权利，期权买方需要向期权卖方支付一定的期权费。与远期、期货不同。期权的买方只有权利而没有义务。

期权分为看涨期权和看跌期权。看涨期权指期权买入方在规定的期限内享有按照一定的价格向期权卖方购入某种基础资产的权利，但不负担必须买进的义务。投资者一般在预期价格上升时购入看涨期权，而卖出者预期价格会下跌。看跌期权指期权买方在规定的期限内享有向期权卖方按照一定的价格出售基础资产的权利，但不负担必须卖出的义务。投资者一般在预期价格下跌时购入看跌期权，而卖出者预期价格会上升。

期权按行使权利的时限可分为两类，即欧式期权和美式期权。欧式期权是目前较为通行的方式，其买方只能在期权到期日方能行使权利；美式期权的买方可以在买入后到期权到期日之间任何时间行使权利。

12.3.3.2 清算业务

银行清算业务是指银行间通过账户或有关货币当地清算系统，在办理结算和支付中用以清讫双边或多边债权债务的过程和方法。按地域划分，清算业务可分为国内联行清算和国际清算。

常见的清算模式有实时全额清算、净额批量清算、大额资金转账系统及小额定时清算四种模式。

（1）国内联行清算。国内联行清算根据交易行是否属于同一银行分为系统内联行清算和跨系统联行往来。

同一家银行的总、分、支行间彼此互称为联行。当资金结算业务发生在同一个银行系统，即同属一个总行的各个分支机构间的资金账务往来，称为联行往来。系统内联行清算包括全国联行往来、分行辖内往来和支行辖内往来。

跨系统联行往来是指结算业务发生在两家不同的银行间的清算业务。跨系统往来的资金清算必须通过中国人民银行办理。

（2）国际清算。国际清算业务是国际银行间办理结算和支付中用以清讫双边或多边债权债务的过程和方法。国际清算业务是商业银行的一项综合性、服务性、国际性的基础业务，随着国际支付业务的日益发展，它对国际银行业务的发展起着重要的作用。国际清算的类型主要分为内部转账型和交换型两种。

12.3.3.3 支付结算业务

支付结算业务是指银行为单位客户和个人客户采用票据、汇款、托收、信用证、信用卡等结算方式进行货币支付及资金清算提供的服务。

支付结算业务是银行的中间业务，主要收入来源是手续费收入。

传统的结算方式是指“三票一汇”，即汇票、本票、支票和汇款。在银行为国际贸易提供的支付结算及带有贸易融资功能的支付结算方式中，通常是采用汇款、信用证和托收。从信用证和托收又派生出许多带有融资功能的服务，如打包贷款、出口押汇、出口托收融资、出口票据贴现、进口押汇、提货担保等。近年来，又出现了电子汇兑、网上支付等结算方式。

A 汇票

汇票是出票人签发的，委托付款人在见票时或者在指定日期无条件支付确定的金额给收款人或者持票人的票据。分为银行汇票和商业汇票。

银行汇票是由出票银行签发的。

商业汇票是由出票人签发的，出票人一般是企业。商业汇票又分为商业承兑汇票（由银行以外的付款人承兑）和银行承兑汇票（由银行承兑）两种。

B 本票

银行本票是银行签发的，承诺在见票时无条件支付确定金额给收款人或者持票人的票据，用于单位和个人在同一交换区域支付各种款项。银行本票分为定额银行本票和不定额银行本票。银行本票付款期限为两个月。

实践中，没有银行支票账户的客户一般采用银行本票。如携带大量现金风险很大，可以请银行开出本票，用来购买房产、汽车等；或者用来过户，将款项从一个户头转到另一个户头，而不用提取现金再存入。

C 支票

支票是由出票人签发的，委托出票人支票账户所在的银行在见票时无条件支付确定的金额给收款人或持票人的票据，可用于单位和个人的各种款项结算。分为现金支票、转账支票、普通支票等。

（1）现金支票。支票上印有“现金”字样，用来支取现金。收款人或持票人在支票账户所在银行可以当场兑现支票，提取现金。

（2）转账支票。支票上印有“转账”字样，只能用于转账，不能支取现金。转账是指银行向支票账户所在的银行要求兑付后，将款项转入收款人的账户，收款人只能在支票转入自己账户后才能使用。

（3）普通支票。支票上未注明“现金”或“转账”字样的为普通支票。普通支票可以支取现金，也可以转账。在普通支票左上角划两条平行线的为划线支票。划线支票只能转账，不能取现。

D 汇款

汇款业务是指银行接受客户的委托，通过银行间的资金划拨、清算、通汇网络，将款项汇往收款方的一种结算方式，主要有电汇、票汇、信汇三种方式。

（1）电汇。电汇业务是指汇出行应汇款人的要求，采用加押电传或SWIFT（环球银行间金融电信网络）形式，指示汇入行付款给指定收款人。其特点是交款迅速，安全可靠、费用高。多用于急需用款和大额汇款。

（2）票汇。票汇业务是指应汇款人的申请，由汇出行开立以其国外分行或代理行为付款行的汇票，交由汇款人自行寄送或亲自携带出国，凭票取款。

（3）信汇。信汇业务是指汇出行应汇款人的申请，将信汇委托书通过邮局或快递公司传递给汇入行，授权汇入行付款给收款人。目前包括我国在内的许多国家基本不再使用信汇。

E 信用证

信用证是由银行根据申请人的要求，向受益人（即收款人）开立的载有一定金额，在一定期限内凭规定的单据在指定地点付款的书面保证文件，是一种有条件的银行支付承诺。

案例：中国出口商出口一批货物到美国，进、出口双方约定以信用证方式结算。于是，美国进口商委托其开户行A银行开立了一张信用证，受益人是中国出口商。A银行请中国出口商的开户行 B 银行通知中国出口商信用证已开立，出口商收到信用证后，根据信用证的规定完成一切装运手续之后，将全套单据提交给 B 银行，B 银行认为单据与信用证条款相符，于是将货款支付给出口商。之后，B 银行将单据寄送给 A 银行，A 银行审核无误后，以事先约定的形式，对已按照信用证付款的 B 银行进行偿付。然后，A 银行通知进口商备款赎单，在收到货款及手续费后将单据交给进口商，进口商凭单据提货。

主要特点：信用证是一项独立于贸易合同之外的契约。信用证业务处理的是单据，而不是与单据有关的货物。

银行在信用证业务中能够提供的服务包括：在出口商按照信用证条款的要求提交合格的单证后，开证行承担首要付款责任；为出口商提供打包融资服务；出口商可凭已装船单据办理押汇融资服务；可以为信用证使用各方提供相关咨询业务。

F 托收

托收是指委托人（收款人）向其账户所在银行（托收行）提交凭以收取款项的金融票据或/和商业单据，要求托收行通过其联行或代理行向付款人收取款项。托收属于商业信用，托收银行与代收银行对托收的款项能否收到不承担责任。

案例：我国 B 公司从英国 A 公司进口一批货物，双方商定采用跟单托收结算方式完成贸易项下的结算。A 公司凭贸易单据等向它的开户银行 C 银行申请托收，C 银行委托其代理行 D 银行向 B 公司提示付款，B 公司将款项支付给 D 银行，D 银行转给 C 银行，C 银行再支付给 A 公司（见图 12-4）。

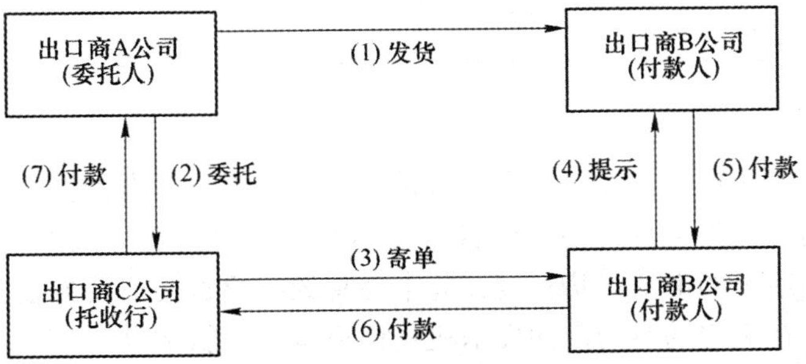

图 12-4 托收业务流程

根据所附单据的不同，托收分为光票托收和跟单托收，光票托收仅附金融单据，不附带发票、运输单据等。故称“光票”；跟单托收则附有金融单据和发票等商业单据。

托收根据收款单据、交单方式、服务客户类型等的不同，可以分为许多种类，下面简要介绍几种托收方式及其主要用途（见表 12-8）。

表 12-8 托收方式及用途

类别	主要用途
光票托收	广泛用于非贸易结算，或贸易从属费用的收款等
跟单托收	一般用于进口贸易款项的收付，没有银行信用介入
出口托收	我国跟单出口托收只限于滞销商品和新、小商品，以及要进入竞争激烈的市场的商品
进口托收	购买旧船的贸易通常使用跟单进口代收

12.3.3.4 银行卡业务

银行卡是由商业银行（或者发卡机构）发行的具有支付结算、汇兑转账、储蓄、循环信贷等全部或部分功能（见图 12-5）的支付工具或信用凭证。银行卡可根据不同的分类标准分为多种类型（见表 12-9）。

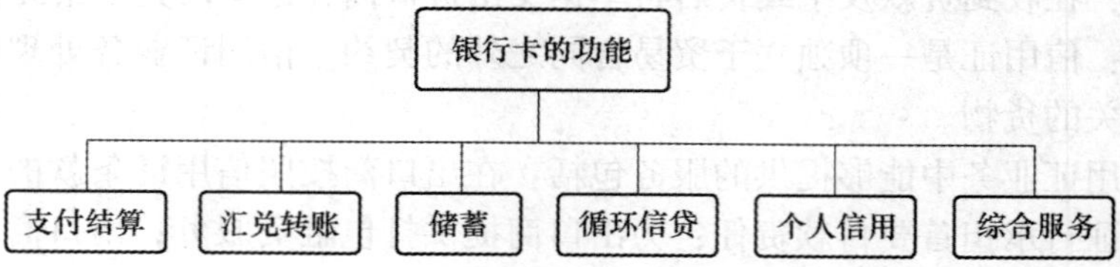

图 12-5 银行卡功能

表 12-9 银行卡分类

分类标准	银行卡种类
清偿方式	信用卡、借记卡
结算币种	人民币卡、外币卡、双（多）币卡
发行对象	单位卡（商务卡）、个人卡
信息载体	磁条卡、芯片卡（智能卡、IC卡）
资信等级	白金卡、金卡、普通卡等不同等级
流通范围	国际卡、地区卡
持卡人地位和责任	主卡、附属卡

A 信用卡

信用卡是指由商业银行或非银行发卡机构向其客户提供具有消费信用、转账结算、存取现金等功能的信用支付工具（在我国目前尚不允许非银行发卡机构发行信用卡）。持卡人可依据发卡机构给予的消费信贷额度，凭卡在特约商户直接消费或在其指定的机构、地点存取款及转账，在规定的时间内向发卡机构偿还消费贷款本息。

按是否向发卡银行交存备用金，信用卡分为贷记卡和准贷记卡两类。贷记卡是指发卡银行给予持卡人一定的信用额度，持卡人可在信用额度内先使用、后还款的信用卡。准贷记卡是指持卡人须先按发卡银行的要求交存一定金额的备用金，当备用账户余额不足支付时，可在发卡银行规定的信用额度内透支的信用卡。

信用卡消费信贷具有的特点：

（1）循环信用额度。我国发卡银行一般给予持卡人 20~56 天的免息期，持卡人的信用额度最高一般是 5 万元人民币，双币卡还具备一定外币额度。

（2）具有无抵押无担保贷款性质。

（3）一般有最低还款额要求。我国银行规定的最低还款额一般是应还金额的 10%。

（4）通常是短期、小额、无指定用途的信用。

（5）信用卡除具有信用借款外，还有存取现金、转账、支付结算、代收代付、通存通兑、额度提现、网上购物等功能。

国际上主要的信用卡组织有维萨（VISA）国际集团、万事达（Master Card）国际组织、JCB、大来卡公司、美国运通公司等。

B 借记卡

借记卡是指银行发行的一种要求先存款后使用的银行卡。借记卡与储户的活期储蓄存款账户相联结，卡内消费、转账、ATM 取款等都直接从存款账户扣划，不具备透支功能。

借记卡按功能的不同分为转账卡（含储蓄卡）、专用卡、储值卡。转账卡是实时扣账的借记卡，具有转账结算、存取现金和消费功能。专用卡是具有专门用途，在特定领域使用的借记卡，具有转账结算、存取现金功能。储值卡是发卡银行根据付卡人的要求将其资金转至卡内存储，交易时直接从卡内扣款的预付钱包式借记卡。

12.3.3.5 代理业务

A 代收代付业务

代收代付业务是商业银行利用自身的结算便利，接受客户委托代为办理指定款项收付事宜的业务。

代收代付业务主要包括代理各项公用事业收费、代理行政事业性收费和财政性收费、代发工资、代扣住房按揭消费贷款等。目前主要是委托收款和托收承付两类。

B 代理银行业务

（1）代理政策性银行业务。代理政策性银行业务是指商业银行受政策性银行的委托，对其自主发放的贷款代理结算，并对其账户资金进行监管的一种中间业务。主要解决政策性银行因服务网点设置的限制而无法办理业务的问题。目前主要代理中国进出口银行和国家开发银行业务。

代理政策性银行业务主要包括代理资金结算、代理现金支付、代理专项资金管理、代理贷款项目管理等业务。根据政策性银行的需求，现主要提供代理资金结算业务和代理专项资金管理业务。

（2）代理中央银行业务。代理中央银行业务是指根据政策、法规应由中央银行承担，但由于机构设置、专业优势等方向的原因。由中央银行指定或委托商业银行承担的业务。

代理中央银行业务主要包括代理财政性存款、代理国库、代理金银等业务。

（3）代理商业银行业务。代理商业银行业务是商业银行之间相互代理的业务。

代理商业银行业务包括代理结算业务、代理外币清算业务、代理外币现钞业务等。其中主要是代理结算业务，具体包括代理银行汇票业务和汇兑、委托收款、托收承付业务等其他结算业务。代理银行汇票业务最具典型性，其又可分为代理签发银行汇票和代理兑付银行汇票业务。

C 代理证券业务

代理证券资金清算业务是指商业银行利用其电子汇兑系统、营业机构以及人力资源为证券公司总部及其下属营业部代理证券资金的清算、汇划等结算业务。

代理证券资金清算业务主要包括：

（1）一级清算业务，即各证券公司总部以法人为单位与证券登记结算公司之间发生的资金往来业务。

（2）二级清算业务，即法人证券公司与下属证券营业部之间的证券资金汇划业务。

D 代理保险业务

代理保险业务是指代理机构接受保险公司的委托，代其办理保险业务的经营活动。商业银行代理保险业务，可以受托于个人或法人投保各险种的保险事宜，也可以作为保险公司的代表，与保险公司签订代理协议，是保险人委托代理银行办理保险业务的代理行为。代理银行依托自身的结算、网络等优势，结合所拥有的客户群体资源，为保险公司提供代理保险业务的服务。

代理保险业务的种类主要包括代理人寿保险业务、代理财产保险业务、代理收取保费及支付保险金业务、代理保险公司资金结算业务。

E 其他代理业务

(1) 委托贷款业务。根据《贷款通则》的定义，委托贷款系指由政府部门、企事业单位及个人等委托人提供资金，由贷款人（即受托人）根据委托人确定的贷款对象、用途、金额、期限、利率等代为发放、监督使用并协助收回的贷款。贷款人（受托人）只收取手续费，不承担贷款风险。

(2) 代销开放式基金。开放式基金代销业务是指银行利用其网点柜台或电话银行、网上银行等销售渠道代理销售开放式基金产品的经营活动。银行向基金公司收取基金代销费用。投资者可以通过银行及时对开放式基金进行认购、申购及赎回。

(3) 代理国债买卖。银行客户可以通过银行营业网点购买、兑付、查询凭证式国债、储蓄国债（电子式）以及柜台记账式国债。

除金融机构外，凡持有有效身份证件的个人以及企业或事业社团法人，均可在商业银行柜台开立国债托管账户并进行国债买卖。柜台交易实行债券和资金的实时交割结算。承办银行和中央国债登记结算有限责任公司可收取与债券托管业务相关的服务费用。

12.3.3.6 托管业务

A 资产托管业务

资产托管业务是指具备托管资格的商业银行作为托管人，依据有关法律法规，与委托人签订委托资产托管合同，履行托管人相关职责的业务。通常来讲，托管人的职责主要包括针对投资资产的安全保管、资金清算、会计核算、资产估值、投资监督及信息披露等，从国际趋势来看，托管人的职责和服务内容正在经历一个逐步拓宽的过程。

我国于 1997 年在封闭式证券投资基金的制度设计中引入托管制度，中国工商银行获得中国人民银行和中国证监会的联合批复，首家开办托管业务。随着我国资本市场的发展，托管制度被越来越多的行业和领域广泛运用，并向跨境投资领域延伸。目前，国内商业银行资产托管业务品种主要包括证券投资基金托管、保险资产托管、社保基金托管、企业年金基金托管、券商资产管理计划资产托管、信托资产托管、商业银行人民币理财产品托管、QFII（合格境外机构投资者）资产托管、QDII（合格境内机构投资者）资产托管等。

B 代保管业务

代保管业务是银行利用自身安全设施齐全等有利条件设置保险箱库，为客户代理保管各种贵重物品和单证并收取手续费的业务。

近年来，出租保管箱业务发展迅速，成为代保管业务的主要产品。银行提供各种规格的保管箱，对客户存放物品的种类、数量不予查验，客户在租期内可随时开箱取物。

此外，代保管业务还包括露封保管业务和密封保管业务。两者在办理保管时都注明保管期限和保管物品的名称、种类、数量、金额等，区别在于密封保管的客户在将保管物品交给银行时先加以密封。

12.3.3.7 担保业务

我国银行的担保业务分为银行保函业务和备用信用证业务。

A 银行保函业务

银行保函是指银行应申请人的要求，向受益人做出的书面付款保证承诺，银行将凭受益人提交的与保函条款相符的书面索赔履行担保支付或赔偿责任。其原理如图 12-6 所示。

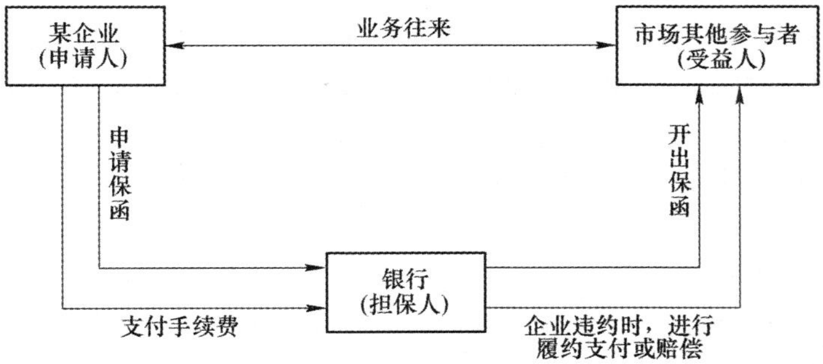

图 12-6 银行保函业务流程

银行保函根据担保银行承担风险的不同及管理的需要，可分为融资类保函和非融资类保函两大类，进一步分类见表 12-10。

表 12-10 银行保函的分类及释义

类别	保函种类	简单释义
融资类	借款保函	担保借款人（申请人）向贷款人（受益人）按贷款合同的规定偿还贷款本息
	授信额度保函	担保申请授信额度和在授信额度项下的偿还义务的履行。一般是母公司为海外的子公司申请
	有价证券保付保函	为企业债券本息的偿还或可转债提供的担保
	融资租赁保函	为融资租赁合同项下的租金支付提供的担保
	延期付款保函	为延期支付的货款及其利息提供的担保
非融资类	投票保函	多用于公开招标的工程承包和物资采购合同项下，根据标书要求的担保
	预付款保函	申请人一旦在基础交易项下违约，银行承担向受益人返还预付款的保证责任
	履约保函	对保函申请人诚信、善意、及时履行基础交易中约定义务的保证
	关税保函	为进出口物品缴纳关税提供的担保
	即期付款保函	保证申请人因购买商品、技术、专利或劳动合同项下的付款责任而出具的类同信用证性质的保函
	经营租赁保函	对经营租赁合同项下的租金支付提供的担保

B 备用信用证业务

备用信用证是开证行应借款人的要求，以放款人作为信用证的受益人而开具的一种特殊信用证，以保证在借款人不能及时履行义务或破产的情况下，由开证行向受益人及时支付本利。

备用信用证是在法律限制开立保函的情况下出现的保函业务的替代品，其实质也是银行对借款人的一种担保行为。

备用信用证与其他信用证相比，其特征是在备用信用证业务关系中，开证行通常是第二付款人，即只有借款人发生意外才会发生资金的垫付。而在一般信用证业务中，只要受益人所提供的单据和信用证条款一致，不论申请人是否履行其义务，银行都要承担对受益人的第一付款责任。

备用信用证主要分为可撤销的备用信用证和不可撤销的备用信用证两类。可撤销的备用信用证是指附有申请人财务状况出现某种变化时可撤销或修改条款的信用证。这种信用证旨在保护开证行的利益，开证行是根据申请人的请求和指示开证的，如果没有申请人的指示，开证行是不会随意撤销信用证的。不可撤销的备用信用证是指开证行不可以单方面撤销或修改信用证。对受益人来说，开证行不可撤销的付款承诺使其有了可靠的收款保证。

12.3.3.8　承诺业务

承诺业务是指商业银行承诺在未来某一日期按照事先约定的条件向客户提供约定的信用业务，包括贷款承诺等。

贷款承诺指应客户的申请，银行对项目进行评估论证，在项目符合银行信贷投向和贷款条件的前提下，对客户承诺在一定的有效期内，提供一定额度和期限的贷款，用于指定项目建设或企业经营周转。

贷款承诺业务可以分为项目贷款承诺、开立信贷证明、客户授信额度和票据发行便利四大类。

(1) 项目贷款承诺。项目贷款承诺主要是为客户报批项目可行性研究报告时，向国家有关部门表明银行同意贷款支持项目建设的文件。

(2) 开立信贷证明。开立信贷证明是应投标人和招标人或项目业主的要求，在项目投标人资格预审阶段开出的用以证明投标人在中标后可在承诺行获得针对该项目的一定额度信贷支持的授信文件。信贷证明根据银行承诺性质的不同，分为有条件的信贷证明和无条件的信贷证明两类。

(3) 客户授信额度。授信额度是银行确定的在一定期限内对某客户提供短期授信支持的量化控制指标，银行一般要与客户签订授信协议。

授信额度的有效期限按照双方协议规定（通常为一年），适用于规定期限内的各类授信业务，主要适用于解决客户短期的流动资金需要。

按照授信形式的不同，授信额度可分为贷款额度、开证额度、开立保函额度、开立银行承兑汇票额度、承兑汇票贴现额度、进口保理额度、出口保理额度、进口押汇额度、出口押汇额度等业务品种分项额度。

这些分项额度可以方便地办理短期贷款和其他授信业务。短期贷款额度和其他分项额度的配合使用，是商业银行向企业提供全面高效服务的重要措施。

授信额度项下发生具体授信业务时，商业银行还要按照实际发生业务的不同品种进行具体审查，办理相关手续。由于从授信额度转化为实际授信业务存在一定的不确定性，因此，授信额度可以被视为商业银行对客户的一种授信承诺。

（4）票据发行便利。票据发行便利是一种具有法律约束力的中期周转性票据发行融资的承诺。

根据事先与银行等金融机构签订的一系列协议，借款人可以在一段时期内，以自己的名义周转性发行短期票据，从而以短期融资的方式取得中长期的融资效果。

承诺包销的银行依照协议负责承购借款人未能按期售出的全部票据，或承担提供备用信贷的责任。包销承诺保障了票据发行人获得资金的连续性。

12.3.3.9 理财业务

商业银行理财业务是商业银行将客户关系管理、资金管理和投资组合管理等业务融合在一起，向公司、个人客户提供综合性的定制化金融产品和服务。

与传统的中间业务相比，理财业务涉及信托、基金、证券、保险等领域，需要综合运用境内外货币市场及资本市场金融工具，是一项技术含量高的综合性金融服务。近年来，理财产品不断创新，业务规模不断扩大，成为商业银行吸引高端客户和增加非利息收入的利润增长点。

（1）对公理财业务。对公理财业务是指商业银行在传统的资产业务和负债业务的基础上，利用技术、信息、服务网络、资金、信用等方面的优势，为机构客户提供财务分析、财务规划、投资顾问、资产管理等专业化服务。对公理财业务主要包括金融资信服务、企业咨询服务、财务顾问服务、现金管理服务和投资理财服务等。

（2）个人理财业务。个人理财业务是指商业银行为个人客户提供财务分析、财务规划、投资顾问、资产管理等专业化服务。

按照管理运作方式不同，个人理财业务可分为理财顾问服务和综合理财服务。

1）理财顾问服务。理财顾问服务是指商业银行向客户提供财务分析与规划、投资建议、个人投资产品推介等专业化服务。

2）综合理财服务。综合理财服务是指商业银行在向客户提供理财顾问服务的基础上，接受客户的委托和授权，按照与客户事先约定的投资计划和方式进行投资和资产管理的业务活动。

综合理财服务又分为私人银行业务和理财计划两类：

① 私人银行业务。私人银行业务是指向富裕阶层提供的理财业务，它并不限于为客户提供投资理财产品，还包括利用信托、保险、基金等一切金融工具为客户进行个人理财，维护客户资产在收益、风险和流动性之间的平衡，同时还包括与个人理财相关的一系列法律、财务、税务、财产继承等专业顾问服务。

部分国内私人银行业务开户的最低标准为100万元人民币，也有部分银行的最低标准为50万元人民币。许多国外银行的最低标准为100万美元，有的甚至高达上千万美元。

② 理财计划。理财计划是指商业银行在对潜在目标客户群分析研究的基础上，针对特定目标客户群开发设计销售的资金投资和管理计划。理财计划的产品组合中，可以包括储蓄存款产品和结构性存款产品。按照客户获得收益方式的不同，理财计划可以分为保证收益理财计划和非保证收益理财计划。

银行在提供个人理财服务时，往往需要广泛利用各种金融产品和投资工具，综合分析和权衡各种产品和工具的风险、收益和流动性，实现客户资产的保值增值。具体来说，个人理财工具包括银行产品、证券产品、证券投资基金、金融衍生品、保险产品、信托产品和其他产品。银行根据客户的经济状况、风险偏好、消费计划及其生命周期特点，为客户选择合适的金融产品和投资工具。

12.3.3.10 电子银行业务

电子银行业务是指商业银行等银行业金融机构利用面向社会公众开放的通信通道或开放型公众网络，以及银行的特定自助服务设施或客户专用网络，向客户提供离柜式银行服务的一种银行经营模式。电子银行渠道主要包括网上银行（利用计算机和互联网）、电话银行（利用电话等声讯设备和电信网络）、手机银行（利用移动电话和移动通信网络）、自动终端（多媒体自动终端、自助上网机等）。电子银行业务的渠道分类如图 12-7 所示。

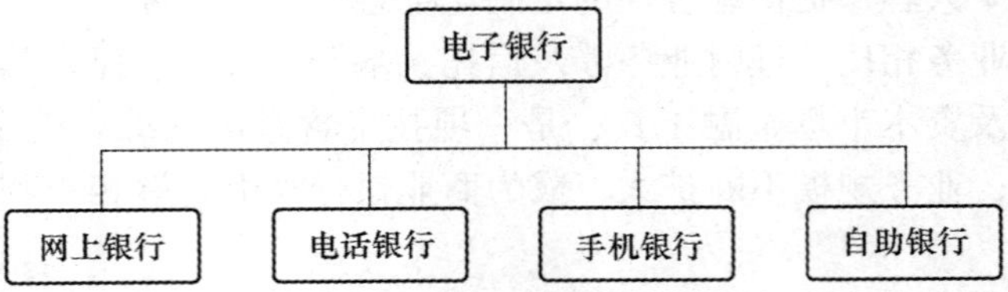

图 12-7 电子银行的渠道分类

A 网上银行

网上银行业务是指银行通过互联网及其相关技术向客户提供的金融服务。

（1）企业网上银行。企业网上银行业务是银行利用互联网技术，为企业客户提供的账户管理、收款付款、支付结算、集团理财、代发工资/代理报销、网上支付海关税费等银行服务。

（2）个人网上银行。个人网上银行业务是指银行利用互联网技术，为个人客户提供账户余额查询、账户明细查询，以及转账汇款、缴费、支付、投资理财等银行服务。

B 电话银行

电话银行业务是银行通过电话自动语音及人工服务应答方式为客户提供银行服务。电话银行的服务功能包括业务咨询、账户查询、转账汇款、投资理财、代理业务等。

C 手机银行

手机银行业务是银行利用移动网络和移动技术，通过移动网络为客户提供金融服务。手机银行提供的服务包括账户查询、转账、缴费、支付、投资理财等。

银行客户除了拨打固定电话之外，也可使用手机接入银行语音服务系统，使用电话银行服务，但这种形式并非手机银行。电话银行与手机银行的区别见表 12-11。

表 12-11 电话银行与手机银行的区别

业务种类	电话银行	手机银行
服务渠道	电话线路	移动通信网络
接入条件	固定电话、手机等	具备短信发送功能或上网功能的手机
服务方式	语音交换方式（自动语音、人工服务应答，在语音的提示下办理银行业务，同时用语音方式告知处理结果）	数据交换方式（全部采用可视操作，一目了然，通过手机键盘输入数据，在屏幕上就能看到提示和处理结果）
服务功能	相对简单	相对丰富

续表 12-11

业务种类	电 话 银 行	手 机 银 行
接入收费	通话费	短信费或网络运营商基本上网流量费
服务收费	有些银行收费，有些银行免费	有些银行收费，有些银行免费
申办和使用	在银行网点办理申请手续或自助注册申请开通后，直接拨打统一客服号码办理相关业务	在银行网点申请或自助注册申请开通后，通过发送短信或登录 WAP 网址即可使用

此外，手机银行与网上银行都可以完成银行业务操作，但手机银行采用专门设计的适合手机操作的简易菜单互动界面；相对于网上银行而言，手机银行的界面和功能都相对精简。

D　自助终端

自助终端业务是指利用银行提供的机具设备（如多媒体自助终端、自助上网机等），由客户自助操作，获取银行提供的存取款、转账、账户查询等金融服务。

【拓展训练】

东莞农商银行资产总额近 3000 亿元，同比增长 16%

（来源：2016 年 5 月 25 日《南方都市报》）

南都讯　**记者梁锦弟**　谋划泛资管业务，提速非信贷业务增长，去年东莞农商银行在新业务板块下足功夫。日前，东莞农村商业银行（简称“东莞农商银行”）公布 2015 年年度报告，资产业务规模实现翻番。截至 2015 年年末，资产总额（按合并报表口径，含理财）2996.26 亿元，比年初增加 413.95 亿元，增幅为 16.03%。存贷款市场占有率自 1996 年以来连续 20 年居东莞市银行业首位。

业绩报告显示，谋划泛资管业务，提速非信贷业务增长，这是去年东莞农商银行的一个业务开拓重点。如深度挖掘客户理财需求，开发现金管理型理财产品，推动理财业务由预期收益管理向净值型的转型。截至 2015 年年末，东莞农商银行理财余额达 340 亿元，比年初增加 145 亿元，实现理财资产管理费收入 2.77 亿元，同比增加 1.43 亿元，增幅达 106.7%。

互联网金融方面，截至 2015 年年末，手机银行签约客户 49.5 万人，同比增长 298%，直销银行用户 4.5 万户，平台累计交易额超 4 亿元。

思考题：请根据商业银行业务的相关知识分析以上案例。

【项目小结】

（1）商业银行是一个特殊的金融机构，具有风险经营、监管经营、竞争经营、盈利经营和负债经营的特点。商业银行的一切活动可以用经营与管理两种性质不同的工作内容加以概括。

（2）商业银行的经营是指商业银行对所开展的各种业务活动的组织和营销；商业银行的管理是商业银行对所开展的各种业务活动的控制与监督。

(3) 商业银行的职能包括信用职能、支付职能、金融服务职能和信用创造职能。

(4) 商业银行遵循安全性、流动性和营利性原则，流动性是实现安全性的必要手段，安全性是实现盈利的基础，追求盈利则是安全性与流动性的最终目标。

(5) 商业银行负债业务有存款类负债、非存款类负债。

(6) 商业银行资产业务是将聚集的货币资金加以运用的业务，包括现金业务、贷款业务、证券投资业务和贴现业务。

(7) 商业银行中间业务是银行不需运用自己的资本、代替客户承办支付和其他委托事项而收取手续费的业务，中间业务是银行在办理负债业务的过程中衍生出来的。作为一种资产负债之外的银行业务和占用银行资产较少的业务，它在银行的资产负债表上一般不能直接反映出来。

(8) 商业银行表外业务是指所从事的不计入资产负债表内或不直接形成资产和负债，但能改变银行损益和营运资金状况的业务。

13 金 融 市 场

【学习目标】

（1）理解金融市场的基本概念、构成要素、主要类型及功能。

（2）重点理解传统金融市场及金融衍生品市场的特点和运行方式。

（3）掌握各金融市场的多样化的金融工具，尤其是股票和债券。

（4）了解我国主要金融市场的运行制度和金融工具的特点。

13.1 金融市场概述

13.1.1 金融市场的含义与构成要素

尽管各国各地区的金融市场的组织形式和发达程度有所不同，但都包含四个基本的构成要素，即金融市场主体、金融市场客体、金融市场中介和金融市场价格。

13.1.1.1 金融市场主体

金融市场主体是指在金融市场上交易的参与者。在这些参与者中，既有资金的供给者，又有资金的需求者。二者的相互关系使得市场上资金的融通成为可能，从而促进了金融市场的形成。在金融市场上，市场主体具有决定性意义。市场交易主体的数量决定着金融工具的数量和种类，进而决定了金融市场的规模和发展程度。同时，金融市场主体的多少与交易的频繁程度也影响着金融市场的深度、广度与弹性。

一般来说，金融市场的主体包括家庭、企业、政府、金融机构、中央银行及监管机构。

（1）家庭。家庭是金融市场上主要的资金供应者。他们以购买债券、股票、投资基金等金融工具的方式，将手中的闲置资金投入市场，实现资金的保值和增值。有时，为了购买耐用消费品（如住房、汽车等），家庭也是资金的需求者，但需求数额一般较小。

（2）企业。企业是金融市场运行的基础，是重要的资金需求者和供给者。一方面，为了扩大生产规模或弥补暂时性的资金不足，企业通过向银行借款、发行债券或股票等方式筹集资金，成为金融市场上的资金需求者；另一方面，由于企业的资金收入和支出在时间上往往是不对称的，因此在生产经营的过程中会有部分暂时闲置的货币资金，为了实现资金的保值和增值，企业会将其投入金融市场，作为金融市场资金的供给者。除此之外，企业还是金融衍生品市场上重要的套期保值主体。

（3）政府。在金融市场上，各国的中央政府和地方政府通常是资金的需求者。它们通过发行国债或地方政府债券来筹措资金，用于弥补财政赤字、投资基础建设项目等。政府也会出现短期资金盈余，如税款集中收进却尚未产生支出时。此时，政府部门也会成为暂时的资金供应者。

(4) 金融机构。金融机构是金融市场上最活跃的交易者，分为存款性金融机构和非存款性金融机构。存款性金融机构是指经营各种存款并提供信用中介服务以获取收益的金融机构，主要包括商业银行、储蓄机构和信用合作社等。非存款性金融机构不直接吸收公众存款，而是通过发行债券或以契约的形式聚集社会闲散资金，包括保险公司、退休养老基金、投资银行和投资基金等机构。各类金融机构通过各种方式，一方面向社会吸收闲散资金，另一方面又向需要资金的部门提供资金，在金融市场上扮演着资金需求者和资金供给者的双重身份。

(5) 中央银行。中央银行在金融市场上处于一种特殊的地位，既是金融市场中重要的交易主体，又是监管机构之一。从参与金融市场交易的角度来看，中央银行作为银行的银行，充当最后的贷款人，从而成为金融市场资金的供给者。此外，为了执行货币政策，调节货币供应量，中央银行以公开市场操作的方式参与金融市场交易。中央银行的公开市场操作不以营利为目的，但会影响金融市场上资金供求双方的行为和金融工具的价格。同时，中央银行还与其他监管机构一起，代表政府对金融市场上交易者的行为进行监督和管理，以防范金融风险，确保金融市场平稳运行。

13.1.1.2 金融市场客体

金融市场客体即金融工具，是指金融市场上的交易对象或交易标的物。

A 金融工具的分类

第一，按期限不同，金融工具可分为货币市场工具和资本市场工具。货币市场工具是期限在一年以内的金融工具，包括商业票据、国库券、银行承兑汇票、大额可转让定期存单、同业拆借、回购协议等。资本市场工具是期限在一年以上，代表债权或股权关系的金融工具，包括国债、企业债券、股票等。

第二，按性质不同，金融工具可分为债权凭证与所有权凭证。债权凭证是发行人依法定程序发行并约定在一定期限内还本付息的有价证券。它反映了证券发行人与持有人之间的债权债务关系。所有权凭证主要是指股票，是股份有限公司发行的，用以证明投资者的股东身份和权益，并据以取得股息红利的有价证券。它反映的是股票持有人对公司的所有权。

第三，按与实际金融活动的关系，可分为原生金融工具和衍生金融工具。前者是指商业票据、股票、债券、基金等基础金融工具。后者是在前者的基础上派生出来的，包括期货合约、期权合约、互换合约等新型金融工具。

B 金融工具的性质

第一，期限性。期限性是指金融工具中的债权凭证一般有约定的偿还期，即规定发行人到期必须履行还本付息义务。债券一般有明确的还本付息期限，以满足不同筹资者和投资者对融资期限和收益率的要求。债券的期限具有法律约束力，是对融资双方权利和义务的保障。

第二，流动性。流动性是指金融工具在金融市场上能够迅速地转化为现金而不致遭受损失的能力。它主要通过买卖、承兑、贴现与再贴现等交易来实现。金融工具的收益率高低和发行人的资信程度也是决定流动性高低的重要因素。

第三，收益性。收益性是指金融工具的持有者可以获得一定的报酬和价值增值。它包括两个方面：一是金融工具定期的股息和利息收益；二是投资者出售金融工具时获得的价差。

第四，风险性。风险性是指金融工具的持有人面临的预定收益甚至本金遭受损失的可能性。金融工具的风险一般来源于两个方面：一是信用风险，即一方不能履行责任而导致另一方发生损失的风险；二是市场风险，是指金融工具的价值因汇率、利率或股价变化而发生变动的风险。具有风险性是各类金融工具的共同特征，风险大小与金融工具的设计有关，不同的金融工具往往具有不同的风险程度。

金融工具的上述四个性质之间存在着一定的联系。一般而言，金融工具的期限性与收益性、风险性成正比，与流动性成反比；流动性与收益性成反比，即流动性越强的金融工具，越容易在金融市场上迅速变现，所要求的风险溢价就越小，其收益水平往往也越低；收益性与风险性成正比，高收益的金融工具往往风险也高，低收益的金融工具往往风险也低。

13.1.1.3 金融市场中介

金融市场中介是指在金融市场上充当交易媒介，从事交易或促使交易完成的组织、机构或个人。它与金融市场主体一样，都是金融市场中的参与者，但二者之间又存在着重要的区别。金融市场中介参与金融市场活动的目的是获取佣金，其本身并非真正的资金供给者或需求者。

金融市场中介在金融市场上发挥着促进资金融通、降低交易成本、构造和维持市场运行的作用。同时，金融市场中介也是金融创新活动的活跃主体，通过不断开拓新的业务，创造多种多样的金融工具，对金融市场的风险控制和防范、扩大金融市场的广度深度、提高金融市场在社会经济中的地位都有重要作用。

13.1.1.4 金融市场价格

金融市场的价格也是金融市场的基本构成要素之一，它通常表现为各种金融工具的价格。由于金融市场价格与投资者的利益密切相关，因而受到广泛的关注。不同的金融工具有着不同的价格，且影响其变动的因素十分广泛，这也使金融市场的价格形成变得更加复杂。

价格机制在金融市场中发挥着极为关键的作用，是金融市场高速运行的基础。在一个有效的金融市场中，金融工具的价格能及时、准确、全面地体现该工具所反映的资产的价值，反映各种公开信息，引导市场资金的流向。

金融市场的四个要素之间是相互联系、相互影响的。其中，金融市场主体和金融市场客体是构成金融市场最基本的要素，是金融市场形成的基础。金融市场中介和金融市场价格则是伴随金融市场交易产生的，它们也是金融市场中不可或缺的构成要素，对促进金融市场的繁荣和发展具有重要意义。

13.1.2 金融市场的类型

金融市场是一个由许多子市场构成的庞大的市场体系，内含丰富的种类。各种类型的子市场的组成和关系就是通常所说的金融市场结构。研究金融市场的类型及其结构，对于判断一国金融市场的发展程度，确定金融市场的发展特点以及完善对金融市场的管理，都具有重要的意义。

13.1.2.1 按交易标的物划分

按照市场中交易标的物的不同，金融市场可划分为货币市场、资本市场、外汇市场、衍生品市场、保险市场和黄金市场等。

13.1.2.2 按交易中介划分

按照交易中介作用的不同，金融市场可以划分为直接金融市场和间接金融市场。直接金融市场是指资金需求者直接向资金供给者融通资金的市场，一般指的是政府、企业等通过发行债券或股票的方式在金融市场上筹集资金；间接金融市场是以银行等信用中介机构作为媒介来进行资金融通的市场。在间接金融市场上，资金供给者将闲置资金贷放给银行等中介机构，再由这些信用中介机构转贷给资金需求者。

值得注意的是，直接金融市场和间接金融市场的差别并不在于是否有中介机构参与，而在于中介机构在交易中的地位和性质。在直接金融市场上也有中介机构，但这些机构并不作为资金的中介，而仅仅是充当信息中介和服务中介。

13.1.2.3 按交易程序划分

按照金融工具的交易程序不同，金融市场可以划分为发行市场和流通市场。

发行市场又称一级市场、初级市场，是金融工具首次出售给公众所形成的交易市场。在一级市场中，投资银行、经纪人和证券商等作为经营者，承担政府和公司企业新发行债券的承购和分销业务。流通市场又称二级市场、次级市场，是已发行的金融工具在投资者之间买卖流通的市场。投资者可以在二级市场上出售持有的金融资产，以满足其对现金的需求。

发行市场是流通市场的前提和基础，流通市场为金融资产提供良好的流动性，是发行市场的重要补充，流通市场上的交易情况影响着发行市场上的金融工具价格，其价格变动也反映着一国宏观经济的运行态势。

13.1.2.4 按有无固定场所划分

按照金融交易是否存在固定场所，金融市场可划分为有形市场和无形市场两类。有形市场是指有固定的交易场所、集中进行交易的市场，一般指证券交易所、期货交易所等有组织的交易场地。无形市场是在证券交易所外进行的金融资产交易的总称。它本身并没有集中固定的交易场所，通过现代化的电信工具和网络实现交易。在现实世界中，大部分的金融交易是在无形市场上进行的。

13.1.2.5 按本原和从属关系划分

按照金融工具的本原和从属关系不同，金融市场可划分为传统金融市场和金融衍生品市场。传统金融市场又称基础性金融市场，是指一切基础性金融工具的交易市场，主要包括货币市场、资本市场、外汇市场等；金融衍生品市场是从基础性金融市场中派生出来的，从事以传统金融工具为基础的金融衍生品交易的市场。

13.1.2.6 按地域范围划分

按照地域范围的不同，金融市场可分为国内金融市场和国际金融市场。国内金融市场是指金融交易的范围仅限于一国之内的市场。它在一国内部，交易以本币计价，受本国法律制度的规范和保护。国内金融市场又包括全国性金融市场和地区性金融市场。国际金融市场是金融工具在国际间进行交易并引起资本在国际间流动的市场，大多数没有固定的交易场所，属于无形市场。

13.1.3 金融市场的功能

（1）资金积聚功能。金融市场最基本的功能就是将众多分散的小额资金汇聚为能供社会再生产使用的大额资金的集合。在这里，金融市场实际发挥着资金蓄水池的作用。在一个国家的经济中，各部门之间和部门内部的资金收入和资金支出在时间上往往是不一致的。在某一时间内，有些部门和经济单位可能存在暂时闲置的资金，另一些部门和经济单位则可能存在资金缺口。金融市场通过金融工具，将储蓄者或资金盈余者的货币资金转移给筹资者或资金短缺者使用，为两者提供融通资金的渠道。

（2）财富功能。财富功能是指金融市场为投资者提供了购买力的储存工具。金融市场上销售的金融工具作为储蓄财富、保有资产和财富增值的途径，使许多人在银行存款外找到了更好的收益与风险匹配的投资渠道。金融市场的流动性和产品的多样性也维系了市场的财富效应。

（3）风险分散功能。金融市场为市场参与者提供了防范资产风险和收入风险的手段。投资者通过对资产组合进行分散化管理，可以有效地降低甚至抵消投资风险。同时，金融工具的应用将大额投资分散为小额零散资金投资，从而将较大的投资风险分由大量投资者共同承担，既使投资者的利益得到保证，又使筹资者融资的目标实现。

（4）交易功能。规范的交易组织、交易规则和管理制度，使得金融市场工具大都具有较高的流动性，能更加便捷地进行交易。金融市场为金融资产的变现提供了便利，流动性是金融市场效率和生命力的体现。便利的金融资产交易和丰富的金融产品选择，使得交易成本大大降低，进而促进了金融市场的发展。

（5）资源配置功能。在金融市场上，交易工具的价格波动实际上反映了其背后隐含的相关信息。投资者对这些信息进行分析判断，并决定资金或其他经济资源的流向。一般来说，资金总是流向最有发展潜力、能够为投资者带来最大利益的部门或企业。这样，金融市场就将资源从低效率的部门转移到高效率的部门，从而使全社会的经济资源得到更加有效的配置和利用。

（6）反映功能。金融市场常被看成是社会经济运行的“晴雨表”，能够及时而灵敏地反映各种经济状况。正因为如此，各国政府、金融机构、企业及居民都高度关注金融市场指标的变化，并以此作为决策的重要依据。

（7）宏观调控功能。金融市场是政府调控宏观经济运行的重要载体，为政策的执行提供了操作平台。中央银行通过金融市场，运用存款准备金率、再贴现率和公开市场操作三大货币政策工具，调节货币供应量，对经济起到刺激或平抑作用。此外，财政政策的实施也与金融市场紧密相连，政府可以通过发行国债等手段对宏观经济进行引导和调控。

13.2 传统的金融市场

13.2.1 货币市场

货币市场是指交易期限在一年以内，以短期金融工具为媒介进行资金融通和借贷的交易市场，主要包括同业拆借市场、回购协议市场、票据市场、银行承兑汇票市场、短期政府债券市场和大额可转让定期存单市场等。货币市场中交易的金融工具一般都具有期限短、流动性高、对利率敏感等特点，具有“准货币”特性。货币市场活动的主要目的是保持资金的流动性：一方面满足资金需求者的短期资金需要；另一方面为资金充裕者的闲置资金提供短期盈利机会。

13.2.1.1 同业拆借市场

同业拆借市场是指具有法人资格的金融机构或经过法人授权的金融分支机构之间进行短期资金头寸调节、融通的市场。

同业拆借市场有以下特点：(1) 期限短。同业拆借市场的期限最长不得超过一年，这其中又以隔夜头寸拆借为主。(2) 参与者广泛。现代同业拆借市场的参与者相当广泛，商业银行、非银行金融机构和中介机构都是同业拆借市场的主要参与者。(3) 在拆借市场交易的主要是金融机构存放在中央银行账户上的超额准备金。(4) 信用拆借。同业拆借活动都是在金融机构之间进行的，市场准入条件比较严格，金融机构主要以其信誉参加拆借活动。也就是说，同业拆借市场基本上都是信用拆借。

同业拆借市场有以下功能：(1) 调剂金融机构间资金短缺，提高资金使用效率。有了同业拆借市场，金融机构就可以在不用保持大量超额准备金的前提下，满足存款支付及汇兑清算的需要。同业拆借市场使具有超额准备金头寸的金融机构可以及时拆出资金，减少闲置资金，提高资金使用效率和盈利水平；同时，也为准备金不足的金融机构提供了高效率、低成本获取资金的途径。(2) 同业拆借市场是中央银行实施货币政策，进行金融宏观调控的重要载体。同业拆借市场利率有效地反映了资金市场上短期资金的供求状况，中央银行根据其利率水平，了解市场资金的松紧状况，运用货币政策工具进行金融宏观调控，调节货币供应量，实现货币政策目标。

13.2.1.2 回购协议市场

回购协议市场是指通过证券回购协议进行短期货币资金借贷形成的市场。证券回购协议是指证券资产的持有者在卖出一定数量的证券资产的同时与买方签订的在未来某一特定日期按照约定的价格购回所卖证券资产的协议。

从表面上看，证券回购是一种证券买卖，但实际上它是一笔以证券为质押品而进行的短期资金融通。证券的卖方以一定数量的证券为抵押进行短期借款，条件是在规定期限内再购回证券，且购回价格高于卖出价格，两者的差额即为借款的利息。

在证券回购协议中，作为标的物的主要是国库券等政府债券或其他有担保债券，也可以是商业票据、大额可转让定期存单等其他货币市场工具。

证券回购作为一种重要的短期融资工具，在货币市场中发挥着重要作用：(1) 证券回购交易增加了证券的运用途径和闲置资金的灵活性。通过回购交易，证券交易商可以融入短期资金，或者通过逆回购交易买入证券以满足自己或客户的需要，有些交易商甚至利用回购协议市场进行空头交易，实现套利目的。商业银行通过回购交易，能够不断地调剂头寸余缺，保持资产与负债的动态均衡，使存贷差资金得到很好的利用。对一般投资者来说，证券回购市场也提供了更加灵活的选择到期日以及规避债券价格变动风险的手段。(2) 回购协议是中央银行进行公开市场操作的重要工具。在市场经济较为发达的国家或地区，中央银行常常通过回购协议进行公开市场操作，达到间接调控货币市场的目的。即中央银行以回购或逆回购方式吞吐基础货币，减少或增加短期内社会的货币供应量。这样操作的最大优点是能够减少利率波动给中央银行持有债券资产带来的资本损失，对证券市场的冲击也比直接买卖有价证券带来的冲击小。因此，回购协议在中央银行公开市场操作中占据日益重要的地位。

13.2.1.3 商业票据市场

商业票据是公司为了筹措资金，以贴现的方式出售给投资者的一种短期无担保的信用凭证。由于商业票据没有担保，完全依靠公司的信用发行，因此其发行者一般都是规模较大、信誉良好的公司。商业票据市场就是这些公司发行商业票据并进行交易的市场。

一般来说，商业票据的发行期限较短，面额较大，且绝大部分是在一级市场上直接进行交易。商业票据具有融资成本低、融资方式灵活等特点，并且发行票据还能提高公司的声誉。因此无论对于发行者还是投资者而言，商业票据都是一种理想的货币市场工具。

13.2.1.4 银行承兑汇票市场

汇票是由出票人签发的委托付款人在见票后或票据到期时，对收款人无条件支付一定金额的信用凭证。由银行作为汇票的付款人，承诺在汇票到期日支付汇票金额的票据，称为银行承兑汇票，以此为交易对象的市场就是银行承兑汇票市场。

银行承兑汇票市场主要由一级市场和二级市场构成。一级市场即发行市场，主要涉及汇票的出票和承兑行为；二级市场相当于流通市场，涉及汇票的贴现与再贴现过程。

银行承兑汇票具有以下特点：(1) 安全性高。由于汇票的主债务人是银行，因此相对于商业票据而言，银行承兑汇票的信用度较高，投资者的收益能够得到更好的保障。(2) 流动性强。银行承兑汇票以银行信用为付款保证，在市场上易于转让或贴现，变现能力强。(3) 灵活性强。银行承兑汇票的持有人既可以选择在二级市场上出售票据或办理贴现，也可以持有汇票到期获得收益。正是由于银行承兑汇票具有的以上特点，使其成为货币市场上最受欢迎的一种短期信用工具。

13.2.1.5 短期政府债券市场

短期政府债券是政府作为债务人，期限在一年以内的债务凭证。广义的短期政府债券不仅包括国家财政部门发行的债券，还包括地方政府及政府代理机构所发行的债券；狭义的短期政府债券仅指国库券。一般所说的短期政府债券市场指的就是国库券市场。

短期政府债券以国家信用为担保，几乎不存在违约风险，也极易在市场上变现，具有较高的流动性。同时，政府债券的收益免缴所得税，这也成为其吸引投资者的一个重要因素。相对于其他货币市场工具而言，短期政府债券的面额较小。

政府发行短期政府债券，通常是为了满足短期资金周转的需要。除此之外，它也为中央银行的公开市场业务提供了一种可操作的工具。

13.2.1.6 大额可转让定期存单（CDs）市场

大额可转让定期存单（CDs）是银行发行的有固定面额、可转让流通的存款凭证。它产生于美国，由花旗银行首先推出，是银行业为逃避金融法规约束而创造的金融创新工具。

与传统的定期存单相比，大额可转让定期存单具有以下特点：(1) 传统定期存单记名且不可流通转让；大额可转让定期存单不记名，且可在市场上流通并转让。(2) 传统定期存单的金额是不固定的，由存款人意愿决定；大额可转让定期存单一般面额固定且较大。(3) 传统定期存单可提前支取，但会损失一些利息收入；大额可转让定期存单不可提前支取，只能在二级市场上流通转让。(4) 传统定期存款依照期限长短有不同的固定利率；大额可转让定期存单的利率既有固定的，也有浮动的，一般高于同期限的定期存款利率。

13.2.2 资本市场

资本市场是融资期限在一年以上的长期资金交易市场。资本市场的交易对象主要是政府中长期公债、公司债券和股票等有价证券以及银行中长期贷款。在我国，资本市场主要包括股票市场、债券市场和投资基金市场。

13.2.2.1 债券市场

A 债券的概念与特征

债券是债务人依照法定程序发行，承诺按约定的利率和日期支付利息，并在约定日期偿还本金的书面债务凭证。它反映了筹资者和投资者之间的债权债务关系。

根据发行主体的不同，债券可分为政府债券、公司债券和金融债券。根据偿还期限的不同，债券可分为短期债券、中期债券和长期债券。根据利率是否固定，债券分为固定利率债券和浮动利率债券。根据利息支付方式的不同，债券分为付息债券、一次还本付息债券、贴现债券和零息债券。根据性质的不同，债券又可分为信用债券、抵押债券、担保债券等。

作为资本市场上最为重要的工具之一，债券具有以下特征：(1) 偿还性。债券有规定的偿还期限，债务人必须按期向债权人支付利息和偿还本金。(2) 流动性。在到期日之前，债券一般都可在流通市场上自由转让变现，具有较强的流动性。一般来说，债券市场越发达，债券发行人的信用程度越高，债券期限越短，债券的流动性就越强。(3) 收益性。债券能够为投资者带来一定的收入，这种收入主要来源于投资者获得的定期的利息收入以及在二级市场上出售债券时获得的买卖价差。(4) 安全性。与股票等其他有价证券相比，债券的投资风险较小，安全性较高。这是因为：债券的发行要经过有关部门的严格审查，一般只有信誉较高的筹资人才能获准发行债券；债券利率是固定的，且二级市场上的价格也比较稳定；即使在企业破产时，债券的持有者也享有优先于股票持有者的求偿权。

B 债券市场的含义及功能

债券市场是发行和买卖债券的市场。债券的发行市场又称一级市场，是将新发行的债券从发行人手中转移到初始投资者手中的市场。债券的流通市场又称二级市场，是指已发行的债券在投资者之间转手买卖的场所。债券一经认购，即确立了一定期限的债权债务关系，但通过债券流通市场，投资者可以转让债权，将债权变现。

债券市场的功能包括：(1) 债券资产作为金融市场的一个重要组成部分，具有调剂闲散资金、为资金不足者筹集资金的功能。(2) 债券体现了收益性与流动性的统一，是资本市场上不可或缺的金融工具，吸引了众多的投资者。(3) 债券市场能够较为准确地反映发行企业的经营实力和财务状况；同时，债券市场上的国债利率通常被视为无风险资产的利率，成为其他资产和衍生品的定价基础。(4) 债券市场是中央银行实施货币政策的重要载体。中央银行通过在证券市场上买卖国债或发行中央银行票据进行公开市场操作，对经济进行宏观调控。

13.2.2.2 股票市场

股票是由股份有限公司签发的用以证明股东所持股份的凭证，它表明股票持有者对公司的部分资本拥有所有权。股票是代表对一定经济利益分配请求权的资本证券，是资本市场上流通的一种重要工具。

股票市场是股票发行和流通的市场，可分为一级市场和二级市场。一级市场就是股票的发行市场，是股份公司发行新股票筹集资本的市场。二级市场即股票的流通市场，是指对已发行的股票进行买卖和转让的市场。股票的发行是流通的基础；流通市场的存在又保证了股票的流动性，为投资者提供了交易变现的途径，保证了股票发行市场的正常运行。

随着各国经济蓬勃发展，近年来各国股票市场中上市公司和投资者的数量也急剧增加。股票市场在国民经济中发挥着越来越重要的作用。交易规范、活跃的股票市场是促进一个国家金融市场繁荣不可或缺的因素。

13.2.2.3 投资基金市场

投资基金通过发售基金份额或收益凭证，将众多投资者分散的资金集中起来，由专业管理人员投资于股票、债券或其他金融资产，并将投资收益按投资份额分配给基金持有者。它是一种利益共享、风险共担的集合投资方式，其本质是股票、债券和其他证券投资的机构化。

投资基金体现了基金持有人与管理人之间的一种信托关系，是一种间接投资工具。具体来看，它有以下特征：(1) 集合投资，降低成本。投资基金集合了众多投资者的小额资金，通过统一经营，可以显著地降低交易成本，实现规模收益。(2) 分散投资，降低风险。投资基金将巨额的资金分散投资到多个市场，构造有效的资产组合，可最大限度地降低投资的非系统性风险。(3) 专业化管理。相比普通投资者而言，投资基金的管理人一般拥有广泛的金融证券知识和丰富的投资经验，并能了解和掌握更多的市场信息。

投资基金的投资对象范围十分广泛，既包括资本市场上的股票和债券、货币市场上的短期票据等金融工具，也包括一些金融衍生产品和黄金、收藏品等。

13.2.3 外汇市场

13.2.3.1 外汇市场概述

外汇是一种以外国货币表示的用于国际结算的支付手段，通常包括可自由兑换的外国货币和外币支票、汇票、本票、存单等。广义的外汇还包括外币有价证券，如股票、债券等，实际上就包括了一切外币金融资产。

外汇市场是进行外汇买卖的场所或营运网络。它是由外汇需求者、外汇供给者及买卖中介机构组成的。

外汇市场也有狭义和广义之分。狭义的外汇市场是指银行间的外汇交易市场，包括同一市场各银行间的外汇交易、不同市场各银行间的外汇交易、中央银行与外汇银行之间以及各国中央银行之间的外汇交易活动；广义的外汇市场是指由各国中央银行、外汇银行、外汇经纪人及客户组成的外汇买卖、经营活动的市场，包括上述银行间交易的批发市场以及银行同企业、个人之间外汇买卖的零售市场。

13.2.3.2 外汇交易类型

在外汇市场上，外汇交易基本类型包括即期外汇交易、远期外汇交易和掉期交易。

（1）即期外汇交易。即期外汇交易又称现汇交易，是指在成交当日或之后的两个营业日内办理实际货币交割的外汇交易。对于非银行的交易者来说，进行即期外汇交易的目的主要有三个方面：满足临时性的支付需要，调整持有的外币币种结构，进行外汇投机。

（2）远期外汇交易。远期外汇交易又称期汇交易，是指交易双方在成交后并不立即办理交割，而是按照事先约定的币种、金额、汇率、交割时间、地点等交易条件，到约定时期才进行实际交割的外汇交易。

远期外汇交易是适应国际贸易、借贷和投资的需要而产生的。在国际经济交往中，交易者不仅面临商品价格变动的风险，还面临汇率变动的风险。投资者选择远期外汇交易，既可用于套期保值，防范汇率风险；也可以通过买空或卖空交易对远期外汇汇率进行投机。

（3）掉期交易。掉期交易是指将币种相同、金额相同但方向相反、交割期限不同的两笔或两笔以上的交易结合在一起进行的外汇交易。也就是说，交易者在买进或卖出某种货币的同时，卖出或买进同种货币，但两者的交割日期不同。这种交易形式常用于银行间外汇市场上。

掉期交易是复合的外汇交易，进行掉期交易的目的在于利用不同交割期汇率的差异，通过贱买贵卖获取利润，或者用来防范汇率变动风险。除银行外，一些大公司也经常利用掉期交易进行套利活动。

13.2.4 黄金市场

1973 年 3 月因美元贬值，再次引发了欧洲抛售美元、抢购黄金的风潮，至此布雷顿森林货币体系完全崩溃，从此也开始了黄金非货币化的改革进程。国际货币基金组织在 1978 年以多数票通过批准了修改后的《国际货币基金协定》。该协定删除了以前有关黄金的所有规定，宣布黄金不再作为货币定值标准，废除黄金官价，可在市场上自由买卖黄金。

黄金非货币化之后的 20 年正是世界黄金市场得以发展的时期。可以说黄金非货币化使各国逐步放松了黄金管制，是当今黄金市场得以发展的政策条件。国际黄金非货币化的结果，使黄金成为可以自由拥有和自由买卖的商品，黄金从国家金库走向了寻常百姓家，其流动性大大增强，黄金交易规模增加，因此为黄金市场的发育、发展提供了现实的经济环境。同样需要指出的是，国际货币体系中黄金非货币化的法律过程已经完成，但是黄金在实际的经济生活中并没有完全退出金融领域，当今黄金仍作为一种公认的金融资产活跃在投资领域，充当国家或个人的储备资产。

当今的黄金分为商品性黄金和金融性黄金。国家放开黄金管制不仅使商品黄金市场得以发展，同时也促使金融黄金市场迅速地发展起来。并且由于交易工具的不断创新，几十倍、上百倍地扩大了黄金市场的规模。现在商品实物黄金交易额不足总交易额的 3%，90%以上的市场份额是黄金金融衍生物，而且世界各国央行仍保留了高达 3.4 万吨的黄金储备。在 1999 年 9 月 26 日欧洲 15 国央行的声明中，再次确认黄金仍是公认的金融资产。因此我们不能单纯地将黄金市场的发展原因归结为黄金非货币化的结果，也不能把黄金市场视为单纯的商品市场，客观的评价是：在国际货币体制黄金非货币化的条件下，黄金开始由货币属性主导的阶段向商品属性回归的阶段发展，国家放开了黄金管制，使市场机制在黄金流通及黄金资源配置方面发挥出日益增强的作用。但目前黄金仍是一种具有金融属性的特殊商品。

13.2.4.1 黄金市场交易

(1) 世界主要的黄金市场。商品黄金交易与金融黄金交易在不同地区、不同市场中的表现和活跃程度有所不同。据不完全统计现在世界上有40多个黄金市场，具体分布情况如下：

目前世界上比较著名的有影响的黄金市场主要集中在伦敦、苏黎世、纽约和香港等地。

国际上黄金市场的主要投资方式有金条（块）、金币、黄金企业股票、黄金期货、黄金期权、黄金管理账户等。所谓黄金管理账户是指经纪人全权处理投资者的黄金账户，这是一种风险较大的投资方式。其关键在于经纪人的专业知识和操作水平，以及信誉程度。

(2) 国际黄金价格的决定因素。20世纪70年代以前，黄金价格基本由各国政府或中央银行决定，国际上黄金价格比较稳定。70年代初期，黄金价格不再与美元直接挂钩，黄金价格逐渐市场化，影响黄金价格变动的因素日益增多，具体来说，供给方面因素主要有：

1) 地上的黄金存量。全球目前大约存有13.74万吨黄金，而地上黄金的存量每年还在大约以2%的速度增长。

2) 年供求量。黄金的年供求量大约为4200吨，每年新产出的黄金占年供应的62%。

3) 新的金矿开采成本。黄金开采平均总成本大约略低于260美元/盎司。由于开采技术的发展，黄金开发成本在过去20年持续下跌。

4) 黄金生产国的政治、军事和经济的变动状况。

5) 央行的黄金抛售。中央银行是世界上黄金的最大持有者，1998年官方黄金储备大约为34000吨，占已开采的全部黄金存量的24.1%。

6) 需求因素也影响着黄金的价格。黄金的需求与黄金的用途有直接的关系。黄金的需求主要包括首饰业、工业等相关行业产生的黄金实际需求量、人们出于保值目的而产生的黄金需求量，以及投机者根据黄金市场上的金价波动而引发的投机需求等。

还有一些其他因素也会影响黄金价格走势，如美元汇率影响。美元汇率也是影响金价波动的重要因素之一。一般在黄金市场上有美元涨则金价跌，美元降则金价扬的规律。美元坚挺一般代表美国国内经济形势良好，美国国内股票和债券将得到投资人竞相追捧，黄金作为价值储藏手段的功能受到削弱；而美元汇率下降则往往与通货膨胀、股市低迷等有关，黄金的保值功能又再次体现。这是因为，首先，美元贬值往往与通货膨胀有关，而黄金价值含量较高，在美元贬值和通货膨胀加剧时往往会刺激对黄金保值和投机性需求上升。其次，各国的货币政策与国际黄金价格密切相关。通货膨胀对金价的影响要做长期和短期分析，并要结合通货膨胀在短期内的程度而定。从长期来看，每年的通胀率若是在正常范围内变化，那么其对金价的波动影响并不大；只有在短期内物价大幅上升，引起人们恐慌，货币的单位购买力下降，金价才会明显上升。国际上重大的政治、战争事件都会影响金价。政府为战争或为维持国内经济的平稳而支付费用、大量投资者转向黄金保值投资，这些都会扩大对黄金的需求，刺激金价上扬。如美国“9·11”恐怖事件曾使黄金价格飙升至最高近300美元/盎司。股市行情对金价有一定影响。一般来说股市下挫，金价上升。这主要体现了投资者对经济发展前景的预期，如果大家普遍对经济前景看好，则资金大量流向股市，股市投资热烈，金价下降。

除了上述影响金价的因素外，国际金融组织的干预活动，本国和地区的中央金融机构的政策法规，也会对世界黄金价格的变动产生重大的影响。

13.2.4.2 我国黄金市场交易的发展

2002 年 2 月 6 日上海黄金交易所在国家工商行政管理局正式注册成立。上海黄金交易所是经国务院批准，由中国人民银行组建，不以营利为目的，实行自律性管理的法人。黄金交易所实行会员制组织形式，会员由在中华人民共和国境内注册登记，从事黄金业务的金融机构，从事黄金、白银、铂等贵金属及其制品的生产、冶炼、加工、批发、进出口贸易的企业法人，并具有良好资信的单位组成。标准黄金、铂金交易通过交易所的集中竞价方式进行，实行价格优先、时间优先撮合成交。非标准品种通过询价等方式进行，实行自主报价、协商成交。会员可自行选择通过现场或远程方式进行交易。

13.3 金融衍生品市场

13.3.1 金融衍生品市场概述

13.3.1.1 金融衍生品的概念与特征

金融衍生品又称金融衍生工具，是从原生性金融工具（股票、债券、存单、货币等）派生出来的金融工具，其价值依赖于基础标的资产。金融衍生品在形式上表现为一系列的合约，合约中载明交易品种、价格、数量、交割时间及地点等。目前较为普遍的金融衍生品合约有金融远期、金融期货、金融期权、金融互换和信用衍生品等。

与传统金融工具相比，金融衍生品有以下特征：(1) 杠杆比例高。金融衍生品市场中允许进行保证金交易，这就意味着投资者可以从事几倍甚至几十倍于自身拥有资金的交易，放大了交易的收益和损失。(2) 定价复杂。金融衍生品的价格依赖于基础标的资产的未来价值，而未来价值是难以测算的，这就给金融衍生品的定价带来了极大的困难。(3) 高风险性。由于金融衍生品的上述两个特征，使得从事金融衍生品交易的风险也被放大了。(4) 全球化程度高。

13.3.1.2 金融衍生品市场的交易机制

根据交易目的的不同，金融衍生品市场上的交易主体分为四类：套期保值者、投机者、套利者和经纪人。套期保值者又称风险对冲者，他们从事衍生品交易是为了减少未来的不确定性，降低甚至消除风险；投机者是参与交易获取利润的投资者；套利者利用不同市场上的定价差异，同时在两个或两个以上的市场中进行衍生品交易，以获取无风险收益；经纪人作为交易的中介，以促成交易、收取佣金为目的。

13.3.2 主要的金融衍生品

按照衍生品合约类型的不同，目前市场中最为常见的金融衍生品有金融远期、金融期货、金融期权、金融互换和信用衍生品等。各类金融衍生品具有不同的标的资产，其交易形式和特征也有很大差别。

(1) 金融远期。金融远期合约是最早出现的一类金融衍生品，合约的双方约定在未来某一确定日期，按确定的价格买卖一定数量的某种金融资产。在合约有效期内，合约的价值随标的资产市场价格的波动而变化。远期合约是一种非标准化的合约类型，没有固定的交易场所。这既使得远期合约拥有自由灵活的优点，同时也降低了远期合约的流动性，加大了投资者的交易风险。目前比较常见的远期合约主要有远期利率协议、远期外汇合约和远期股票合约。

（2）金融期货。金融期货是指交易双方在集中性的交易场所，以公开竞价的方式所进行的标准化金融期货合约的交易。金融期货合约就是协议双方同意在未来某一约定日期，按约定的条件买入或卖出一定标准数量的金融工具的标准化协议。主要的期货合约有外汇期货、利率期货、股指期货等。

期货合约与远期合约区别在于：远期合约的交易双方可以按各自的愿望就合约条件进行磋商；而期货合约的交易多在有组织的交易所内进行，合约的内容（如相关资产的种类、数量、价格、交割时间和地点等）都有标准化的特点。无论是远期合约还是期货合约，都为交易者提供了避免价格波动风险的工具，同时也为投机者利用价格波动取得投机收入提供了手段。

（3）金融期权。金融期权是20世纪70年代以来国际金融创新发展的最主要产品。金融期权实际上是一种契约，它赋予合约的购买人在规定的期限内按约定价格买入或卖出一定数量的某种金融资产的权利。为了取得这一权利，期权合约的买方必须向卖方支付一定数额的费用，即期权费。按照买方权利的不同，期权合约可分为看涨期权和看跌期权两种类型。看涨期权的买方有权在某一确定的时间或确定的时间之内，以确定的价格购买相关资产；看跌期权的买方则有权在某一确定时间或确定的时间之内，以确定的价格出售相关资产。

对于看涨期权的买方来说，当市场价格高于合约的执行价格时，他会行使期权，取得收益；当市场价格低于执行价格时，他会放弃合约，亏损金额即为期权费。对于看跌期权的买方来说，情况则恰好相反。因此，期权合约的买方可以实现有限的损失和无限的收益。

（4）金融互换。金融互换是两个或两个以上的交易者按事先商定的条件，在约定的时间内交换一系列现金流的交易形式。金融互换分为货币互换、利率互换和交叉互换等三种类型。

互换合约实质上可以分解为一系列远期合约组合。例如在最常见的利率互换中，交易双方约定一方按期根据以本金额和某一固定利率计算的金额向对方支付，另一方按期根据本金额和浮动利率计算的金额向对方支付。当交易终止时，只需交易的一方支付差额即可。

（5）信用衍生品。信用衍生品是一种使信用风险从其他风险类型中分离出来，并从一方转让给另一方的金融合约。自20世纪90年代问世以来，金融衍生品的发展保持了强劲的势头，种类和数量都不断扩大。经过近20年的迅猛发展，信用衍生产品已成为国际金融市场中不可或缺的交易品种。作为各类机构主动管理信用风险、获得超额投资收益的主要渠道，目前信用衍生品市场的参与者也从最初的银行扩展到固定收益投资者、保险公司、高收益市场基金、新兴市场基金以及非金融机构等各种机构。

信用衍生品是衍生工具中较为复杂的品种，其涵盖了信用风险、市场风险的双重内容，并且组合技术具有兼顾股权、债权的特点，在设计上、操作上以及风险管理上均呈现出高度复杂性的特点。

信用违约互换（CDS）是最常用的一种信用衍生产品。合约规定，信用风险保护买方向信用风险保护卖方定期支付固定的费用或者一次性支付保险费，当信用事件发生时，卖方向买方赔偿因信用事件所导致的基础资产面值的损失部分。CDS 一经产生，就受到了国际金融市场的热烈追捧，2007 年其规模一度高达 62 万亿美元。从表面上看，信用违约互换满足了金融资产的持有方控制违约风险的需要，同时也为愿意和有能力承担这种风险的保险公司或对冲基金提供了一个新的利润来源。然而，由于信用违约互换市场上几乎都是柜台交易，缺乏政府监管，没有一个统一的清算和报价系统，也没有保证金要求，市场操作不透明，这就给投资者带来了巨大的交易风险。在美国次贷危机爆发后，这一隐患也开始被人们意识到。

13.3.3　金融衍生品市场的发展演变

自 20 世纪 80 年代以来，国际金融市场最为重要的创新便是金融衍生品市场的建立和发展。金融自由化和全球化趋势使得金融领域内风险日益突出，企业、金融机构等的避险要求也逐渐提高，这就为金融衍生品市场的产生奠定了基础。而科技的发展和信息技术的进步，客观上为金融衍生品市场的发展创造了可能。

实际上，金融衍生品早已有之，但其真正迅速发展则是从近 40 年才开始的。1972 年，美国芝加哥商品交易所货币市场推出了英镑、加元、德国马克、日元、瑞士法郎、墨西哥比索等外汇期货合约，标志着第一代金融衍生品的产生。此后，股票期权、利率期货、货币互换、股指期货、互换期权等产品也陆续出现，金融衍生品市场逐渐发展壮大。

从合约形式来看，金融衍生品经历了由简趋繁的演变。最开始出现的是一般衍生工具，如单一的远期、期货、期权、互换等；随后出现了混合衍生工具，也就是传统金融工具与一般衍生金融工具的组合；近年来，衍生品市场中又出现了多种复杂衍生金融工具，即将一般衍生工具改造、组合而形成的新工具，又被称为“衍生工具的衍生物”。信用衍生品的产生，将金融衍生品市场的发展推入了一个新的阶段。

金融衍生品为风险规避者提供了方便的避险工具，也为风险承受者提供了有效的投机对象，因此越来越多的投资者开始关注这个市场。现在，金融衍生品市场已经成为一个种类繁多、结构复杂的金融产品大系统，并且随着金融创新的不断开展，新的衍生品也层出不穷，使得金融衍生品市场的体系更为完善、规模更加壮大。然而由于金融衍生品设计和定价的复杂性，当前世界各国的金融衍生品市场仍然存在一些漏洞，为整个金融市场体系带来了风险因素，因此各国政府和中央银行也在探索更有力的监管措施，以促进市场更平稳、有效运行。

13.4　我国的金融市场

13.4.1　我国的金融市场及其发展

我国金融市场存在的主要问题：首先，与其他国家相比，我国金融市场规模还很小，仍需大力拓展。其次，金融市场是间接融资与直接融资相结合、以直接融资为主的市场，这也是世界上多数国家金融市场的现状和潮流。但是，我国金融市场的情况是间接融资比重过高、直接融资比重过低，这一问题还没有得到根本改善。此外，现阶段我国资本市场与货币市场分离现象严重，货币市场发展滞后。金融市场是一个有机的整体，作为金融市场有机组成部分的货币市场与资本市场只有协调发展，才能最大限度地发挥金融市场的各项功能。

当前，我国金融市场的发展正处于最重要的战略机遇期。在将来金融市场的建设中，应进一步强化市场基础性设施建设，完善市场监管，积极稳妥推动金融市场创新，防范金融风险，确保金融市场安全运行，促进金融市场持续稳定健康发展。

13.4.2 我国的货币市场

13.4.2.1 同业拆借市场

我国同业拆借市场的发展始于20世纪80年代。1984年10月，国家对信贷资金管理体制实行了重大改革，允许各专业银行互相拆借资金。新的信贷资金管理体制实施后不久，各专业银行之间、同一专业银行各分支机构之间即开办了同业拆借业务。1993年前后，金融机构之间出现了拆借混乱的局面，主要表现为信托投资公司等非银行金融机构从商业银行拆入资金，并将拆入的短期资金进行证券投资和房地产投资。面对此种情况，中国人民银行开始规范同业拆借市场。1996年1月3日，经过中国人民银行长时间的筹备，全国统一的银行间同业拆借市场正式建立。

截至2013年2月，我国同业拆借市场有成员共计935家，市场主体日益多元化，满足了金融市场中调剂资金余缺、资产负债管理等多种交易需求。同业拆借市场的参与机构包括了中资大型银行、中资中小型银行、证券公司、基金公司、保险公司、外资金融机构以及其他金融机构（如城市信用社、农村信用社、财务公司、信托投资公司、金融租赁公司、资产管理公司、社保基金、投资公司、企业年金、其他投资产品等）。从融资主体结构看，我国同业拆借市场在2012年主要呈现以下特点：一是大型银行在同业拆借市场上是供给资金的主体，融出资金量持续增加，由上年同期的资金净融入转为净融出；二是中小型银行、证券公司及基金公司和其他金融机构资金需求不断增加，其中中小型银行和外资金融机构在同业拆借市场上均由上年的资金净融出转为净融入。从期限结构看，市场交易仍主要集中于隔夜品种，拆借隔夜品种的成交量占市场交易总量的86.3%。

13.4.2.2 回购协议市场

我国证券回购市场的发展是从1991年国债回购开始的。1993年起随着证券市场规模的扩大，国债回购交易得到迅速发展，回购协议市场成为一个重要的短期资金融通市场。1997年6月前，债券回购主要集中于上海证券交易所。1997年年初，为了防止银行资金流入股票市场，中国人民银行决定商业银行退出证券交易所的回购交易，并在银行间债券市场开展回购交易。自2000年起，证券公司、基金管理公司等金融机构只要满足一定的条件，也可以进入这一市场参与回购交易。2012年，我国证券回购市场的参与主体从市场成立之初的16家商业银行，增加到包括银行、保险、证券、信托、基金等金融机构和部分非金融机构投资者，共2200余家。目前，我国的证券回购市场已是一个发展稳定、交易规范的市场。市场的交易主体是具备法人资格的金融机构，交易场所是证券交易所和经批准的融资中心，回购券种为国债和经中国人民银行批准的金融债券，回购期限在 1 年以下。我国证券回购市场已经成为市场参与者进行短期融资、流动性管理的主要场所，成为央行进行公开市场操作、实现货币政策传导的重要平台。银行间回购利率也已成为反映货币市场资金价格的市场化利率基准，可为货币政策的决策提供重要依据，在利率市场化进程中扮演了重要角色。

13.4.2.3 商业票据市场

按照《中华人民共和国票据法》的规定，我国的票据包括汇票、本票和支票。汇票是由出票人签发，付款人见票后或票据到期时，在一定地点对收款人无条件支付一定金额的信用凭证。汇票按出票人不同可分为银行汇票和商业汇票。银行汇票是汇款人将款项交给银行，由银行签发给汇款人，持往异地由指定银行办理转账或向指定银行兑取款项的票据。商业汇票是收款人对付款人签发的，要求付款人于一定时间内无条件支付一定金额给收款人或持票人的一种书面凭证。另根据我国现行规定，商业票据也可由付款人签发或承兑申请人签发，于到期日向收款人支付款项。

我国的商业票据业务于 20 世纪 80 年代初首先在上海产生。1989 年，为了支持企业的发展，拓宽企业合理的资金融通渠道，中国人民银行下发了《关于发行短期融资融券有关问题的通知》，以文件形式肯定了各地发行融资券的做法。2000 年 11 月 9 日，经中国人民银行批准，我国在上海开办了内地第一家专业化票据经营机构——中国工商银行票据营业部，标志着中国票据市场的发展进入了专业化、规模化和规范化的新阶段。2003 年 6 月 30 日，中国票据网正式启用，虽然目前其各项功能仍急需完善，但是它标志着全国统一的票据市场的形成和我国票据市场长期以来分割局面的结束。经过一系列的规范整顿，我国票据市场进入了良性的、健康的发展轨道。2012 年，企业累计签发商业汇票 17.9 万亿元，同比增长 18.8%；期末商业汇票未到期金额 8.3 万亿元，同比增长 25.4%；金融机构累计贴现 31.6 万亿元，同比增长 26.4%；期末贴现余额 2.0 万亿元，同比增长 35.1%。

13.4.3 我国的资本市场

13.4.3.1 债券市场

我国的债券市场首先是从国债市场产生并逐渐发展起来的。1981 年我国重新恢复国债发行，但当时不是市场化发行。1996 年末建立债券中央托管机构后，中国债券市场进入快速发展阶段。目前，我国债券市场形成了包括银行间市场、交易所市场和商业银行柜台市场三个子市场在内的统一分层的市场体系。

（1）银行间市场是债券市场的主体，债券存量约占全市场的 95%。这一市场参与者是各类机构投资者，属于大宗交易市场（批发市场），实行双边谈判成交，典型的结算方式是逐笔结算。中央国债登记结算有限公司为银行间市场投资者开立证券账户，实行一级托管，并为这一市场的交易结算提供服务。银行间债券市场的交易品种主要有现券交易、质押式回购、买断式回购、远期交易和债券借贷。截至 2012 年年末，银行间债券市场共有参与主体 11287 个，包括各类金融机构和非金融机构投资者，形成了以做市商为核心、金融机构为主体、其他机构投资者共同参与的多层次的投资者结构。银行间债券市场的债券发行机构包括财政部、政策性银行、铁道部、商业银行、非银行金融机构、国际开发机构和非金融企业等各类市场参与主体。银行间市场已成为各类市场主体进行投融资活动和风险管理的重要平台。2012 年，银行间市场投资者进一步丰富，非金融企业投资主体增加较多。境外机构投资银行间债券市场试点稳步推进。截至 2012 年年底，已有 100 家（包括境外央行、国际金融机构、主权财富基金、港澳清算行、境外参加行、境外保险机构等）境外机构获准进入银行间债券市场。

（2）交易所市场是由各类社会投资者参与、集中撮合交易的零售市场，典型的结算方式是实行净额结算。交易所市场实行两级托管体制，其中，中央国债登记结算有限公司为一级托管人，负责为交易所开立代理总账户，中国证券登记结算公司为债券二级托管人，记录交易所投资者账户，中央国债登记结算有限公司与交易所投资者没有直接的权责关系。交易所交易结算由中国证券登记结算公司负责。交易所债券市场的交易品种主要有现券交易、质押式回购和融资融券。2010 年 10 月，中国证监会、中国人民银行、中国银监会三部门发布《关于上市商业银行在证券交易所参与债券交易试点有关问题的通知》，批准启动上市商业银行进入证券交易所债券市场进行交易，上市商业银行时隔 13 年重新回到交易所债券市场。

（3）商业银行柜台市场是银行间市场的延伸，也属于零售市场。柜台市场实行两级托管体制，其中，中央国债登记结算有限公司为一级托管人，负责为承办银行开立债券自营账户和代理总账户，承办银行为债券二级托管人，中央国债登记结算有限公司与柜台投资者没有直接的权责关系。与交易所市场不同的是，承办银行日终需将余额变动数据传给中央国债登记结算有限公司，同时中央国债登记结算有限公司为柜台投资人提供余额查询服务，是保护投资者权益的重要途径。商业银行柜台市场的交易品种是现券交易。

按币种划分，我国债券主要分为人民币债券和外币债券。人民币债券占据当前中国债券市场的绝大部分份额，达到托管量和交易结算量的 99% 以上。2003 年国家开发银行在国内发行了 5 亿美元金融债券，这是新中国建立以来在国内发行的第一笔外币债券。按债券属性划分，我国债券包括政府债券、中央银行债、金融债券、企业债券、短期融资券、中期票据、资产支持证券、国际机构债、可转换债券、政府支持机构债（目前包括汇金公司发行的债券）以及政府支持债券（2011 年以来铁道部发行的债券）等。政府债券包括国债和地方政府债。中央银行债即央行票据，其发行人为中国人民银行。金融债券包括政策性金融债券、商业银行债券、特种金融债券、非银行金融机构债券、证券公司债、证券公司短期融资券等。企业债券包括中央企业债券和地方企业债券。短期融资券是指我国境内非金融企业发行的一年期以内的短期融资工具。中期票据是指非金融企业发行的一年以上的融资工具。国际机构债指国际机构在我国境内发行的债券。

近几年来，我国债券市场规模不断扩大，市场交易规则逐步完善，债券托管体系和交易系统等基础建设不断加快。2012 年，债券市场累计发行人民币债券 8 万亿元，同比增加 2.4%。截至 2012 年年底，债券市场债券托管量达 26 万亿元，其中，银行间市场债券托管量为 25 万亿元。

13.4.3.2 股票市场

我国上市公司股票按发行范围可分为 A 股、B 股、H 股和 F 股。A 股股票是指已在或获准在上海证券交易所、深圳证券交易所流通的且以人民币为计价币种的股票。这种股票按规定只能由我国居民或法人购买，所以我国股民通常所言的股票一般都是指 A 股股票。B 股股票是以人民币为面值、以外币为认购和交易币种、在上海和深圳证券交易所上市交易的普通股票。以前，B 股的投资者限境外或中国香港、澳门及台湾，2000 年 2 月，中国证券监督管理委员会（以下简称中国证监会）开始允许境内持有外汇账户的企业和个人投资 B 股。H 股是我国境内注册的公司在香港发行并在香港上市的普通股票。F 股是我国股份公司在海外发行上市流通的普通股票。

另外，在我国上市公司的股份按投资主体可以分为国有股、法人股和社会公众股。国有股指有权代表国家投资的部门或机构以国有资产向公司投资形成的股份，包括以公司现有国有资产折算成的股份。法人股指企业法人或具有法人资格的事业单位和社会团体以其依法可经营的资产向公司投资所形成的股份。社会公众股是指我国境内个人和机构，以其合法财产向公司投资所形成的股份。

改革开放以来，我国的股票市场发展十分迅速。20 世纪 80 年代初期，部分企业以股份形式集资开发项目或组建新企业，这时股票的认购对象主要是内部职工和部分法人单位，以后逐渐向社会公开发行，但是股票的规范化程度不高。随着 1990 年 12 月和 1991 年 7 月上海证券交易所和深圳证券交易所的先后营运，股票市场得到了迅速发展。1993 年以后，股票市场试点由点及面，扩大到全国，并以 B 股、H 股等方式开始发行。同时不断探索股票发行方式，新股发行逐渐向市场化和公开化方式演进。

目前，我国的股票市场主体由上海证券交易所和深圳证券交易所组成，包括主板市场、中小企业板市场和创业板市场。此外，代办股份转让市场（即所谓的“三板市场”）也是我国有组织的股份转让市场。

主板市场是我国股票市场的最重要的组成部分，以沪、深两市为代表。在主板市场上市的企业一般来自有发展前途的传统产业，因此具有较高的资本规模和相对稳定的业绩回报。我国的主板市场发展迅速，极大地拓宽了企业的融资渠道，促进了我国经济的发展。

2004 年 5 月，中国证监会正式批准深圳证券交易所设立中小企业板市场，这对于促进中小企业及民营企业的发展、实现资本与技术的结合及调整国民经济结构等方面具有重要意义。目前中小企业板市场与主板市场除上市公司规模外，其他方面差别不大。

2005 年 4 月 29 日，经过国务院批准，中国证监会发布《关于上市公司股权分置改革试点有关问题的通知》，股权分置改革试点宣告启动。2007 年 12 月 31 日，股权分置改革基本完成。股权分置是指我国股市因为特殊历史原因和特殊的发展演变中，我国 A 股市场的上市公司内部普遍形成了“两种不同性质的股票”，社会公众购买的公开发行的股票可以在证券交易所挂牌交易，称为流通股，而上市公司公开发行前股东所持股份暂不上市交易，只能通过协议方式转让，称为非流通股，这两类股票形成了“不同股不同价不同权”的市场制度与结构。股权分置改革不仅解决了我国股票市场的历史遗留问题，更完善了我国资本市场的基础制度和运行机制。

在运行中小企业板市场取得丰富经验后，国家开始着手设立服务于高新技术或新兴经济企业的创业板市场。2009 年 3 月 31 日，中国证监会正式发布《首次公开发行股票并在创业板上市管理暂行办法》，该办法自 2009 年 5 月 1 日起实施。2009 年 10 月 23 日，我国创业板举行开板启动仪式，28 家企业获准首批在深圳股票交易所上市。2009 年 10 月 30 日，我国创业板正式上市。创业板的推出是对我国证券市场体系的重要补充，也拓宽了投资者的投资渠道，对证券市场的完整性有积极的意义。除此之外，对支持企业自主创新，科技成果转化和产业化，推动经济转型，调整产业结构，培育战略性新兴产业和落实国家自主创新战略都具有重要的意义。

为加快我国多层次资本市场建设发展，2013 年 1 月 16 日，全国中小企业股份转让系统正式揭牌运营。全国中小企业股份转让系统是经国务院批准设立的全国性证券交易场所，该系统的设立有利于不断改善中小企业金融环境，推动我国场外市场的发展。2010 年 3 月 31 日，我国股票市场融资融券交易正式启动。融资融券交易具有价格发现功能、市场稳定功能、增强流动性功能和风险管理功能，优化了股票市场的交易结构，对我国股票市场的发展完善有着重要的意义。

2012 年 7 月，上海证券交易所和深圳证券交易所相继发布《关于完善上海证券交易所上市公司退市制度的方案》《关于改进和完善深圳证券交易所主板、中小企业板上市公司退市制度的方案》，这对建立上市公司优胜劣汰的市场环境具有重要意义。

13.4.3.3 投资基金市场

根据我国 1997 年 11 月颁布的《证券投资基金管理暂行办法》，证券投资基金是一种利益共享、风险共担的集合投资方式，即发行基金单位集中投资者的资金，由基金托管人托管，基金管理人管理和运用资金从事股票、债券等金融工具进行投资。投资基金是通过信托契约或公司的形式，借助发行受益凭证或入股凭证的方式，将社会上的闲散资金集中起来，委托给专门的投资机构按资产组合原理进行分散投资，获得的收益由投资者按出资比例分享，并承担相应风险的一种投资制度。

我国投资基金业起步于 20 世纪 80 年代中后期，依主管机关管辖权力过渡分为以下三个发展阶段：

第一阶段是 1992~1997 年，该阶段是中国人民银行作为主管机关的阶段。在沪、深两市证券交易所上市的基金有 25 只，在大连、武汉、天津证券交易中心联网交易的基金数量有 28 只，但此时基金规模很小，运作也很不规范，俗称为“老基金”。专业性基金管理公司很少，不足 10 家。

第二阶段是 1997~2004 年 5 月底，在《证券投资基金管理暂行办法》公布后，由中国证监会作为基金管理的主管机关。在《证券投资基金管理暂行办法》的指引下，发行的基金被称为“新基金”。2001 年 9 月，我国开始发行开放式证券投资基金。在证券投资基金市场规模扩大的同时，证券投资基金的品种也开始呈现多样化格局，平衡型、成长型、优化指数型、指标股成长型、国企股型、稳健型、成长价值复合型等，证券投资基金的品种不断推陈出新，令人目不暇接。2002 年 6 月，中国证监会发布了《外资参股基金管理公司设立规则》。外资进入基金管理行业，有利于我国基金业规模的扩大，有利于基金业的规范发展和基金管理公司管理水平的提高。

第三个阶段是从 2004 年 6 月 1 日起，《中华人民共和国证券投资基金法》正式实施，这标志着我国基金业由此进入了一个以法治业的新时代。特别是近年来，证券投资基金市场的发展很快，证券投资基金已成为许多居民重要的投资工具。

2002 年以来，开放式基金取代封闭式基金成为市场主流，我国基金市场推出了成熟市场所具有的绝大多数主流基金产品，丰富了投资者的选择。截至 2012 年年底，我国已开展业务的 72 家基金管理公司管理资产规模合计 36225. 52 亿元。

13. 4. 4 我国的外汇市场

改革开放前，与计划经济管理体制以及外汇收支实行统收统支相适应，人民币汇率由国家确定和调整，我国没有外汇市场。1979 年，随着对出口企业实行外汇留成制度，允许留成的外汇相互调剂，在此基础上逐渐产生了外汇调剂市场。为顺应社会主义市场经济的发展需要，1994 年 1 月 1 日，我国对外汇管理体制进行了重大改革，实行以市场供求为基础的、单一的、有管理的浮动汇率制度。1994 年 4 月 4 日，中国外汇交易系统启动运营，全国统一、规范的银行间外汇市场正式建立。外汇市场建立之初，发展迅速，交易主体不断增加，交易品种不断丰富，业务范围不断扩大，服务时间不断延长。2005 年 7 月 21 日，我国对人民币汇率形成机制进行改革，实行以市场供求为基础、参考一篮子货币进行调节、有管理的浮动汇率制度。随后，外汇管理部门出台了一系列政策，引入做市商制度，增加外汇交易品种，促进外汇市场发展。

目前，在银行间外汇市场上，人民币的外汇交易类型包括即期交易、远期交易、掉期交易和期权交易。在人民币的即期交易市场上，共有人民币对美元、港币、日元、欧元、英镑、澳大利亚元、加拿大元、马来西亚林吉特、俄罗斯卢布、泰国铢（区域交易）等 10 个币种的交易。此外，还有 9 个外币对外币的即期、远期和掉期交易。

2012 年，人民币外汇即期交易成交 3. 36 万亿美元，人民币外汇掉期交易累计成交金额折合 2. 52 万亿美元，人民币外汇远期交易累计成交 866 亿美元，全年“外币对”累计成交金额折合 857 亿美元。外汇市场交易主体进一步增加，截至 2012 年年底，共有外汇市场即期市场会员 353 家，远期、掉期市场会员 79 家，期权会员 31 家。

13. 4. 5 我国的金融衍生品市场

相对于其他种类的金融市场来说，我国的金融衍生品市场起步最晚，发展速度也较为缓慢。20 世纪 90 年代初我国开始开展金融期货交易试点，金融衍生品开始在我国出现。1992 年，深圳有色金属交易所推出了我国第一个商品期货标准合约——特级铝期货合约。2006 年 9 月 8 日，中国金融期货交易所在上海挂牌成立。作为中国内地成立的首家金融衍生品交易所，中国金融期货交易所的成立正式拉开了我国金融衍生品市场发展的大幕。2010 年 1 月 8 日，国务院同意批准推出股指期货品种，并于 2 月 22 日正式启动开户。

2005 年以来，我国利率衍生品市场不断发展，债券远期、利率互换和远期利率协议在 2005 年 6 月、2006 年 2 月和 2007 年 9 月相继推出。2012 年，债券远期共达成交易 56 笔，成交金额 166. 1 亿元；人民币利率互换市场发生交易 2. 1 万笔，名义本金总额 2. 9 万亿元；远期利率协议较为清淡，远期利率协议全年共成交 3 笔，名义本金额共 2 亿元。

与国际成熟市场比较，我国金融衍生品市场差距还比较大。近年来，我国正努力加大新型金融衍生品的开发，加强金融衍生品市场的法律法规体系建设，建立和完善金融衍生品市场的监管机制，通过加强监管构建金融衍生品市场多层次的风险防范体系，以严格市场准入、健全结算制度、强化保证金管理以及加强投资者教育等多种方式促进市场的公平竞争，减少市场的过度投机，维护金融衍生品市场的健康稳定。

【拓展训练】

金融市场惊天大屠杀仍在持续　英美央行正在酝酿大动作？

（来源：2016 年 6 月 28 日 FX168）

FX168 财经报社（香港）讯　周一（6 月 27 日）美市早盘，英国脱欧引发的金融市场大屠杀依然在继续：英镑（1.3233，0.0008，0.06%）/美元 31 年以来首次跌破 1.32 关口，至 1.3122 低位，跌势恐还将继续下去；欧美股市再遭重挫，欧洲主要股指收盘大跌逾 3%，银行板块依然是重灾区，暴跌逾 8%，美国股市也低开低走，盘初跌势很快扩大至逾 2%；原油延续脱欧公投以来的跌势，日内下挫逾 2%……央行方面，美联储主席耶伦与英国央行行长卡尼均缺席欧洲央行会议，有分析认为，此番变动或暗示央行将采取行动干预市场。

英国首相卡梅伦周一指出，他和内阁成员很清楚，必须接受退欧公投结果；退欧意味着英国经济将“调整”，不过应该对英国经济仍然强劲有信心；英国央行和财政部将会毫不犹豫地在必要时采取进一步举措来稳定金融市场；现阶段英国政府不会启动里斯本条约第 50 条退欧相关程序，启动第 50 条相关程序是英国需要单独做出的决定。

德国总理默克尔发言人 Steffen Seibert 在一场例行记者会上表示：“有一件事是很明确的：在英国正式请求前，不会举行退欧的非正式初步协商。”

他补充称：“唯有当英国根据第 50 条款做出退欧请求时，欧洲议会才会为退出协议共同规划指导原则。”

伦敦前市长 Boris Johnson 是英国下届首相热门人选，而他表示英国不急于和欧盟开始谈判，等待时间越长对英国越有利。一旦启动，优势就会回到欧盟 27 国，因此启动时间是至关重要的。由此看来英国似乎不会在 2018 年年底前离开欧盟了。

欧盟官员和领导人担忧时间拖得太长会引发骨牌效应，其他国家会效仿英国脱欧。不过并没有合法的途径强迫英国开启进程，除非给予卡梅伦巨大的政治压力让他兑现诺言。欧洲央行（ECB）警告英国金融业再不签约就会失去在欧盟服务客服的资格，从而向英国施压。

当然，不是所有欧盟成员都同意向英国施压。德国总理默克尔（Angela Merkel）周六（6 月 25 日）试图缓和欧盟、法国甚至自己国家强制进行英国快速脱欧谈判的态度。她清楚地指出，既然卡梅伦宣布在 10 月结束前不会开始正式脱欧谈判，就没必要逼他。

此外，英国财长乔治·奥斯本（George Osborne）周一发表声明，意图安抚市场，称英国经济处于强劲地位，足以适应脱欧后的环境。

他打破之前的沉默，在财政部声明表示其并非推翻之前在公投辩论中预测退欧可能将英国推入经济衰退并以损失成千上万的工作岗位为代价的言论。他称：“这不可避免，周四的公投过后，英国经济必须适应它的新处境。”

英国结束其欧盟成员国身份的历史性投票，俨然吹响了厌恶风险投资者的行动号角。这也引发黄金交易所交易基金（ETF）持仓量大增 43 亿美元，创出 4 年来最大单日增幅。

思考题：请运用金融市场相关知识分析英国脱欧对我国金融市场的影响。

【项目小结】

（1）金融市场是资金供求双方借助金融工具进行各种资金交易活动的场所。其有多个子市场。

（2）金融市场主要由4个基本要素构成：交易主体、交易客体、交易价格、交易中介。其中，交易主体包括政府、中央银行、商业性金融机构、企业以及居民。不同的参与者，其参与目的及方式不尽相同。交易客体即金融工具则是金融市场上资金交易的载体。在金融市场上，价格发挥着核心作用。金融交易有不同的交易中介。

（3）货币市场是指以期限在一年以下的金融工具为媒介进行短期资金融通的市场。货币市场无论是在市场参与人、市场交易对象方面还是在市场的经济政策意义方面都与资本市场有着明显的区别。从交易对象的角度看，货币市场主要由同业拆借、票据贴现、短期证券以及大额可转让定期存单等子市场组成。

（4）货币市场具有交易期限短、流动性强、风险相对较低的特征。其功能与作用主要体现在三个方面：调剂资金余缺，满足短期融资需要，为政策调控提供条件和场所。

（5）资本市场是指以期限一年以上的金融工具为媒介进行长期性资金交易活动的市场。资本市场金融工具期限长，主要是解决长期投资性资金的供求需要。

（6）金融衍生工具是在金融原生资产基础上设计并派生出的新金融工具。金融衍生工具具有价格发现、套期保值和促进信息流动三大基本功能。

（7）我国已初步形成了以货币市场和资本市场为主体的、相对完整的金融市场体系。在我国，金融市场主要包括货币市场、资本市场、外汇市场、金融衍生品市场等子市场。

14 货币的供给与需求

【学习目标】

（1）理解货币需求和货币供给的基本原理。

（2）理解掌握货币均衡原理。

（3）理解货币失衡原理及其调节方法。

14.1 货 币 需 求

14.1.1 货币需求概述

货币需求是指社会各部门在既定的收入或财富范围内能够而且愿意以货币形式持有的数量。在现代高度货币化的经济社会里，社会各部门需要持有一定的货币去媒介交换、支付费用、偿还债务、从事投资或保存价值，因此便产生了货币需求。货币需求通常表现为一国在既定时间上社会各部门所持有的货币量。对于货币需求含义的理解，还需把握以下几点：

（1）货币需求是一个存量的概念。它考察的是在某个时点和空间内（如1997年年底，中国），社会各部门在其拥有的全部资产中愿意以货币形式持有的数量或份额，而不是在某一段时间内（如从1996年年底到1997年年底），各部门所持有的货币数额的变化量。因此，货币需求是个存量概念，而非流量概念。

（2）货币需求量是有条件限制的，是一种能力与愿望的统一。它以收入或财富的存在为前提，在具备获得或持有货币的能力范围之内愿意持有的货币量。因此，构成货币需求需要同时具备两个条件：一是必须有能力获得或持有货币，二是必须愿意以货币形式保有其财产，二者缺一不可。有能力而不愿意持有货币不会形成对货币的需求；有愿望却无能力获得货币也只是一种不现实的幻想。

（3）现实中的货币需求不仅包括对现金的需求，而且包括对存款货币的需求。因为货币需求是所有商品、劳务的流通以及有关一切货币支付所提出的需求。这种需求不仅现金可以满足，存款货币也同样可以满足。如果把货币需求仅仅局限于现金，显然是片面的。

（4）人们对货币的需求既包括了执行流通手段和支付手段职能的货币需求，也包括了执行价值储藏手段职能的货币需求。二者差别只在于持有货币的动机不同或货币发挥职能作用的不同，但都在货币需求的范畴之内。

14.1.2 货币需求理论

货币需求理论主要分析经济中哪些因素会影响社会各个部门的货币需求量，这些因素又对社会各个部门的货币需求产生影响。

14.1.2.1 传统的货币需求理论

在经济生活中，个人购买消费品需要一定量的货币；企业购置原材料、设备和支付工人工资等都需要一定量的货币；政府机构购置办公用品、安排业务等需要一定量的货币；投资者欲购进有价证券、外汇等也需要一定量的货币……将这些综合起来就是一个社会的货币需求问题。在金属货币流通条件下与在信用货币流通条件下，人们对货币需求的动机与数量的要求是不同的。

与货币需求对应的是货币供给，是谁控制货币供给，是什么因素导致货币供给发生变化，如何对货币供给进行控制？货币需求和货币供给的变动事关整个经济的健康运行，因此，货币供求理论是整个货币理论的重要组成部分，也是中央银行制定货币政策的重要依据。

A 货币需求的定义

人们在资产总量既定的情况下，如果持有较多的货币，就只能持有较少的其他资产，比如债券、股票等。当人们在选择不同的资产作为财富的保值形式时，必然会考虑各种资产的特性。由于各人对不同资产偏好的不同，所以人们保值、增值的方式也是不同的，表现在持有各种资产的数量和比例结构上是不同的，而且还处在不断变化之中，因此，整个社会的货币需求在量上是不稳定的。一般地，通货和活期存款是最基本意义上的货币，因此，凡是以通货和活期存款形式保有资产的行为，都应该被称为对货币的需求。

B 决定货币需求的因素

在商品货币经济条件下，决定和影响货币需求量的因素是多种多样的。

(1) 收入状况。收入状况是决定货币需求量的主要因素之一。一般地，货币需求量与收入量是成正比的，收入减少时，对货币的需求量也会减少；当收入增加时，对货币的需求量也会增加。同时，除了收入量外，取得收入的时间间隔也会影响对货币的需求，如果人们取得收入的时间间隔延长，对货币的需求量就会增大；相反，如果间隔时间缩短，对货币的需求量就会减少。

(2) 消费倾向。消费倾向是指人们收入中消费所占的比重。在一般情况下，消费倾向与货币需求量成正比，社会消费倾向越大，对货币的需求量就大，反之则越小。

(3) 信用状况。信用发达程度与货币需求量成反比。在一个社会信用发达、信用制度健全的国家，人们需要货币的时候很容易取得现金或贷款，那么，整个社会所需的货币量可以较少一点；相反，在信用不发达、信用制度不健全的国家，人们取得现金或贷款很麻烦，所以这时候人们手头就需要较多地留一些货币，这就增加了社会货币需求量。

(4) 市场利率水平。货币需求量与市场利率水平成反比。市场利率上升，人们就会选择储蓄或投资有价证券，减少现金的持有量，来增加资本的保值、增值能力，从而使得社会货币需求量减少；市场利率下降，人们会减少储蓄和投资，而增加货币的持有量。

(5) 市场物价水平。货币需求量与市场物价成正比。市场物价水平越高，所需的货币量就越多；市场物价水平越低，所需货币量就越少。

(6) 货币流通速度。货币需求量与货币流通速度成反比。当其他条件不变时，货币流通速度越快，货币需求量就越少；货币流通速度越慢，货币需求量就越多。

(7) 心理因素。一些消费、储蓄等倾向及对市场的预期等心理因素都会对货币需求产生影响。

这些都是影响一个人对货币需求量的最直接的因素，当然国际市场大环境、全社会商品和劳务的总量、一定时期内全社会的市场供给能力、商品和劳务的供给量等，也是影响货币需求量的重要的因素。

C 传统的货币数量论

（1）现金交易数量说。美国经济学家欧文·费雪在1911年出版的《货币购买力》一书中第一次系统地阐述了货币数量论，即著名的交易方程式（或费雪方程式）：

$$MV = PT$$

式中，M 为货币数量；V 为货币的流通速度；P 为各类商品加权平均的物价水平；T 为交易总量，即实际财富与劳务的交易总额；PT 表示该时期内商品和劳务交易的总价值。

这个方程式首先表示交易双方的恒等关系，即右方交易总值等于左方货币总值。在恒等式中，货币流通速度 V 是由制度因素决定的，而制度因素是变化缓慢的，所以在短期可以将它视为一个常数。T 是由生产决定的，在充分就业条件下，变动很小，可以视为常数。因此，只有 P 和 M 的关系最密切。或者说，货币数量的变化会主要地影响价格的变化。

如果对上式两边同除以 V，可以得到：

$$M = PT/V$$

这一公式表明，货币需求仅为 PT 的函数，利率对货币需求没有影响。

（2）现金余额数量说。现金余额数量说由剑桥学派创始人马歇尔提出，庇古对其加以发展并使之公式化，并于1917年在英国《经济学家》季刊上发表了《货币的价值》一文，提出了剑桥方程式。

$$M = KPY$$

式中，M 为货币需求量；K 为以货币形式持有的资产占国民总收入的比例；P 为一般物价水平；Y 为国民总收入。

剑桥方程式表明，货币需求取决于 P、Y 和 K。PY 相当于名义总收入，货币需求取决于总收入；K 是影响货币需求另一个重要因素，在短期内可视为常数，其主要取决于人们持有货币的机会成本和对未来价格水平的预期，相当于交易方程式中的 $1/V$。

14.1.2.2 凯恩斯的货币需求理论

凯恩斯早期曾是剑桥学派的重要代表人物。1936年，他所著的《就业、利息和货币通论》中系统地提出了他的货币需求理论。

凯恩斯的货币需求理论认为，货币比起其他资产来具有更充分的流动性和灵活性，而且货币需求是人们愿意保持货币，而不愿持有其他能产生利息但不容易变现的资产的一种心理倾向。因此，货币需求的实质就是流动性偏好。

凯恩斯认为，货币需求来自三个动机：交易动机、谨慎动机和投机动机。

（1）交易动机。是指人们为应付日常交易支出而产生的持有货币的意愿，如日常生活开支或企业日常流动性开支。

（2）谨慎动机。又称预防动机，是指人们为应付意外情况或紧急情况的需要而持有货币的意愿，如应付生病、失业或其他偶然性开支等。

（3）投机动机。是指人们为抓住有利时机在证券市场上购买有价证券而持有部分货币的意愿。凯恩斯假定人们投机的有价证券为债券。

由这三个动机所产生的对货币的需求分别称为交易需求、谨慎需求和投机需求。其中交易需求和谨慎需求取决于收入，是收入 y 的正函数，记为 L_1；而投机动机取决于利率，是利率 r 的负函数，记为 L_2。如果用 L 表述货币需求，则有：

$$L = L_1(y) + L_2(r)$$

因为债券的价格与市场利率 r 呈负相关，所以当利率极低时，债券价格极高，人们会产生债券价格不可能再上升的预期，也就使利率不再下降，此时货币的投机需求无穷大，即无论增加多少货币供给，都会被人们储存起来，这种情形被称为“凯恩斯陷阱”或“流动偏好陷阱”。“凯恩斯陷阱”说明政府不可能无限制地通过增加货币供给来降低利率。

14.1.2.3　弗里德曼的货币数量论

20 世纪 50 年代，以美国的弗里德曼为核心的货币主义流派倡导现代货币数量论，认为货币供应量的变动既影响物价总水平的变动，也影响总产量或国民收入的变动。主要著作有《货币数量论——一个重新表述》（1956）、《货币稳定方案》（1959）、《价格理论》（1962）等。

弗里德曼在《货币数量论——一个重新表述》一文中发展了货币需求理论。弗里德曼探讨人们持有货币的原因时采取了与凯恩斯不同的方法，他不再具体研究人们持有货币的动机，而将货币作为构成财富资产的一种，通过影响人们选择资产的种类来保存财富的因素来研究货币需求的，实际上是资产需求理论在货币需求理论上的应用。在弗里德曼看来，货币是债券、股票、商品的替代品，货币需求是个人拥有的财富及其他资产相对于货币预期回报率的函数。在弗里德曼看来，货币需求主要取决于总财富，但总财富实际上是无法衡量的，只能用永久性收入而不是用不稳定的现期收入来代替。

一般而言，随着收入的增加，即财富的增加，货币需求增加。弗里德曼认为，人们永久性收入是稳定的，它是人们长期收入的平均预期值，在商业周期扩张阶段，人们的暂时性收入大于永久性收入。收入变动幅度，平均来说，是比较稳定的，趋于永久性收入，即永久性收入是稳定的。弗里德曼的永久性收入是由非人力财富和人力财富组成的。

永久性收入在弗里德曼的货币函数中起主导作用，根据永久性收入假说，即使现期收入增加，消费是按永久性收入而稳定变化的，与现期收入关系不大。同时，永久性收入假说的一个必然逻辑是，既然收入与货币需求正相关，那么永久性收入的稳定性必然要求货币需求的稳定性，这就是弗里德曼的“单一规则”的经济政策的理论基础。

弗里德曼认为货币预期回报率是变化的。当经济中利率上升时，银行可以从贷款中获得更多的利润，从而用更高的利率吸收存款，所以以银行存款形式持有货币的回报率随着债券和贷款利率的上升而上升。银行存款竞争一直到没有超额利润为止。弗里德曼这种观点意味着利率变动对货币需求影响极小，那么利率的变动在长期中对产量和就业的影响就小，这也使弗里德曼反对将变动利率作为政府调控经济的理论渊源。据此弗里德曼提出了自己的货币需求函数：

$$M = f(P, r_b, r_e, \Delta P/P, W, Y, u)$$

式中，P 为价格水平；r_b、r_e 分别为债券、股票的预期名义收益率；$\Delta P/P$ 为通胀率；W 为非人力财富占人力财富的比例；Y 为恒久收入；u 为影响货币需求偏好的其他因素。

14.2 货币供给

14.2.1 货币供给过程

货币供给过程中的参与者包括中央银行、存款机构和储户。中央银行负责发行货币、实施货币政策；存款机构是从个人和机构手中吸收存款并发放贷款的金融中介机构，包括商业银行、储蓄机构和信用社；储户是持有银行存款的机构和个人。

在货币供给过程中，中央银行的作用最重要，中央银行的货币政策操作会影响其资产负债表。表 14-1 是一个简化的中央银行资产负债表，当中央银行买入国债、发放贴现贷款或买入外汇时，其负债会相应增加，反之则反。

表 14-1 中央银行的资产负债简表

资　产	政府债券	贴现贷款
负　债	流通中现金	准备金

通常把流通中的现金和准备金称为中央银行的货币负债，也称为基础货币。流通中的现金和准备金是货币供给的重要组成部分，因为其中任何一个科目的变化，都会引起基础货币的变化。其中，准备金又可以分为两类：一是中央银行要求银行必须持有的准备金，称为法定准备金；二是银行志愿持有的额外的准备金，称为超额准备金。

基础货币又称高能货币、强力货币或货币基础，是非银行公众所持有的通货与银行的存款准备金之和。之所以称其为高能货币，是因为一定量的这类货币被银行作为准备金而持有后可引致数倍的存款货币。弗里德曼和施瓦兹认为，高能货币的一个典型特征就是能随时转化为存款准备金，不具备这一特征就不是高能货币。

基础货币量、银行存款与其准备金的比率，存款与通货的比率都会引起货币存量的同方向变化。一般来说，这三个决定货币存量的因素是由公众、银行、货币当局三个经济主体的行为分别决定的。在信用货币制度下，高能货币量取决于政府的行为；银行存款与其准备金的比率取决于银行体系；存款与通货的比率既取决于公众的行为，同时还受到银行存款服务水平和利率的影响。

如果用 R 表示准备金，用 C 表示流通中的现金，基础货币可表示为：$B=C+R=$流通中的现金+准备金，而 R 又包括定期存款准备金 R_d，以及超额准备金 R_e，所以，基础货币方程式可表示为：

$$B=C+R_d+R_e$$

基础货币的构成虽然比较复杂，但都是由中央银行的资产业务创造的，可以由中央银行直接控制。中央银行投放基础货币的渠道主要包括：（1）对商业银行等金融机构的再贷款；（2）收购金、银、外汇等储备资产投放的货币；（3）购买政府部门的债券。如果中央银行能够有效控制基础货币 B 的投放量，那么，控制货币供应量的关键，就在于中央银行能否准确测定和调控货币乘数。

14.2.2 货币层次

虽然现金货币、存款货币和各种有价证券均属于货币范畴，但由于各种货币转化为现实购买力的能力不同，从而对商品流通和经济活动的影响有别。西方学者在长期研究中，一直主张把"流动性"原则作为划分货币层次的主要依据。所谓流动性是指某种金融资产转化为现金或现实购买力的能力。"流动性"好的金融资产，价格稳定，还原性强，可随时在金融市场上转让、出售。

各个国家信用化程度不同，金融资产的种类也不尽相同，因此，各个国家把货币划分为几个层次，每个层次的货币内容都不完全一样。

（1）国际货币基金组织的货币层次划分。国际货币基金组织一般把货币划分为三个层次：M_0=流通于银行体系之外的现金；$M_1=M_0$+活期存款（包括邮政汇划制度或国库接受的私人活期存款）；$M_2=M_1$+储蓄存款+定期存款+政府债券（包括国库券）。

（2）我国的货币层次划分。我国对外公布的货币供应量有三个层次：一是流通中的现金（M_0），即在银行体系外流通的现金；二是狭义货币供应量，一般称为货币（M_1），即 M_0 加上企事业单位活期存款；三是广义货币供应量，一般称为货币和准货币（M_2），即 M_1 加上企事业单位定期存款、居民储蓄存款和其他存款。M_3 只测算，不公布。

M_0=流通中现金

$M_1=M_0$+单位活期存款

$M_2=M_1$+个人储蓄存款+单位定期存款+居民储蓄存款+其他存款

$M_3=M_2$+商业票据+大额可转化定期存单

14.2.3　货币乘数与货币供给原理

货币乘数是指货币供给量与基础货币的比率，即 M/B，M 表示货币供给量，B 表示基础货币。用 K_b 表示货币乘数，则有：

$$K_b = M/B$$

狭义的货币供给

$$M_1 = C + D$$

基础货币

$$B = C + R = C + R_e + R_d$$

式中，C 为通货；D 为活期存款；R 为银行的存款准备金；R_d 为法定准备金；R_e 为超额准备金。

银行提供的货币和贷款会通过数次存款、贷款等活动产生出数倍于它的存款，即通常所说的派生存款。货币乘数的大小决定了货币供给扩张能力的大小。而货币乘数的大小又由以下四个因素决定：

（1）法定准备金率。定期存款与活期存款的法定准备金率均由中央银行直接决定。通常，法定准备金率越高，货币乘数越小；反之，货币乘数越大。

（2）超额准备金率。商业银行保有的超过法定准备金的准备金与存款总额之比，称为超额准备金率。显而易见，超额准备金的存在相应减少了银行创造派生存款的能力，因此，超额准备金率与货币乘数之间也呈反方向变动关系，超额准备金率越高，货币乘数越小；反之，货币乘数就越大。

（3）现金比率。现金比率是指流通中的现金与商业银行活期存款的比率。现金比率的高低与货币需求的大小正相关，因此，凡影响货币需求的因素，都可以影响现金比率。例如银行存款利息率下降，导致生息资产收益减少，人们就会减少在银行的存款而宁愿多持有现金，这样就加大了现金比率。现金比率与货币乘数负相关，现金比率越高，说明现金退出存款货币的扩张过程而流入日常流通的量越多，因而直接减少了银行的可贷资金量，制约了存款派生能力，货币乘数就越小。

（4）定期存款与活期存款间的比率。由于定期存款的派生能力低于活期存款，各国中央银行都针对商业银行存款的不同种类规定不同的法定准备金率，通常定期存款的法定准备金率要比活期存款的低。这样即便在法定准备金率不变的情况下，定期存款与活期存款间的比率改变也会引起实际的平均法定存款准备金率改变，最终影响货币乘数的大小。一般来说，在其他因素不变的情况下，定期存款对活期存款比率上升，货币乘数就会变大；反之，货币乘数会变小。在考虑部分活期存款转化为定期存款后，货币乘数的公式会有变化，有兴趣的读者可尝试推导一下。

总之，货币乘数的大小主要由法定存款准备金率、超额准备金率、现金比率及定期存款与活期存款间的比率等因素决定。影响我国货币乘数的因素除了上述四个因素之外，还有财政性存款、信贷计划管理两个特殊因素。

中央银行和社会公众的行为都会影响到货币供给。中央银行主要通过控制基础货币和调整货币乘数来影响货币供给。中央银行通过它的资产业务影响基础货币，它对货币乘数的影响是通过调整法定存款准备金率来实现的。

银行和社会公众主要对现金漏损率和超额准备金率及定期存款与活期存款的比率有影响，居民个人的行为不会影响基础货币总量的变化，但却可以通过收入在手持现金和存款之间的转换影响现金存款比率，影响货币乘数。企业的收入在现金和存款之间如何分配也会受到上述几个因素的影响，所以企业通过影响现金存款比率影响货币供给量的行为和居民的行为相同。但企业更重要的影响货币供给的行为是其贷款行为。商业银行的行为对基础货币和存款准备金率都有影响：商业银行的行为影响中央银行的再贴现。

从以上分析可以看出，对于货币供给来说，中央银行并不能完全控制，即便是基础货币也要受商业银行主观能动性的制约，而货币乘数更是受到个人、企业、商业银行的影响。

14.3 货币均衡

14.3.1 货币均衡概述

在完全市场经济条件下，货币均衡最主要的实现机制是利率机制。除利率机制之外，还有中央银行的调控手段、国家财政收支状况、生产部门结构是否合理、国际收支是否基本平衡等四个因素。

就货币供给而言，当市场利率升高时，一方面社会公众因持币机会成本加大而减少现金提取，这样就使现金比率缩小，货币乘数加大，货币供给增加；另一方面，银行因贷款收益增加而减少超额准备金来扩大贷款规模，这样就使超额准备金率下降，货币乘数变大，货币供给增加。所以，利率与货币供给量之间存在着同方向变动关系。就货币需求来说，当市场利率升高时，人们的持币机会成本加大，必然导致人们对金融生息资产需求的增加和对货币需求的减少，所以利率同货币需求之间存在反方向变动关系。当货币市场上出现均衡利率水平时，货币供给与货币需求相等，货币均衡状态便得以实现。当市场均衡利率变化时，货币供给与货币需求也会随之变化，最终在新的均衡货币量上实现新的货币均衡。

14.3.2　货币失衡及其调节

货币失衡是同货币均衡相对应的概念，又称货币供求的非均衡，是指在货币流通过程中，货币供给偏离了货币需求，从而使两者之间不相适应的货币流通状态。货币失衡是一种常见现象，主要表现为两种情况：货币供给量小于货币需求量或货币供给量大于货币需求量。

14.3.2.1　货币供给量小于货币需求量

此类情况可能由下面原因所致：

(1) 随着经济发展，商品生产和交换的规模不断扩大，但货币供给量并没有随之及时增加，从而导致经济运行中货币吃紧。在金属货币流通条件下，这种情况不止一次地出现过，但在纸币流通条件下，这种情形很少出现。这是因为，在金属货币流通下，货币供给量的增加，在一定程度上受制于当作货币流通的金属币材的开采；在纸币流通下，作为货币当局的中央银行增加纸币供给极为容易。

(2) 在经济运行中的货币供给量与货币需求量大体一致的情况下，中央银行实施紧缩性的货币政策操作，减少了货币供给量，从而导致流通中的货币紧缺，国民经济的正常运行受到了抑制，使本来供求均衡的货币运行走向供给小于需求的货币失衡状态。

(3) 在经济危机阶段，由于经济运行中的链条断裂，正常的信用关系遭到破坏，社会经济主体对货币的需求急剧增加，中央银行的货币供给量却相应地滞后于货币需求的增加，从而导致了货币供需的失衡。这种情况继续发展，往往会出现通货紧缩。

14.3.2.2　货币供给量大于货币需求量

在纸币流通条件下，经济运行中的货币供给量大于相应的货币需求量是一种经常出现的失衡现象。造成货币供给量大于货币需求量的原因很多，主要是：

(1) 无足够货币资本实力的高速经济增长政策。在经济发展中政府的高速经济增长政策迫切地需要货币资本来支撑，在中央银行无足够的货币资本实力形势下，银行信贷规模的不适当扩张，造成了信贷收支逆差和货币资本扩张，从而导致货币供给大于其需求的货币失衡现象产生。

(2) 政府由于财政赤字向中央银行透支。政府财政收支若发生赤字，在中央银行没有事先准备的条件下，政府财政的透支无疑迫使中央银行增发货币，从而导致货币供给量增加过量，造成货币供需失衡。

(3) 从长期来看，若前期货币供给量相对不足，产品积压和再生产过程必然受阻。为促成经济的正常进行，中央银行会操作扩张性的货币政策，但若力度把握不适当，导致过多的货币供给，其结果便是诱发通货膨胀。

(4) 从开放经济的角度看，在经济落后、结构刚性的发展中国家，货币条件的相对恶化和国际收支失衡使得国民经济运行仅靠出口机制来弥补收支逆差极为困难，而汇率高估和本国货币贬值会造成货币供给量的急剧增长，从而造成货币供需失衡。这种情况继续发展，往往会出现通货膨胀。

【拓展训练】

央行回应英国脱欧 继续实行稳健货币政策

（来源：2016 年 6 月 26 日 人民网—人民日报）

中国人民银行有关负责人 24 日就英国脱欧公投结果发表声明称：中国人民银行密切关注英国脱欧公投情况，已注意到英国脱欧公投结果公布后金融市场的反应，并已做好应对预案。

该负责人表示，中国人民银行将继续实行稳健的货币政策，综合运用多种货币政策工具，保持流动性合理充裕，维护金融稳定。进一步完善人民币汇率市场化形成机制，保持人民币汇率在合理均衡水平上的基本稳定。进一步加强与有关央行、货币当局以及主要国际金融组织的政策沟通和协调。

思考题：请运用货币均衡相关知识分析该案例。

【项目小结】

（1）货币需求就是指在一定时间内社会各经济主体为满足正常的生产、经营和各种经济活动需要而应该保留或占有一定货币的动机或行为。为满足各种经济活动需要而必须保存的货币量，就是货币需求量。

（2）货币需求理论是研究货币需求的动机、构成和数量的理论，由于分析的角度、方法不同，存在着多种货币需求理论，包括传统货币数量论、凯恩斯的货币需求理论和弗里德曼现代货币数量论等。

（3）货币供给量是财政部门、企事业单位和居民个人持有的现金和存款总量，即银行体系所供给的债务总量，其中现金是中央银行的债务量，而存款则是商业银行的债务量。通常所说的货币供给就是指货币供给量，即静态的货币供给。

（4）一定的货币供应总量必然是一定的基础货币按照一定倍数或乘数扩张后的结果。换言之，货币供应量总是表现为基础货币的一定倍数。货币乘数是指中央银行投放或收回一单位基础货币，通过商业银行的存款创造机制，使货币供应量增加或减少的倍数。

（5）在商品货币经济条件下，一方面，社会总供给（无论是消费资料还是生产资料的供给）都需要一定量的货币作为媒介来实现，从而提出对货币的需求；另一方面，社会总需求作为社会货币购买力的总额，其载体即货币，因此，一定量的社会总需求的形成也离不开相应的货币供给。所以，社会总供求与货币的供给和需求有着密切联系。

15 通货膨胀与通货紧缩

【学习目标】

（1）掌握通货膨胀与通货紧缩的定义、类型、产生的原因。

（2）掌握通货膨胀及紧缩对社会经济的影响以及防范、治理的对策。

15.1 通货膨胀概述

15.1.1 通货膨胀的含义

不同经济学家对通货膨胀的定义不尽相同。新剑桥学派代表人物琼·罗宾逊认为："通货膨胀通常指的就是物价总水平的持续上升。"货币学派代表人物弗里德曼认为："通货膨胀在任何时空条件下都是一种货币现象，"并强调，"只有当物价水平向上移动是一个持续的过程时，这才是一种货币现象。"新古典综合学派代表人物保罗·萨缪尔森则认为：通货膨胀是"在一定时期内，商品和生产要素价格总水平的持续不断的上涨"。新自由主义者哈耶克指出："通货膨胀一词的原意和真意是指货币数量的过度增长，这种增长会合乎规律地导致物价上涨。"

尽管西方经济学家的说法多种多样，但关于通货膨胀的定义有两点是共同的：一是有效需求大于有效供给；二是物价持续上涨。

马克思主义货币理论中关于通货膨胀性质问题的定义，是同纸币的流通及其规律联系在一起的。所谓通货膨胀，是指在纸币流通的条件下，由于纸币的发行量超过商品流通中实际需要的货币必要量，从而引起货币贬值、一般物价水平上涨的经济现象。

无论是西方经济学还是马克思主义货币理论，均把通货膨胀与物价上涨联系在一起，将物价上涨作为通货膨胀的基本标志。因此，被大家普遍接受的通货膨胀定义是：通货膨胀是在一定时间内一般物价水平的持续上涨的现象。对于这个定义的理解应包括以下几方面的内容：

（1）通货膨胀所指的物价上涨并非个别商品或劳务价格的上涨，而是指一般物价水平，即全部商品和劳务的加权平均价格的上涨。在非市场经济国家中，通货膨胀则表现为商品短缺、凭票供应、持币待购以及强制储蓄等。

（2）在通货膨胀中，一般物价水平的上涨是一定时间内的持续的上涨，而不是一次性的、暂时性的上涨。部分商品因季节性或自然灾害等原因引起的物价上涨和经济萧条后恢复时期的商品价格正常上涨都不能称为通货膨胀。

（3）通货膨胀所指的物价上涨必须超过一定的幅度。但这个幅度该如何界定，各国又有不同的标准，一般说来，物价上涨的幅度在2%以内都不被当作通货膨胀，有些观点则认为只有物价上涨幅度超过 5%才称为通货膨胀。

15.1.2 通货膨胀的类型

（1）爬行式、温和式、奔腾式与恶性通货膨胀。按通货膨胀的程度划分，通货膨胀可分为爬行式、温和式、奔腾式和恶性通货膨胀 4 种。

1）爬行式通货膨胀是指价格总水平上涨的年率不超过 2%～3%，并且在经济生活中没有形成通货膨胀的预期。

2）温和式通货膨胀是价格总水平上涨比爬行式高，但又不是很快，具体百分比没有一个统一的说法。

3）奔腾式通货膨胀是物价总水平上涨率在 2 位数以上，且发展速度很快。

4）恶性通货膨胀或称超级通货膨胀是物价上升特别猛烈，且呈加速趋势。此时，货币已完全丧失了价值储藏功能，部分地丧失了交易媒介功能，成为“烫土豆”，持有者都设法尽快将其花费出去。当局如不采取断然措施，货币制度将完全崩溃。

（2）公开型通货膨胀与隐蔽型通货膨胀。按市场机制的作用，通货膨胀可分为公开型通货膨胀和隐蔽型通货膨胀。

1）公开型通货膨胀的前提是市场功能完全发挥，价格对供求反应灵敏，过度需求通过价格的变动得以消除，价格总水平明显地、直接地上涨。

2）隐蔽型通货膨胀则是表面上货币工资没有下降，物价总水平也未提高，但居民实际消费水准却下降的现象。其前提是，在经济中已积累了难以消除的过度需求压力，但由于政府对商品价格和货币工资进行严格控制，过度需求不能通过物价上涨而吸收，商品供不应求的现实通过准价格形式表现出来，如黑市、排队、凭证购买、有价无货以及一些产品在价格不变的情况下，质量下降等。

（3）预期性通货膨胀与非预期性通货膨胀。按能否被预期划分，通货膨胀可分为预期性通货膨胀和非预期性通货膨胀。

1）预期性通货膨胀是指通货膨胀过程被经济主体预期到了，以及由于这种预期而采取各种补偿性行动引发的物价上升运动。如在工资合同中规定价格的条款，在商品定价中加进未来原料及劳动力成本上升因素。

2）非预期性通货膨胀指未被经济主体预见的，不知不觉中出现的物价上升。

经济学家将通货膨胀分为预期性和非预期性两种，主要作用在于考察通货膨胀的效应。一般认为只有非预期性通货膨胀才有真实效应，而预期性通货膨胀没有实在性的效果，因为经济主体已采取相应对策抵消其影响了。

（4）需求拉上型通货膨胀、成本推进型通货膨胀与结构型通货膨胀。按成因划分，通货膨胀又可分为需求拉上型通货膨胀、成本推进型通货膨胀和结构型通货膨胀。

15.1.3 通货膨胀的成因：理论分析

虽然不同时期发生通货膨胀的原因不同，但从总量上讲，导致通货膨胀的压力主要是来自需求方面和供给方面。

（1）需求拉上。当经济中需求的扩张超出总供给的增长时，过度需求就会拉动价格总水平持续上涨，从而引起通货膨胀。由于总需求是由有购买和支付能力的货币量构成，总供给表现为市场上商品和服务的供给，因此，需求拉上的通货膨胀可以通俗地表述为是“太多的货币追求太少的商品”。当出现这种情况时，就会使对商品和服务的需求超出了现行价格条件下可得到的供给，从而导致一般物价水平上涨。

（2）成本推进。进入20世纪70年代后，西方发达国家普遍经历了高失业和高通货膨胀并存的“滞胀”局面。即在经济远未达到充分就业时，物价就持续上涨，甚至在失业增加的同时，物价也上升，而需求拉上论无法解释这种现象。于是许多经济学家转而从供给方面寻找通货膨胀的原因，并提出了“成本推进论”。

该理论认为，通货膨胀的根源并非总需求过度，而是由总供给方面生产成本上升所引起。在通常情况下，商品的价格是以生产成本为基础加上一定的利润构成的。因此，生产成本的上升必然导致物价水平的上升。

经济学家们还进一步分析了促使生产成本上升的原因：1）在现代经济中有组织的工会对工资成本具有操纵能力。工会要求企业提高工人的工资，迫使工资的增长率超过劳动生产率的增长率，企业则会因人力成本的加大而提高产品价格以转嫁工资成本的上升，而在物价上涨后工人又会要求提高工资，进而再度引起物价上涨，形成工资—物价的螺旋上升，从而导致“工资成本推进型通货膨胀”。2）垄断性大公司也具有对价格的操纵能力，是提高价格水平的重要力量。垄断性企业为了获取垄断利润会人为地提高产品价格，由此引起“利润推进型通货膨胀”。3）汇率变动引起进出口产品和原材料成本上升，以及石油危机、资源枯竭、环境保护政策不当等造成原材料、能源生产成本的提高，都是引起成本推进型通货膨胀的原因。

（3）供求混合作用。需求拉上说撇开供给来分析通货膨胀的成因，而成本推进说则以总需求给定为前提条件来解释通货膨胀，二者都具有一定的片面性和局限性。尽管理论上可以区分需求拉上型通货膨胀与成本推进型通货膨胀，但在现实生活中，需求拉上的作用与成本推进的作用常常是混合在一起的。因此，人们将这种总供给和总需求共同作用情况下的通货膨胀称为供求混合推进型通货膨胀。实际上，单纯的需求拉上或成本推进不可能引起物价的持续上涨，只有在总需求和总供给的共同作用下，才会导致持续性的通货膨胀。

（4）经济结构变化。一些经济学家认为，在总需求和总供给处于平衡状态时，由于经济结构、部门结构的因素发生变化，也可能引起物价水平的上涨。这种通货膨胀被称为结构型通货膨胀。其基本观点是，由于不同国家的经济部门结构的某些特点，当一些产业和部门在需求方面或成本方面发生变动时，往往会通过部门之间的相互看齐过程影响其他部门，从而导致一般物价水平的上升。具体情况可以分为以下三种：

1）需求转移。由于社会对产品和服务的需求不是一成不变的，在总需求不变的情况下，一部分需求转移到其他部门，而劳动力和生产要素却不能及时转移，这样，原先处于均衡状态的经济结构可能因需求的移动而出现失衡。那些需求增加的行业，价格和工资将上升；另一些需求减少的行业，由于价格和工资刚性的存在，却未必会发生价格和工资的下降，最终结果导致物价的总体上升。

2）部门差异。部门差异型通货膨胀是指经济部门（如产业部门和服务部门）之间由于劳动生产率、价格弹性、收入弹性等方面存在差异，但货币工资增长率却趋于一致，加上价格和工资的向上刚性，从而引起总体物价上涨。许多西方经济学家相信，工人对相对实际工资的关心要超过对绝对实际工资的关心。因此，货币工资的整体增长水平便与较先进部门一致，结果就是落后部门的生产成本上升，并进而推动总体价格水平上升。

还有一种情况是由“瓶颈”制约而引起的部门间差异。如在有些国家，由于缺乏有效的资源配置机制，资源在各部门之间的配置严重失衡，有些行业生产能力过剩，而另一些行业如农业、能源、交通等部门却严重滞后，形成经济发展的“瓶颈”。当这些“瓶颈”部门的价格因供不应求而上涨时，也会引起其他部门，包括生产过剩部门的价格上涨。

3）国际因素。由国际因素引起的通货膨胀也叫北欧型通货膨胀，是由北欧学派提出的。它以实行开放经济的小国为研究背景，在这些国家，经济部门可以分为开放的经济部门（E）和不开放的经济部门（S），由于小国一般只能在国际市场上充当价格接受者的角色，世界通货膨胀就会通过一系列机制首先传递到它们的开放经济部门，并进而带动不开放经济部门，最后导致价格总体水平上升。

15.1.4 通货膨胀的成因：现实分析

在现实经济运行中，形成通货膨胀的直接原因是货币供给过度，导致货币贬值、物价上涨。流通中的货币，无论是现金货币还是存款货币，均是通过信贷程序供给。因此，过度的信用供给是造成通货膨胀的直接原因，而导致过度的货币供给的原因是：

（1）财政原因。因财政原因导致过度供给货币的情况一般有两种，即发生财政赤字，或推行赤字财政政策。财政赤字是指财政部门在执行国家财政预算过程中，因收入减少或支出增加而导致的财政收不抵支的状况；赤字财政是指政府在做财政预算时，把支出打高，留出收入缺口，形成预算赤字。赤字财政是一种宏观经济的扩张政策，目的在于刺激有效需求。

（2）信贷原因。因信贷原因导致过度供给货币的情况主要是指银行信用提供的货币量超过了商品经济的发展对货币数量的客观需求，而导致货币贬值、物价上涨，一般称为“信用膨胀”。引起信用膨胀的原因很多，既有来自财政赤字的压力和来自社会上过热的经济增长要求的压力，也有来自银行自身决策失误问题。

（3）其他原因。那么，又是哪些因素会造成财政赤字或信用膨胀，导致货币供给过度呢？主要有投资规模过大、国民经济结构比例失调、国际收支长期顺差等。应根据发生通货膨胀的实际状况进行实证分析，以便对症下药，作出有效的决策，从而抑制通货膨胀。

15.2 通货膨胀的治理

15.2.1 通货膨胀治理的必要性

15.2.1.1 通货膨胀对社会再生产的负面影响

首先，通货膨胀不利于生产的正常发展。通货膨胀初期，会对生产有一定的刺激作用，但这种刺激作用是递减的，随之而来的就是对生产的破坏性影响。在商品和劳务价格普遍上涨的情况下，能源、原材料价格上涨尤其迅速，生产成本提高，生产性投资风险加大，生产部门的资金，尤其是周期长、投资大的生产部门的资金会转向商业部门或进行金融投机，社会生产资本总量由此而缩小。由于投资风险加大，投资预期收益率下降，股息收入增长率低于利息率的上升，证券市场价格下跌，企业筹措资本困难，导致投资率下降。通货膨胀不仅使生产总量削弱，还会破坏正常的产业结构和产品结构。通货膨胀较严重的时候，投机活动猖獗、价格信号扭曲，在生产领域，投资少、周期短、产品投放市场快的加工业受到很大刺激。由于货币流通速度加快，购买力强劲，市场商品供应相对短缺，企业生产单纯追求周期短、见效快，产品质量下降，最终结果是质次价高的加工业产品生产过剩，而基础产业受到冷落。另外，通货膨胀使货币的价值尺度功能受到破坏，成本、收入、利润等均无法准确核算，企业的经营管理尤其是财务管理陷入困境，严重影响再生产活动的正常进行。

其次，通货膨胀打乱了正常的商品流通秩序。正常的商品流通秩序是，商品由生产企业制成后，经过必要的批发、零售环节，进入消费领域。在此过程中，生产企业和处于各流通环节的销售企业均获得正常合理的经营收入和利润，消费者也接受一个合理的价格水平。但是，在通货膨胀情况下，由于价格信号被严重扭曲，商品均朝着价格最高的方向流动，在投机利益的驱动下，商品会长期滞留在流通领域，成为倒买倒卖的对象，迟迟不能进入消费领域。由于区间的物价上涨不平衡，商品追踪价格上涨最快和水平最高的地区，导致商品跨地区盲目快速流动，加大了运输成本，一些商品从产地流向销地后，甚至会又从销地重新流回产地。由于国内市场商品价格上涨，必然会削弱其在国际市场上的竞争能力，从而使国内商品流向国际市场的通道受阻。在通货膨胀的情况下，人们重物轻钱，严重时出现商品抢购，更有一些投机商搞囤积居奇，进一步加剧市场的供需矛盾。

再次，通货膨胀是一种强制性的国民收入再分配。国民收入经过物质生产部门内部的初次分配之后，会由于税收、信贷、利息、价格等经济杠杆的作用而发生再分配。通货膨胀对每个社会成员来说，最直接的影响就是改变了他们原有的收入和财富占有的实际水平。在物价普遍上升的时期，每个社会成员都必须接受已经或正在上升的价格。由于各个社会成员的收入方式和收入水平不同，消费支出的负担不同，消费领域和消费层次也不尽相同，因此，在同样的通货总水平下，有的成员损失小，有的成员损失大，有的成员则是受益者。一般来说，依靠固定薪金维持生活的职员，由于薪金的调整总是慢于物价上升，因此是主要的受害群体。工人和雇员也是受害者，其受害的程度跟他们所在的行业和企业在通货膨胀中的利润变动相关。处在产品价格大幅上升的企业的工人或雇员，名义工资可能增加，通货膨胀损失可以得到一定补偿，受害程度就小一些。雇主一般都会使工资的增长幅度小于物价上涨幅度，以谋求最大盈利，因此，雇主尤其是从事商业活动的雇主，是通货膨胀的受益者；其中，最大的受益者是那些经营垄断性商品、从事囤积居奇的专门的投机商和不法经营者。通货膨胀对分配的影响还表现在债权债务关系中，那些以一定利率借得货币的债务人，由于通货膨胀降低了实际利率，使他们的实际债务减轻，因而是受益者；而那些以一定利息为报酬持有债权的人，则由于实际利率下降而受到损失。

最后，通货膨胀降低了人们的实际消费水平。消费是生产的目的，消费水平是衡量社会成员生活质量的标准，消费的表现形式就是对商品使用价值或效用的直接占有和支配。但是，在商品货币经济条件下，人们对商品使用价值的占有和支配一般都是要首先取得货币的方式，人们的收入首先表现为一定的货币数量，而由货币数量转换为真实的消费品还需要通过市场。因此，货币收入等于消费的前提是货币币值稳定。通货膨胀使币值下降，人们在分配中得到的货币收入因此而打了折扣，实际消费水平也就下降了。

15.2.1.2 通货膨胀对金融秩序的负面影响

通货膨胀使货币贬值，当名义利率低于通货膨胀率，实际利率为负值时，贷出货币得不偿失，常常会引发居民挤提存款，而企业争相贷款，将贷款所得资金用于囤积商品，赚取暴利。对经营信用业务的银行来讲，其存贷款活动承担着很大的风险，不如将资金抽回转向商业投机，因此，银行业出现危机。金融市场的融资活动也会由于通货膨胀使名义利率被迫上升，导致证券价格下降，陷于困境。由于通货膨胀使生产领域受到打击，生产性投资的预期收益率普遍低落，而流通领域则存在过度的投机，工商业股票市场也因此处于不稳定和过度投机的状态。至于严重的通货膨胀，则会使社会公众失去对本位币的信心，从而大量抛出纸币，甚至会出现以物易物的排斥货币的现象。到了这种程度，一国的货币制度就会走向崩溃。

15.2.1.3 通货膨胀对社会稳定的负面影响

通货膨胀发生时，对于以工资收入为生的人，如果收入不相应增加，则实际生活水平下降，这必然引起人们的不满，从而导致社会的不安定；通货膨胀加剧腐败，加剧社会两极化和社会矛盾。当通货膨胀率高于银行存款利率时就出现负利率，负利率吞食了存款者的收入，而贷款者却可以"坐吃利差"。那些存款的城乡居民、领取固定收入的社会成员，尤其是那些失业者，在通货膨胀时期所受到的打击更严重，因而社会两极分化会加剧，社会矛盾尖锐。通货膨胀会降低政府的声誉和权威。纸币是国家强制发行的价值符号，如果政府纸币发行过多，不能实现其价值，就会引起社会公众对政府的不信任，在某些突发事件的影响下，就可能出现大规模的抢购与挤兑。纸币是"经济选票"，与政治选票所不同的是，它不是对信任者投票，而是对不信任者投票。当相当部分居民不信任政府时，抢购和挤兑就难免发生。拉美的一些国家就是因为过度的通货膨胀而引起社会的动荡，导致政府下台的。

15.2.2 通货膨胀治理的对策

综合国内外的一般经验，常见的治理通货膨胀的措施主要有以下几种。

15.2.2.1 紧缩的需求政策

通货膨胀的一个基本原因在于总需求超过了总供给，因此，政府可以采取紧缩总需求的政策来治理通货膨胀。紧缩总需求的政策包括紧缩性财政政策和紧缩性货币政策。

（1）紧缩性的财政政策。紧缩性的财政政策直接从限制支出、减少需求等方面来减轻通货膨胀压力，概括地说就是增收节支、减少赤字。一般包括以下措施：1）减少政府支出。减少政府支出主要包括两个方面：一是削减购买性支出，包括政府投资、行政事业费等；二是削减转移性支出，包括各种福利支出、财政补贴等。减少政府支出可以尽量消除财政赤字，控制总需求的膨胀，消除通货膨胀隐患。2）增加税收。增加税收可以直接减少企业和个人的收入，降低投资支出和消费支出，以抑制总需求膨胀；同时，增加税收还可以增加政府收入，减少因财政赤字引起的货币发行。3）发行公债。政府发行公债后，可以利用"挤出效应"减少民间部门的投资和消费，抑制社会总需求。

（2）紧缩性的货币政策。通货膨胀是一种货币现象，货币供给量的无限制扩张是引起通货膨胀的重要原因。因此，可以采用紧缩性的货币政策来减少社会需求，促使总需求与总供给趋向一致。紧缩性的货币政策主要有以下措施：1）提高法定存款准备率。中央银行通过提高法定存款准备率、降低商业银行创造货币的能力，从而达到紧缩信贷规模、削减投资支出、减少货币供给量的目的。2）提高再贴现率。提高再贴现率不仅可以抑制商业银行对中央银行的贷款需求，还可以增加商业银行借款成本，迫使商业银行提高贷款利率和贴现率，结果企业因贷款成本增加而减少投资，货币供给量也随之减少；提高再贴现率还可以影响公众的预期，达到鼓励增加储蓄、减缓通货膨胀压力的作用。3）公开市场卖出业务。公开市场业务是中央银行经常使用的一种货币政策，是指中央银行在公开市场买卖政府债券以调节货币供应量和利率的一种政策工具。在通货膨胀时期，中央银行一般会在公开市场向商业银行等金融机构出售政府债券，回笼货币，从而达到紧缩信用，减少货币供应量的目的。4）直接提高利率。利率的提高会增加信贷资金的使用成本，降低借贷规模，减少货币供应量；同时，利率的提高还可以吸收增加储蓄存款，减轻通货膨胀压力。

15.2.2.2　积极的供给政策

通货膨胀通常表现为物价上涨，也就是与货币购买力相比商品供给不足。因此，在抑制总需求的同时，可以积极运用刺激生产的方法增加供给来治理通货膨胀。倡导这种政策的学派被称为供给学派，其主要措施有：

（1）减税。减税即降低边际税率（指增加的收入中必须向政府纳税的部分所占的百分比）。一方面，边际税率的降低可提高人们的工作积极性，增加商品供给；另一方面，它可提高储蓄和投资的积极性，增加资本存量。因而，减税可同时降低失业率和增加产量，从而彻底降低和消除由供给小于需求所造成的通货膨胀。

（2）削减社会福利开支。削减社会福利开支是为了激发人们的竞争性和个人独创性，以促进生产的发展，增加有效供给。

（3）适当增加货币供给，发展生产。适当增加货币供给会产生积极的供给效应。适当增加货币供给会降低利率，从而增加投资，增加产量，导致总供给曲线向右移动，使价格水平下降，从而抑制通货膨胀。

（4）精简规章制度。精简规章制度就是给企业等微观经济主体松绑，减少政府对企业活动的限制，让企业在市场经济原则下更好地扩大商品和劳务供给。

15.2.2.3　从严的收入政策

确切地说，收入政策应被称为“工资-价格政策”。收入政策主要针对成本推动型通货膨胀，通过对工资和物价上涨进行直接干预来遏制通货膨胀。从发达国家的经验来看，收入政策主要包括以下措施：

（1）工资-物价指导线。政府根据长期劳动生产率的平均增长率来确定工资和物价的增长标准，并要求各部门将工资-物价的增长控制在这一标准之内。工资-物价指导线是政府估计的货币收入的最大增长限度，每个部门的工资增长率均不得超过这个指导线，只有这样才能维持整个经济中每单位产量的劳动成本的稳定。因而预定的货币收入增长就会使物价总水平保持不变。20世纪60年代美国的肯尼迪政府和约翰逊政府都相继实行了这种政策，但是由于指导线政策以自愿性为原则，仅能进行“说服”，而不能以法律强制实行，所以其实际效果并不理想。

（2）以税收为基础的收入政策。政府规定一个恰当的物价和工资增长率，然后运用税收的方式来罚物价和工资超过恰当增长度的企业和个人。如果工资和物价的增长保持在规定的幅度内，政府就以减少个人所得税和企业所得税作为奖励。这种形式的收入政策仅仅以最一般的形式被尝试过。例如，在 1977～1978 年，英国工党政府曾经许诺，如果全国的工资适度增长，政府将降低所得税。澳大利亚也于 1967～1968 年实行过这一政策。

（3）工资-价格管制及冻结。政府颁布法令强行规定工资、物价的上涨幅度，甚至在某些时候暂时将工资和物价加以冻结。这种严厉的管制措施一般在战争时期较为常见，但当通货膨胀非常严重、难以对付时，和平时期的政府也可能求助于它。美国在 1971～1974 年间就曾实行过工资-价格管制，特别是在 1971 年，尼克松政府还实行过 3 个月的工资-价格冻结。

15.2.2.4 其他治理措施

为治理通货膨胀，一些国家还采取了收入指数化、币制改革等政策措施。

（1）收入指数化。鉴于通货膨胀现象的普遍性，而遏制通货膨胀又是如此困难，弗里德曼等许多经济学家提出了一种旨在与通货膨胀“和平共处”的适应性政策——收入指数化政策。收入指数化政策是指将工资、利息等各种名义收入部分地或全部地与物价指数相联系，使其自动随物价指数的升降而升降。显然，收入指数化政策只能减轻通货膨胀给收入阶层带来的损失，但不能消除通货膨胀本身。

自 20 世纪 70 年代以来，多数发达国家都较为普遍地采用了收入指数化政策，尤其是工资指数化政策。实行这种政策的好处在于：一是指数化政策可以缓解通货膨胀造成的收入再分配不公平的现象，从而消除许多不必要的扭曲；二是指数化条款加重了作为净债务人的政府的还本付息负担，从而减少了政府从通货膨胀中获得的好处；三是当政府的紧缩性政策使得实际通货膨胀率低于签订劳动合同时的预期通货膨胀率时，指数化条款会使名义工资相应地下降，从而避免因实际工资上升而造成失业增加。

（2）币制改革。为治理通货膨胀而进行的币制改革，是指政府下令废除旧币，发行新币，变更钞票面值，对货币流通秩序采取一系列强硬的保障性措施等。进行币制改革的目的在于增强社会公众对本位币的信心，从而使银行信用得以恢复，存款增加，货币能够重新发挥正常的作用。它一般是针对恶性通货膨胀，当物价上涨已经显示出不可抑制的状态，货币制度和银行体系濒临崩溃时，政府会被迫进行币制改革。历史上，许多国家都曾实行过这种改革，但这种措施对社会震动较大，须谨慎从事。

15.2.3 我国的通货膨胀及其治理

改革开放以来，我国先后发生了几次较严重的通货膨胀和 2007 年的非典型性通货膨胀。下面对 20 世纪 90 年代以来几次通货膨胀发生的原因、采取的对策及其效果进行分析介绍。

15.2.3.1 1993～1996 年

20 世纪 90 年代初期，我国国民经济走出低谷、恢复增长。“八五”期间，经济发展取得了很大的成就，但由于固定资产投资和消费基金增长过快，通货膨胀问题又接踵而至。1992 年以后，经济增长与物价上涨的“双高”现象，标志着我国进入了新一轮经济循环的高涨阶段；20%左右的物价上涨率，表明了此时社会面临的主要经济问题是严重的通货膨胀问题。

这一阶段通货膨胀的成因很复杂，有过度追求经济高速度发展而引致的财政赤字、信用膨胀问题，即“需求拉动型通货膨胀”；有国家调整物价结构、提高农产品物价而引致物价总水平上升，即“成本推进型通货膨胀”；有我国长期未得到解决的经济结构问题，瓶颈产业的短线产品物价上涨而引致的物价总水平上升，即“结构型通货膨胀”；还有我国国际收支连年顺差，外汇储备大幅度上升而引致的中央银行货币供给增加，即“输入型通货膨胀”。

对此，国家采取了“适度从紧”的财政、货币政策，于1996年基本实现了经济的“软着陆”。

15.2.3.2　2007~2008年

2007~2008年的物价持续上涨被称为非典型性的通货膨胀，主要是因为此次持续近一年的物价上涨结构性明显，持续时间不长，且成因也是多方面的。2006年全年我国CPI的上涨率为1.5%。2007年1月的CPI上涨率为2.2%，但自2007年年中以来，CPI出现持续上涨的趋势，2007年5月的CPI上涨率为3.4%，6月的CPI上涨率为4.4%，之后每月攀升，到2008年2月达到此次通货膨胀的高点8.7%，自此开始回落，至12月回落到1.2%。本轮物价上涨的结构性特征十分明显。价格上涨主要集中在农产品特别是肉类，并传导到食品类产品上。2007年末到2008年年中，基础原材料和能源产品价格也开始持续大幅度上涨。2008年一季度，原材料、燃料、动力购进价格同比上涨9.8%。然而，非食品价格上涨一直处于可控的范围内，同期非食品价格上涨率为1.8%。由此判断，2007~2008年我国经济中出现的物价上涨并不能算作是严格意义上的通货膨胀。我国官方将此称为结构性通货膨胀。政府将控制物价上涨的目标定位为防止由结构性通货膨胀演变为普遍的通货膨胀，也表达了这层意思。

2007~2008年物价上涨原因复杂，有多方面因素：（1）供需失衡，比如食品行业，这是需求拉动型的通胀；（2）成本拉动比如原油铁矿等国际价格上升，国内某些行业的价格上涨；（3）国内投资过热，大量流向楼市股市，流动性过剩导致通胀压力加大；（4）国内突发事故灾难，如雪灾、地震等造成短期物价反弹压力；（5）对外贸易失衡，巨额顺差的长期存在，外汇占款过多，人民币投放多；（6）人民币升值预期使得大量国际资本流入国内。治理措施表现在2007~2008年初中央银行采取连续14次上调存款准备金率、多次加息、发行中央银行票据等从紧货币政策，同时执行稳健的财政政策，主要体现在税收手段的运用，还有对房地产和股市的调控等。

15.2.3.3　2009~2012年

伴随着经济从2008年全球经济衰退中的复苏，我国的CPI上涨率在2009年年末也开始由负转正，而且从2010年开始呈现出逐月逐季加快的趋势。2010~2012年我国的CPI同比分别上涨3.3%、5.4%和2.6%。因此，2011年和2012年，我国宏观金融调控的目标分别定为“稳增长、抑通胀、调结构”和“稳增长、控物价、调结构”，控制通胀成为其中重要目标。从2012年8月开始，我国CPI又有小幅回调趋势，到2012年12月为2.5%。

2010~2012年上半年通货膨胀产生的原因是复杂的，主要是：（1）货币超发。2010年物价上涨，反映了“适度宽松”货币供应量造成的流动性过剩滞后影响已显现。2009~2010年，我国累计新增人民币贷款超过17万亿元，成为全球货币供应量第一大国。（2）重要农产品和关键生产或生活用品的价格上涨。在食品中，生鲜食品的价格上涨成为推动食品价格总涨幅达到7.2%的主因，居住类价格（如水、电、气、油等）快速上升是我国当时结构性通胀另一个重要表现。2010年我国居住类价格上涨达到4.5%，为CPI达到3.2%提供了22%的支撑。(3) 成本推进。我国重要原材料和中间产品的价格持续快速上涨，主要诱发原因来自国际大宗商品价格的变动，也即输入性通胀的延伸影响。(4) 共同理性预期形成放大通货膨胀效应。与国家统计局公布的数据不同，社会公众对物价上涨的感知更强烈，尤其是2010年第一季度成为社会共同的对通货膨胀的理性预期。至第四季度，有73.9%的受访者表示“物价过高，难以接受”，而且持物价持续上涨预期的比例达到61.4%。

2011年前三季度，中国人民银行围绕保持物价总水平基本稳定这一宏观调控的首要任务，综合运用多种货币政策工具，先后6次上调存款准备金率，共上调3个百分点，3次上调存贷款基准利率（共0.75个百分点），灵活开展公开市场操作，实施差别准备金动态调整，引导货币信贷增长平稳回调，保持合理的社会融资规模。同时以从2010年第三季度开始我国货币政策开始转向并正确引导进行通胀预期管理，推动社会形成与控制物价目标一致的预期。2012年中国人民银行继续实施稳健的货币政策，前瞻性地加强预调微调，两次下调存款准备金率（各0.5个百分点），灵活开展公开市场双向操作，两次下调存贷款基准利率，发挥差别准备金动态调整机制的逆周期调节作用，促进货币信贷合理适度增长。

15.3 通货紧缩及其治理

15.3.1 通货紧缩的含义与标志

15.3.1.1 通货紧缩的含义

判断某个时期的物价下降是否是通货紧缩，一要看通货膨胀率是否由正变负；二要看这种下降是否持续了一定的时期。在国外，有的认为以一年为界，有的认为以半年为界。

关于通货紧缩的含义，我国目前有三种观点。第一种观点认为，通货紧缩指物价的普遍持续下降。第二种观点认为，通货紧缩是物价持续下跌，货币供应量持续下降，并与经济衰退伴随。第三种观点认为，通货紧缩是经济衰退的货币表现，因而必须具备三个特征：一是物价持续下跌，货币供应量不断下降；二是有效需求不足，失业率上升；三是经济全面衰退。以上三种观点，尤其是后面两种说法，只是揭示了通货紧缩的程度与后果，但我们不能倒果为因，把经济是否下滑或衰退作为判断通货紧缩是否存在的标准，更不能把通货紧缩当作经济衰退的唯一原因。

15.3.1.2 通货紧缩的标志

从通货紧缩的含义可以看出，通货紧缩的基本标志应当是一般物价水平的持续下降，但由于物价水平的持续下降有一定时限（一年或半年以上），且通货紧缩还有轻度、中度和严重的程度之分，因此，通货紧缩的标志可以从以下三个方面把握：

(1) 价格总水平持续下降。这是通货紧缩的基本标志。典型的例子是在1929~1933年美国经济危机期间，严重的通货紧缩与经济大萧条相伴随。危机期间，美国股市暴跌了

85%，消费价格指数下降近 25%，农副产品批发价格指数下降 45%，企业投资下降 85%，工业生产下降 47%，国民生产总值下降约 30%，货币供应量年均递减 10%；大批工厂、银行倒闭，失业人数激增，居民收入锐减。严重的通货紧缩使美国经济遭受沉重打击。

（2）货币供应量持续下降。在 20 世纪 90 年代，日本经济长期不景气。物价在低位徘徊，经济增长乏力，失业率逐年上升，货币供应量增长缓慢。因此，许多专家认为日本已经发生了一定程度的通货紧缩。详见表 15-1。

表 15-1 1990~1998 年日本主要经济指数 （%）

年份	国内生产总值	消费物价指数	失业率	货币供应量
1990	5.1	3.1	2.1	8.2
1991	3.8	3.3	2.1	2.5
1992	1.0	1.7	2.2	-0.1
1993	0.3	1.3	2.5	2.2
1994	0.6	0.7	2.9	3.1
1995	1.5	-0.1	3.2	2.7
1996	5.1	0.1	3.4	2.3
1997	1.4	1.7	3.4	3.1
1998	-2.8	0.6	4.1	4.0

注：除失业率外，其他指数均为与上年相比的增长率。

在一定时期内，物价总水平的持续下跌可能与货币供应量（M_2）适度增长并存。一要把货币供应量的增长率与经济增长率对比，看二者的增长幅度是否相适应，如果货币供应量增长率长期滞后于经济增长率，也是通货紧缩的标志。二要观察货币供应量层次结构，分析货币供应的流动性（M_1/M_2）是否下降。如果货币供应的流动性持续下降，这属于结构性的通货紧缩。三要研究货币流通速度的变化，分析货币流量的变化情况。如果现金和存款货币的流通速度持续下降，从而引起货币流量逐年萎缩，同样是一种通货紧缩的表现形式。

（3）经济增长率持续下降。通货紧缩虽然不是经济衰退的唯一原因，但是，通货紧缩对经济增长的威胁是显而易见的。通货紧缩使商品和劳务价格变得越来越便宜，但由于这种价格下降并非源于生产效率的提高和生产成本的降低，因此，势必减少企业和经营单位的收入；企业单位被迫压缩生产规模，又会导致失业；社会成员收入下降必然影响社会消费，消费减少又会加剧通货紧缩；由于通货紧缩，人们对经济前景看淡，反过来又影响投资；投资消费缩减最终会使经济陷入衰退。

15.3.2 通货紧缩的成因与危害

15.3.2.1 通货紧缩的成因

引发通货紧缩的原因较多，既有货币因素，又有非货币因素；既有生产方面的原因，又有管理方面的原因；既有国外的原因，也有国内的原因。根据近代世界各国发生通货紧缩的情况分析，大体有以下几个方面的原因。

（1）货币紧缩。弗里德曼和舒瓦茨认为，美国 1920~1921 年出现的严重的通货紧缩完全是货币紧缩的结果。在 1919 年 4 月～1920 年 6 月期间，纽约联邦储备银行曾经多次提高贴现率，先后从 4%提高到 7%。大萧条期间出现的通货紧缩也是同样的原因。当然，货币紧缩往往是货币政策从紧的结果。货币当局为追求价格稳定，中央银行往往把政策目标定为零通货膨胀，从而采取提高利率等手段减少货币供应量。这样的政策效果可能从一个极端走向另一个极端（治理了通货膨胀，引起了通货紧缩）。因此，不少学者认为，把货币政策目标定为零通货膨胀是非常危险的。

（2）资产泡沫破灭。导致通货紧缩的另一个原因是资产泡沫破裂。1986～1989 年，日本的经济泡沫泛滥成灾，股票和房地产价格扶摇直上。但当 1990 年 5 月经济泡沫破灭之后，引起股市狂泻，汇率大跌，企业和银行大量倒闭。从此，日本经济陷入长期的通货紧缩困境。

（3）多种结构性因素。不少经济学家把通货紧缩归结为多种结构性因素。主要包括：全球军费支出大量削减；大国的财政支出和赤字减少；中央银行继续同通货膨胀做斗争；科技进步降低了成本，提高了生产效率；信息技术强化了竞争，贸易壁垒被打破；经济全球化不断加快等。所有这些因素，形成了全球的生产能力过剩和供给过剩，促使综合物价长期下跌。

（4）流动性陷阱。凯恩斯把货币供应量的增加并未带来利率的相应降低，而只是引起人们手持现金增加的现象叫“流动性陷阱”。在正常情况下，货币供应量的增加会引起债券价格上升，人们会用多余的现金购买资产，从而使利率下降。但是一旦当人们认为目前的证券价格过高，今后可能下跌，利率也太低，今后可能升高时，人们就会放弃购买证券而保持现金。如果此时货币当局再增加货币供应量，只会使人们手持现金增加（被流动性陷阱吸收），而不能使利率改变，货币政策将不起作用。货币供应量增加既然对利率没有影响，也就无法改变投资和消费，增加总需求。

许多经济学家发现，日本经济明显具有流动性陷阱的绝大多数经济特征。日本 1999 年三季度的隔夜拆借存款利率只有 0.02010，10 年期的政府债券收益率从 1990 年 9 月开始由 8.7%下降为 1.8%，而一些短期政府债券的收益率仅为 0.055%。

流动性陷阱的出现，使过量的现金转化为公众的手持现金或银行储备，而未使利率降低，不能刺激投资与消费增加，从而使经济萧条更趋严重。

15.3.2.2 通货紧缩的危害

长期以来，通货紧缩的危害往往被人们轻视，并认为它远远小于通货膨胀对经济的威胁。然而，通货紧缩的历史教训和全球性通货紧缩的严峻现实迫使人们认识到，通货紧缩与通货膨胀一样，会对经济发展造成严重危害。

（1）加速经济衰退。通货紧缩导致的经济衰退表现在三方面：一是物价的持续、普遍下跌使得企业产品价格下跌，企业利润减少甚至亏损，这将严重打击生产者的积极性，使生产者减少生产甚至停产，结果社会的经济增长受到抑制。二是物价的持续、普遍下跌使实际利率升高，这将有利于债权人而损害债务人的利益。而社会上的债务人大多是生产者和投资者，债务负担的加重无疑会影响他们的生产与投资活动，从而对经济增长带来负面影响。三是物价下跌引起的企业利润减少和生产积极性降低，将使失业率上升，实际就业率低于充分就业率，实际经济增长低于自然增长。

（2）导致社会财富缩水。通货紧缩发生时，全社会总物价水平下降，企业的产品价格自然也跟着下降，企业的利润随之减少。企业盈利能力的下降使得企业资产的市场价格也相应降低，而且，产品价格水平的下降使得单个企业的产品难以卖出，企业为了维持生产周转不得不增加负债，负债率的提高进一步使企业资产的价格下降。企业资产价格的下降意味着企业净值的下降，财富的减少。通货紧缩的条件下，供给的相对过剩必然会使众多劳动者失业，此时劳动力市场供过于求的状况将使工人的工资降低，个人财富减少。即使工资不降低，失业人数的增多也使社会居民总体的收入减少，导致社会个体的财富缩水。

（3）分配显现出负面效应。通货紧缩的分配效应可以分为两个方面来考察，即社会财富在债务人和债权人之间的分配，以及社会财富在政府与企业、居民之间的分配。从总体而言，经济中的债务人一般为企业，而债权人一般为居民，因此，社会财富在债务人与债权人之间的分配也就是在居民和企业之间的分配。

企业在通货紧缩的情况下，由于产品价格的降低，导致企业利润减少，实际利率升高，作为债务人的企业的收入进一步向债权人转移，这又加重了企业的困难。为维持生计，企业只有选择筹集更多的债务来进行周转，这样企业的债务总量势必增加，其债务负担更加沉重，由此企业在财富再分配的过程中将处于更加恶劣的位置。如此循环往复，这种财富的分配效应不断得到加强。

（4）可能引发银行危机。与通货膨胀相反，通货紧缩有利于债权人而有损于债务人。通货紧缩使货币越来越昂贵，这实际上加重了借款人的债务负担，使借款人无力偿还贷款，从而导致银行形成大量不良资产，甚至使银行倒闭，金融体系崩溃。因此，许多经济学家指出："货币升值是引起一个国家所有经济问题的共同原因。"

15.3.3 通货紧缩的治理

15.3.3.1 治理通货紧缩的政策主张

（1）凯恩斯主义的政策主张。20世纪30年代大危机后，针对西方世界通货紧缩、经济萧条状况，凯恩斯主义提出了一套有效需求不足理论和相应的扩张性财政金融政策，并力求通过国家干预来解决问题。这些政策主要有：1）扩张性的货币政策，即增加货币供应量，压低利率，以刺激投资与消费；2）赤字财政政策，即政府要用举债的办法发展经济，扩大有效需求。不过，凯恩斯认为应以财政政策为主，以货币政策为辅。其理由是货币政策有局限性，存在流动性陷阱。

凯恩斯主义的经济政策是刺激经济增长的扩张性财政货币政策，在当时对应对因通货紧缩带来的经济萧条、失业增加十分有效。以美国为例，20世纪30年代中期失业率最高曾达到24.9%。1942年实行凯恩斯主义的膨胀性经济政策后，当年政府开支比上年增长了1倍，而失业率从上年的9.9%降到4.7%。此后30年间美国经济一直保持平衡增长的势头，失业率也基本在4%左右徘徊。于是，许多凯恩斯主义者把这段岁月称为"凯恩斯时代"，凯恩斯本人也被尊为"战后繁荣之父"。

（2）货币主义的政策主张。货币主义产生于20世纪50年代中期，是在批判凯恩斯主义的过程中发展起来的。凯恩斯主义的衰落过程，就是货币主义的兴盛时期。货币主义在猛烈抨击凯恩斯主义经济理论与政策主张的同时，提出了坚持经济自由主义，反对国家干预和货币政策最重要的经济思想，提出以稳定货币，反对通货膨胀为中心的政策主张。

由于货币主义的政策主张是以稳定通货，反对通货膨胀为前提条件的，是以经济自由化和反对政府干预为思想基础的，因此，似乎看不出货币主义在反通货紧缩中有何作为。但仔细分析货币主义的政策主张，有两点值得重视。其一，认为货币数量是经济中唯一起支配作用的经济变量，货币政策是一切经济政策中唯一重要的法宝；其二，扩张性的财政政策如果没有相应的货币政策配合，就只能产生“排挤效应”，不可能产生“乘数效应”。从这个意义上讲，货币主义实际上是主张通过扩大购买政府债券、降低存款准备率等手段扩大货币供应量，从而压低市场利率，配合扩张性财政政策达到刺激消费与投资、振兴经济之目的。因而绝不能认为货币政策对付通货紧缩无能为力。

15.3.3.2 治理通货紧缩的政策措施

(1) 扩张性的财政政策。扩张性的财政政策主要包括减税和增加财政支出两种方法。减税涉及税法和税收制度的改变，不能作为一种经常性的调控手段，但在对付较严重的通货紧缩时也会被采用。财政支出是总需求的重要组成部分，因此，增加财政支出可以直接增加总需求；同时，财政支出增加还可能通过投资的乘数效应带动私人投资的增加。政府既可增加基础设施的投资和加强技术改造投资，以扩大投资需求；又可通过增发国家机关和企事业单位职工及退休人员的工资，以扩大消费需求；既要适度扩大财政支出的总量，又要注重优化财政支出的结构；既要增加中央政府投资，又要鼓励和带动地方和民间投资；既要坚持立足内需为主，又要千方百计开拓国际市场，积极扩大外需；既要解决需求不足的问题，又要解决供给刚性和产业结构问题。

当然，增加财政支出只是弥补总需求缺口的临时性应急措施：一方面，政府举债能力有限，在国民经济中存在闲置资源时，财政支出虽可以扩大，但社会闲置资源毕竟有限，实行积极的财政政策也要适度，否则财政赤字会超过承受能力，引发通货膨胀；另一方面，积极的财政政策对经济的带动作用也有限。如果通货紧缩的根本原因是缺乏有利可图的机会，那么用赤字财政政策来对付通货紧缩，就不能从根本上解决问题，长期扩大低效率和无效率的投资，会导致经济衰退和通货膨胀并存。

(2) 扩张性的货币政策。扩张性的货币政策有多种方式，如扩大中央银行基础货币的投放，增加对中小金融机构的再贷款，加大公开市场操作的力度，适当下调利率和存款准备金等；适当增加货币供应，促进信用的进一步扩张，从而使货币供应量与经济正常增长对货币的客观需求基本平衡；在保持币值稳定的基础上，对经济增长所必需的货币给予足够供应。货币政策的重点：一是以间接调控为主；二是调控货币总量与调节货币层次相结合；三是在需求管理的同时兼顾供给管理；四是寻找稳定币值、经济增长和防范金融风险的结合点。

(3) 加快产业结构的调整。无论是扩张性的财政政策还是扩张性的货币政策，其作用都是有限的，因为作为需求管理的宏观经济政策工具，它们的着眼点都是短期的。对于因生产能力过剩等长期因素造成的通货紧缩，短期性的需求管理政策难以从根本上解决问题，当供需矛盾突出时，供需矛盾的背后往往存在结构性的矛盾。因此，要治理通货紧缩，必须对产业结构进行调整，主要是推进产业结构的升级，培育新的经济增长点，同时形成新的消费热点。对于生产过剩的部门或行业要控制其生产，减少产量。同时，对其他新兴行业或有发展前景的行业应采取措施鼓励其发展，以增加就业机会，增强社会购买力。产业组织结构的调整也是在中长期内治理通货紧缩的有效手段。在生产能力过剩时，很多行业会出现恶性市场竞争，为了争夺市场，价格战会不断出现，行业利润率不断下降，如果价格战能在较短的时间里使一些企业退出市场，或者在行业内部出现较大范围的兼并与重组，即产业组织结构进行调整，则在调整后的产业组织结构中，恶性市场竞争会被有效制止，因恶性竞争带来的物价水平大幅度下降的情况也就有可能避免。

（4）其他措施。除了以上措施外，对工资和物价的管制政策也是治理通货紧缩的手段之一。比如，可以在通货紧缩时期制订工资增长计划或限制价格下降，这与通货膨胀时期的工资-物价指导线措施的作用方向是相反的，但作用原理是相同的。此外，通过对股票市场的干预也可以起到一定的作用，如果股票市场呈现牛市走势，则有利于形成乐观的未来预期，同时股票价格的上升使居民金融资产的账面价值上升，产生财富增加效应，也有利于提高居民的边际消费倾向。

【拓展训练】

为什么都说通缩来临，物价水平却还这么高？

（来源：腾讯财经 2015-02-11）

国家统计局10日发布的1月份全国居民消费价格指数（CPI）和工业生产者出厂价格指数（PPI）显示，CPI环比上涨0.3%，同比上涨0.8%，同比涨幅创2009年11月以来新低；PPI环比下降1.1%，同比下降4.3%。诸多机构中的经济学家通过财经媒体预警，通货紧缩为时尚早，同时网友也应该对通货紧缩有一个清晰的概念。

通货紧缩是什么？

通货紧缩是指物价和服务价格下降，从而反映出金钱的真实价值上升，通俗来说就是人们手里的那些固定工资可以买更多的东西了。手里的钱越来越值钱对于老百姓不是很好吗？总比通货膨胀的时候手里的钱变成废纸强吧？这么想是没错，但是支付工资的企业就亏了，根据劳动力供需关系，实际工资上涨会导致企业裁员，从而导致失业率攀升。

国家保持低通胀率是经济健康的表现。根据诺贝尔经济学奖得主萨缪尔森对于通货紧缩的解释，目前的CPI增速情况还只属于通胀放缓（disinflation）阶段。因为与各地平均工资状况相比，中国的物价的确有过高之嫌，在这个情况下通胀放缓对于短期民生消费的稳定有直接益处，不过长期对企业并不利好。

如何界定通货紧缩？

通常通货膨胀（inflation）与通货紧缩（deflation）是以通胀率正负划分的，而如何界定一个国家是否进入通货紧缩状态仍未有一个精准的方法，经济学家通常以CPI增长率为负并且持续一个季度作为通缩警报。但是，由于上述CPI数据同比、环比仍然处于上涨趋势，因此可以明确地判定中国至少在未来中期不会出现通货紧缩。

在更多的实际宏观分析当中，通货紧缩已不仅限于经济衰退中的货币表现，尤其是在现在各国金融体系逐渐发达，很难再用过去的经济学理论去界定，通缩更多地被归为经济衰退的成因。

CPI增长放缓是事实，而民众反映我国的物价水平仍然过高（其中有相当一部分是不被计入CPI的房价）也是事实，那么哪里出问题了？笔者认为用这种不切合民众体验的CPI来界定通缩一定是有问题的，因为金融的本质是服务实体经济，而实体经济是与民众息息相关的。

为何警惕通缩？

通货紧缩一般会导致金融危机爆发，金融危机的结果一般是经济衰退，而经济衰退甚至萧条是很要命的一件事。另一方面，央行的近期放水大家有目共睹，降准、降息、MLF等增强流动性的政策一个接着一个出台，例如前些日子一周之内降准，就出乎多数分析师的预期时点。

举个例子说明，如果大家都知道明天油价要涨50%，肯定今天很多人去加油甚至可能有人非法囤油，那么未来将会有很长一段时间油价涨价是无法增加卖油方收入的，因为大家早已经做出了防范措施。所以说，出乎预期的政策才是有效的。现在的预期都指向央行会继续实行货币宽松政策加强流动性，那么之后降息的政策出台恐怕成效不会很大。

“为保证今年宏观经济不出现大的风险，更多配套措施也需同步跟进，更加积极的财政政策，全面推进的改革措施都是努力方向。”多数所谓经济学家喊出这样的口号。

在笔者看来，维持物价和保证就业率才是经济措施的当务之急，任何政策都应该在通胀放缓阶段服务于这两个关乎民生的目标。

思考题：请运用通货紧缩相关知识分析该案例。

【项目小结】

（1）通货膨胀一般是指商品和服务的货币价格总水平持续上涨的现象。通货膨胀的严重程度是通过各种价格指数来衡量的。

（2）通货膨胀可以从多个角度进行分类。根据通货膨胀的表现形态，可以把它分为公开型通货膨胀和隐蔽型通货膨胀。根据通货膨胀的严重程度，还可以把通货膨胀分为温和式通货膨胀、急剧的通货膨胀和恶性通货膨胀。

（3）通货膨胀的成因主要包括需求拉上型通货膨胀、成本推动型通货膨胀和结构型通货膨胀。主要治理对策包括抑制总需求、收入政策、收入指数化政策和增加总供给。

（4）通货膨胀对经济的影响可以分为三个方面：1）对总体就业和产出的影响；2）对财富和收入再分配的影响；3）对微观经济效率的影响。

（5）通货紧缩一般是指商品和劳务的货币价格总水平持续下降的经济现象。通货紧缩对经济增长、投资和消费存在着明显的负面影响。

（6）通货紧缩的类型或成因主要有需求不足型通货紧缩、供给过剩型通货紧缩、结构型通货紧缩和体制型通货紧缩。

（7）通货紧缩的治理就短期而言，主要是采取总量调节，实施积极的财政政策和较宽松的货币政策，从长期来说，主要是经济结构的调整和制度创新，推进城乡经济和区域间经济的发展。

16　财政政策与货币政策

【学习目标】

（1）了解宏观经济运行情况和宏观经济政策的类型、我国财政政策和货币政策的使用情况。

（2）掌握财政政策和货币政策的基本概念、宏观经济政策的基本目标。

（3）理解货币政策与财政政策的配合。

（4）能够运用经济政策理论对经济现象进行简单分析。

（5）能够分析货币政策三大工具对经济的影响效果。

16.1　宏观调控概述

随着经济的快速发展和国际经济的互相影响，世界各国的经济会受各种因素的影响而发生变化。为了维护本国的利益，各国政府都会推行一些宏观经济政策来影响本国的经济发展的各个方面。

16.1.1　宏观调控的含义

宏观调控是国家运用计划、法规、政策、道德等手段，对经济运行状态和经济关系进行干预和调整，把微观经济活动纳入国民经济宏观发展轨道，及时纠正经济运行中的偏离宏观目标的倾向，以保证国民经济的持续、快速、协调、健康发展。在中国，宏观调控的主要任务是：保持经济总量平衡，抑制通货膨胀，促进重大经济结构优化，实现经济稳定增长。

16.1.2　宏观调控的原因

首先，市场调节不是万能的。有些领域不能让市场来调节，有些领域不能依靠市场来调节；其次，即使市场调节可以广泛发挥作用的领域，市场也存在着固有的弱点和缺陷，包括自发性、盲目性、滞后性；最后，宏观调控有利于帮助人们认识市场的弱点和缺陷，保证市场经济健康有序的发展。

16.1.3　宏观调控的目标

宏观调控主要的目标是促进经济增长，其次是增加就业，稳定物价，保持国际收支平衡。

（1）经济增长。经济增长是经济和社会发展的基础。持续快速的经济增长是实现国家长远战略目标的首要条件，也是提高人民生活水平的首要条件。因此，促进经济增长是宏观调控的最重要的目标。促进经济增长是在调节社会总供给与社会总需求的关系中实现的。因此，为了促进经济增长，政府必须调节社会总供给与总需求的关系，使之达到基本平衡。

（2）稳定物价。在市场经济中，价格的波动是价格发挥调节作用的形式，但价格的大幅度波动对经济生活是不利的。如果物价大幅上升和通货膨胀，会刺激盲目投资，重复建设，片面追求数量扩张，经济效益下降；如果物价下降和通货紧缩，则会抑制投资，生产下降，失业增加。在社会主义市场经济条件下，绝大多数商品和服务的价格由市场决定，但政府可以运用经济手段对价格进行调节，必要时也可以采用某些行政手段（如制止乱涨价、打击价格欺诈），以保持价格的基本稳定，避免价格的大起大落。

（3）保持国际收支平衡。国际收支是指一个国家或地区、其他国家或地区之间由于各种交易所引起的货币收付或以货币表示的财产的转移。

（4）增加就业。就业是民生之本，是人民群众改善生活的基本前提和基本途径。就业的情况如何，关系到人民群众的切身利益，关系到改革发展稳定的大局，关系到全面建设小康社会的宏伟目标，关系到实现全体人民的共同富裕。促进充分就业是我国政府的责任。

国家宏观调控目标的四个方面是相互联系、相互制约、相互促进的关系，各种宏观调控手段统筹安排，才能实现国民经济又好又快发展。

16.1.4 宏观调控手段

国家宏观调控的手段包括经济手段、行政手段和法律手段。经济手段包括财政政策和计划，经济手段有时是政府制定的经济政策，法律手段是政府制定的经济法规，行政手段是政府发布的经济命令。

（1）经济手段。政府在自觉依据和运用价值规律的基础上借助于经济杠杆的调节作用进行宏观调控。经济杠杆是对社会经济活动进行宏观调控的价值形式和价值工具，包括价格、税收、信贷、工资等。

（2）法律手段。政府依靠法制力量，通过经济立法和司法，运用经济法规来调节经济关系和经济活动，以达到宏观调控目标的一种手段。法律手段包括经济司法和经济立法两个方面。经济立法主要是由立法机关制定各种经济法规，保护市场主体权益；经济司法主要是由司法机关按照法律规定的制度、程序，对经济案件进行检察和审理的活动，维护市场秩序，惩罚和制裁经济犯罪。

（3）行政手段。这是依据行政机构，采取强制性的命令、指示、规定等行政方式调节经济活动，以达到宏观调控目标的一种手段。行政手段具有权威性、纵向性、无偿性及速效性等特点。社会主义宏观经济调控还不能放弃必要的行政手段。因为计划手段、经济手段的调节功能都有一定的局限性，如计划手段有相对稳定性，不能灵活地调节经济活动；经济手段具有短期性、滞后性和调节后果的不确定性。当计划、经济手段的调节都无效时就只能采取必要的行政手段。

16.2 财政政策

16.2.1 财政政策的概念及类型

财政政策是国家在参与社会产品分配和再分配过程中，利用一系列财政手段对社会经济活动和经济利益进行宏观调节和控制的政策措施。财政政策调控的主体是国家财政机构，其调节机制主要是通过资金的无偿转移来实现对宏观经济的调控，是经济手段、法律手段和行政手段的统一，调控对象主要是国民收入中的增量。通过财政政策手段可以实现对社会总供求、产业结构、收入分配、国际收支等方面的宏观调控。

财政政策种类繁多，为了更好地研究、运用财政政策，充分发挥财政政策的作用，必须对财政政策进行科学的分类：

（1）根据财政政策对总需求的影响，可以把财政政策分为积极财政政策、紧缩性财政政策和均衡性财政政策。

（2）根据财政政策对总供给的影响，可以把财政政策分为刺激性财政政策和限制性财政政策。刺激性财政政策是通过倾斜性投资和财政利益诱导，如减免税等手段，重点扶持某些行业的发展，以增加社会供给的财政政策；限制性财政政策是通过多种财政工具，如提高税率等手段，限制某些部门的发展，压缩局部过剩的财政政策。

（3）根据财政政策对经济的调节是自动的还是自觉的，可以把财政政策分为自动调节的财政政策和相机抉择的财政政策。

自动调节的财政政策又称为“内在稳定器”，是指利用财政工具与经济运行的内在联系来自动调节经济运行的财政政策。这种内在联系是指财政政策工具在经济周期中，能够自动调节社会总需求变化所带来的经济波动，具有这种自动调节作用的财政政策工具是累进所得税、社会保障支出和财政补贴。

相机抉择的财政政策，是指国家为达到预定目标，根据客观经济形势的不同，适度调整财政收支规模和结构的财政政策。

（4）根据财政政策调节的对象是收支总量还是收支结构，可以把财政政策划分为宏观财政政策和微观财政政策。

宏观财政政策，是指通过改变收支总量以实现财政政策目标的财政政策。

微观财政政策，是指在国家收支总量既定的前提下，通过税收和支出结构的改变，来影响某一部分、某一市场甚至某一企业的经济活动，以达到一定的财政政策目标的财政政策。

16.2.2 财政政策目标

财政政策目标是指政府制定和实施财政政策所要达到的预期目的，财政政策目标可以是一元的，也可以是多元的。一般来说，一个国家的财政政策目标往往不止一个，而是由多重目标构成的体系。诸多目标在方向上可能一致，也可能有矛盾，这就要求政府根据不同历史时期面临的主要问题，在政策目标的选择上有所侧重和协调。

现代市场经济条件下，财政政策目标概括起来主要包括：

（1）经济增长。经济增长是指一个国家商品与劳务产出的增长以及相应供给能力的增长，一般采用国民生产总值扣除价格变动因素后的年增长率来测定，当前，经济增长是世界各国政府追求的重要目标。我国是实行社会主义市场经济的发展中国家，经济增长是实现其他目标的基础，因此，这一目标应作为我国财政政策的首选目标。

（2）价格总水平的相对稳定。价格总水平的稳定是经济稳定的标志，它成为多数国家政府追求的一个目标。所谓价格总水平的相对稳定，不是指冻结物价，而是把物价总水平的波动约束在经济稳定发展可容纳的空间内，即避免和抑制恶性通货膨胀。稳定物价是财政政策和货币政策的共同目标，从政策传导机制看，货币政策发挥作用更直接有力，而财政政策相对较弱，因此，价格稳定这一目标应该作为货币政策的首先目标。作为财政政策的次选目标，财政政策应配合货币政策实施。

（3）收入合理分配。收入合理分配是市场经济条件下实现经济稳定与发展的关键因素。市场经济奉行的是按要素贡献大小进行分配的原则，它虽能调动积极性，但也带来了收入分配的悬殊差别。为了解决收入分配上的矛盾，需要政府在按要素贡献的基础上实行再调节，通过财政收入再分配政策实现社会公平分配目标。

16.2.3 财政政策工具

财政政策工具是为财政政策目标服务的，如果没有财政政策工具，财政政策目标就无从实现。目前我国财政政策工具主要有国家预算、税收、国债、财政补贴、财政投资等。

（1）国家预算。国家预算是财政政策的主要手段，其调控作用主要表现在两个方面。

第一，通过预算收支规模的变动及收支对比关系的不同状态，有效地调节社会总供求的平衡关系。

一般来说，在总需求大于总供给时，可以通过紧缩预算规模和实行预算收入大于支出的结余政策进行调节；当总供给大于总需求时，可以通过扩张预算规模和实行预算支出大于收入的赤字政策进行调节；在总供求基本平衡时，为保持这种平衡状态，国家预算应实行收支平衡的个性政策与之配合。

第二，通过预算支出结构的调整，调节国民经济中各种比例关系，从而形成合理的经济结构。当国家预算增加对某个部门的资金支持时，就能促进该部门的发展；反之，国家预算削减对某部门的拨款则会限制该部门的发展。通过预算支出结构的调整，可相应影响国民经济有关的比例关系，从而调整经济结构。

（2）税收。税收的调控作用主要表现在三个方面：第一，调节社会总供给与总需求的平衡关系。流转课税与所得课税是我国税收的个体税种，二者具有不同的征税效应，从而对总供给与总需求产生不同的调节作用。流转课税的征税效应偏重于供给方面，提高或降低税率就会限制或刺激供给总量：所得课税的征税效应偏重于需求方面，在累进税制下，它具有“自动稳定”效应。第二，通过税率调整、税收减免或加征等措施调节产业结构，优化资源配置。第三，调节收入分配，通过征收多种所得税使收入分配相对公平合理。

（3）国债。国债是财政政策工具中具有有偿特征的一种手段，具有财政调节与金融调节的双重特征和功能。国债的调节作用主要表现在：第一，调节国民收入的使用结构。在不改变资金所有权的条件下，使居民手中尚未使用的消费基金转化为积累基金，调整积累与消费的比例关系。第二，调节产业结构。国家可将以国债形式筹集的资金投入那些微观效益较低，但社会效益和宏观经济效益较高的项目上（如农业和“瓶颈”产业、基础工业等），促进经济结构的合理化。第三，调节资金供求和货币流通，进而影响社会总供给与总需求。在金融市场健全的条件下，通过增加或减少公债发行量，调高或调低国债利率，可以有效调节资金供求和货币流通量，进而对社会总供求产生影响。

（4）财政补贴。财政补贴是配合价格政策和工资政策发挥宏观调节作用的重要政策工具。其调节作用主要表现在：从对总需求的调节看，减少补贴与增加税收一样可以抑制社会总需求；反之，则会刺激社会总需求。从对总供给的调节看，增加生产领域的补贴如同减税，可以刺激生产，促进供给增加；反之，则会抑制生产和供给。

（5）时政投资。政府投资是指由国家预算安排的生产建设性支出，是国家重点建设和大中型项目建设的主要资金来源。其主要调节作用表现在：首先，调整国民经济结构。财政投资建设的项目，都是关系国民经济全局的重点建设项目，这些项目直接关系到我国经济的持续、稳定、协调发展。因而，财政投资是调整和改善国民经济结构的有力手段；其次，调节总供给和总需求，是影响经济稳定增长的决定性因素。财政投资从当前看是形成社会总需求的一部分，从长远看，又会增加总供给。因此它具有调节供给与需求的双重功能，主要在于增加供给。

财政投资手段正常运用的条件：一是合理确定投资规模；二是正确把握投资方向，确定投资重点；三是综合运用投资、税收、贴息等各种政策手段，引导社会投资方向。

16.3　货币政策体系

16.3.1　金融宏观调控与货币政策概述

16.3.1.1　金融宏观调控

宏观调控是国家的经济职能，是国家对宏观经济运行的干预。具体而言，就是指国家运用经济政策调节宏观经济变量，比如税率、利率、汇率、价格、就业等，以促进总供求的基本平衡，实现经济的稳定增长。

宏观调控有以下三个特点：

（1）在经济学中，宏观经济分析和宏观调控主要是针对经济的短期运行，解决经济的周期波动问题，主要手段是财政政策和货币政策，包括汇率政策，有时还使用收入政策。

（2）宏观调控和政府管制都是由政府及有关部门实施和操作的，但两者的具体目的和手段并不一样。宏观调控主要是运用财政政策和货币政策等宏观政策手段，间接影响微观主体的行为选择，以熨平经济波动，保证经济稳定增长；而政府管制主要是运用行政权力，直接限制微观主体的市场行为，如市场准入、数量管制和价格管制、自然垄断和共有资源的管理等。

（3）宏观调控与市场经济不是对立的。市场经济之所以需要宏观调控和政府管制，是因为市场会失灵和失败，宏观调控只是为了校正市场失败，使之更有效地运行，而不是为了抑制和取代市场。

金融宏观调控是宏观调控的重要组成部分。具体讲，金融宏观调控是以中央银行或货币当局为主体，以货币政策为核心，借助于各种金融工具调节货币供给量或信用量，影响社会总需求进而实现社会总供求均衡，促进金融与经济协调稳定发展的机制与过程。金融宏观调控的内容包括金融宏观调控主体、金融宏观调控对象、金融宏观调控目标、金融宏观调控手段、金融宏观调控机制和金融宏观调控效应等。

金融宏观调控存在的前提是商业银行是独立的市场主体，实行二级银行体制。如果没有这个前提，则将缺乏独立的金融宏观调控主体，也缺乏作为金融宏观调控操作直接对象的商业银行体系。在此情况下，所谓金融宏观调控就是不存在的。

就金融宏观调控的类型而言，包括计划调控、政策调控、法律调控和行政调控四种。计划调控和行政调控是计划经济体制下金融宏观调控的主要形式；政策和法律调控是市场经济体制下金融宏观调控的主要形式。我国转轨经济中，政策调控和法律调控的色彩日趋浓厚，计划调控和行政调控只能是政策调控和法律调控的补充形式。

16.3.1.2 货币政策及其特征

A 货币政策的含义

货币政策有广义、狭义之别。从广义上讲，货币政策包括政府、中央银行和其他有关部门所有有关货币方面的规定和所采取的影响货币供给数量的一切措施。照此理解，货币政策包括有关建立货币制度的种种规定；甚至可以进一步包括像政府借款、国债管理乃至政府税收和开支等可能影响货币支出的行为。而现在通常所说的货币政策，较之上述口径要窄得多。狭义的货币政策主要是研究货币的发行与调控，货币量与产出、收入、价格、国际收支等宏观经济变量的相互联系与相互影响，并围绕这些经济联系与影响制定一系列的政策措施。

B 货币政策的基本特征

（1）货币政策是宏观经济政策，涉及的是国民经济运行中的货币供应量、信用总量、利率、汇率等宏观经济总量问题，而不是经济单位的微观经济变量问题。

（2）货币政策是调节社会总需求的政策。在市场经济条件下，社会总需求是指有货币支付能力的总需求。货币政策正是通过货币的供给来调节社会总需求中的投资需求、消费需求、出口需求，并间接地影响社会总供给的变动，从而促进社会总需求与总供给的平衡。

（3）货币政策主要是间接调控政策。货币政策一般不采用或少采用直接的行政手段来调控经济，而主要运用经济手段、法律手段调整“经济人”的经济行为，进而调控经济。

（4）货币政策是长期连续的经济政策。货币政策的最终目标一般为稳定物价、经济增长、充分就业和国际收支平衡，这些都是长期性的政策目标，短期内是难以实现的。而货币政策的具体操作和调节措施又具有短期性、实效性的特点。因此，货币政策的各种具体措施是短期的，需要连续操作才能逼近或达到货币政策的长期目标。

C 货币政策的类型

（1）扩张型货币政策。这是指中央银行通过增加货币供应量，使利率下降，从而增加投资，扩大总需求，刺激经济增长。主要措施包括：一是降低法定准备金率，以提高货币乘数，增加货币供应量；二是降低再贴现利率，以促使商业银行增加再贴现，增强对客户的贷款和投资能力，增加货币供应量；三是公开市场业务，通过多购进证券，增加货币供应。除以上措施外，中央银行也可用“道义劝告”方式来影响商业银行及其他金融机构增加放款，以增加货币供应。在我国，扩张型货币政策常表现为扩大贷款规模。

（2）紧缩型货币政策。这是指中央银行通过减少货币供应量，使利率升高，从而抑制投资，压缩总需求，以限制经济增长。措施是扩张型货币政策中所采用措施的反向操作。

（3）非调节型货币政策。这是指中央银行并不根据不同时期国家的经济目标和经济状况，不断地调节货币需求，而是把货币供应量固定在预定水平上。其理由是在较短时期内，货币供应量的增减会自动地得到调节，国家的经济目标和经济状况不会因此受到影响。但实践证明，由于货币政策效应的不确定性、长期性和对利率波动不予调节可能带来损失的确定性和即期性，各国中央银行一般不采用这种类型的货币政策。

（4）调节型货币政策。这是指中央银行根据不同时期国家的经济目标和经济状况，不断地调节货币供应量。具体内容是：当超额准备金的需求和货币的需求增长时，中央银行增加准备金供给；反之则相反。其理由是：在需要时调节准备金需求和货币需求正是为了稳定货币、稳定利率，因为货币币值和利率的剧烈波动会扰乱金融市场。实践中，大部分国家采取这种类型的货币政策。

16.3.1.3　金融宏观调控机制

A　金融宏观调控机制的构成要素

金融宏观调控机制是在一定市场环境下由一系列要素构成的一种市场机制过程。这种市场机制过程可以理解为同一事物的两层含义，即金融宏观调控的传导机制和调控机制。金融宏观调控的传导机制是指从中央银行启动调控工具到政策目标实现的自然过程，它是由机制各要素的内在联动关系所决定的；金融宏观调控机制正是利用传导机制的内在联动关系，由中央银行运用调控工具有意识变动货币供给，以期对某些宏观经济变量发生影响，从而达到中央银行政策目标的过程。

金融宏观调控机制的框架和构成要素、每一构成要素的功能特性如图 16-1 所示。

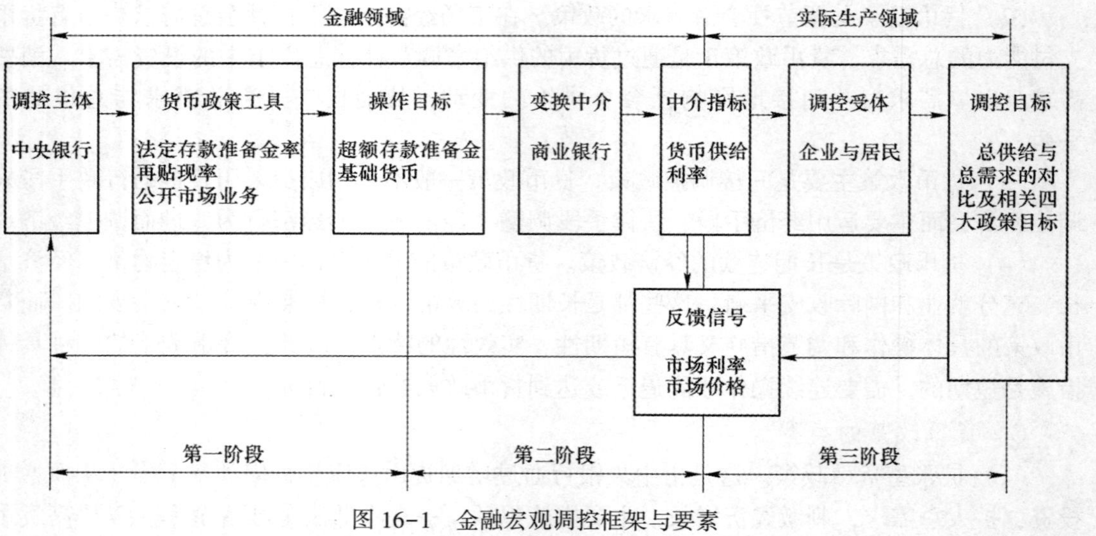

图 16-1　金融宏观调控框架与要素

那么，金融宏观调控机制的框架和构成要素是怎样的？每一构成要素的功能特性又是怎样的呢？

如图 16-1 所示，金融宏观调控机制的构成要素从左至右分述如下：

（1）调控主体：中央银行。现代金融与银行制度是二级体制，在其中，中央银行居于一个国家金融体系的领导和核心地位，其主要任务是制定和实施国家金融政策，并代表国家监督和管理全国金融业。中央银行不是一个办理货币信用业务的经济实体、不是经营型银行，而是国家金融管理机关，是管理型银行。中央银行的独特职能决定了金融宏观调控的主体必定是中央银行。

（2）调控工具：三大货币政策工具。中央银行通过提高或降低商业银行法定存款准备金比率，提高或降低商业银行向中央银行票据贴现的再贴现率，在金融市场上公开卖出和买入证券等来实施紧缩或宽松的货币政策，调控基础货币和市场利率，影响商业银行的和金融市场的行为与态势，间接调控货币供给量，从而改变企业的货币需求预期。调整社会投资与消费的关系，以实现货币政策目标。

（3）操作目标：超额存款准备金与基础货币。超额存款准备金对商业银行的资产业务规模有很重要的影响，一般来说，超额准备金增加（或减少），意味着商业银行的潜在放款和投资能力增强（或减弱），从而存款货币创造能力增强（或减弱）。基础货币是中央银行可以直接控制的影响货币供应量的变量，中央银行通过对基础货币的控制来控制商业银行创造存款货币的能力。

（4）变换中介：商业银行。在现代货币信用制度下，现代商业银行的存款货币创造机制使得商业银行的负债和从商业银行的提现形成了有支付能力的社会购买力，是社会总需求的载体。中央银行能有效控制的是基础货币，可以将其称为一级主控变量，从基础货币转为社会货币供应量必须通过具有存款货币创造能力的商业银行这个金融中介体的转换传导，因此，商业银行成为金融宏观调控的变换中介。

（5）中介指标：货币供应量。货币供给是中央银行宏观金融调控的间接控制二阶变量，因为它是总需求的载体，会直接形成社会对实际劳务和商品的需求，因此它成为中央银行对货币政策最终目标调控的中介指标。中央银行对货币供应量的调控能力，不仅取决于一阶变量基础货币，还取决于商业银行的传导性能、货币乘数机制等。

（6）调控受体：企业与居民户。企业与居民户是形成社会总需求和总供给对比关系的微观个体，他们不仅在量上决定社会总供求的规模，而且前者决定了后者的内在结构。中央银行通过调节货币供应量影响社会总供求关系，实际上是在影响企业与居民户的投资与消费行为，从而达到金融宏观调控目的。

（7）调控目标（最终目标）：总供求对比及相关四大政策目标。中央银行的稳定币值、经济增长、充分就业和国际收支平衡等四大政策目标形成于各国长久以来的经济实践。由于货币政策的宏观调控的实质是间接总量调控政策，因此，中央银行实际上是通过调节货币供应量来影响总供求对比，影响企业与居民户经济行为，间接实现四大货币政策目标。

（8）反馈信号：市场利率与市场价格。中央银行将市场利率与市场价格作为观察金融宏观调控实际效应的信号。在调控过程中，影响四大货币政策目标的总供求对比关系可能偏离目标值，在产品市场上，总供给大于总需求，产品价格总水平就会下跌；反之产品价格总水平则会上升。在金融市场上，利率水平也有这样的反应过程。因此，根据市场实际价格对调控预期价格的正负偏离，中央银行就可以采取相应的控制需求（或增加供给）或刺激需求（或抑制供给）的货币政策。市场利率与市场价格越是能真实反映社会资源的稀缺程度，中央银行对总供求对比关系波动的观察和判断就越是准确，决策失误的可能性就越小。

B 金融宏观调控的两个领域和三个阶段

在金融宏观调控中，货币政策的传导和调控机制过程经历两个领域和三个阶段。

（1）两个领域是金融领域和实物领域。货币政策首先改变的是金融领域的货币供给状况，打破原有的货币供求和市场利率状况，按照中央银行货币政策意图建立起新的货币供求状况，这一过程发生在中央银行与商业银行之间，是以基础货币变动引起货币供求变动的动态过程。而从货币供给变化到实现央行的四大政策目标是在实物领域实现的。货币供给的变化影响企业的投资与消费，使社会对实际产品的需求和供给发生改变，从旧均衡走向新的均衡。

（2）三个阶段是：第一阶段，中央银行操作货币政策工具对一阶变量基础货币的直接控制；第二阶段，基础货币的变化通过商业银行信贷行为对二阶变量货币供应量产生间接控制作用；第三阶段，再由二阶变量货币供应量变化间接影响实现货币政策最终目标。

16.3.1.4 一种新的货币政策框架：通货膨胀目标制

通货膨胀目标制是中央银行直接以通货膨胀为目标并对外公布针对该目标的货币政策制度。在通货膨胀目标制下，传统的货币政策体系发生了重大变化，在政策工具与最终目标之间不再设立中间目标，货币政策的决策依据主要依靠定期对通货膨胀的预测。由中央银行根据预测提前确定本国未来一段时期内的中长期通货膨胀目标，中央银行在公众的监督下运用相应的货币政策工具使通货膨胀的实际值和预测目标相吻合。其政策核心是以确定的通货膨胀率作为货币政策目标。当预测实际通货膨胀率高于目标或目标区间时，就采取紧缩性的货币政策，以降低通货膨胀率；当预测的方向相反时，则采取宽松的货币政策。通货膨胀目标制的货币政策目标的本质是将金融宏观调控对象物价化，反通货膨胀是货币政策的实质内容。

通货膨胀目标制实施的条件主要有：（1）中央银行的独立性；（2）货币政策的高度透明度；（3）利率的市场化；（4）浮动汇率制。

通货膨胀目标制在实施过程中呈现出以下特点：

（1）在通货膨胀目标制下，货币政策承诺维持一个具体的长期通货膨胀水平，长期价格稳定将是压倒一切的首要的政策目标。

（2）在长期通货膨胀目标值的约束下，为达到产出稳定等其他目标，中央银行短期内拥有采取灵活政策的权力——这就是“弹性通货膨胀目标”这一术语的真正含义。

（3）通货膨胀目标制要求货币政策决策者保持实质性的开放和透明。例如，应定期公布通货膨胀形势报告，并让公众参加政策讨论。公布通货膨胀目标，不仅包括通货膨胀的目标值及其决定它的依据，而且还包括价格指数、目标期限和目标区的类型；在当前的经济环境下，如何实现通货膨胀目标；偏离通货膨胀目标的原因等。

16.3.2 货币政策的目标与工具

16.3.2.1 货币政策的最终目标

A 最终目标体系

制定和实施货币政策的目的是通过调控货币供给来影响社会经济生活，货币政策的作用范围是宏观经济领域。货币政策的目标是解决宏观经济问题。总体而言，一个国家在宏观经济方面大致存在以下四种类型的问题：社会经济生活是否安定，国民经济发展状况如何，生产要素和劳动力的就业情况如何，国际收支是否保持平衡。因此，各国通常将货币政策的最终目标确定为以下四个：

（1）物价稳定。物价稳定是指在经济运行中物价总水平在短期内不发生显著的波动，进而维持国内币值的稳定。物价总水平能否保持基本稳定，直接关系到国内社会经济生活是否能保持安定这样一个宏观经济问题，因此，物价稳定一般是中央银行货币政策的首要目标。因为没有稳定的物价就意味着没有一个稳定的市场环境，价格信号失真，经济的不确定性增加，难以做出投资和消费的决策，从而最终影响经济的增长和就业的扩大。此外，通货膨胀的再分配效应既造成收入的不公平分配，也破坏社会的安定。

在现实经济生活中，物价水平往往随着社会总需求扩大、商品成本的提高以及一些结构性经济因素的影响而呈上涨趋势。因此虽然在理论上还有许多不同的争论，但从各国货币政策的实际操作来看，一般以通货膨胀率来衡量物价稳定状态，一般都认为物价上涨率在4%以下是比较合理的。

（2）充分就业。充分就业是指有能力并愿意参加工作者，都能在较合理的条件下，随时找到适当的工作。经济学中的充分就业并不等于社会劳动力的100%就业，通常是将两种失业排除在外：一是摩擦性失业，即由短期内劳动力供求失调或季节性原因造成的失业；二是自愿失业，即工人不愿意接受现行的工资水平而造成的失业。这两部分失业在社会中所占的比重非常小。

充分就业作为货币政策最终目标的重要性主要表现在两个方面：一是严重的失业意味着生产资源的闲置和浪费，意味着产出的损失；二是严重的失业是一种社会灾难，必将导致严重的社会不公正，进而危及社会的稳定。

判断中央银行充分就业的目标是否实现，一般是以劳动力的失业率来衡量。失业率是社会的失业人数与愿意就业的劳动力之比，失业率的高低反映了充分就业目标是否实现与实现程度。与充分就业相对应的失业率称为自然失业率。由于各国社会经济状况、民族文化与传统习惯的差异，对自然失业率的理解也有差异。尽管很难确定低于何种水平的失业率才算是充分就业，但西方国家的多数学者认为5%以下的失业率即为充分就业。

（3）经济增长。经济增长是针对国民经济发展状况这一宏观问题而设置的宏观经济目标，其含义是国民生产总值要求保持较高的增长速度，不要停滞，更不能出现负增长。这个目标与充分就业目标之间关系密切。因为越接近充分就业，就意味着生产资源越能被充分利用。各国通常将国民生产总值增长率、国民收入增长率、人均国民生产总值、人均国民收入增长率作为衡量经济增长的主要指标。资本量、劳动生产率、投资等因素均对一国的经济增长产生影响。中央银行作为金融当局，为实现既定的经济增长目标，可以凭借其所能操纵的各种政策工具，增加货币供给、降低利率水平，以促进投资或者控制通货膨胀，消除不可预测的通货膨胀率变动对投资的影响。

但是，由于世界各国发展阶段及发展条件各不相同，在经济增长的选择上就存在着差异。发展中国家由于经济增长和就业的压力，往往更偏好较高的增长率，相应地对货币政策也会施加支持经济增长的压力。例如，在经济低迷时期，要求中央银行增加货币供应量、降低利率的呼声就会非常高，结果往往造成经济过热、通货膨胀和下一轮的经济萧条的状况。我国在20世纪80年代初就有这样的教训，因此，人们对货币政策究竟能在多大程度上促进经济增长一直有争论。目前比较一致的观点是，中央银行的货币政策只能以其所控制的货币政策工具，通过创造和维持一个适宜经济增长的货币金融环境，促进经济增长。

（4）国际收支平衡。国际收支平衡是指一国国际收支中收入和支出处于基本持平的状态。国际收支平衡可分为静态平衡和动态平衡。静态平衡是指以一个年度周期内的国际收支平衡为目标的平衡，只要年度末的国际收支数额基本持平，就称为平衡。动态平衡是指以一定时期（如3年、5年）的国际收支平衡为目标的平衡。

在开放型经济中，国际收支是否平衡将对一国内货币供应量与物价产生较大影响。如果出现过大顺差，则会增加国内货币供应量并相对减少该国市场商品供应量，从而使该国市场出现货币供给偏多、商品供应不足的情况，加剧该国商品市场的供求矛盾，导致物价上涨。如果出现过大逆差，则会增多国内商品供应量，在该国国内货币量偏少的情况下，就会加剧该国国内商品过剩，可能导致经济增长停滞。因此，在对外贸易额占国民生产总值比重较高的国家里，国际收支能否保持平衡也是一个重要的宏观经济问题，需要借助财政政策和货币政策来加以解决。尤其是逆差对经济的不利影响更大，因而各国在调节国际收支的失衡时，重点通常放在减少或清除逆差上。

B 货币政策最终目标之间的矛盾性

如果同时既能够保持物价的稳定，又有较高的经济增长速度、劳动力实现充分就业、国际收支也维持基本平衡，这当然是宏观经济的最佳状态。但这毕竟只能是一种理想境界，在实际经济生活中难以达到。四个政策目标之间的矛盾性，决定了同时实现四个目标是不大可能的。政策目标之间的矛盾性主要表现在以下四个方面：

（1）稳定物价与充分就业之间的矛盾。一般而言，存在较高失业率的国家，中央银行有可能通过增加货币供给量、扩大信用投放等途径，刺激社会总需求，以减少失业或实现充分就业。但这样做往往会在一定程度上导致一般物价水平上涨，诱发或加剧通货膨胀。

澳大利亚著名经济学家菲利普斯通过研究1861~1957年近100年英国的失业率与物价变动的关系，得出了结论：失业率与物价上涨之间存在着一种此消彼长的关系。这一关系可用图16-2来表示。

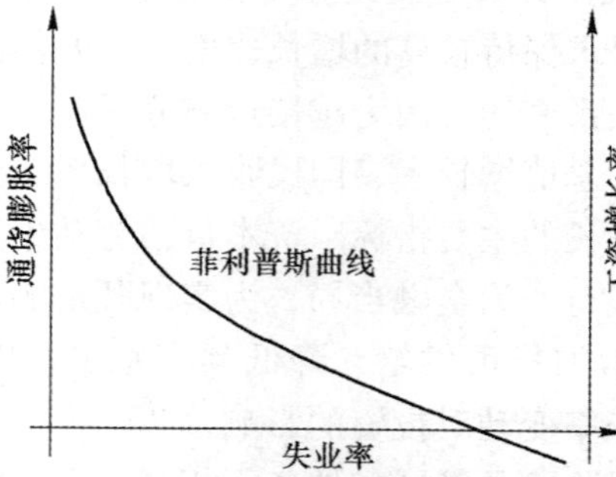

图16-2 菲利普斯曲线

因此，采取减少失业或实现充分就业的政策措施，有可能导致较高的通货膨胀率；反之，为了降低物价上涨率或稳定物价，就往往得以较高的失业率为代价。中央银行在决定货币政策的最终目标时，或者选择失业率较高的物价稳定，或者选择通货膨胀较高的充分就业，或者在物价上涨率与失业率的两极间抉择，但一般都只能在物价上涨率和失业率的两极间寻求可以接受的组合点。

（2）稳定物价与经济增长之间的矛盾。经济增长无疑能为稳定物价提供物质基础。但在现实经济生活中，经济增长与稳定物价之间却存在着一定的矛盾：稳定物价要求收紧银根、压缩投资需求、控制货币量与信用量；而要使经济有较高的增长速度，则要求增加投资，充分就业也要求增加投资量以吸收更多的劳动力。所以，中央银行难以兼顾经济增长与物价稳定。

（3）稳定物价与国际收支平衡之间的矛盾。在开放经济条件下，一个国家的币值和国际收支都会受到其他国家宏观经济状况的影响。处于通货膨胀中的国家，国内利率往往比较高，容易引起外国资本流入。这样，一方面由于平衡了外汇市场的供求关系，而有利于保持汇率的稳定；另一方面由于资本大量流入弥补了可能发生的贸易逆差，有利于维持国际收支的基本平衡。因此，尽管通货膨胀不利于稳定物价目标，却有利于平衡国际收支目标。

反之，若将抑制通货膨胀、恢复物价的稳定作为货币政策的重点目标，就不一定能够保持国际收支平衡，因为一国的国际收支状况取决于本国与外国两个方面的经济环境。即使本国物价水平维持着较为稳定的状态，但当外国发生通货膨胀时，就会使得本国出口商品的竞争能力减弱，导致本国出现国际收支逆差问题。

因此，只有在各国保持程度大致相同的物价稳定标准时，物价稳定才有可能与国际收支平衡同时并存，但这样的机会并不常有。

（4）经济增长与国际收支平衡之间的矛盾。由于经济增长带动了进口增加，如果进口的增长快于出口的增长，就有可能导致贸易差额的恶化。同时，为了促进经济增长，需要增加投资，在国内资金来源不足的情况下，外资流入可能会造成资本项目出现顺差；虽然这在一定程度上可以弥补国际收支失衡，但不能确保经济增长与国际收支平衡共存。吸收外资、由资本流入来弥补贸易逆差毕竟是有限的，并且还存在着偿付外债本息的问题。依靠资本流入来弥补经常项目逆差的方式，只能是暂时的，并且所实现的均衡也是非实质性的均衡。

反之，在国际收支发生逆差时，通常要求压制国内的有效需求以减少进口，争取消除逆差，这有可能会影响国内经济增长速度，导致经济衰退的后果。因此，经济增长与国际收支平衡也很难同时并进。

16.3.2.2 货币政策工具

货币政策工具是指中央银行直接控制的、能够通过金融途径影响经济单位的经济活动，进而实现货币政策目标的经济手段。因此，货币政策工具一般体现为中央银行的业务活动。即作为货币政策工具，一方面应当是属于中央银行自身的信用管理业务，另一方面必须是针对决定货币供给的主要变量发生作用。中央银行一旦依据所选定的中介变量确定了相应工具变量的期望值，就需调整其业务重心和不同业务的操作方向，并规划出具体的业务指标体系。而由不同的中央银行业务所体现的政策工具，对工具变量的作用力度、直接或间接以及操作的难易程度等不尽相同。

货币政策工具主要有一般性货币政策工具和选择性货币政策工具。一般性货币政策工具也称为货币政策的总量调节工具。它通过调节货币和信贷的供给影响货币供应的总量，进而对于经济活动的各个方面都产生影响。主要包括存款准备金政策、再贴现政策和公开市场操作。

A 存款准备金政策

存款准备金政策指中央银行在法律赋予的权力范围内，规定或调整商业银行交存中央银行的存款准备金比率，以控制商业银行的信用创造能力，改变货币乘数，间接控制货币供应量的政策。存款准备金政策的主要内容是：(1) 规定存款准备金计提的基础，即需要提交准备金的存款的种类和数额；(2) 规定法定存款准备金率，即中央银行依据法律规定对商业银行的存款提取准备金的比例；(3) 规定存款准备金的构成只能是在中央银行的存款，商业银行持有的其他资产不能充作存款准备金；(4) 规定存款准备金提取的时间。

存款准备金率通常被认为是货币政策最猛烈的工具之一。其作用于经济的途径有：(1) 对货币乘数的影响。按存款创造原理，货币乘数随法定存款准备金率做反向变化，即法定存款准备金率高，货币乘数则小，银行原始存款创造的派生存款也少；反之则相反。(2) 对超额准备金的影响。当降低存款准备金率时，即使基础货币和准备金总额不发生变化，也等于解冻了一部分存款准备金，转化为超额准备金，超额准备金的增加使商业银行的信用扩张能力增强；反之则相反。(3) 宣示效果。存款准备金率上升，说明信用即将收缩，利率随之上升，公众会自动紧缩对信用的需求；反之则相反。

存款准备金政策作为货币政策工具的优点是：(1) 中央银行具有完全的自主权，在三大货币政策工具中最易实施；(2) 对货币供应量的作用迅速，一旦确定，各商业银行及其他金融机构必须立即执行；(3) 对松紧信用较公平，一旦变动，能同时影响所有的金融机构。其缺点是：(1) 作用猛烈，缺乏弹性，不宜作为中央银行日常调控货币供给的工具，因为其有固定化的倾向；(2) 政策效果在很大程度上受超额准备金的影响。如果商业银行有大量超额准备金，当中央银行提高法定存款准备金率时，商业银行可将部分超额准备金充抵法定准备金，而不必收缩信贷。

B　再贴现政策

再贴现是商业银行以未到期、合格的客户贴现票据再向中央银行贴现。对中央银行而言，再贴现是买进票据，让渡资金；对商业银行而言，再贴现是卖出票据，获得资金。再贴现政策是中央银行最早拥有的也是现在一项主要的货币政策工具。再贴现政策的主要内容有：(1) 调整再贴现率，影响商业银行借贷中央银行资金的成本；(2) 规定向中央银行申请再贴现的资格，即对再贴现的票据种类和申请机构区别对待，或抑制或扶持，以影响金融机构借入资金的流向。

再贴现作用于经济的途径有：(1) 借款成本效果。即中央银行提高或降低再贴现率来影响金融机构向中央银行借款的成本，从而影响基础货币投放量，进而影响货币供应量和其他经济变量。比如，中央银行认为货币供应量过多时可提高再贴现率，这首先会影响商业银行减少向中央银行借款，当中央银行基础货币投放减少时，若货币乘数不变，则货币供应量相应减少；其次影响商业银行相应提高贷款利率，从而抑制客户对信贷的需求，收缩货币供应量。(2) 宣示效果。中央银行提高再贴现率，表示货币供应量将趋于减少，市场利率将会提高，人们为了避免因利率上升所造成的收益减少，可能会自动紧缩所需信用，减少投资和消费需求；反之则相反。(3) 结构调节效果。中央银行不仅可用再贴现影响货币总量，还可用区别对待的再贴现政策影响信贷结构，贯彻产业政策。一是规定再贴现票据的种类，以支持或限制不同用途的信贷，促进经济“短线”部门发展，抑制经济“长线”部门扩张；二是按国家产业政策对不同类的再贴现票据制定差别再贴现率，以影响各类再贴现的数额，使货币供给结构符合中央银行的政策意图。

再贴现作为货币政策工具运用的前提条件是：(1) 要求在金融领域将票据业务作为融

资的主要方式之一，这样才能形成一定数量的再贴现票据。没有普遍的客户票据贴现，就不可能有商业银行的再贴现。(2) 商业银行要以再贴现方式向中央银行借款。因为商业银行解决资金短缺的办法不仅是再贴现，还可以出售有价证券、收回贷款、同业拆借等。(3) 再贴现率低于市场利率。再贴现率低于市场利率，则商业银行通过比较借款成本，愿意向中央银行再贴现。

再贴现的优点主要有：(1) 有利于中央银行发挥最后贷款者的作用；(2) 比存款准备金率的调整更机动、灵活，既可调节总量还可以调节结构；(3) 以票据融资，风险较小。再贴现的主要缺点是：再贴现的主动权在商业银行，而不在中央银行。如商业银行可通过其他途径筹资而不依赖于再贴现，则中央银行就不能用再贴现控制货币供应总量及其结构。

C 公开市场操作

公开市场操作指中央银行在金融市场上买卖国债或中央银行票据等有价证券，影响货币供应量和市场利率的行为。即当金融市场资金缺乏时，中央银行通过公开市场操作买进有价证券，从而投放基础货币，引起货币供应量的增加和利率的下降；当金融市场上游资过多时，中央银行通过公开市场操作卖出有价证券，从而收回基础货币，引起货币供应量的减少和利率的提高。中央银行正是以这种操作来扩张或收缩信用，调节货币供应量，它是目前发达国家运用得最多的货币政策工具。

公开市场操作作用于经济的途径有：(1) 通过影响利率来影响经济。中央银行在公开市场上买进证券，形成多头市场，使证券价格上升；随之，货币供应扩大，利率下降，刺激投资增加，对经济产生扩张性影响。相反，则货币供应缩小，利率上升，抑制投资，对经济产生收缩性影响。(2) 通过影响银行存款准备金来影响经济。中央银行若买进了商业银行的证券，则直接增加商业银行在中央银行的超额准备金，商业银行运用这些超额准备金则使货币供应按乘数扩张，刺激经济增长；反之则相反。中央银行若买进了一般公众的证券，则增加公众在商业银行的存款，商业银行按所增存款计提法定准备金后运用剩余部分，货币供应再按乘数扩张；反之则相反。两种情况都会导致基础货币增加，从而扩大货币供应量，不过前者作用更大。

运用公开市场操作的条件是：(1) 中央银行和商业银行都须持有相当数量的有价证券；(2) 要具有比较发达的金融市场；(3) 信用制度健全。

由于公开市场操作对买卖证券的时间、地点、种类、数量及对象可以自主、灵活地选择，因此具有以下优点：(1) 主动权在中央银行，不像再贴现那样被动；(2) 富有弹性，可对货币进行微调，也可大调，但不会像存款准备金政策那样作用猛烈；(3) 中央银行买卖证券可同时交叉进行，故很容易逆向修正货币政策，可以连续进行，能补充存款准备金、再贴现这两个非连续性政策工具实施前后的效果不足；(4) 根据证券市场供求波动，主动买卖证券，可以起稳定证券市场的作用。公开市场操作的主要缺点是：(1) 从政策实施到影响最终目标，时滞较长；(2) 干扰其实施效果的因素比存款准备金率、再贴现多，往往带来政策效果的不确定性。

D 其他货币政策工具

a 选择性货币政策工具

选择性货币政策工具是中央银行对于某些特殊领域实施调控所采取的措施或手段，可作为一般性货币政策工具的补充，根据需要选择运用。这类工具主要有以下几种：

（1）证券市场信用控制。指中央银行控制商业银行或证券交易所对交易者信用贷款或抵押贷款占证券交易额的比例，以控制流向证券市场的资金，抑制过度投机。

（2）消费者信用控制。指中央银行对不动产以外的各种耐用消费品的销售融资予以控制，以抑制或刺激消费需求，进而影响经济。

（3）不动产信用控制。指中央银行就金融机构对客户购买房地产等方面放款的限制措施，可抑制房地产及其他不动产的交易投机。

（4）优惠利率。中央银行对国家重点发展的经济部门或产业，如对农业、能源、交通和出口加工业等所采取的优惠措施。

b　直接信用控制的货币政策工具

直接信用控制是指中央银行以行政命令或其他方式，直接控制金融机构尤其是商业银行的信用活动。

（1）贷款限额。即中央银行可以对各商业银行规定贷款的最高限额，以控制信贷规模和货币供应量；也可规定商业银行某类贷款的最高限额，以控制某些部门发展过热。

（2）利率限制。即中央银行规定存款利率的上限，规定贷款利率的下限，以限制商业银行恶性竞争，造成金融混乱、经营不善而破产倒闭，或牟取暴利。

（3）流动性比率。即中央银行规定商业银行全部资产中流动性资产所占的比重。商业银行为了达到流动性比率，必须缩减长期放款，扩大短期放款和增加应付提现的资产。这样虽然会降低收益率，但提高了安全性，也起到了限制信用扩张，保护存款人利益的作用。

（4）直接干预。即中央银行直接对商业银行的信贷业务进行合理干预。如限制放款的额度和范围，干涉吸收活期存款，对经营管理不当者拒绝再贴现或采取较高的惩罚性利率等。

c　间接信用控制的货币政策工具

间接信用控制是指中央银行利用道义劝告、窗口指导等办法间接影响商业银行的信用创造。具体包括：

（1）道义劝告。中央银行利用其在金融体系中的特殊地位和声望，以口头或书面的形式对商业银行和其他金融机构发出通告、指示，劝其遵守政策，主动合作。如在国际收支出现赤字时劝告金融机构减少对国外贷款；在房地产与证券市场投机盛行时要求商业银行缩减对这两个市场的信贷等。

（2）窗口指导。中央银行根据产业行情、物价趋势和金融市场动向，规定商业银行季度贷款的增减额，并“指导”执行。如果商业银行不接受“指导”进行贷款，中央银行可削减对其贷款的额度，甚至采取停止提供信用等制裁措施。

以上间接信用控制的优点是比较灵活，节省费用；但因缺乏法律约束力，所以要发挥作用，中央银行必须在金融体系中具有较高的地位、声望和足够的控制信用的法律权力和手段。

16.3.3　货币政策的传导机制与中介指标

中央银行在确定了货币政策最终目标之后，就要考虑如何运用货币政策工具，最终实现这些目标。这既涉及货币政策传导机制的问题，也与中介指标的选择有关。

16.3.3.1 货币政策传导机制的理论

一个国家货币当局为实现其既定的货币政策的最终目标，须启用一定的货币政策工具，作用于货币政策的中间目标，并适时适度地进行微调。在这个执行货币政策的过程中，必然会涉及各种中间环节相互间的有机联系或因果关系，涉及货币供给变动影响名义和实际变量的途径。而货币的传导机制即是运用货币政策工具或手段影响中介指标，进而对总体经济活动发挥作用的途径和过程的机能产生影响。对货币政策传导机制的分析，主要有凯恩斯学派的传导机制理论和货币学派的传导机制理论。

(1) 凯恩斯学派的货币政策传导机制理论。凯恩斯学派的货币传导机制理论的最初思路为：货币政策的作用首先是改变货币市场的均衡，然后改变利率，进而改变实际资产领域的均衡。这个过程可以归纳为：中央银行通过改变货币供给 M，改变了利率 r，而利率的变化则通过资本边际效率的影响，使投资以乘数方式变化，而投资的增减则会进一步影响总支出 E 和总收入 y。

在这个传导机制发挥作用的过程中，关键环节是利率。货币供应量的变动必须首先影响利率的升降，然后通过利率的升降才能使投资、总支出和总收入发生变化。但上述分析是凯恩斯学派最初的分析，仅仅从局部均衡的角度显示了货币市场对商品市场的初始影响，并没有考察商品市场对货币市场的影响，没有反映出两个市场之间循环往复的反馈作用。考虑到货币市场与商品市场的相互作用，凯恩斯学派又进行了进一步的分析，即一般均衡分析。其主要内容如下：

第一，假定货币供给增加，如果产出水平不变，利率会相应下降；下降的利率会刺激投资，引起总需求增加，进而推动产出和收入的相应增加。这是货币市场对商品市场的作用，也是局部分析。

第二，产出和收入的增加，必将引起货币需求的增加，这时如果没有新增加的货币供给，则货币供求中需求相对上升将导致下降的利率回升。这是商品市场对货币市场的作用。

第三，利率的回升，会使总需求减少，产量下降，收入减少。收入的减少引起对货币的需求下降，则利率又会回落。这就是货币市场和商品市场之间往复不断相互作用。

第四，以上的循环往复最终会逼近一个均衡点，这个点可同时满足货币市场均衡和商品市场均衡两方面的均衡要求。在这个点上，可能是利率较原先的均衡水平低，而产出量较原先的均衡水平高。

凯恩斯学派在货币传导机制的问题上，最大的特点就是非常强调利率的作用，认为货币政策在增加国民收入的效果上，主要取决于投资的利率弹性和货币需求的利率弹性。如果投资的利率弹性大，货币需求的利率弹性小，则增加货币供给所能导致的收入增长就会比较大。虽然凯恩斯学派对于传导机制的分析还在不断增添一些新的内容，但都主要集中在货币供给到利率之间和利率到投资之间的更具体的传导机制以及一些约束条件。所以，无论有何进展，凯恩斯学派传导机制理论都是仅仅抓住利率这一环节来展开分析的。

(2) 货币学派的货币政策传导机制理论。与凯恩斯学派不同，弗里德曼的现代货币数量论则强调货币供应量变动直接影响名义国民收入。

货币学派认为，利率在货币传导机制中不起主导作用，而是货币供应量在整个传导机制中发挥着直接作用。货币供应量对名义收入的具体影响过程如下。

第一，根据货币需求理论，货币需求有其内在的稳定性。

第二，弗里德曼的货币需求函数中不包含任何的货币供给因素，因而货币供给的变动不会直接引起货币需求的变化；至于货币供给，在现代货币制度中由中央银行控制，货币主义将其视为外生变量。

第三，当作为外生变量的货币供给改变，比如增大时，由于货币需求并不改变，公众手持货币量会超过他们愿意持有的货币量，即货币供给量大于货币需要量，从而利率下降，公众支出增加。

货币主义者认为这是对资产结构进行调整的过程。过程如下：

第一，超过意愿持有的货币，即大于既有需求的货币供给，或用于购买金融资产，或用于购买非金融资产，直至进行人力资本的投资。这样将改变金融市场、商品市场，乃至人力资本市场的均衡。

第二，货币持有者对金融资产、非金融资产以及人力资本的投资会引起这些资产相对收益率的变动。如果投资于金融资产偏多，金融资产市值上涨，受益相对下降，从而会刺激对非金融资产的需求；如果对非金融产品投资增加，也就是说产业投资增加，那么既可能促使产出增加，也会促使产品价格上涨。

第三，上述过程的结果必然会引起资产结构的调整，而在这一调整过程中，不同资产的收益率又会趋于相对稳定状态。

第四，设名义收入为 y，y 是价格和实际产出的乘积。由于 M 作用于支出 E，导致资产结构调整，并最终引起 y 的变动，这一变动究竟在多大程度上反映实际产量的变化，又有多大比例反映在价格水平上呢？货币主义者认为，货币供给短期内对两方面均可发生影响；但就长期来说，则只会影响物价水平，即货币是中性的。

显然，与凯恩斯学派强调利率在货币传导机制中的作用不同，货币学派强调的是货币供应量的作用。该学派认为，货币政策的影响主要不是通过利率间接来影响投资和收入，而是因为货币供应量超过了人们的意愿持有量，从而直接地影响社会的支出和货币收入。

西方经济学家对货币政策传导机制的研究，除了以上两个学派之外，还有许多不同的理论观点。例如，格利强调金融机构在货币政策传导过程中的作用，认为金融中介机构在信贷供给过程中通过提高储蓄转化为投资的效率而将对整个经济活动产生重大影响；理性预期学派把不完全信息条件下预期失误作为其货币政策传导机制理论的基础。自 20 世纪 80 年代以来，货币政策传导机制研究随信息技术的发展而迅速发展，重新注重金融结构的作用。20 世纪 90 年代以后，对各主要变量的不同看法使西方经济学家在货币政策传导机制的研究中，逐渐形成了新的不同学派。

16.3.3.2 货币政策的中介目标和操作指标

A 货币政策的中介目标

(1) 货币政策中介目标的含义。货币政策的中介目标又称为货币政策的中介指标、中间变量等，它是介于货币政策工具变量（操作目标）和货币政策目标变量（最终目标）之间的变量指标。货币政策目标一经确定，中央银行必须选择相应的中介变量，编制具体贯彻货币政策的指标体系，以便具体的政策操作和检查政策的实施效果。

货币政策是实现一定目标的货币供给，其直接作用对象必然是决定货币供给的主要变量。中央银行采取一系列宏观金融调控措施来操纵货币供给，改变中央银行能够施以直接影响的中介变量值，进而指导和影响社会经济活动，保证国家的宏观经济目标得以实现。从操纵货币供给到影响中介目标的过程则是中央银行调控宏观金融的操作过程。因此，就货币政策的基本环节而言，工具变量、中介变量和目标变量的设置及相互间的关系，是中央银行宏观金融调控决策的基本内容。

(2) 货币政策中介目标设置的必要性。货币政策中介目标有以下三种功能：

第一，测度功能。货币政策最终目标是一个长期目标，从货币政策工具的运用到最终目标的实现，有一个较长的作用过程。在这个过程中间必须设置短期的、数量化的金融变量来测定货币政策工具的作用和效果，预计最终目标的实现程度。

第二，传导功能。事实上，货币当局本身并不能直接控制和实现货币政策最终目标，只能直接操作货币政策工具来影响最终目标。在这个过程中间，需要一个承前启后的中介或桥梁来传导。

第三，缓冲功能。中介目标的设置是实现货币政策间接调控的基本条件之一。它能使货币政策工具对宏观经济的影响有一个缓冲过程，货币当局可根据反映出来的信息，及时调整货币政策工具及其操作力度，避免经济的急剧波动。

(3) 货币政策中介目标选择的标准。理想的货币政策中介目标应符合以下几个要求：必须具有内生性，即必须是反映货币均衡状况或均衡水平的内生变量；必须具有传递的直接性，即它的形成或变动，直接对宏观经济的主要变量，如经济增长率、物价总水平等发生作用；必须具有可控性，即货币当局通过调控工具，能够对其做量的控制或调整；必须具有可测性，即它必须是可计量的因素，并且在金融部门的有关统计资料中，其数量能够及时反映出来。除内生性为货币政策中介变量的内涵要求外，一般将其概括为可测性、可控性、相关性。

第一，可测性。可测性是指中央银行所选择的作为中介目标的金融变量的变动情况能够被迅速、准确地观测，或者说，中央银行能够迅速收集到反映这些金融变量变动情况的准确数据资料，并据以进行有关定量分析。显然，如果某一金融变量的变动情况无法被观测，那么，把它作为中介目标就没有意义。

第二，可控性。可控性是指作为中介目标的金融变量能够被中央银行所控制，也就是说，中央银行能够运用货币政策工具，作用于这些金融变量，并能有效控制其变动。

第三，相关性。相关性是指中介目标的变动与货币政策最终目标的实现之间存在密切的相关关系。也就是要求中介目标与适用的货币政策工具和希望实现的最终目标之间有密切的、稳定的合同及数量上的关系，使货币政策工具、中介目标和最终目标之间相互作用明显，中央银行能够通过对中介目标的调节和控制实现其最终目标。

根据上述标准确定的货币政策中介目标通常有两类：一类是总量目标，如货币供应量等；另一类是利率指标，如长期利率等。

B 货币政策可供选择的中介目标

通常而言，货币政策的中介目标体系一般包括利率、货币供应量。这些中介目标对货币政策工具反应的先后和作用于最终目标的过程各不相同，中央银行对它们的控制力度也不一样。

(1) 利率。利率作为货币政策的中介目标已经有相当长的历史，因为中央银行能够直接影响利率的变动，而利率的变动又能直接、迅速地对经济产生影响，利率资料也容易获取。

利率作为中介目标主要是指中长期利率，这是凯恩斯学派所极力推崇的，20 世纪 70 年代以前被多数西方国家的中央银行采纳。利率作为货币政策的中介目标的理由：一是可控性强，中央银行可以直接控制再贴现率，或者通过公开市场业务和再贴现政策调节市场利率；二是中央银行在任何时候都能观察到市场利率的水平及结构，可以随时进行分析和调整；三是与最终目标的相关性强，凯恩斯主义者认为，中长期利率对投资有着显著的影响，对不动产及机器设备的投资尤其如此，因此利率与收入水平直接相关。

凯恩斯学派主张将充分就业作为最终目标，为了达到充分就业，认为货币政策的中间目标应该是利率而不是货币供应量。他们认为：在利率很低的情况下，货币供应量即使很大，也会被公众吸收、储藏，成为休闲货币，掉入流动性陷阱，对社会经济的影响微不足道。因此，在凯恩斯主义经济思想的影响下，美国等西方国家过去均以市场利率为主要的中间目标。

然而，在现实经济生活中，由于利率具有复杂性、易变性、利率调整的时滞性，特别是真实利率具有不易测量的性质，都使得利率难以成为理想的中间目标。此外，利率兼具经济变量、政策变量特性。作为经济变量，利率变动与经济周期顺循环，即经济景气时，利率趋于上升，经济不景气时，利率趋于下降；作为政策变量，利率变动应与社会总需求的变动方向一致，即当社会总需求过高时应提高利率，社会总需求不足时应降低利率。但是，对中央银行来说，判断利率的变动性质就有了问题。换言之，中央银行难以知道当前的利率变动是利率作为经济变量的变动，还是作为政策变量的变动。或者在多大程度上是作为经济变量的变动，这是很难判断的。而这也就决定了中央银行难以知道货币政策的执行效果。总之，以利率作为中间目标，中央银行在实际操作中常常会因为其政策效果与非政策效果混淆难辨或者是在政策尚未奏效时即误以为调控成功，而难以确定政策是否有效。

(2) 货币供应量。货币供应量也称总量目标，这是以弗里德曼为代表的现代货币主义者所推崇的中介目标。货币供应量就是流通的货币量，广义地可分为流通中现金和银行存款，在世界银行公布的《货币概览》中被分为 M_0、M_1、M_2 和 M_3 等。货币供应量能够成为货币政策中介目标是因为其符合中介目标的标准：一是可测性，它们都分别反映在中央银行、商业银行和非银行金融机构的资产负债表内，可以随时进行量的测算和分析；二是可控性，M_1 和 M_2 虽不由中央银行直接控制，但中央银行可以通过对基础货币的控制、调整准备金率及其他措施间接地控制住；三是相关性，在相关性方面货币供应量存在一些问题。因为货币供应量代表当期的社会有效需求总量，对最终目标的实现直接相关。但在 M_0、M_1、M_2 和 M_3 中，主要是 M_1 和 M_2 中，究竟哪一个指标与最终目标的相关性最强？以货币供应量作为货币政策的中介目标，最大的问题就是指标口径的选择。

现代货币学派认为，利率在货币政策传导机制中并不起重要作用，而更强调货币供应量在整个传导机制中的直接效果。即货币实际余额的变动可直接影响支出和收入，而不需通过利率对投资和收入的间接传导。鉴于此，现代货币主义则主要以反通货膨胀为货币政策的主要目标。他们提出“单一规则”的货币政策：将货币供应量（M_2）作为货币政策主要的中间目标，主张把货币供应量增长率与国内生产总值增长率保持在一个固定的比率上。在现代货币主义政策思想影响下，美国联邦储备体系也在1979年以后改为以货币供应量（M_2）为货币政策主要的中间目标。

目前将货币供应量作为中介目标所面临的问题是：随着金融产品的不断创新，货币的范围在逐渐扩大并有超出中央银行控制的趋势；货币供应量与经济活动之间的稳定关系也在逐渐破裂，例如金融资产的财富效应会刺激人们的需求欲望，导致总需求的扩大，而这是中央银行无法控制的。

C 货币政策的操作指标

操作指标也称近期目标，介于货币政策工具和中介目标之间。从货币政策发挥作用的全过程来看，操作指标离货币政策工具最近，是货币政策工具直接作用的对象，随工具变量的改变而迅速改变。中央银行正式借助货币政策工具作用于操作指标，进而影响中介目标并实现货币政策的最终目标。

操作指标的选择同样要符合可测性、可控性和相关性三个标准。除此之外，操作指标的选择在很大程度上还取决于中介目标的选择。具体而言，如果以总量指标为中介目标，则操作指标也应该选取总量指标；如果以利率为中介目标，则操作指标的选择就应该以利率指标为宜。从主要工业化国家中央银行的操作实践来看，被选作操作指标的主要有短期利率、银行体系的存款准备金和基础货币。

（1）短期利率。短期的市场利率即能够反映市场资金供求状况、变动灵活的利率。在具体操作中，主要是使用银行间同业拆借利率。中央银行将其作为货币政策的操作指标，主要是因为银行同业拆借利率的水平和变动情况很容易就可以得到，因此它的可测性很好。中央银行调控短期利率的手段是公开市场操作和再贴现窗口，具有较强的灵活性。但其作为操作指标存在的最大问题是，利率对经济产生作用存在时滞，同时因为其是顺商业周期的，容易形成货币供给的周期性膨胀和紧缩。

（2）基础货币。基础货币（或称高能货币）是指处于流通界为公众所持有的现金和商业银行所持有的准备金总和。从数量关系上说，货币供应量等于基础货币与货币乘数之积。因此，基础货币的增加和减少，是货币供应量倍数伸缩的基础。

基础货币是比较理想的操作指标。第一，从可测性来看，基础货币为中央银行资产负债表上的负债，其数量大小随时在中央银行的资产负债表上反映出来，中央银行很容易获得相关数据。第二，基础货币中的现金，其数量是由中央银行直接控制的；金融机构的存款准备金总量则取决于中央货币政策工具的操作，因而具有较强的可控性。第三，从相关性来看，中央银行通过对基础货币的操纵，一方面能使商业银行及社会大众调整其资产构成，改变货币乘数；另一方面通过货币基数的变化直接影响货币供应总量，从而影响到市场利率、价格以及国民收入，实现货币政策的最终目标。

（3）存款准备金。银行体系的存款准备金是由银行体系的库存现金与其在中央银行的准备金存款组成的，也可以当作货币政策的中间目标，因为存款准备金的变动一般较容易为中央银行测度、控制，并对货币政策的最终目标的实现产生影响。

第一，就可测性而言，无论是法定准备金还是超额准备金，中央银行只要翻开自己的统计报表就可以很方便地得到或者通过相应地估测得到；第二，中央银行可以通过公开市场业务、再贷款政策和对存款准备金率的调整，保证准备金的可控性；第三，关于相关性，因为基础货币由流通中的现金和银行准备金组成，通过调控银行准备金就可以改变基础货币，从而改变货币供应量。

尽管如此，由于准备金中超额准备部分决定着银行体系的信贷扩张能力，而超额准备金的大小取决于银行的贷款意愿，而不由中央银行决定，从这个意义上说，中央银行对货币政策目标的控制能力是有限度的。

16.3.4　货币政策的实施依据

16.3.4.1　总量和结构的平衡分析

（1）总供给与总需求的平衡分析。总供给是指整个经济社会所提供的商品和劳务总量，统计量一般用国内生产总值 GDP 表示；总需求是指整个经济社会对商品和劳务的需求总量，统计量一般用投资需求 I、消费需求 C、净出口需求 $X-M$ 三者之和表示。总供求的不平衡在市场经济中引起物价水平的变动：当 $GDP>I+C+(X-M)$ 时，物价下降；当 $GDP<I+C+(X-M)$ 时，物价上升。

（2）供给与需求的结构平衡分析。供给、需求结构是指部门、产业的供给、需求结构，不是微观的产品供给、需求结构。实践证明，总量平衡结构不一定平衡，结构平衡总量一定平衡。我国改革以来的几次通货膨胀，都带有明显的结构失衡特征：需求大于供给的部类、产业的产品价格被拉高，再以成本因素影响到供给大于需求或供给需求大体平衡的部类产业的产品价格也无法下降，甚至跟着上升，以至总体价格水平上升。

16.3.4.2　货币当局概览和货币概览分析

（1）货币当局概览。货币当局概览，实际上就是经过整理简化了的中央银行资产负债表。它是货币统计体系的基础，也是分析、研究一国货币状况最重要的资料。该概览通过基础货币（中央银行负债）的形成、使用及其结构，描述中央银行货币政策工具的操作及其传导过程，反映基础货币与货币供应量、信贷总额、政府预算以及国际收支之间的关系及相互影响。

（2）存款银行货币概览。存款银行即通常所称的“商业银行”，这些机构是金融业的主体，因而是中央银行最重要的监控对象。存款银行货币概览，是经过整理、归并、简化的存款银行资产负债表。该概览反映存款银行资产负债的概貌及其与中央银行的信贷关系。该概览的资产方有：1）国外资产；2）国内信贷；3）储备资产，即法定准备金存款、备付金存款及库存现金；4）购买政府债券。负债方有：1）活期存款；2）定期存款和外汇存款及其他存款；3）中央银行借款；4）其他项目（净）。

（3）货币概览。货币概览是将货币当局概览和存款银行货币概览归并，剔除中央银行与存款银行之间的信贷往来而合成的。编制货币概览可以计算货币供应量；从金融角度分析货币供应量的形成和变化，以及其与政府预算、国际收支、国内经济部门之间的联系。它是观察、分析货币状况的基本工具。货币概览见表 16-1。

表 16-1 货币概览

资　产	负　债
国外资产（净）	货币和准货币（M_2）
国内信贷	（1）货币（M）
贷款	流通中现金
财政借款（净）	单位活期存款
	（2）准货币
	单位定期存款
	储蓄存款
	其他项目（净）

表 16-1 中负债方的“其他项目（净）”：包括信贷基金尚未分配的当年结益及其他项目的净额，这既是一个资本项目，又是一个平衡项目。

根据货币概览表可以归纳几个重要的分析等式：

$$M_2 = \text{国外资产(净)} + \text{国内信贷} - \text{其他项目(净)} \tag{16-1}$$

$$\text{国外资产(净)} = \text{金银占款} + \text{外汇占款} + \text{在国际金融组织的资产(净)} \tag{16-2}$$

$$\text{国内信贷} = \text{贷款} + \text{财政借款(净)} \tag{16-3}$$

$$M_2 = M_1 + \text{准货币} \tag{16-4}$$

$$M_1 = \text{流通中现金} + \text{单位活期存款} \tag{16-5}$$

$$\text{准货币} = \text{单位定期存款} + \text{储蓄存款} \tag{16-6}$$

从式（16-1）可知，如果广义货币 M_2 增长很多，从影响货币供给的角度分析：一是国外资产（净）的变动，二是国内信贷的变动，三是其他项目（净）的变动。如果是国外资产（净）的变动影响大，可进一步分析金银占款、外汇占款和在国际金融组织的资产（净）及影响其变动的因素；如果是国内信贷的变动影响大，可进一步分析贷款的内部构成和财政借款（净）及影响其变动的因素；如果是其他项目（净）的变动影响大，则进一步分析其他项目（净）的构成及影响其变动的因素。

从式（16-4）可知，从广义货币 M_2 的构成方面分析：一是 M_1 的变动，二是准货币的变动。如果是 M_1 的变动影响大，可进一步分析流通中现金及单位活期存款及影响其变动的因素；如果是准货币的变动影响大，可进一步分析单位定期存款和储蓄存款及影响其变动的因素。

除以上两方面的分析外，还有更深入细致的经济周期分析、投资分析、消费分析、国际收支分析、政府收支分析、企业收支分析、工业景气分析、储蓄分析、价格及通货膨胀分析等专项调查分析。实施宏观调控，只有分析研究在先，决策在后，才能提高决策的科学性，减少决策失误。

16.3.5 货币政策的效应

货币政策效应就是货币政策的实施对实现货币政策目标的绩效或有效性，分为时滞效应和数量效应。人们用时间差来衡量货币政策时滞效应，而在衡量货币政策的数量效应即货币政策效应的大小强弱时，则是着眼于货币政策实施所取得的效果与预期所要达到的目标之间的差距。

16. 3. 5. 1 货币政策数量效应

在货币政策的数量效应上，以评估扩张政策为例，如果通货紧缩是由社会总需求小于社会总供给造成的，而货币政策正是以纠正供求失衡为目标，那么这项扩张性货币政策是否有效以及效应大小，可以从以下几个方面来考察：(1) 如果通过货币政策的实施，增加了货币供给，抑制了价格水平的过度下跌，刺激了需求的增加和产出的增长，那么可以说扩张性货币政策取得了预期的效果。(2) 如果货币供应量的扩张在刺激需求的同时，也带动了价格水平的不断上涨，那么货币政策有效性的大小，则要视价格水平变动率与产出和收入变动率的对比而定。若产出和收入的增加大于价格水平的上涨，货币扩张政策的有效性就比较大；如果相反，货币政策的效应就比较小。(3) 如果货币总扩张无力刺激需求和产出，却导致了价格的不断上涨，可以说货币扩张政策无效。

但在现实经济生活中，宏观经济目标的实现往往依赖于多种政策，如收入政策、价格政策等的配套进行。因此，要准确地检验货币政策的效果，必须对其与其他政策之间的相互作用及作用的大小进行分析，当然，这是一个相当困难的问题。

16. 3. 5. 2 货币政策时滞效应

西方宏观经济政策理论认为不宜用货币政策为主去维持经济增长的一个重要理由就是货币政策效果的时间滞后性。货币政策的滞后效应，简言之，就是从决策采取某种政策，到这一政策最终发生作用，其中每一个环节都需要占用一定的时间，被称为“货币政策的时滞”。

(1) 内部时滞。内部时滞是指作为货币政策操作主体的中央银行制定和实施货币政策的全过程。从经济形势发生变化，中央银行认识到应当调整政策，并着手制定新政策，修正政策的实施方位或力度，到操作政策工具的过程，每一步都需要耗费一定的时间。这部分时滞的长短，取决于中央银行对金融的调控能力的强弱。

具体而言，内部时滞有：1) 认识时滞，指从确有实行某种政策的需要，到货币当局认识到存在这种需要所需耗费的时间。这种时滞的存在是由于信息的搜集和形势的判断需要时间。2) 决策时滞，指制定政策的时滞，即从认识到需要改变政策，到提出一种新的政策所需耗费的时间。由于中央银行具有一定的独立性，决策过程不需要立法程序，所以这个阶段通常较短。

(2) 外部时滞。外部时滞是指作为货币政策调控对象的金融部门及企业部门对中央银行实施货币政策的反应过程。当中央银行开始实施新政策后，金融部门对新政策的认识、金融部门对政策措施所做的反应、企业部门对金融形势变化的认识、企业部门的决策、新政策发生作用，每一步都需要耗费一定的时间。这部分时滞的长短，取决于政策的操作力度和金融部门、企业部门对政策工具的弹性大小。货币政策并不直接控制对商品和劳务的需求，其生效的渠道主要在于投资的反应，而投资的反应是要通过利率起作用的。

美国的研究表明，货币政策对 GDP (国内生产总值) 的影响的最高点，一般要经过 1~2 年的滞后才能达到。然而，衰退对经济的打击往往是出人意料地发生的，货币当局通常是在经济衰退到最糟的境地之前的几个月才反应过来。当然，货币当局可以迅速调整政策、采取行动力图扭转衰退的趋势。但是，货币政策的滞后效应使刺激经济的影响要到衰退最严重的阶段过去后才达到最高点。如果衰退是短暂的，跟随着的是活跃的复苏，货币政策扩张的刺激将会在最不需要它的时候发挥最猛烈的作用，甚至可能会使衰退后的高涨受到损害。鉴于这样的分析，许多西方经济学家认为，即使实际 GNP（国民生产总值）远比潜在 GNP 的水平低，也不一定需要实施扩张的货币政策。

一般地，外部时滞主要由客观的金融和经济情形决定，受经济结构以及各经济主体行为因素影响较大。由于经济结构及各经济主体的行为具有不确定性，因此，外部时滞的时间可能会更长，更难以把握。

16.4 财政政策与货币政策的配合

市场经济的宏观调控体系以间接调控为基本特征，即政府调控主体主要通过政策手段把经济参数附加到市场上多种生产要素的价格信号上，进而调节、引导市场主体的生产经营行为。间接调控所依仗的主要政策手段，便是财政政策与货币政策。这两大宏观调控政策共同服务于宏观调控的总目标，但分工而互补，需要相互协调配合，促使经济运行趋于总量均衡和结构优化的理想状态。

16.4.1 财政政策与货币政策协调配合的必要性

16.4.1.1 财政政策与货币政策的一致性

财政政策与货币政策具有紧密的联系，这种紧密联系从根本上说植根于双方政策调控最终目标的一致性。两大政策调控的着眼点，都是针对社会供需总量与结构在资金运动中出现的有悖于货币流通稳定和市场供求协调正常运行状态的各种问题；两大政策调控的归宿，都是力求社会供需在动态过程中达到总量的平衡和结构的优化，从而使经济尽可能实现持续、稳定、协调发展。两大政策间紧密联系还来源于双方政策手段的互补性，一方的政策调控过程，通常都需要另一方的政策手段或机制发挥其特长来加以配合。从社会总资金的运动来看，财政政策对资金运动的影响和货币政策对资金运动的影响，相互间必有千丝万缕的联系和连锁反应，各自的政策实施及其变动，必然要牵动对方，产生协调配合的客观要求。

16.4.1.2 财政政策与货币政策的差异性

（1）调节的范围不同。财政收支及其政策体现政府职能的各个方面，其调节范围不仅限于经济领域，也涉及社会生活的其他领域；货币政策主要处理商业和金融系统功能边界内的事务，其调节范围基本上限于经济领域。

（2）调节的侧重点不同。虽然财政政策与货币政策都对总量与结构发生调节作用，但财政政策相对于货币政策而言带有更为强烈的结构特征，可以直接调节不同地区、部门、企业及个人的收入水平，可以调节产业结构、部门结构和社会经济结构的各个方面。货币政策相对财政政策而言带有更为鲜明的特征。因为国民经济中的一切投资需求和消费需求，都要表现为有支付能力的货币购买力，中央银行作为唯一能够直接管理全社会货币供应总量的部门，可以运用货币政策加以调控；同时，商业和金融信贷自身的市场化经营原则要求银根松紧的变化，也可以地覆盖其全部的资金运动。

（3）调节的手段不同。财政政策所依靠的手段，上要有税收、预算支出、公债、财政补贴、贴息等，货币政策所凭借的手段，则主要有利率、存款准备金率等。

(4) 在经济周期的不同阶段，财政政策和货币政策的功能不同。一般而言，货币政策擅长于应对通货膨胀阶段的问题，而财政政策在应对内需不足、解决通货紧缩阶段的问题时更具优势。

(5) 两大政策所调节的资金遵循的经济运行机理不同。货币政策调控下的商业性金融资金是按照追求微观直接效益利润的市场原则展开竞争的，只愿意“锦上添花”，即按照商业化原则投向尽可能高收益、低风险的领域和状态良好的企业。财政政策下的资金运作在承认市场一般原则的前提下，可以并且应该超越微观直接效益的眼界而注重追求长远、综合、宏观、社会的效益，财政政策可以而且必须在关注基本民生、施行“雪中送炭”式的支持扶助和调节收入分配差距、优化生态环境等方面发挥积极作用。

(6) 政策的时差与调节的时滞不同。政策时差，是指决策机关从认识到需要改变政策，到实际上实行新的政策所需的时间。一般而言，在财政政策的制定与修订必须经过立法机关审议、批准这样一整套程序的情况下，财政政策的时差较长；而货币政策由于通常是由具备较强独立性的中央银行的人数不多的高级决策层所制定，其时差较短。调节时滞，是指政策从其调节动作的发生到调节效果的显现所需的时间。

正是由于财政政策和货币政策之间存在十分密切的相互联系，同时又存在一系列不同特点和侧重点，因此，在宏观调控中，两者必须紧密配合，取长补短。

16.4.2 财政政策与货币政策的配合方式

货币政策和财政政策只有在一定条件下很好地配合运用，才能避免矛盾，尽量缩短政策时差，有效实现总体经济目标。各国政府同时利用两大政策干预经济时，一般可以有以四种组合。

(1) 松的财政政策和松的货币政策。即“双松”政策，其应用背景是：社会有效需求严重不足，刺激经济增长成为宏观调控的首要目标。政策组合是：财政扩大支出，增加货币供应，降低市场利率，以抵销财政政策的“挤出效应”。

(2) 紧的财政政策和紧的货币政策。应用背景是：社会总需求极度膨胀，社会总供给严重不足，物价大幅攀升，抑制通胀成为首要目标。政策组合是：财政削减政府支出，提高税率；央行减少货币供应，调高利率。“双紧”政策会使通货膨胀受到控制，但是，“双紧”的结果可能带来经济萎缩。

(3) 紧的财政政策和松的货币政策。其应用背景是：政府开支过大，物价基本稳定，经济结构合理，促使经济较快增长成为主要目标。政策组合是：财政削减政府支出，降低市场利率，这样可以促进经济增长。

(4) 松的财政政策和紧的货币政策。应用背景是：通货膨胀与经济停滞并存，产业结构和产品结构失衡，治理“滞胀”、刺激经济增长成为首要目标。政策组合是：实施紧的货币政策同时实施减税和增加财政支出，利用财政杠杆调节产业结构和经济结构，促进经济增长，缓解滞胀。

一般来说，“一松一紧”主要是解决结构问题；“双松”或“双紧”主要为解决总量问题。在总量平衡的情况下，调整经济结构和政府与公众间的投资比例，一般采取货币政策和财政政策“一松一紧”的办法。在总量失衡的情况下，微量调整，一般单独使用财政或货币政策。政府要达到“扩张”或“紧缩”的目的，一般同时使用财政政策和货币政策两种手段，即“双松”或“双紧”。在总量失衡和结构失调并存的情况下，政府一般采用先调总量，后调结构的办法，使经济在稳定中恢复均衡。

【拓展训练】

专家热议全球经济：增长乏力弱势难改　货币政策无所作为

（来源：2016 年 6 月 13 日　新浪财经）

新浪财经讯　6 月 13 日消息，今日，国内外专家齐聚陆家嘴论坛热议全球经济，普遍认为当前全球经济增长乏力、弱势难改，IMF、世界银行等金融机构不断下调全球经济增长预期。同时，在此背景下，专家认为各国货币政策基本无所作为，且美国与欧盟、日本等发达经济体货币政策背道而驰，进一步分化，各种潜在风险不断积聚。

全球经济衰退 8 年　弱势仍难改

“全球金融危机以来，世界经济在 2010 年增速还表现不错，达到 5%以上。接下来全球增速持续放缓，去年 10 月国际货币基金组织预测，今年全球经济增长能达到 3.6%，今年 1 月，其下调预期变成 3.4%，4 月再次下调降为 3.2%。我认为继续下调可能仍然较大。”社科院世界经济与政治研究所所长张宇燕表示。

国家金融与发展实验室理事长李扬也认为，全球经济进入长期停滞。“从 2007 年开始，全球衰退已经有了 8 年，但到目前为止，如今的全球经济仍然是弱复苏、低增长、通货紧缩、高失业和高负债的状况。”其表示，今年 4 月，国际货币基金组织的预测报告，将今明两年的全球经济预测都进行了下调，更值得关注的是，该报告明确提到，世界经济面对的是下降需求、走低的预期。

“当前全球经济运行中有两个特点比较清晰，第一个就是全球经济增长乏力、弱势难改，发达国家如此，发展中国家也存在许多困难；另外一个特点也非常值得关注，就是全球流动性过剩，已达到很高水平。”交通行首席经济学家连平指出，最近出现不少有关金融风险加大的信号，且在当前环境下，全球经济弱势难改，流动性积累达到很高的水平，市场很脆弱。

日本经济的状况也不容乐观，前日本央行货币政策委员会审议委员白井早由里表示，日本经济增长非常乏力，去年只有 0.8%，而根据日本央行预测，未来日本经济潜在增长率或仅有 0.2%。

货币政策无所作为　当务之急应加强协调

“但目前各国的货币政策基本上是无所作为的状态。”李扬表示，传统着眼于需求调控的宏观经济政策目前都遇到了挑战，“现在各国都把政策压在财政政策上”。其分析称，从 2014 年欧洲央行实行负利率政策至今已有两年多，美元和欧元区真实利率水平，都降到了零以下。“而全球范围，一个国家接着一个国家开始实施负利率，这在人类历史上都没有出现过。”

而在越来越多国家进一步宽松，或实行负利率情况下，经济是否有所好转呢？专家认为并未达到预期效果。“从欧盟来说，从日本来说，极度宽松的政策已经推行了很多年，效应事实上在逐渐的递减。进一步推进宽松的政策，推到一个极致，所带来的更多的是负面效应，推动资产价格的泡沫，但对实体经济并不见得有许多积极的推动。”

连平认为，像欧盟、日本的货币政策进一步的宽松应该止步。而今年步入负利率时代的日本，也深有感触。“负利率对于通胀的预期影响非常有限，最糟糕的是，负利率让日本国民储蓄率下降，老龄化人口大幅度上升情况下，原本很多都依赖于银行储蓄，但现在他们存在银行里的储蓄几乎是零利率，人们士气很低落。”白井早由里表示。

“发达经济体的货币政策完全背道而驰，且有进一步朝着两个方向发展的可能性。但货币政策在金融全球化达到很高水平前提下，其溢出效应就会十分明显。”连平认为，背道而驰的、完全相反的两种货币政策进一步向前推进，必然会给市场资本流动、利率、汇率带来很大的推动因素。

连平表示，从全球整体运行状况来看，当务之急是要协调好发达国家货币政策的溢出效应，使其对全球市场影响尽量减少负面冲击，更多带来积极的因素。为全球经济稳定增长和金融市场的平稳运行创造条件，“我认为，至少不要增加不利的负面因素，导致金融市场的状况出现恶化。”

对此，彭博全球首席经济学家、全球经济研究负责人 Michael MCDONOUGH 表示同意，其认为，显然各国央行之间要进行沟通，要更加透明，而且要解释货币政策的理由，市场要知道央行是怎么考虑的。“央行要去解释，我们现在在做什么，未来要做什么，这非常重要。”

而谈到货币政策协调，专家们认为最主要的便是汇率。“汇率是全球货币政策外溢影响的一个重要渠道，因此，我们必须要增加汇率的灵活性。”中信证券全球首席经济学家彭文生表示，汇率的灵活性不是指短期波动，而是符合经济周期的波动。“经济疲弱的时候，汇率就应贬一点，经济比较强的时候，汇率就应该升一点，要让汇率成为经济周期调整的载体。”

而增加汇率灵活性，是否意味着人民币贬值将面临很大压力，彭文生认为，符合经济预期的汇率贬值并不是那么可怕，过去十多年，人民币升值预期所累积的问题，在此基础上，随着经济周期的波动而适度有序贬值，将有利于控制房地产泡沫，控制信贷的扩张，化解过去累积的金融风险。“我们要克服汇率浮动恐惧，要克服汇率贬值的恐惧，要把汇率的调整和整个经济结构的调整，和化解金融风险结合起来。”其表示。

思考题：请运用货币政策相关知识分析该案例。

【项目小结】

（1）宏观调控是国家运用计划、法规、政策、道德等手段，对经济运行状态和经济关系进行干预和调整，把微观经济活动纳入国民经济宏观发展轨道，及时纠正经济运行中的偏离宏观目标的倾向，以保证国民经济的持续、快速、协调、健康发展。在中国，宏观调控的主要任务是：保持经济总量平衡，抑制通货膨胀，促进重大经济结构优化，实现经济稳定增长。

（2）宏观调控主要的目标是促进经济增长，其次是增加就业，稳定物价，保持国际收支平衡。

（3）国家宏观调控的手段分为经济手段、行政手段和法律手段。经济手段包括财政政策和计划，经济手段有时是政府制定的经济政策；法律手段是政府制定的经济法规；行政手段是政府发布的经济命令。

（4）财政政策是国家在参与社会产品品分配和再分配过程中，利用一系列财政手段对社会经济活动和经济利益进行宏观调节和控制的政策措施。

（5）财政政策目标是指政府制定和实施财政政策所要达到的预期目的，财政政策目标可以是一元的，也可以是多元的。

（6）财政政策工具是为财政政策目标服务的，如果没有财政政策工具，财政政策目标就无从实现。目前我国财政政策工具主要有国家预算、税收、国债、财政补贴、财政投资等。

（7）金融宏观调控是国家的经济职能，是国家对宏观经济运行的干预。具体而言，就是指国家运用经济政策调节宏观经济变量，如税率、利率、汇率、价格、就业等，以促进总供求的基本平衡，实现经济的稳定增长。

（8）货币政策工具主要有一般性货币政策工具和选择性货币政策工具。一般性货币政策工具也称为货币政策的总量调节工具。它通过调节货币和信贷的供给影响货币供应的总量，进而对于经济活动的各个方面都产生影响。主要包括存款准备金政策、再贴现政策和公开市场操作。

（9）中央银行在确定了货币政策最终目标之后，就要考虑如何运用货币政策工具，最终实现这些目标。这既涉及货币政策传导机制的问题，也与中介指标的选择有关。

（10）货币政策效应就是货币政策的实施对实现货币政策目标的绩效或有效性，分为时滞效应和数量效应。人们用时间差来衡量货币政策时滞效应，而在衡量货币政策的数量效应即货币政策效应的大小强弱时，则是着眼于货币政策实施所取得的效果与预期所要达到的目标之间的差距。

参考文献

［1］吴军梅，谢晓娟．财政与金融［M］．北京：北京工业大学出版社，2012.

［2］方晓雄，周阳．财政与金融基础知识［M］．北京：北京师范大学出版社，2011.

［3］王国星．财政与金融［M］．北京：中国财政经济出版社，2010.

［4］周叶芹．财政与金融［M］．北京：机械工业出版社，2011.

［5］李淑娟．新编财政与金融［M］．北京：清华大学出版社，2011.

［6］单祖明，龚静．财政与金融［M］．北京：科学技术出版社，2013.

［7］张士军，葛春风．金融学基础［M］．北京：教育科学出版社，2013.

［8］苏艳丽，余谦．新编财政与金融［M］．大连：大连理工大学出版社，2014.

［9］蒙丽珍，李星华．财政与金融［M］．大连：东北财经大学出版社，2014.

［10］路兴中，孙俊东．财政与金融基础［M］．北京：中国物资出版社，2011.

［11］李晓君．财政与金融［M］．北京：科学出版社，2009.

［12］顾秀英，单秀娟．财政与金融［M］．北京：对外经济贸易大学出版社，2010.

［13］刘松鹤，王伟．金融学概论［M］．北京：北京理工大学出版社，2009.

［14］郭晖．金融学概论［M］．北京：人民邮电出版社，2012.